The Stones of Venice

ヴェネツィアの石

［建築・装飾とゴシック精神］

John Ruskin
ジョン・ラスキン
［著］

Shiro Naito
内藤史朗
［訳］

法藏館

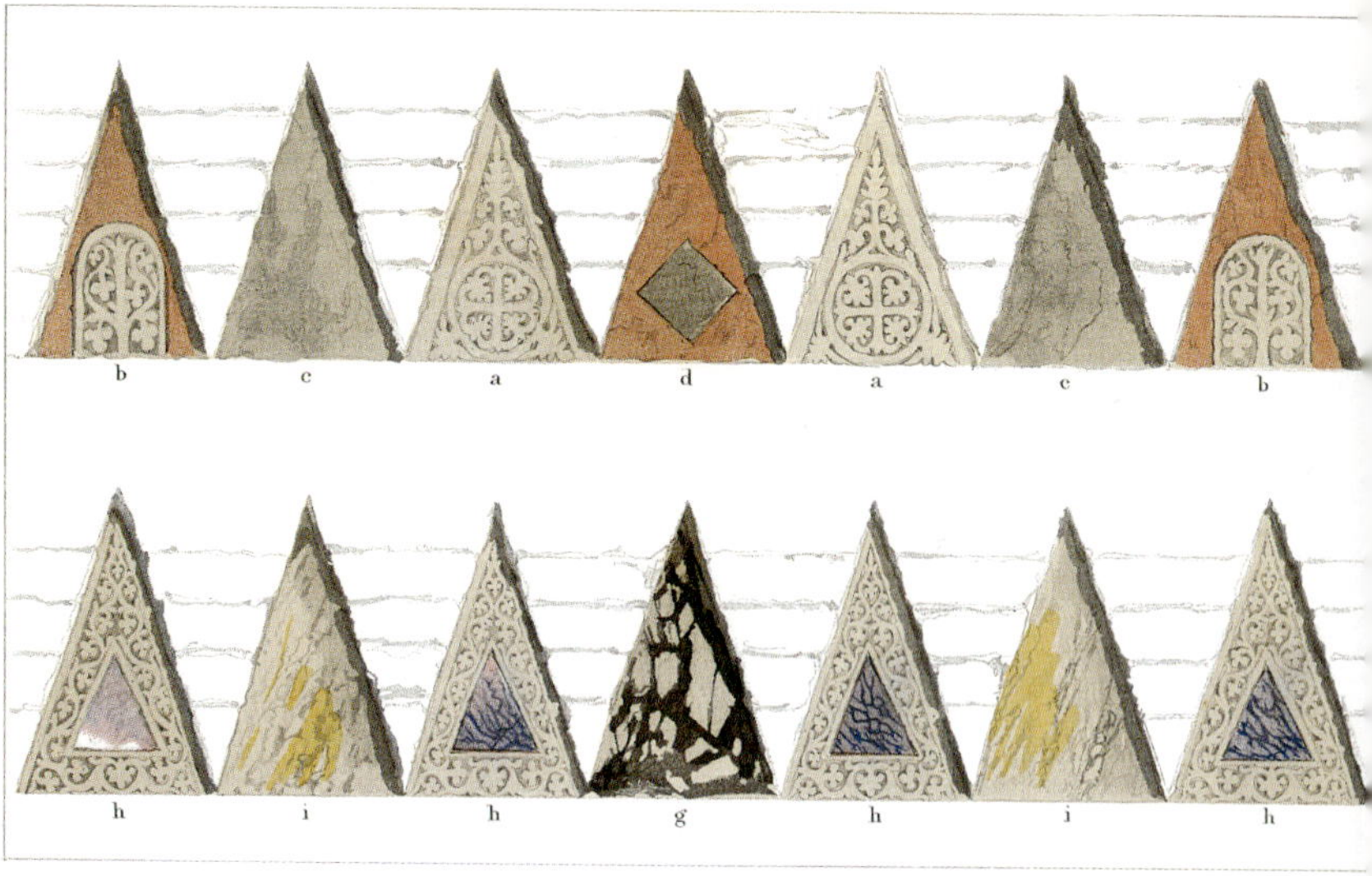

口絵 1　ムラーノの嵌め込み帯状装飾

口絵 2　ムラーノのドゥオーモの飾り迫縁（アーキヴォルト）

▲口絵3　ムラーノのサンティッシマ・マリア・エ・ドナート教会（聖ドナート教会）
▶口絵4　サン・マルコ大聖堂（正面）
▼口絵5　海側から見たドゥカーレ宮殿

ヴェネツィアの石——建築・装飾とゴシック精神*目次

第二部　ゴシック時代

装幀＝井上二三夫

ヴェネツィアの石——建築・装飾とゴシック精神

序章　石切り場

人類が海に乗り出して支配権を確立して以来、際立った三つの王国が誕生した。海洋国家テュロス(1)とヴェネツィアとイギリスである。最初の国テュロスは、記憶に僅かに留められているだけである。二番目の国ヴェネツィアは、今や廃墟となりかけている。三番目の国イギリスは、前の二国の偉大さを継承しているが、亡国となった二国の歩んだ没落の轍を踏むなら、高慢と驕りに溺れて、顧みられずに破滅するかもしれない。

テュロスの背徳の繁栄がもたらした罪と罰は、異教徒の都市への厳しい戒告として、今もイスラエルの預言者の感動的な言葉と共に私達に残されている。だが、私達はその言葉を引かれ者の小唄としてしか読もうとせず、預言者の戒告の厳しい声に耳を貸そうとしない。テュロスが堕落した奈落の底は深くて見えないので、私達は、今うわべだけの日光と海波に曝された岩石の風化を見るだけで、その国がかつてはエデンの園のようであったことを忘れてしまう。

テュロスの継承者とはいえ、ヴェネツィアがその先立つ都市と肩を並べ、地中海を支配した期間はテュロスよりずっと短かった。しかし、衰亡の最終段階の状態がそのまま残されており、私達は現在もその都市を見ることができる。それはまるで海辺に浮かぶ亡霊のように、弱々しく静止して、その美しさ以外はすべて奪い去られたので、地中海のラグーン（潟海）に映った幻影のようにさえ見える、その都市の昔日のかすかな残影を見る私達は、どれが実像の都市でどれが影かと疑うばかりである。

その都市が永久に失われる前に、私はこの都市のイメージを跡づけ描いてみよう。この珍しくも雄大な都市の歴史を忠実に研究することによって得られる教訓の価値は、どんなに評価してもし過ぎることはない。その歴史は、数え切れないほど多くの年代記作家の骨折りにもかかわらず、依然、漠然として多くの議論の余地が残されている。それは、波浪と砂洲が大空と境を接する大海のはるか彼方の水平線のように、眩しい光と影によって見通しを遮られているようである。私達が探究に携わっても、この輪郭を鮮明にすることはおぼつかない。それでも、探究の結果として、ある程度その全体像を変えることも可能だろう。この問題に関する限りでは、この探究は、ヴェネツィアの建築に限定した研究よりはるかに重要である。手始めに言わせてもらえば、ヴェネツィアについて書かれ、一般に流布している物語を読むよりも、ヴェネツィア芸術の粋として今に残っている建築物からこの都市の特性を推察し、さらには、ヴェネツィアの歴史が包含している面白さを認識することの方が、はるかに明瞭にヴェネツィアの都市の存在の重要さがわかるだろう。

ヴェネツィアは通常寡頭政治体制と考えられている。確かにその都市国家存立の最初の民主体制期に次ぐ時期、すなわち六〇〇年間と、その後の衰亡期は、そうだった。その衰微の原因が政体の変化にあったのか、それとも、その国を構成する人達の性格の変化（それも大いに関係ありそうだが）に帰因するのかどうかは、厳しく吟味すべき重要な問題の一つである。

　ヴェネツィア国家は、リアルト島で執政官政治が最初に確立された時から、イタリア駐留のフランス軍最高司令官がヴェネツィア共和国を過去のものと宣言した瞬間まで、一三七六年間存在した。この期間のうち、最初の二七六年は、古ヴェネツィアの諸都市、特にパドヴァ市に名目上服従し、討論が活発になされた民主政体であった。その行政は、主要な島嶼から一人ずつ選ばれた護民官に委ねられていたようである。

　ヴェネツィアの力が増大していく次の六〇〇年間、その政体は選出君主制であって、少なくとも初期には、選出君主や総督は、ヨーロッパの他のどの君主国にも劣らぬほど独立した権威を有していた。しかし、その権威は徐々に制限され、日々その特権は縮小されていった。そして、見栄えばかり壮麗で内実の伴わない権威であったが、一人の君主を偶像として戴いた貴族達による最後の治政は、五〇〇年続いた。その期間にヴェネツィアは、それ以前に精力的に培った果実を刈り取り、食い尽くし、そして息絶えた。

　それゆえ、読者にはヴェネツィア国家の存続期間を大きく二つの時期に分けて考えてもらいたい。すなわち、前半の九〇〇年間と、後半の五〇〇年間の二つである。その分岐点にあたるのが「大評議会の閉鎖」[2]と称されるものである。その期を境にして、貴族達が共同体から最終的に絶対的に特権化され、特権貴族が掌握した政権が確立され、その結果、一方では市民層の政治への影響がなくなり、他方では元首であるはずの総督の権威も排除されるようになった。

九〇〇年にわたる第一期は、国民が無秩序から秩序と国力を獲得しようと奮闘した時期である。その後、国民は、彼ら自身が自分達のために選出した立派な気高い人間によって支配された。彼らの総督すなわち支配者と見なされ、総督はみずからの周辺に貴族階層を徐々に形成し、その階層の中からまた総督（元首）は選出された。貴族階層は実は古いヴェネツィアの亡命者達(3)の家柄の幾つかから選ばれた家族と、その影響力・富にそもそも源を発していたのであって、それらの名門の家柄への英雄崇拝の風潮によって次第に組織化が促され、一つの独立した階層になった。

この第一期に、ヴェネツィアは興隆し、その国の存在を、ヨーロッパ列強の中に決定的に位置づけることになった。そして、英雄として後世の私達にもその名が響いた領主達――ピエトロ・オルセオロ、オルデラッフオ・ファリエーロ、ドメニコ・ミキエル、セバスティアーノ・ズィアーニ、エンリーコ・ダンドロ――の名は、皆この第一期の人々である。

第二期は、ヴェネツィアの暗黒面を露呈していく時期である。「ファリエーロの陰謀」と言われる最も危険な内乱教唆によって攪乱され、暗黒の犯罪――カッラーラの暗殺――によって汚された、ヴェネツィアの歴史で最も多難であった一二〇年間であり、またこの時期は、ヴェネツィアにおいて最も致命的な戦争となったキオッジャの戦い(4)によって圧殺されていた時期であって、ヴィットーリオ・ピサーニとカルロ・ゼーノという二人の市民の英雄的行為によって、その栄光が輝いている

（この時期には彼ら二人のヒロイズムがその国の君主のそれになり代わったからである）。

ヴェネツィアの没落を、私はカルロ・ゼーノの死亡した一四一八年五月八日から始まったとする。没落が明白に露呈したのは、彼の死の五年後に訪れたヴェネツィアの高貴で賢明な息子の一人、総督トンマーゾ・モチェニーゴの死によってである。その後継者フォスカリの治世は疫病と戦争で陰惨であった。この戦争(5)では、ロンバルディア地方において、巧妙で幸運な策略によって広大な領土を獲得したし、クレモナ地方のポー川の戦いとカラヴァッジオの沼沢地の戦いにおいて、ミラノの支配者の死によって、名誉を回復する術のないほどの重大な恥辱を受けることは食い止められた。一四五四年、ヴェネツィアはトルコに屈服した最初のキリスト教国となった。同年に国立異端審問所が設立され、この時期からヴェネツィアの政治は一般に考えられているような陰険で謎を含んだ様態を呈するようになった。一四七七年、トルコの大侵略が地中海の潟海の岸辺に恐慌をもたらし、一五〇八年はカンブレ同盟(6)がヴェネツィアの国力の衰微の始期として記憶される。ところが、一五世紀末の商業上の繁栄に幻惑された歴史家達は、ヴェネツィアの内部勢力の減退の徴候に対して盲目であった。

貴族的寡頭政権の確立と、国家繁栄力の減退の間に意味深長な符合が存在するのは明らかである。だがこれには論争の余地があり、いずれの歴史家によっても明言は避けられ、その偏見を含んだ見方で断定されているように私には思われる。それは三重の問題であって、第一には、個人の野心的努力によって確立された寡頭政治が――その政治を執行した結果として――ヴェネツィアの没落の原因となったかどうかである。第二には、寡頭政治の確立によって、国民の尊敬を獲得し得たというよりもむしろ、その尊敬の結果として、寡頭政治が確立されたのではないかということである。第三は、私の考えだが、ヴェネツィアの歴史は、その元老院[7]の組織や、総督の特権に関係なしにはほとんど書くことはできないのではないかという問題である。それは、逆境によって長い間鍛えられ、高貴な誇りをもって生き延びるか、あるいは自滅するかを問い詰められたローマ民族の子孫であり、本来的にみずから統一した、卓越した国民の歴史である――一〇〇〇年にわたって彼らは存亡を賭けて戦ったし、三〇〇年間彼らは破滅の淵へとおびき寄せられたが、彼らの存亡を賭けた戦いは報われて、彼らの神への要請は聞き届けられた。

ヴェネツィア史を通してのヴェネツィアの勝利と、その多くの時期でのヴェネツィアの安全は、個人の英雄的行為によって獲得された。国中を高揚させ、国を救った人物は往々にして一人の王（総督）であり一人の貴族であり一人の市民であった。そのことはその人物にとっても国にとっても大した問題ではなかった。真の問題は彼らがもっていた名前とか、委ねられていた権力よりもむしろ、彼らがどのように訓練され、どのようにして克己したか、祖国に殉じたか、不幸に耐え恥辱を乗り越えたかであり、そして、ヴェネツィアが、その国によって投獄された人々の中から救世主を見出した時[8]から、その国の子ども達の声が死との契約に署名するよう命じた時[9]までの変化は何故起こったのかである。

この二次的問題に読者の心を繋ぎ留めておいてもらいたい。その問題はこと細かにすべての点に二重の関心を抱かせるだろうし、その関心は無益とはならないだろう。私がヴェネツィア芸術から引き出すことができる証拠は、その国の政治的繁栄の衰退は「家庭的個人的」宗教の衰退とまさしく符合していたという事実であって、この事実は頻繁に指摘されているように誰にも否定し得ないからである。

「家庭的個人的」とは――これが読者に銘記してもらいたい第二の要点であるが――、ヴェネツィア全史の最も奇妙な現象は、私的生活における宗教上の活力の衰退が、公的政治における宗教的死滅につながったことである。他のヨーロッパ諸国の熱情・騎士道・狂信の中にあって、ヴェネツィア国ははじめから終わりまで仮面の国のようであった。その冷徹な仮面は奥知れぬものであり、その力は秘密の泉からだけ発揮されほとばしる。その泉とは、この国の商業上の利害であったし、それこそがこの国の重要で政治的なすべての行動や他国とのトラブルへの大きな動因となった。この国は国の名誉に対する侮辱を許容しても、商業上の競争相手を容認できなかった。その国は征服の正しさを、獲得した領地の利用価値によって評価した。征服を企画した動因が忘れられても、成功して得た名声は残った。この国の歴史をさりげなく読んだ者は、次の事実を想起して驚くだろう。この国の領主達のうち、最も高貴な者が指揮し、この国の軍事的栄光を増大させた遠征も、周辺の全ヨーロッパが、十字軍遠征による信仰の燃える火焔で精力を使い果たしている間でも、ヴェネツィアだけは、その国が供給した武力に見合う最高の代価を、信仰から引き出せるかどうかを見積もった。そして、自国の利益を増大させるためなら、みずからの信仰を直ちに捨て[10]、みずからの宗教心に背いた。

しかも、この国家的罪悪の最中にも、最も高貴な個人的心情の証《あかし》を見せられて、私達は何度も感動する。総督ダンドロの涙は、偽善の涙ではなかった。もっとも、彼の眼が涙に曇らされて、ザーラ[11]の征服の重要さを見落とすことはなかった。彼自身の行動のすべてと、彼の日々の生活のすべてを信仰に従ったせいにする習性を、すべての偉大なヴェネツィア人が国家の繁栄期にも身につけていたのは注目に値する。また、市民達の私的感情が国の政策にまで影響し、どちらが便利かを決めかねて、天秤の皿がかろうじて均衡を保っている場合に、最後に彼らの私的感情によって決断が下された実例は枚挙にいとまがない。神聖ローマ皇帝バルバロッサ（ドイツのフレデリック一世）に対する教皇アレキサンデル三世の反発にヴェネツィア市民達が賛成したとしても、嘆願者としての教皇の人格によって感動した彼らの敬虔の念と、神聖ローマ皇帝の傲慢によって引き起こされた高貴な彼らの誇りより以上に彼らを教皇に引きつけた直接の根拠を探しても失望するだけであろう[12]。ヴェネツィアの心情は素早く決断すべき会議においてはじめて示される[13]。ヴェネツィアの世俗的精神は、自国が利益を得られる可能性を値踏みしたり計算したりするまでもなく、利益が明白である時に高揚する。個人的信仰を国家的政策に完全に服従させたことは、際限なく続く背信と専制――それらによってこの帝国は拡大し維持された――を通して見られるだけでなく、その都市の建設における目立った事情にも象徴的に示されている。

ヨーロッパの都市はすべて大寺院が主要な特徴となっている。だが、ヴェネツィアの最も主要な教会は、その領主の宮殿に付属する礼拝所であり、「ドゥカーレ教会堂または聖堂」と呼ばれている。想像も及ばないほど小さく、装飾も粗末な教父時代の教会「サン・ピエトロ・カステッロ寺院」は、ヴェネツィア島嶼群の一番外側の小島にあって、建物の大きさも装飾も目立たず、その名も、この都市を急いで通り過ぎる大多数の旅行者にはおそらく知られていない。「ドゥカーレ教会堂」に次いで重要なヴェネツィアの二つの教会は、大きくて壮麗だが、これは国家の努力の賜物ではなく、フランチェスコ会派とドミニコ会派の修道僧達の精力的活動に負うている。彼らは、イタリアの大きな宗派組織に支えられ、ヴェネツィアのすべての貴族達の中で最も敬虔でその世代で最も賢い人[14]（彼は寺院の屋根の下で永眠し、彼はトスカナの彫刻家が墓の周りに配置した徳の像によって称賛された）に支持されていた。

それゆえ、「リヴァス・アルトゥス[15]」の島々の変動の激しい歴史のほとんどすべての局面に、二つの見慣れない厳かな光がある。それは、一方では偉大な時代のヴェネツィア市民の生活を特徴づけている個々人の宗教の、深遠で確固とした基調であり、この宗教的精神は彼らの日常の生活規範になるものであり、商業上の取り引き行為に特殊な威厳を添える。さらにこの精神は世俗的人間なら当面のところ、「宗教感情が自分の末梢的行為にまでなんらかの影響を与えた」と、ためらいつつも認めざるを得ないような、素朴な信仰であると彼らは告白した。そして、こうしたことの当然の帰結として、すべての彼らの行動において穏健な精神と精力的な意志が見られたし、行動の直接の動機がそんなに褒められたものでない時でも、その行動を腰砕けにさせないヒロイズムの習癖が表現された。国家の繁栄はこの精神の充実と一致し、その衰退はその精神の挫折と一致した。このことをこの研究領域において示し得る付属的な証拠から論証することが、この論文の二次的な目的である。ここまでは至極当然で、簡単明瞭である。しかし、宗教感情が国民的行動と一致するとして、その国民的行動にその宗教感情が影響しそうな時に、宗教感情が枯渇すれば、それは私達の現今のイギリス立法府の幾つかの特徴と同じように極めて顕著に最も奇妙で最も複雑な困難を伴う問題——道徳上と政治上においての問題——となる。しかしながら、私の現在の研究の範囲から言って、私にはそれに言及するのは許されないし、その問題を扱うために、私がせいぜい提供できるのは、ヴェネツィア人的性格の私的傾向に投げ得る光に照らして、材料を提供するぐらいのことである。

しかしながら、ヴェネツィアの政治には、私達の前に提起されるもう一つの極めて興味ある特徴がある。それをローマ教徒は、ヴェネツィアの無宗教性の根拠にして喜んでいる。それは、ヴェネツィアがローマ教徒の地上的権威に反抗し続けてきた堂々たる見事な闘争のことである。なるほど、ヴェネツィア史にざっと目を通しただけの人には、私がすでに言及した奇妙なドラマしか捉えられないだろう。そのドラマはサン・マルコ大聖堂の玄関のあの忘れられない場面で終わったのであり、(16)その場面は、教皇の態度が示す権力の耐え難い圧迫として、多くの人達の心の中を重苦しく占めている。

確かに、ヴェネツィア大公の紋章やこの国の大祭の儀式だけでなく、この国の誇り高い想いの数々がローマ教会の記録に留められている。だが、幾年にもわたって耐え忍んだことで、一時的な熱情を抑え難く、長年鬱積した感情がほとばしり、との詰まりが、教皇クレメント五世がヴェネツィア国民と総督を、ダタン、アビラム、アブサロム、ルシファーに類する者どもとして破門宣告した。その宣告を受けたことは、総督の庇護を受けアドリア海貿易同盟の一員であるよりも、ヴェネツィア政府の偉大さを示すより強力な証拠である。総督フランチェスコ・ダンドロの謙譲の美徳が赤ひげ皇帝の恥辱を拭い去り、ヴェネツィア大評議会などの会議への僧侶の参加を完全に排除したことは、ローマ教会の精神を熟知して、それに挑戦したことの不朽の記念碑となった。

ヴェネツィアの大評議会から教皇の影響をこのように排除したことに対して、ローマ教徒はヴェネツィア人の無宗教のせいだとし、新教徒は彼らの成功だとする。前者の旧教徒は、教皇庁の性格に起因するとして沈黙させられるし、後者の新教徒は、イギリス立法府がみずから恥辱をさらけ出すのを恐れてその原則を曲げたように、ヴェネツィア元老院もその危険を避けるために原則主義を曲げたという事実をよく反省して、恥じることによって沈黙させられるであろう。

ヴェネツィア政府について注目すべきもう一つの事情が残っている。それは、その政府を構成する家族群の統一である。もっとも、誠実この上なき完全な統一とは言えないが、イタリアの他の地域の年代記に満載されている権力をめぐる名門閥や諸党派間の激しい反目、ほとんど日常的な革命、不断の相続争いと比べれば、ヴェネツィアの統一は称賛すべきものである。イタリアの他の地域のそのような争いは、時には短剣をもって決着をつけられる。さもなくば、激しいイタリア的精神風土によって抑圧を強いられる場合には、法律という仮面の下で敵意が増幅されて断末魔を迎えることを、予想せざるを得ない。嫉妬は通常条理に合わない野心とは混じり合わないようであり、私的感情が公共の危険を冒して満足を求める場合もあるが、それよりも私的感情が公共の利益のために犠牲にされる場合が多い。ヴェネツィアが私達に敬意を払って注目するように要請していることは、島々の中で枝を削がれた森の木々のように林立しているすべての塔の中で、唯一祈禱のためでなく、見張り櫓の機能を果たす塔があることである。イタリアの他の都市の宮殿は、恐ろしいほどの堅固な城壁に囲まれて聳え立って、投げ矢や弓矢の反撃を防御しながら弓矢で攻撃する穴のあいた城壁で縁辺部を防備されているが、ヴェネツィアの砂地は塔の重みにも沈下せず、その屋根のテラスは、金色の球が百合の葉の間に掛けられたアラビア風の形象で花環のように飾られている(17)。

以上が、ヴェネツィア国民の性格と運命に対する主要な一般の興味をそそる要点であるように思われる。次に、私が読者に示したいのは、これらの問題に関係する様式の芸術面での立証と、芸術がその国の歴史との真の関係において見られる時の、芸術自体がとる様態についての考えである――。

まず第一に、絵画を証拠として受容するがよい。私がヴェネツィア没落の始まりを一四一八年に遡って考えていることは記憶にあるだろう。

一四二三年にジョヴァンニ・ベリーニが生まれ、ティツィアーノは一四八〇年に生まれた。ジョヴァンニと彼の二歳年上のジェンティレは、ヴェネツィアの聖画の作者のレヴェルに近づいた。極めて厳粛な信仰心が彼らの作品に最後まで生命を吹き込んだ。ところが、ティツィアーノの作品には宗教的精神はない(18)。彼自身の中にも、彼に絵画を描かせた人達にも、宗教的気質や宗教的共感の一かけらもない。彼の大規模な宗教的画題は、絵画的修辞――構図と色彩――を展示するための主題にほかならない。フラーリ教会の聖母マリア像は、マリアを取り巻くペザーロ家のさまざまな成員の肖像画の間を繋ぐ要《かなめ》を設けるために導入された俗人の像である。

これは、ジョヴァンニが信仰家であり、ティツィアーノはそうではないからというだけではない。ティツィアーノとジョヴァンニは、それぞれが彼らと同時代の画家の流派を真に代表していて、彼らの芸術的感情の相違というよりも、むしろ彼らが幼い頃に受けた教育の相違の結果である。ジョヴァンニは信仰的環境で育ったが、ティツィアーノは形式主義の教育を受けた。彼らの半世紀以上にわたる生年の隔たりの間に、ヴェネツィアの活力ある信仰の灯は消えてしまった。

活力ある信仰であって、形式の信仰でないことに留意されたい。外面的形式の遵守は今まで通り厳格であった。総督と元老院議員がやはり描かれたし、ほとんどあらゆる場合に、聖母マリアや聖マルコの像の前で跪いている絵画であった。信仰の告白は、ヴェネツィア金貨が純金であることによって、世に広く知られた(19)。だが、ドゥカーレ宮殿にあるティツィアーノの大きな絵画――総督アントニオ・グリマーニが信仰を誓って跪く図――を見給え。そこには興味をそそる教訓がある。信仰の対象となるべきマリアの形象は、ティツィアーノのどちらかと言えば優雅ではない女性をモデルにした粗野な肖像画であって、信仰対象は肉欲的になった。作者の眼は総督の着た鎧の輝きに囚れて、ヴェネツィアの心は、国の戦いに注がれ、信仰に向けられてはいない。

ティツィアーノと比べると、ティントレットの精神は、比べものにならないほど深く厳粛であり、彼の精神が向けられる宗教的画題の上にその精神の基調である厳粛さが投影され、時には我を忘れて信仰に没入している。しかし、画題を扱う原則はティツィアーノのそれとまったく同じであって、宗教的画題より装飾や描写の目的を優先させる。

一五世紀の間にヴェネツィアの宗教心が奪われた証拠は、ヴェロネーゼやその後に続くあらゆる画家の作品から山積するほど集められる。

絵画の証拠はこれほどある。建築の証拠を集めることが、これ以後の多くの頁を通しての私達の仕事となるだろうが、ここで私はその主題についての一般的な考えを述べておく。

フランスから派遣された大使フィリップは、『ヴェネツィア共和国回想記』の中で、一四九五年に入ったヴェネツィアについて書いている。


私は二人の大使の間に置かれて（イタリアでは「真ん中」は最も名誉ある位置だから）、大運河と呼ばれる大通りを舟に乗せられて行った。その大運河はとても大きくて、ガレー船でも走れるほどであった。そう、私は家々の建っているすぐ傍を四〇〇トンかそれ以上の船が走るのを見た。確かに私の考えでは、それは世界で最も立派な大通りであり、最良の技術で建築された家のある通りであり、それは、その都市の端から端まで続いていた。それらの建築物は高く堂々として、すべて立派な石造りであった。古い家は壁土で塗り込まれていたが、今までの数百年間に建てられたその他の建物は、正面はすべて大理石で、一〇〇マイル離れたイストリアから運ばれた石材であった。そして、それらの石材は斑岩石や蛇紋石で美しかった。……それは私が今まで見た中で最も勝ち誇った都市であり、そこでは、異郷人である大使達は名誉をもって歓待され、共和国は最善の行政を施され、彼らは神を深く敬い、つつしんで仕えていた。彼らにはさまざまな不完全さがあったとしても、彼らが教会の礼拝に対して抱く敬意のおかげで、神は彼らを繁栄させたと私は信じる。

この文章は、二つの理由で特に興味深い。まず第一には、ヴェネツィアの宗教についての、共和国における大使の抱いた印象に興味が引かれる。その宗教について、すでに述べたように、形式はその諸儀式の中に生命の残光を僅かに輝かせていた。その形式は、前時代に真の生命が宿っていたものの痕跡であった。次いで第二には、古い時代の宮殿とここ数百年間に建てられた建物との比較によって、瞬時に得られた共和国民の精神の印象に興味が引かれる。その新しい建物のすべての正面が一〇〇マイル離れたイストリアからもたらされた白大理石で、そこには斑岩石や蛇紋石が入っている。

このフランス大使が新旧の建物の識別に注目したのは正しかった。実際一五世紀にヴェネツィア建築にはある変化が生じた。それは私達現代人にとっても、いささか重要な変化であった。私達イギリス人はセント・ポール寺院をその変化の結果もたらされたものだと感謝するし、ヨーロッパ全体から言うと、その建築家の流派がそれ以来二度と甦ることなく、まったく堕落して破壊されてきたのは、その変化のせいである。もし読者にこのことがわかりづらくても、ヴェネツィアの建築と、ヨーロッパのその他の建築との関係を、その起源からずっと辿って全体的な流れを把握することが必要である。

すべてのヨーロッパ建築は、新旧・巧拙のいずれであれ、起源はギリシャにあり、ローマを経由し、東方から色彩を得て完成された。建築史を学ぶことは、この起源・由来から得た多様な様式や方向を辿ることにほかならない。このことをしっかりと理解してもらいたい。

もしあなたがこの大きな繋がりの筋道をしっかりと把握するなら、沢山のビーズ玉のように、その筋道に沿って、すべての型の建築上の発明の連続を一本の糸で繋ぐことができるだろう。ドーリア様式とコリント様式は、すべての重くどっしりした柱頭のあるロマネスク建築――ひいては、ノルマン様式、ロンバルディア様式、ビザンチン様式、その他の同種のすべての様式の建築――の根源であり、とりわけコリント様式は、すべての初期イギリス様式、フランス様式、ドイツ様式、それにトスカナ様式の根源である。古代ギリシャ人が柱身を与え、ローマ人がアーチを与え、アラブ人がアーチを尖頭型にして葉飾りを添えた。この事実には留意してもらいたい。柱身とアーチ――建築における枠組みと力であるが――は、ヤペテの種族から得られ、建築における精神の尊厳性はイシマエル、アブラハム、セムに由来する。

円柱身の体系は、ギリシャ人がエジプトから受容した可能性が高いが、このような初期の由来を読者は心に留めておく必要はない。読者に留意してもらいたいのは、柱身の完成された最初の時点だけではなく、ギリシャ人がそのドーリア様式をエジプトから得たとしたら、地上の次の三種族はそれぞれが最も高貴な建築に貢献したことになるということである。要するに、ハム族は他の種族の召使であったが、支え維持する柱身を提供し、ヤペテ族はアーチを、セム族は両者の精神性を提供したのである。

二つの様式、ドーリアとコリントは、すべてのヨーロッパ建築の根源であると私は述べた。おそらく五つの様式があることはご存知と思うが、実際には二つの様式しかない。地上最後の審判の日までそれ以上はあり得ない。二つの様式の一つでは、装飾が凸状になっている。この様式はドーリア、ノルマンとその他同種として記憶されるものである。もう一つの様式では、装飾が凹状になっている。この様式はコリント様式、初期イギリス様式、盛飾様式（Decorated style）と、その他同種として記憶されるものである。過渡的形式は、装飾の線が直線であって、両方の様式の中間であり根源である。その他のすべての様式は、これらの変形であり、数と変種が無限にある変幻極まりない幻影であり異様なグロテスク模様にすぎない。

二様式を伴うこのギリシャ建築は、ローマ人によって不器用に模倣され変形され、彼らがアーチを実用に供し始めるまでは特に目立った成果はなかった。もっとも、ドーリア風柱頭は何とかならないかといじっているうちに台無しになり、コリント風柱頭は奇想奔放で、時折非常に美しい形象で多様化され豊かになった。この状態の時に、キリスト教が伝来した。キリスト教はアーチをその宗教独自のものとして把握し、それを装飾化して、楽しんだし、台無しにされたローマの柱頭に代わる新しいドーリア風柱頭を発明した。そして、ローマ帝国の全領域で、手近にある材料を使って、できるだけ最善にキリスト教みずからを表現、装飾すべく制作に着手した。このローマのキリスト教建築は、その時代のキリスト教を熱情的で美しく正確に表現していた。だが、非常に不安定であったし、多くの点で無知であり、しかも、強烈な想像力の溢れるまま、気ままな才気の光で輝いていた。コンスタンチン大帝の治下で燃え上がったその光は、ボスポラス海、エーゲ海、アドリア海の海辺を照らし、人々が偶像崇拝に屈するにつれて徐々に、遺骸を照らす燭光になった。建築も、その怠け気分が破られなければ、それが表現する宗教と同様に固定化した形式に陥り——見栄えだけのメッキされただけのミイラ化した骸となり——永久にそのままの状態になっただろう。[20] だがしかし、荒っぽい揺さぶりによる覚醒がそのあとには予定されていた。

衰微する帝国のこのキリスト教芸術は、二つの大きな分派——西洋風と東洋風——に分けられる。一方はローマが中心で、いわゆる初期キリスト教ロマネスクであり、他方はビザンチウムが中心で、ギリシャの工人によって高い想像的完成へ高められたが、みずからをビザンチン風として、ロマネスクとは識別した。しかし、私は当面読者にこれらの二つの芸術分野を一まとめにして心に留めておいてもらいたい。それはそれらが、主要点において同じだからである。言い換えれば、両者が古いローマの芸術からの真の継承であり連続であって、中断なく源泉から流れて来て、折々に見出された最良の工人――イタリアではラテン職人、ギリシャではギリシャ職人――に委ねられたからである。こうして、両方の分野は、キリスト教ロマネスクという建築の名の下に纏められて分類された。その建築様式は、ローマ帝国が堕落した時、異教芸術の洗練さを失ったが、キリスト教によって、より高度な目的を目指して、より派手やかな形態を創る才能のあるギリシャの工人の空想力によって高められた。多様な分野に拡大され、行政機関が置かれた所在地からの距離によって洗練度が変わっても、この芸術様式はローマ帝国の中心地域のすべてにおいて見ることができた。要するに、その力強さのすべては、それを活気づける宗教上の活力と新鮮さによっていたのである。その活力と純粋さが失われると、それ独自の活気も失われ、無気力な惰眠に陥り、その美しさを奪われなくとも、腑抜けになり、前進も変化も求める能力をなくしてしまった。

その間にも、再生のための準備があった。ローマ、コンスタンチノープル、そして、それらの直接の影響下にあった地方では、純粋な直系を誇るこのローマ芸術が洗練された姿で制作されたが、他方、中心地から離れた辺鄙な地方では、ローマ芸術が不純な形態で――いわばロマネスクの芸術的方言として――もっと劣った工人によって制作され、この方言のずっと粗末な模倣品が、その帝国のはるか辺境の地で、未開の民族によって制作された。だが、これら未開の民族には、青春の血のたぎるような力強さがあった。ヨーロッパの中心では、洗練され純粋な直系を誇る芸術が、優雅ではあるがたんなる形式主義に堕していった間に、辺境では未開で借り物の芸術が力強さと一貫した調和を生むべく組織立てられていた。それゆえ、読者はこの時期の制作の歴史を、大きく分けて二つのものとして考えねばならない。

一方は、ローマのキリスト教芸術の細部に凝った、けれども活力を失った系列の流れであり、他方は、帝国の辺境の考えられる限りの初期の時期の民族、そして、今では名目上その帝国の領域に含まれる民族によって制作されたローマ芸術の模倣の流れである。

もちろん未開民族の中の幾つかは、この影響を自覚していなかった。東ゴート族がアルプスを越えてどっと南下した時、神の鞭であるフン族（匈奴）のように出現し、東ゴート族は、無気力になっていたイタリア人と混血し、彼らの血が混入した大衆に——その知的な性格には実質的には影響せずに——身体的な力強さを与えた[21]。だが、ローマ帝国の南北の他の未開民族は、南はインド洋の海辺まで、北は氷山の漂う北海のフィヨルドまで、その影響を感受していた。北と西ではラテン民族の影響を受け、南と東ではギリシャ民族の影響を受けた。とりわけ、卓越したこの二つの民族は、私達に直系の精神力を提供してくれた。中心的な力が失われていくと、反射された光の環が光度を高めて輝きが満ち溢れる[22]。官能と偶像崇拝が尽き果てて、ローマ帝国の宗教がきらびやかな墓石の中で眠ってしまった時、南北両方の水平線ないしは地平線に活気に溢れた光がさして来て、ロンバルディア人とアラブ人の熱烈な剣が、黄金色の麻痺症状のローマ芸術の上に振り下ろされた。

ロンバルディア人の役割は、キリスト教徒の無気力で脆弱化した精神に耐久力と組織力を与えたことである。アラブ人の役割は、偶像崇拝を罰し、信仰の精神性を宣言したことである。ロンバルディア人は自身の建てたあらゆる教会を、肉体的実践——狩猟と戦争——の彫刻による表現でことごとく装飾した。アラブ人はその寺院から生き物についての想像的形象を追放し、光塔（イスラム寺院の祈禱時間を報せる塔）からそれを宣言した。「一神（アッラー）以外に神はなし」と。二つの民族は、性格と使命は正反対であるが、両方とも外来民族で、一方は氷河の流れる北方の奔流からであり、他方は熔岩が流れる南方からである。両方の民族がローマ帝国という難破船の上で出遭い戦った。戦いの中心、両方の流れがもたらす台風の目の静止点、対立する潮流の交差する淀みには、ローマの難破船から吹き寄せられた断片が山積していたが、そこがヴェネツィアであった。

ヴェネツィアのドゥカーレ宮殿は三つの要素(23)――ローマ、ロンバルディア、アラブ――をまったく均等な割合で包含している。

そうしてヴェネツィアには七、八マイルの圏内に世界の卓越した三つの建築様式が競合することになった。読者は今や、都市の建築物が、いかに重要か――そういう建築物研究の大切さを理解し始めたことだろう。三つの建築様式が、それぞれの宗教の特性を表現して、それぞれが正道をはずれ、しかも他の二つを修正するに必要な条件を示して、おかげでそれぞれが特異な修正をされた。

北方建築と南方建築がローマ建築から発達させた多様な様式を記述することが、今後私の主なる仕事の一つとなるだろう。ここで私は、偉大な各々の民族の著しい特徴を挙げるために、多くの時間をかけなければならない。キリスト教ローマ建築とビザンチン建築には、一つに纏まってよく均衡のとれた円柱を伴った円アーチがある。柱頭は古典的ローマからの模倣であり、刳り形も同じである。大きな壁の表面は想像上の形象とモザイクと絵画――聖書のであれ、聖なる象徴のであれ

——でもって覆われている。

アラビア様式は、最初は主要な特徴が同じで画一的であった——それはビザンチンの工人はカリフ(24)によって雇用されていたからであるが——。アラブ人はいち早く円柱と柱頭に古代ペルシャとエジプトからの特性を半分ずつ取り入れ、刺激を強烈に好むため、アーチを尖った先頭にして、贅を尽くした葉飾り装飾の中をアーチがくぐるようにした。さらに動物の形象を追放し、「アラビア風」と称される独自の装飾を発明して、それを動物の形象と取り替えた。この装飾は広い表面を覆うのには適さなかった。人々の関心をこの特徴的な個所に集中させるため、その表面に色彩を施し、水平の線を引いた。この水平の線は砂漠の地平線を表現している。アラブ人は円屋根（ドーム）を保持し、光塔を加えた。すべては精妙な洗練さをもって仕上げられた。

ロンバルディア人によってもたらされた諸変化には、より一層興味をそそられる。それらの変化は、建物の装飾よりも、建物の構造にあったからである。ロンバルディア様式の建築は、北方未開の諸民族の建築法を表現している。これは最初、キリスト教ローマ教会やバシリカ(25)を木造によって模倣したものであった。バシリカ全体の構造を吟味するのは容易で、読者はそんなに時間をかけなくても、その大要を容易に理解するだろう。要するに、一つの身廊（本堂）と二つの側廊があり、身廊は円柱列によって側廊と仕切られていて、その円柱列が側廊の上にせり上げられて、身廊の上部——破風《はふ》木造屋根のある明かり層(26)と呼ばれる部分——を構成する平板な壁または開口壁の大きな空間を支えている。

この高い開口壁は、ローマ様式では石造りであるが、北方の木造様式では、身廊の柱の頂上の直立材――これも木造だが――に打ち付けられた平たい板材か梁材で造られねばならなかった。これらの直立材は、梁材よりも分厚くて、身廊の窓間壁《まどあいかべ》の上に垂直にとりつけた四角のつけ柱となっている。キリスト教が普及し文明が進むにつれて、これらの木造構造建築は石造に変化した。しかし、木造建築が石化したものの、木造で必要とされた形態を保存した。身廊の窓間壁の上の直立したつけ柱は、石造建築物でも残っており、北方建築の明確な特徴の第一の形態――円天井（穹窿《きゅうりゅう》）柱身[27]――となっている。一七世紀にロンバルディア人がその形態の建築様式をイタリアへ持ち込んだ。そして、それは今日まで残り、ミラノの聖アンブロージョ教会（Basilica di Sant' Ambrogio）とパヴィアの聖ミケーレ教会にある。

円天井柱身が明かり層壁に導入された時、身廊の窓間壁には、それを支えるための付加的要素が加えられた。単一の柱に用いられた二、三本の松の幹が、その柱身群を最初に示唆したのだろう。それはともあれ、身廊の窓間壁を十字型に配置するには、円天井柱身を重ねなければならない。それに伴って、入口や窓口に小規模な柱身群を設けることになる。こうして、ロンバルディア建築によって代表される北方建築の全容は、円味のあるアーチ、円天井柱身を付加された柱身群、それに実生活と架空の空想が混じり合った際限ない想像上の形象の湧出という、粗野だが堂々たる作として表現された。

ロンバルディア人の氷河の流れとノルマン人のそれに押し流された土石流が、流れの跡に並外れた建造物を残した。だが、彼らが生活した領域を越えて、南方の諸民族に影響を及ぼすことはなかった。しかし、アラブ人の熔岩流は、その流れが止んだ後でも、北方の大気を暖めた。そして、ゴシック建築史は、その南方の影響下における北方の様式の洗練と精神化の歴史と言えよう。世界で最も高貴な建築物――ピサ・ロマネスク様式、トスカナ（ジオット派）・ゴシック様式、ヴェロネーゼ・ゴシック様式――は、南方の密接で直接的影響の下でのロンバルディア派の建築物である。北方の多様なゴシックは、ロンバルディア人がイタリアへ持ち込んだ建築の原型であって、それがアラブ人の間接的影響の下で変化したのである。

偉大なヨーロッパの様式の形成過程をこれだけ理解すれば、ヴェネツィアにおける建築の継承の跡を辿るのは難しくはない。ヴェネツィア芸術の主要な性格について私が述べてきた事柄から、誤って結論づけ、ローマ的、北方的、アラブ的の各要素が一堂に会して、同時代に覇権を求めて戦ったと断定してはいけない。最も初期の要素はキリスト教ローマ様式の要素である。しかし、この芸術の遺物はヴェネツィアに限っては残存していない。ヴェネツィアは初期にあっては、イゾンツォ川の河口からアディジェ川の河口までに広がる湿地帯にある島々の連なりに形成された多くの移住地の一つにすぎなかった。九世紀になってはじめてその都市に政府が置かれた。トルチェッロ島の大寺院は、総体的にはキリスト教ローマ教会であるが、一一世紀に再建され、多くの細部にわたってビザンチンの工人の痕跡を証拠として残している。しかしながら、この大寺院は、トルチェッロのサンタ・フォスカ八角堂教会とヴェネツィアのサン・ジョコモ・ディ・リアルト教会と、サン・マルコ大聖堂の教会堂（聖堂）兼地下室ともどもに、明確な一群の建築物を形成していて、これらの建築物では、ビザンチン様式の影響は極めて僅かであり、これらの島々における最も初期建築をおそらく十分に代表するものであろう。

ドゥカーレ宮殿は、八〇九年にヴェネツィアへ移転され、聖マルコの遺骸がその二〇年後にアレキサンドリアから運ばれてきた。聖マルコの最初の教会は、アレキサンドリアで破壊された教会を模倣して建てられたことは疑いなく、その原教会から聖遺骸が得られた。九、一〇、一一世紀の間に、ヴェネツィアの建築は同じ様式のモデルに基づいて構成されたようであるし、たとえ読者が両者をビザンチン風と呼ぼうが、アラビア風と呼ぼうが、実質的に大差ないが、その都市の建築はカリフの支配下にあるカイロの建築とほとんど同質である。工人は確かにビザンチンの人達だが、アラブ人の親方によって新しい形態を創出するように強制され、彼ら工人が雇われる世界のどの部分の建造物でも、これらの新形態を実用化した。

ヴェネツィア建築のこの最初の様式に対して――キリスト教ローマ様式の残存している形跡と共に――次の研究の第一部門を当てる予定である。実例は、三つの高貴な教会――トルチェッロとムラーノの教会と、サン・マルコ大聖堂の大部分――と、宮殿の一〇または一二の断片から成り立っている。

この様式を継いで、より明確にアラビア風の特徴を備えた過渡期の様式がやってくる。柱身はより細身になり、アーチは円味を帯びない、一貫して先頭が尖った尖頭アーチになる。一言では尽くせないくらいの多くの変化が柱頭と刳り形に生じた。この様式はまさに世俗的で排他的なものであった。ヴェネツィア人達がアラビア風の住居の美しい細部を模倣したのは当然であるが、彼らがキリスト教会のためにイスラムのモスクの美しい細部を採用したとしても、それはいやいやながらであったであろう。

私はこの様式がいつ始まったのか明確に決定することはできない。それはビザンチン様式と一部時期が重なっており、その後も引き続き用いられたためである。しかしながら、その位置づけは、一一八〇年という中心的な年――ピアツェッタ(28)の花崗岩の柱身が建てられた年――に行われた。その柱頭は、ヴェネツィアのこの過渡期的様式で最も重要な部分の断片となっている。その様式が家庭の住居建築に適用された実例は、この都市の街路のいたる処にあって、以後の論文の第二部門となる予定である。

ヴェネツィアの市民達は、芸術上の教訓をいつも、敵からも受容する心のゆとりがあった（そうでなければ、ヴェネツィアにアラビア風の作品が存在するはずがない）。だが、ロンバルディア人種に対しては特別な恐怖と憎悪を抱いていたので、彼らがイタリア本土にもたらした芸術的影響をすんなりとは受容しなかった。しかしながら、今までに分類された二つの様式（ビザンチンとロンバルディアの二様式）を習得する訓練を積むうちに、尖頭式ゴシック様式(29)の特殊で原始的な雛型がキリスト教会建築に生まれた。それはロンバルディア・アラブ形態をほのかに反映するものであるように思われる。その形態はヨーロッパ大陸では完成の域に達していて、そのまま干渉されなければ、間もなくヴェネツィア・アラブ派に吸収併合されたことであろう。その形態は最初からヴェネツィア・アラブ派と連帯していたので、アラビア風尖頭アーチを、この初期ゴシック様式の影響下で建てられたと思われる尖頭アーチから識別するのは困難となるだろう。サン・ジャコモ・デッローリオ、サン・ジョヴァンニ、カルミニといった教会がその実例を提供してくれる。

しかし、一三世紀になると、フランチェスコ派とドミニコ派が大陸から導入した道徳と建築は、すでに明確にゴシックになっていて、それはロンバルディアと北方の形態から奇妙にも発展したものであった。サンティッシマ・ジョヴァンニ・エ・パオロやフラーリの広大な教会で用いられている様式原理の影響が急速にヴェネツィア・アラブ派に及び始めた。でも二つの様式体系はけっして統一されることはなかった。ヴェネツィアの政治が教会の力を抑圧し、ヴェネツィアの芸術家が教会の模範的作例に抵抗し、それ以後その都市の建築は、教会と世俗に分別されるようになったからである。後者は、全イタリア半島に共通の、世俗的だが力強い形態の西方ゴシック様式であり、ある種の特徴ある刳り形を採用することで、ヴェネツィア人の共感を得ていた。前者は、豊かで贅を凝らした、まったく独創的なゴシック様式であって、ドミニコ派とフランチェスコ派の建築の影響によってヴェネツィア・アラブ派から形成されたものであった。特に前者は、フランチェスコ派による新奇な特徴であるトレーサリ(30)を、アラブ風の形態に接木することで形づくられた。このヴェネツィアの特色ある建築は、教会建築としては、サン・パオロ、フラーリ、サン・ステファノといった教会によって代表され、世俗建築としては、ドゥカーレ宮殿とその他の主要なゴシック宮殿が挙げられる。これらが多様な形態のゴシック建築を形成していて、次の三部門の主題になる予定である。

さて、特に注目してもらいたい。ヴェネツィアにおける過渡的様式——特にアラビア風様式——は、一一八〇年代に集中的に現われ、それ以後徐々にゴシック様式へと変容していく。そのゴシック様式は純粋な形態で、一三世紀中頃から一五世紀初めにかけて広まっていく。言い換えれば、私がヴェネツィアの全盛期と述べた時期に広まった。前述のように、その都市の衰退は、一四一八年に始まったと私は読んでいる。その五年後にフォスカリが総督に就任する。彼の治世には、『ヴェネツィア共和国回想記』の著者フィリップが前掲の引用の中で注目したような、大きな変化を印象づける建築上の最初の著しい徴候が現われた。フィリップが注目した変化の実例としては、ロンドンとローマとヴェネツィア、ヴィチェンツァと全ヨーロッパのそれぞれがこの変化の結果できた建築すなわち、セント・ポール寺院、サン・ピエトロ大寺院は、ロンドンとローマで最も高貴と一般に考えられている建築であるが、実は私見では、ヨーロッパがそれ以来制作したあらゆる芸術の中でも堕落した作品である。

この変化は、まず全世界の建築物に見られる真実と活力の喪失として現われた。当時のゴシック建築——北方のものも南方のものも——は、全部一緒に堕落した。ドイツとフランスのゴシックは、贅を凝らすことに没頭し、イギリスのゴシックは、垂直線という拘束服によって狂気の段階だと診断されるほど、締め付けられた。イタリア本土のゴシックは、パヴィアのケルトサ寺院やコモの大寺院の無意味な装飾（時にはそれは無知を示す「イタリア・ゴシック」という名称で呼ばれる）となって開花した。ヴェネツィアでは、「布告門」[31]とサン・マルコ大聖堂の荒っぽい唐草模様の浮き彫り細工の退屈で複雑怪奇なものとなっている。すべての建築のこの堕落は――特に教会建築に著しいが――、全ヨーロッパにおける宗教の状態、すなわち、ローマ教徒の迷信への妄信とその結果としての公衆道徳の低下と堕落（これが宗教改革を引き起こす要因）と符合し、その宗教の状態を特徴づけている。

この堕落したローマ教皇の政治に反対する二つの大きな対抗勢力の集団が台頭した。一方はドイツとイギリスのプロテスタントであり、他方はフランスとイタリアの合理的啓蒙主義者であった。前者は宗教の浄化を要求し、後者は宗教の破壊を要求した。プロテスタントは宗教を保存するものの、ローマ・カトリック教徒を邪教徒として退けた。

したがって、彼らローマ教徒と共に、みずからの芸術も退けた。このような芸術の最終段階の拒否によって、プロテスタントはみずからの人格を損ない、人格陶冶のための鍛錬を拒絶することによって、みずからの知性を羽交い絞めにし、みずからの影響を実質的に減退させた。宗教改革の挫折のどこまでがこの錯誤の結果であったかは重大な問題である。

合理的啓蒙主義者は、芸術を保存し、宗教を捨て去った。その合理的芸術がいわゆるルネッサンスであって、異教の体系への回帰によって特徴づけられる。異教体系を採用してキリスト教のために浄化するのではなくて、模倣者として異教の下で弟子になることで、異教に回帰するのであった。

絵画で、先頭を切ったのは、ジュリオ・ロマーノとニコラ・プーサンであり、建築では、ヤコポ・サンソヴィーノとアンドレア・パラディオ[32]である。

あらゆる方面で引き続いて起こった堕落は、愚行と偽善の洪水であった。最初は誤解され、次いで根拠薄弱な官能的解釈をされて捻じ曲げられた神話が、キリスト教的画題の表現に取って代わった。カラッチ一門（ロドヴィゴと、彼の従弟アゴスチーノと、その弟のアンニバーレとカラッチ家から出た芸術家達で、装飾画、壁画、版画に卓越した）のように、人々を描くうちに冒瀆的になった。人物形象が沢山描かれた画布の上に、無力な神々、純朴さを喪失した牧神、無垢を捨てた半神半人の妖女、人間性を喪失した人間達が、病人の群れとして表現された。

街路にある大理石像は荒唐無稽で衒学的場面に溢れていた。悪用された知性のレヴェルは徐々に低級へと傾いた。風景画のさもしい流行によって歴史画の地位が奪われた。そして、風景画は好色的衒学趣味に陥った。その実例は、サルヴァトールのアルザス地方の雄大な山岳風景、クロードの子ども騙しの観念的絵画、アルプスより南方では、ガスパールとカナレットによって濫作された退屈な作品、その北方では、煉瓦と濃霧や、肥えた牛と溜まり水の描写に酔い痴れた画家の、生涯を捧げた根気強い作品などである。こうして、キリスト教道徳、勇気、知性、それに芸術のすべてが崩れて一つの残骸の山となった。イタリアでは、その没落、フランスでは、その革命、イギリスでは、ジョージ二世の時代の芸術の状態（より厳しい刑罰から、プロテスタンティズムによって救われた）へとせき立てられた。

これまで私がルネッサンス風景画の評判を落とすような説を述べたとしても、いたずらに述べたわけではない。クロードとプーサンによって加えられた弊害は、アンドレア・パラディオとヴィンチェンツォ・スカモッツイとヤコポ・サンソヴィーノによって起こされた被害と比べれば、取るに足りない。クロードとプーサン兄弟は、影響力が弱くて、一般大衆の心に重大な感化を及ぼさなかった。彼らの作品に含まれる弊害もほとんどなく、高い値段で購入されることもあまりなかった。彼らの真の影響力は僅かしかなく、応接間の壁の飾りとして間に合わせに使ったり、話題に窮した会話のつなぎに話を持ち出される程度の哀れな使命しか与えられず、だからと言って、憤慨することもない。

だが、ルネッサンス建築はそれで済ませるわけにはいかない。ミケランジェロによって可能になった、あの壮麗さにまで忽ちにして高められ、それからスカモッツィ、ヤコポ・サンソヴィーノ、イニゴ・ジョーンズ、クリストファー・レンなどのような知性と想像力豊かな人達によって取り上げられ、ヨーロッパ人達の精神に及ぼした影響の度合いを見積もることができないくらい大きい。しかも、絵画に関心のある人達は極めて少なく、関心ある人達でも大部分が注意を払わずに見過ごしてしまうから、その影響は甚だ大きくなる。しかし、実は万人が建築には関心があって、生涯でいつの日か彼らは建築と重大な関わりをもつ。個人が劣悪な絵画を購入して、二、三〇〇ポンドを損してもあまり深刻ではないが、国家が馬鹿げた建築物を建てるのに、二、三〇〇ポンドを損するのは、後悔先に立たずである。私達がこのルネッサンス建築を悔やんでしかるべきであるのは、あながち富の浪費や病的思いつきのせいだけではなくて、その建築に現代のある種の支配的悪弊の根源を見出すし、またその悪弊の表現をも見出すからである。それは、過剰な詭弁と無知な古典趣味である。一方は一般社会の健全さを破壊し、他方は、学校・大学を終えた人達の大半にとって、それらの公共教育機関を無用な物にするからである。

さて、かつて最も宗教的であったヴェネツィアでさえ、没落してしまえば、ヨーロッパ諸国家で最も堕落した国になった。その国は全盛期にはキリスト教的建築の純粋な潮流の中心であった。衰退期には、その都市国家はルネッサンスの根源となった。ヨーロッパ人から見て、この流派（ルネッサンス派）に卓越した地位を与えたのは、ヴィチェンツァとヴェネツィアの宮殿の独創性と壮麗さであった。散財された額はとてつもなく法外な額であって、愚かにも優雅を極めたこの死にゆく都市は、青春期よりも、老齢期において、広い範囲において崇敬のまなざしで見られ、崇拝者達に囲まれながら、墓穴へと沈められていった。

精神的害毒を撒き散らすルネッサンス芸術に効果的な批判の打撃が加えられたのは[33]、ヴェネツィアにおいてだけであった。そのことに対して私がこの都市へ賛歌を捧げることがなければ、いずれの他の都市へもその資格は与えられない。それゆえ、これが以後の私の論文の究極の目的となるだろう。

私はパラディオに頁を割くことはない。そんなことをしたら、悪罵に満ちた章が続いて読者は退屈するだろう。だが、初期の建築についての私の説明において、そのすべての主要な特徴であるさまざまな形態を、それらが古典趣味によって堕落させられてしまった形態と比較し、その結果において、没落の崖っぷちに立って、崖下の深さが見分けられるや、私は立ち止まらざるを得なくなる。こうするに当たり、私は二種の明確な証拠に基づいて決定する。

その第一の証拠は、建築者における思想や感情の欠如ないしは不足が招いた、特別な出来事や事実によるところの立証である。それによって、私達はその建築者の建築物は、劣悪であると結論し得る。第二の証拠は、建築それ自体における体系的な醜悪さを感知する感覚である。それを私は読者の心に呼び戻すか、搔き立てるかしてみたい。第一の立証について、ここで二つの実例を挙げる。それらの実例は、衰退の始まりについて上述の中で指摘された時期を読者の心に銘記するのにすぐに役立つだろう。

カルロ・ゼーノと総督トンマーゾ・モチェニーゴの死に際して彼らに与えられた重要性に再び私は言及しなければならない。その総督の墓はフィレンツェ人によって作られたが、それはその時期のすべてのヴェネツィア人の墓と同じような形式と感情に基づいて作られている。そして、それはそういう形式・感情を表現している最後の墓である。古典趣味的要素は十分にその細部まで取り入れられているが、全体の感じはまだその影響を受けていない。すべてのヴェネツィアとヴェローナの墓と同じく、それは墓の上に横臥している人物像が表現され、死んで横たわっている総督の忠実で優しいタッチの肖像であって、別に骨折ることなく仕上げられた作品である。総督は長衣と帽子を身につけ、頭部は枕上に少し傾けて載せ、両手はだらりと垂らして交差させている。顔はやつれて、容貌は大柄であるが、鑿の入れ方が自然でとても純粋で堂々としているので、生前でも大理石のように見えただろう。それらの特徴は、思索による皺が深く刻まれ、こめかみの血管は枝分かれまでして脈さえ打っているようである。皮膚は鋭い切り込みの皺で波打ち、眉はアーチ状に曲がり毛深い。眼球はかっと見開いて大きく、唇の曲線は傍らの金色の口ひげに覆われ、顎鬚は短く二重で先が尖っている。すべてが高貴で物静かであり、白い墓石の埃が頬と額の鋭い輪郭を光のように浮き彫りにしている。

この墓は一四二四年に彫刻され、墓石にはある聡明な作家によってヴェネツィア芸術についての一般の人々の気持ちを代弁して、次のように書かれている――。

トンマーゾ・モチェニーゴの遺骸の横たわる石棺は一見立派だが、実は醜いものであって、イタリア派の手になるものである。それは、中世の衰退する芸術を、興隆しつつあったルネッサンス芸術と結ぶ最後の繋がりの一つと称されてよい。棺の前面と側面の七つの人物像――それらは枢機卿と神学上の美徳を表現しているのだが――のそれぞれの欠陥に目くじら立てることに時間をかけはしまい。天蓋の上の壁龕に立っている像についても論評したくない。なぜなら、私達はそれらの像を、フィレンツェ派――イタリアで最も注目すべき派と見なされるのも理由のあることであるが――の時代とその評判の両方に値しないと考えるからである。(34)

実際、これらの欠陥についてはあまり考えない方がよいが、王の遺骸の気高い像の傍らにあるもう一つの墓に少しでも時間をかけて想いをめぐらすことは、なおさら結構なことであろう。同じサンティッシマ・ジョヴァンニ・エ・パオロ教会の聖歌隊席には――総督アンドレーア・ヴェンドラミンの墓――がある。この総督は『ヴェネツィア年代記』の中で最も悲惨な総督で、一四七八年に死んだ。疫病が死因であるが、その疫病は潟海の岸辺にまで及んだトルコ軍侵攻による荒廃の後、広がったものだった。彼は海陸両面にわたってヴェネツィアが恥辱を受けるままにして、遠くフリウリの青い空に、敵の侵攻略奪による火災の煙火がもうもうと立ち昇るのと一緒に昇天した。彼のために贈られた墓は、歴代総督のそれを凌ぐ高価なものであった。

前掲の引用文の著者が故郷の祖先の彫像の傍らで冷然としていても、総督ヴェンドラミンの墓の傍らで雄弁を揮《ふる》えば、その罪滅ぼしができる。次に引用するイタリア語の文の最上級の力を私の訳文によって骨抜きにしてはいけないと思う(35)。

イタリア語の賛辞は二頁半にわたって印刷され、引用の文（省略）によって十分に意は尽くされている。しかし、徹頭徹尾一語も個人については言及されていない。私自身はこれを墓の重要な部分と考える性質なので、特にここでそれに興味を示す。セルヴァチコは大衆の称賛の反響を記したにすぎないのだから。それはルネッサンス期の墓石の作品中の逸品であると衆目の見るところが一致していて、チコニセラによって宣告された――。

鑿の奉仕によって達成されたヴェネツィアの芸術の頂点である。(36)

それゆえ、私は教会堂の保管係が管理していそうな古い梯子を手掛かりにして、埃と蜘蛛の巣で覆われたこの頂点へ——ヴェネツィアのあらゆる重要な墓に試みたと同様に——試みに登り詰めた。私は最初とてつもなく劣悪な技巧と見なされた、腕を垂らす彫刻のやり方には感情が欠如していることに驚いた。それは、切り口の冴えの技を示すために身体の中ほどから垂らされていたのである。モチェニーゴの手は関節が角張って硬直しているが、血管は精妙に刻まれており、この彫刻家は、血管の微妙さが威厳と年齢と家柄を表現すると感じていたのであろう。ヴェンドラミンの手はずっと念入りに凝って彫刻されているが、その無骨で不器用な輪郭は、制作にあたってそれほど注意深く作業が進められていないことを見るからに感じさせる。それももっともである。そのわけは、関節の辺りが痛風のように腫れて皺になっているのを表わすことに注意が向いていたからである。片方の手はこのようであるが、もう一方の手はどうかと私は探してみた。最初私はその腕は折れたのだと思ったが、塵埃を払ってみると、惨めなことにその彫像には腕ははじめから一本しかなく、もう一方の手のあるべき側は原石のままであった。重苦しく不快な顔つきは、半分しか完成していないので、怪物のようになっている。額の片側は念入りに皺が彫られ、もう一方の側は滑らかなままに残されている。総督の縁なし帽子の片側だけしか彫られていない。片頬だけが仕上げられ、もう一方の頬は切り出された原石のままで、歪められさえしている。最後に、白貂の毛皮の服も、片側だけ地の毛皮が克明に模倣されているが、もう一方の側は原石のままである。その彫像は、作品全体から見て、下側と片側からだけで見るために制作されていた。

あらゆる角度から、それは見られるべきであった。逆に、見る位置によってその扱いを手加減したことを私は非難すべきでなく褒めるべきなのであろう。第一に、もしその扱いを見とがめられて、死者の真の肖像を要求された時に、半分だけの奇怪な仮面を示して不実さを意味する意図があったのでなかったら、よいのだが。第二に、もし知的道徳的堕落と一致するだけのまったくの冷淡な感情を、その扱いが意味するのでないならば、褒めるべきなのであろうが。いやしくも、胸のうちに心情を有する者なら誰しも、老人の風貌の薄暗い輪郭――かつては威厳のない風貌だったとしても、死の厳粛さによって少なくとも浄化された――を、制作する時に、彫刻する手は震えないで彫ることができただろうか。また、誰が白髪交じりの額ぎわに手を伸ばし、いくら大金を積まれたにせよ、額の血管を目測する時に、手の興奮を抑えることができただろうか（心があれば、誰でも遺骸を前にして感動し手が震えるものではないか）。

もし読者に感情があれば、この下品で感性に欠けた虚偽の彫刻家の他の作品の中に才能があるなどと期待することはないと私は思う。追憶の碑全体がこれ見よがしの装飾のうんざりする集合物であり、それがペンで仕上げられるとしたら、ペン習字練習帖と呼ばれるべきだが、鑿で仕上げるのだから、鑿使い練習石と呼ばれるべきだろう。それの抱える問題は、イルカの背に腹這いになって乗った手足の肥えた少年の問題――そのイルカは泳げないので、ハンカチを何枚も結んで海を引きずりまわされるということになるという問題——に似ている。

しかし、読者よ、すべての問題の要点が現われてきた。この不名誉な総督の虚偽の追憶碑——ヴェネツィアのルネッサンス芸術の最頂点に到達した誇り——は、何はともあれ、その彫刻家の人格を立証するものとして、少なくとも正直である。彼は一四八七年に貨幣偽造のためにヴェネツィアから追放されたからである。[37]

この罪人の作品について今後言うことはまだあるが、当面、第二のより些細で一層興味深い証拠品——私が約束したもの——に話を移そう。

ドゥカーレ宮殿には二つの主要な正面がある。一方は海に面し、他方は小広場に面している。海側と、第七アーチを含んだ処までの小広場側は、一四世紀初期の制作であり、そのある部分はさらに早期の制作年代だろう。小広場側の他の部分は一五世紀の作である。時代の相違は、ヴェネツィアの考古学者達によって真剣に討議されてきた。彼らはその問題に関する多くの文書を調べ、彼らがそれまで調べなかった幾つかの文書を引用した。私自身がそれらの文書の多くを照合し、さらに、ヴェネツィアの考古学者が参照することを思いもつかなかった一つの文献——宮殿の石造建築そのもの——を照合した。

その石造建築は、小広場側において、海の方角から近づくと、第八アーチの中央で変化している。その中央地点までは比較的小規模な石でできている。[38] 一五世紀の制作は、大規模な石——一〇〇マイル離れたイストリア産の岩石——で始められた。[39] 下方アーケードの、海から九番目（第九）の柱身と、上方アーケードの——下方アーケードの上にあるが——一七番目（第一七）の柱身は、一五世紀の連作のはじめの部分である。これら二つの柱身は、他のものよりいささか太くて、サラ・デル・スクルーチニオ[40]の隔壁を支えている。この地点から「布告門」へ到る宮殿の正面は、今しがた読者を案内して傍らに立たせた高貴な総督モチェニーゴの時に建てられた。彼の時代と彼の後継者フォスカリの治世のはじめ、言い換えれば、一四二四年頃のことである。しかしこれは論議されていない。海の側の正面はもっと早期の作だということが論議されただけである。しかしながら、その証拠というのは考えられないくらい単純なものである。石造技術だけでなく、彫刻も九番目（第九）の低い柱身で変化し、しかも柱頭——上方と下方のアーケードの列柱の柱頭——においてもそうあるべきであるというのが証拠である。海側の正面に導入された人物像の服装は、パドヴァのスクロヴェーニ礼拝堂にあるジオット制作の人物像のものと符合していて、純粋にジオット風である。だが、他の柱頭の服装は、ルネッサンス風＝古典風である。アーチ間に置かれたライオンの頭像もこの同じ点で変化している。そして、そのほかの沢山の証拠が、角隅の彫像にはあるが、今そのようなもので読者を煩わせたくない。

さて、一四二四年（六年前の一四一八年は、ヴェネツィア没落の年であることを想起せよ）、フォスカリ治政下の建築家は、没落より以前の宮殿の形態に従わざるを得なかった。彼は同じ様式で新しい柱頭を発明する機智をもたなかった。だから、彼は古い柱頭を不器用に模倣した。ドゥカーレ宮殿には海側正面に一七の大きなアーチがあり、小広場側には一八のアーチがあり、それらのすべてがもちろん三六の柱で支えられている。私はこれらの柱を右から左へ数える――すなわち、宮殿の「藁の橋」(41)の角隅から「布告門」の角隅へと数える。なぜこう考えるかと言うと、最も早期の柱身をまず数えたいからである。そう数えると、第一、第一八、第三六が宮殿の角隅を支える重大な柱だと分かる。前述したように、一五世紀に連作された、最初は小広場側にある海から第九の柱で、その柱は全体の柱の第二六に当たる。将来もこのように数えれば、二七より上の全数字は、一五世紀制作であり、それより下の全数字は一四世紀制作であることを示す――。ただし、修復した例外的な場合もある。

模造された柱頭は、次のようである。第七から模造された第二八、第九から模造された第二九、第一〇からが第三〇、第八からが第三一、第一二からが第三三、第一一からが第三四、その他は一五世紀の冴えない発明作品であるが、第三六は除く――これは非常に気品のあるデザインがなされているからである。

模造のために宮殿の早期制作の部分から選ばれた柱頭は、他の柱頭と一緒にして、後述する。(42)私がここで指摘すべき要点は、第九柱頭の模造にある。この柱頭は八つの美徳――信仰・希望・慈悲・正義・節制・思慮・謙譲(43)・不屈――の具現化された人物像が飾られている(他の柱頭と同様に八角形である)。一四世紀の美徳の像はそれぞれいささか厳しい顔つきだが、生気に満ちた表情で、当時の素朴な日常着を着ている。慈悲の像は膝の上にリンゴを一杯載せ(おそらくパンも載せ)、柱頭の葉飾りの切れ目越しに手を伸ばす幼児にその一つを差し出している。不屈の像は、ライオンの顎をぐいと開けていて、その頭上に神の手が、射し入る陽光の間から垣間見えるし、[44] その上に記された銘には、「希望こそは神における最善の一つ」とある。

このデザインは、粗末な造りで不完全な鑿彫りであり、一五世紀の工人によって模造された。その結果美徳の像はそれらの厳しい顔つきと生気ある表情を失った。今やそれらの像はローマ人の鼻と巻き毛になった。しかしながら、それらの人物像のしぐさと表象は、「希望」以外は保存されたが、「希望」になると、その像は太陽にだけ祈っている像になった――「神の手は去った」。

これは世界で支配的になった精神にしては奇妙で人目を引く典型ではないか――神が与えた光に神の手を見るのを忘れるとは……。それゆえ、結局、一方ではその光は宗教改革への道を開き、他方では古代文明の十分な知識へと開眼するのだが、前者の場合は道を阻まれ、後者の場合は誤用され堕落させられた。

私がルネッサンス期工人の劣った人格を示す証を求めて、偶然見つけた証拠の本質とはこのようなものである。だが、作品制作の劣等性を示す証明はそれほど容易ではない。なぜなら、私が訴えねばならないのは、ルネッサンス作品制作が捻じ曲げた芸術批評の判断基準となっているからである。私（ラスキン）の著作『建築の七燈』に対する批判論文[45]を少し読んだ時に、作品制作の劣等性を示すことの困難を強く感じた。批評家はサン・マルコ大聖堂に対する私の一貫した称賛に注目した。「ラスキン氏はそれを非常に美しい建物と考える！　私達建築家はそれを非常に醜い建物と考える」。私は別に意見の相違に驚かないが、事柄が完全に意見の問題と見なされていることに驚いている。絵画においての私の対立者は、正義の法則のようなものが存在し、私がそれを理解していないと憶測している。

だが、建築についての私の反対者は、法則などに訴えることなく、ただ私の意見に反対する意見を唱える。そして、実際に彼らにも私にも訴えることのできる法則など差し当たり存在しない。誰も建築物の長所や欠点について合理的に判断することはできない。強情を張って言うことはできる。それまでの偏見にどこまでも固執すればということであるが。それでも票による多数決や党派への執着から決定される場合以外の方法で決定される場合には、けっしてうまくいかない。しかしながら、私はこの問題には一つの法則が存在したという明確な信念をもっていた。良い建築が劣悪な建築と見分けられるのは、議論の余地がないという信念からであり、建築のうわべの性質と本質の対立は明瞭に目で見分けられるし、硬貨の真偽を論争するには、その響き具合をみないでは始まらないように、原則に言及せずにこの問題を論議するのは賢明でないという信念からである。この法則が決定的であれば、それは普遍的である――それは様式や民族感情に関係なく、すべての愚かで下品な作品を拒否し、すべての上品で賢明な作品を認めるように私達に促すにちがいない。また、それはゴシックであれ、ギリシャであれ、アラブであれ、すべての真に偉大な民族と時代のデザインを認める――はたまた、それは中国、メキシコ、近代ヨーロッパのいずれであれ、すべての愚かな民族と時代のデザインを放棄し拒絶する。それは人間精神によるすべての建築上の発明品に容易に適用されるにちがいない。

これらの事柄を私は確信しているのである。それゆえ、人間は、過剰な差し障りもなく、一般的な常識を用いて、建築の良し悪しを識別するように創られていると確信して、そのような法則を確立することに取り掛かろう。しかも、世界が偽装や下劣な施工で広範囲にわたって邪魔されているのは、人間が良し悪しの作を分けるのに、必要な骨折りを惜しむからであると確信して、法則を確立しよう。

この骨の折れる仕事は当初思案したより簡単であることが分かった。筋の通った建築は、私が要求した通りの順序で配列され、愚かな建築はそれから脱落し、まともに見られると、自滅する。それで私はヴェネツィアの建築について、二つの選択肢のいずれかを選ばねばならない。一つの選択肢は、関わるべき特徴に出会うと、一つずつの法則の仕分けを独立した形で確立するか、もう一つの選択肢は、読者に辛抱強く耐えてもらって、まず一般的研究を詰めてから、読者と共に正・不正を決める規範を確立するかである。その規範に照らして過去を見ることができるからである。まだるっこいけれども、この後者は最善の方法であると思う。次に続く頁で、これらの批評の基礎は設定される。ヴェネツィア建築についての私の説明——今まで建築に思いを馳せなかなかった人達にも分かるように明快で単純な形での説明——において、私がよりどころとし基礎となる批評を設定する。[46]

建築のことを考えてきた人達にとっては、それらの頁で述べられる大部分は既知の事柄であり、自明の事柄であろうが、その人達は、すべての論述が実用のために簡便さを旨としているからと言って、怒るべきではない。最初述べられた時には、自明と思われた事柄から、奇妙な結果が時折生じる――まったく予想されない重要な結果が生じる――のが分かるだろう。私はここでこの重要さ（なすべき事柄の重要さ）を述べるために時間をかけたくない。と言うのは、大抵の読者は、建築のような実用的で高価な芸術では、正・不正の批評基準の価値をすぐに認めるだろうと、私は信じているからである。それに、読者達は正・不正の規範が確立されてから、規範が役立つかを論じるよりも、規範の達成の可能性を疑いがちであると信じるからである。それゆえ、たとえ私が主要な目的を達成しなくて、私が欲する判断を読者がしなくても、ためらいがちの選択や、内発的衝動での選り好みを正当化し得る矛盾のない理由づけを提出したことで、読者に感謝されればよいこと――このことを確信して、私は読者に公平な吟味をお願いする。もし私がヴェネツィアの石を試金石にすることに感動し、ヴェネツィアの水晶をもぎ取られて裏切られたこと（ナポレオン占領軍に財宝が略奪されたことを指すのだろう―訳者注）以上に底知れぬ毒物を、その崩壊する大理石を調べることによって、看破することに成功するなら――そしてまた、もしこうして三世紀間もヨーロッパに君臨してきた建築の卑しさと、(47)ほとんどといってよい他の芸術のジャンルの流派の卑しさを示すことができれば――、この研究の成果は、私が今まで暗示してきたどの真実よりも生気ある真実を立証するのに役立つと私は信じている。プロテスタントは、芸術を蔑視し、合理主義者は芸術を堕落させたことに注目してもらいたい。だが、ローマカトリック教徒は、何をしたのか。彼は芸術を甦らせたのは教皇制度であると自慢する。教皇みずからの手に芸術が委ねられた時、何故教皇はそれを支えられなかったのか。どうして教皇は不信心に基づいた古典趣味・古典崇拝に屈服し、かつての信心深い信仰のイメージを舞台装飾に変貌させた、いわゆる革新の動きに歯止めを掛けられなかったのか。

ローマンカトリシズムが、芸術の促進者ではなくなって、プロテスタンティズムをその脇腹から生ませて両宗派が分離して以来、単一の偉大な構想を創り得るとは思えなかった。前者は堕落したとしても、それに反対する明白な証言をされなかったから、多数の誠実なキリスト教徒をその宗派の聖列に加えた。その限りでは、その芸術は高尚であった。

しかし、反対証言がされ、誤りは明らかにされた。ところが、その証言を聞こうともせず、虚偽を捨てようともしないローマ教会は、その瞬間から知性が麻痺し出した。その麻痺が、かつてローマの使徒であった芸術のさらなる利用価値を、ローマをして剝奪させた。それだけでなく、ローマは、それみずからが恥辱とすべきローマ崇拝の祠を信仰させ、ローマ崇拝者をローマの破壊者とするに至った。

もしこれらの真実が私達の思索に値するなら、私の話に耳を傾けてもらいたい。私達が海洋都市の街路に入る前に、次の事柄を知ることにしよう。限りない魅力に没入して、夕闇の深みに夏雲が沈んでいく前に、日没の移り気な雲の峰となって夏雲が聳え立つが、その変化と同様に、その都市のさまざまな宮殿のそそり立つ建築物の形姿にも訪れる、その日最後の変化を見るのに没頭するか、あるいはまた、それらの建築群の累積された大理石に夕陽が照り映えるのを見守りながら、海波がそれを消し去るまで、その光景の中にその都市の奢多についての聖なる文章が記された頁を読むかするであろう――その文章とは、「神が汝の王国を考慮に入れ、それを仕上げた」である。

注

（1）「テュロス」Tupos. Tyre. レバノン（フェニキア）の港「ティール」、聖書では「ツロ」と称される。

（2）"Serrar del Consiglio" が原語。一二九七年から始まり、一三世紀から一四世紀初めにかけて何度か繰返された大評議会（国政決定機関）から新興階級の新貴族を締め出し、貴族の家柄の固定化特権化を狙い、総督と市民大衆を国政から排除した。

（3）ヴェネツィアの島嶼に最初に移住した人達は、フン族（匈奴）の襲撃を避けて大陸部から移り住んだので「亡命者達」と言われる。

（4）一四世紀にヴェネツィアの近くのキオッジャに攻撃拠点を置いたジェノヴァ軍に包囲されたが、これに屈せずヴェネツィア軍はキオッジャを陥落させ逆にジェノヴァ軍を包囲し勝利した。キオッジャの戦いと言う。

（5）ミラノのヴィスコンティ公とヴェネツィアは戦い続けた。そのため敗戦の屈辱も味わったが、一四四六年に公が死に、ヴェネツィアは勢力と領土を拡大した。

（6）Cambrai. フランス北部の都市。

（7）「元老院」はヴェネツィアでは、「十人委員会」と共に「大評議会」から選出された。

（8）一三七八年ダルダネルス海峡入口のテネドス島支配権をめぐって、ヴェネツィア艦隊司令官ヴィットーリオ・ピサーニはジェノヴァ艦隊と戦ったが敗北し、残存四隻でヴェネツィアに帰国した。そして責任を負わされ投獄された。しかし、ジェノヴァ艦隊がヴェネツィア南方二五キロのキオッジャに進攻すると、ピサーニは総指揮を委ねられ、逆包囲して兵糧攻めにし、勝利した。一三八一年講和が結ばれた。この戦いのことに言及している。
（9）ナポレオンが侵攻、占領した一七九七年。元老院は五一二対一四で解散を票決。
（10）〔原注〕十字軍の武力を、一人のキリスト教徒の領主に対して向けたことによる。次注を見よ。
（11）「ザーラ」はクロアチアの海港で、この海港を奪還するために、総督ダンドロは十字軍に協力を要請した。キリスト教徒を攻撃したことで、ローマ法皇よりヴェネツィアと十字軍は破門を宣告されたが、十字軍だけ後に許された。
（12）注（16）にロジャーズの詩の引用があるが、教皇へのバルバロッサの屈服の場面を詠んだ詩である。
（13）〔原注〕「素早く決断すべき会議」――ヴェネツィアは表面的外観は商業的で、真情においては熱情的なほど英雄的宗教的である。現代イングランドはその正反対である。
（14）〔原注〕「総督トンマーゾ・モチェニーゴ」。彼の墓はサンティッシマ・ジョヴァンニ・エ・パオロ教会の北側廊にある。
（15）「高い岸」の意でリアルトの語源。
（16）〔原注〕神聖ローマ皇帝バルバロッサの軍は、ヴェネツィア周辺諸都市の義勇軍によってレニャーノで敗れ、教皇と皇帝間の和解をヴェネツィアが仲介し、サン・マルコ大聖堂で式が行われた。その時の詩は、「あの大聖堂の玄関で（真鍮はなくなり、斑岩が残るが）赤ひげ皇帝（バルバロッサ）はマントを脱ぎ捨て跪き誇らかな教皇の足をおし戴き――かくして遂に敗走とそのための変装を慰められて、皇帝は石の枕上で何度も苦悩に身震いした」（出典はロジャーズ『イタリア詩集』）。ここにはヴェネツィア精神の真実の表現が他のヴェネツィアについての詩文よりも見られる。
（17）〔原注〕兵器庫の想像も及ばないほどの堅固な防備も、この都市に関する限り例外ではない。それは外国の攻撃への予防策を表わす外観にほかならない。

(18) 〔原注〕14頁の「以上が」から16頁の「山積するほど集められる」までの叙述は大胆であると同時にしっかりした真実の内容である。再読して私（ラスキン）はこの叙述個所を誇りに思った。

(19) 一二八四年、ダンドロ総督時代に鋳造された二十四金のドゥカート（ducato）金貨。聖マルコに跪く総督の姿が彫られ、もう一つの面にはキリスト像が彫られている。共和国崩壊まで五〇〇年通用した。

(20) 〔原注〕私が読んだことのある楽しい書物、カーソン著『レヴァントの修道院』の最初の章を開けば、読者はきっとビザンチン建築の要素をたちどころに把握し、その特徴が巧妙に描かれているのが分かるだろう。

(21) フン族の凶暴な越境・略奪行為を、「神の鞭」として捉え、ヴェネツィア人達はみずからを励ました。

(22) 日蝕の時に見られるコロナ現象の描写である。

(23) Ducal Palace の訳語。実質的に元首である総督の官邸でもあった。

(24) マホメットの後継者で教主兼国王。

(25) 古代ローマ時代の公会堂、裁判所、取引所を「バシリカ」と言い、それが後にローマのある種の教会を指すようになった。

(26) 「クリアストリ」は clerestory が原語。

(27) 「円天井（穹窿）柱身」vaulting shaft が原語。「穹窿」は vault すなわち円天井、円屋根の訳語。

(28) piazzetta が原語。ドゥカーレ宮殿の海に面しない側にある小広場。以下「小広場」とする。

(29) “a peculiar and very primitive condition of pointed Gothic” を、全体的に考え、このように訳した。

(30) tracery の訳語。窓や扉に主に金属製で設けられ、透かし彫りの複雑な彫刻が施された。

(31) Porta della Carta の訳語。ヴェネツィアの名所旧跡の一つ。

(32) Andrea Palladio（1508–80）はヴィチェンツァ生まれの建築家。著書に有名な『建築論』四巻がある。

(33) ラスキンのルネッサンス観は、一般の近代歴史観と異なり、批判的である。中世では、信仰ゆえの誠実

(34) さが美術活動にはあった。ルネッサンスからこの誠実さが喪失し出し、近代的分業によってさらに芸術は精神性を失っていったとラスキンは考えた。
(35) 次にイタリア語の原文をラスキンは掲げているが、本訳書では省略する。
(36) セルヴァチコによって引用された。
(37) 〔原注〕セルヴァチコ著『ヴェネツィア建築』。
(38) 〔原注〕もっと古い制作年代の石もイストリア産だが、異質の石であった。
(39) arcade のことで、今までは、「拱廊」という訳語が充てられた。
(40) Sala del Scrutinio が原語。「査問室」と訳してみたい。秘密の追及と討議がされた室で牢獄もできた。
(41) Ponte della Paglia の訳語。昔ここで大陸から運んだ藁を売っていたことから名づけられた。
(42) 〔原注〕ヴェネツィアの考古学者はこれを人間性と呼ぶ。
(43) 八章「ドゥカーレ宮殿」の後半で述べられる。
(44) 〔原注〕ヨハネ黙示録によれば、「主なる神が彼らに光を与える」とある。
(45) 『建築家』という題。
(46) 原書では、次に建築上の「法則」の説明の章が続くが本訳書ではこの部分省略。「あとがき」で要約する。
(47) ルネッサンスに批判的なラスキンは、近代建築の卑しさを鋭く批判した。ゴシック建築の精神に近代建築の喪失したもの、そして、近代を乗り越える芸術——建築を含む——のヒントを見つけようとした。この点から、私達はゴシックの精神を見直したい。

第一部　ビザンチン時代

一章　王座

昔、遠路はるばる訪ねる旅は、必ず骨の折れるものであった。その骨折りは、一つには長い道のりに想いを馳せる「はるばると来つるものかは」の追憶・回想の念を呼び起こす記憶力によって報われ、もう一つには、夕べの幸福によって報われる。夕べの幸福とは、旅人が今しがた越えたばかりの丘の頂きから、彼が泊る予定の静かな村落が渓流の脇の牧草地の間に散在しているのを眺める時の幸福であるし、さらには、土手道から見た埃っぽい眺望を見飽きてそろそろ展望が開けないかなと思っていた矢先、はじめて夕映えの中にかすかに有名な都市の林立する塔を見た時の幸福である。そのような幸福の時間は、平和で思索をめぐらす喜びの時である。その時間と比べれば、現在の鉄道駅で到着した列車に乗客が殺到する光景とは、雲泥の差がある。ガラス張りの屋根や鉄骨の駅舎に比べ、旅宿を経由して旅する一昔前の旅程には、期待と回想のゆとりがあった。

そういう時代に、大帆船の出入りする大運河から広い潟海《ラグーン》へゴンドラが出て、ヴェネツィアの眺望を旅行者が目にする時ほど、想い出が大事にされる瞬間はないと言ってよい。とは言っても、その都市のその眺望が、一般的には些か失望の種にならなくもない。と言うのはその方向から眺める場合、その都市の建築物は、他のイタリアの大都市の建築物よりも特徴が少ないからである。しかし、この見劣りするはずの点も、距離が離れていることよってぼかされて、一見深遠な海とおぼしき潟海の真ん中から壁や塔が林立する珍しい眺望によって、埋め合わされる。なぜなら、何リーグ(1)にもわたって北と南へとさざ波を煌かせて広がる浅海の水面を見て、人の心や眼が同時に全体を把握したり、また同時に東方へその都市を囲んで並ぶ小島群を眼で追うことは不可能だからである。潮風と呻き啼く白い海鳥、潮が着実に満ちる時、処々に群集している黒い海藻が、浅瀬がなくなると姿を消してゆく様子——そういったすべてが、その海が偉大な都市を静かにその胸に抱いている大海原であることを告げている。

それは、ナポリの岬を波で浸したり、ジェノヴァの大理石の崖下に眠るように横たわる青くて柔和な湖のような海ではなくて、イギリス人の知っているような北方の海の荒涼とした凄まじい力をもつ海である。しかも、その海は、不思議に心おきなく安らげるほど静穏になるかと思うと、時として顔面蒼白になるほどの怒れる波浪が押し寄せる。かと思うと、また時には、島の孤立した教会——「海藻の聖ジョージ」と呼ばれる教会——の鐘楼の背後に夕陽が傾く時、燦然と光る金色の海面に変貌する。艀《はしけ》がその都市に近づくと、旅行者が今しがた離れた海岸は彼の背後に沈んで、一本の長く低い悲哀の色をたたえた一条の線になって、その海岸線には灌木や柳の茂みによって不規則に房状に飾りつけがされている。しかし、北の端と思われる処には、アルクワの丘陵が隆起していて、潟海に映った丘陵の明るい影にふさわしい紫色のピラミッド型の暗い丘陵の連なりとなっている。二つか三つのなだらかな丘の連なりは麓まで裾を広げ、それらの彼方に、ヴィチェンツァの市街の上に聳える岩山の峰々から始まるアルプスの連峰が、その北方にある全地平線をぐるりと囲って見えなくしている。

その連峰は、ぎざぎざの青い壁となって、その裂け目から無数の霧深い崖を処々に見せながら、カドーレの山奥へとその青味を薄くぼかしてゆき、それ自体はまた東方へと隆起して、太陽光線がその雪の部分に正面から照りつける処で砕け、夕映えの棚雲の背後に聳え立つ光の峰の巨大な砕片となる。その砕片は無数であって、次々と現われ、アドリア海の王冠とでも評されようか。そして、ついにそれらの雲の峰の砕片を追うのを止めて、その近くで夕陽に燃えるように映えているムラーノ島の鐘楼とその街に視線の先を留めれば、ゴンドラの舟脚が素早く音を立てずに近づくにつれて、この都市の姿が波を蹴立てるうちに拡大してくる。そしてついに、都市の城壁に到達する。

まだ上陸して足を踏み入れていない一番外側の街路が、聳える門や防壁越しではなくて、まるでインド洋の二つの珊瑚礁の間の深い入江越しのように、眼に入ってきた時に、はじめて旅行者の視界に、円柱の上にそそり立つ宮殿の数々の連なる光景が入ってくる。各宮殿は入口の門に黒い艀を繋留している。微風が吹くたびに豊かなモザイク細工の幻想的な模様が緑陰に覆われた舗道上に落ち、各宮殿の姿も影となってみずからの足下に投げかける時に——最初に輝く眺望の端で、幻のようなリアルト橋がその巨大な曲線を、カメルレンギー宮殿の背後からゆっくりと映像を映し出す

（その珍しい曲線は、繊細で堅固で山岳の洞穴のように頑丈であって、引き絞った弓のように優雅である）時に――、弦月のような曲線美の橋の全貌がまだ姿を現わさないうちに、ゴンドラの船頭が「ああ、スタリ！」[2]と叫ぶ声が乗客の耳元に鋭く響いた。水しぶきがゴンドラの傍らの大理石を伝い、しぶきの音が反響するほど近接して舟を追って来る狭い運河の上で、両側から出会うようにせり出す石造の蛇腹の下をくぐって舳先を横に転じた時に――鮮紅色の血管が燃えているようなドゥカーレ宮殿正面がサンタ・マリア・デッラ・サルーテ教会の雪白の円屋根（ドーム）に面して立っているのは、銀色の海越しだが、最後にゴンドラがその海[3]に突入する時に――、そういう時に、歴史と存在の暗い真実を忘れるほど美しく珍しい光景の幻想的魔力によって人間の心が深く魅了されるのは当然かもしれない。

そのような都市がその存在理由を、逃亡者の恐怖[4]よりも、魔法使いの杖に負うていると思われるのももっともである。その周りを取り巻いている海波は、無防備を避ける防御壁としてよりも、その国を写し出すものとして選ばれたし、大自然における荒々しく無慈悲なすべてのもの――波浪や嵐だけでなく、時間の経過や腐朽していくことさえも――が、その都市を破壊するのではなく、それを装飾するために、わが物とされ、海浜の砂だけでなく、砂時計の砂さえ、その王座のために設定したような美を、来るべき時代のために今なお保存しているように思われる。

全地球的規模で多事多難だったここ数年間と比べると、それ以前の五〇〇年間ははるかに平穏だった。これはヴェネツィアにおいても同様で、ここ数年の変動の方が、ヴェネツィアにおいても致命的であった。そして、ヴェネツィアへ近寄る際に眺められた以前の風景は、もはや見られず、全体をほんの束の間、一瞥できるだけになった（機関車が速度を緩める時だけ見られる）。そして、宮殿の多くは汚損され、俗化された廃墟となったけれども——ここ数年のめまぐるしい世界の変化と機関車の出現による旅の喜びの喪失もあるけれども——、その都市の外貌には依然として魅力が潜み、それゆえに、第一印象の驚きの念が消える前に、この都市を去らねばならない急ぎの旅行者は、この都市の起源が卑しい漁村であったことを忘れ、その深刻な荒廃を見過ごしてしまう。かといって想像力によって育まれる慈悲の情が枯渇してしまった人達を羨むべきではない。彼らは、痛ましい印象を抑え込んで、記憶の中から豊かで美しさの卓越した光景を選びとり、下品なものを高尚にし、不調和なものを調和へと変える能力のない、劣った種類の空想力(5)しか有しない人達だからである。

とは言うものの、このような想像力の働きがなくては、私が目前の課題に取り掛かる間、容認できるものはあり得ないことになる。今世紀（一九世紀）においては奇妙なことにロマンチックな感情を重要視するけれども、偉大な時代の残存建築物を、あたかも塀に絡んで咲く花が塀を飾るように、ロマンチックな思い込みで粉飾しても、それらの建築物を救いはしない。それらの建物を力強いままの姿で私達が見ることができるとしたら、思い込みは壮麗な断片から引き離されなければならない。その思い込みは愚劣であり、不毛であるが、ヴェネツィアにおいて、その思い込みの感情が絡んでいる建物を保護できないだけでなく、見分けることさえできない。

今日私達の見ることのできるフィクションやドラマは実は昨日のものであり、腐朽した風化物にすぎなくて、最初の陽光が雲散霧消して塵埃に化した舞台の夢なのである。彼の名が記憶に値し、彼の悲しみが共感に値する囚人が、かつて「溜息の橋」[6]――ヴェネツィアのバイロン的理想の中心――を渡ったことはない。その都市の偉大な商人が、今旅行者が息を詰めて見守るような興味をもってリアルト橋の下をくぐったことはない。

バイロンがファリエーロに彼の偉大な先祖の一人と言わせた人物の影像は、ファリエーロの死の一五〇〇年後に、財産のある一軍人のために建立された。[7]その都市の最も代表的な部分は、この三世紀に完全に変えられたので、エンリーコ・ダンドロやフランチェスコ・フォスカリが墓から呼び戻され、それぞれが大運河の入口――サンタ・マリア・デッラ・サルーテ教会の階段によって最初に水路が狭くなる処として有名であり、画家や小説家のお気に入りの題材となる運河の入口――で、それぞれのガレー船のデッキに立つとしても、偉大な二人の総督は、自分達が世界のどの地点に立っているか分からないであろうし、偉大な都市の一つの石さえ見分けられないだろう。この都市のために、この恩知らずの都市によって、彼らは老軀を駆って死ぬまで悲惨な境遇であった。

彼ら二人に関係あるヴェネツィアの残存建築物は、盲目的な溺愛によって国民の喜びとなった煩わしいばかりに累積された建築の団塊の背後に隠されている。五〇〇年間それらの土台の下を海波がゆっくりと掘り崩してきて、間もなくそれらの上に打ち寄せて、果ては永遠に水没させることになりそうな、多くの芝生付き公園や静寂な道路や光の射さない運河に隠されている。隠されたそれらを蒐集し、それらから失われた都市のかすかな像を回復するのが、私達に課せられた課題なのである。そうすることができれば、今実在するものよりも、何千倍も豪華なものが、建てられたことが分かるだろう。それも領主の白昼夢として創造されることなく、貴族の虚栄心によっても創造されなくて、自然条件の逆境と人間の凶暴な侵略と戦った強固な意志をもった職人気質と忍耐強い心によって建てられたのである。それゆえ、そのすばらしさは、怠惰な想像力によっては理解されなくて、荒々しく孤立した場――そこの不断に寄せる潮波と不安定に震える砂地がその都市の誕生を保護したが、長期間にわたるその都市の支配を拒んだ――、そのような場の真の本質の率直な研究の後にはじめて理解されるのである。

何気なくヨーロッパ地図に視線を落とすと、イタリアはアルプスとアペニンの両山脈の連繫によって形成され、そのロンバルディア大平原を囲む奇妙な地勢的特徴は他の地域では見られない。山脈がこのようにぐるりと円弧を描くということは、その反対側の崩落岩石地帯を形成する地形の性格に大きな相違をもたらした。

アルプスの北側の奔流がさまざまな平原へ運んだ岩石の断片や土砂は、北方の領域の広大な範囲に分配されたし、巨大な分厚い層となって、あちこちに滞留し、間もなくそれらの層の下から堅固な下層地盤を露呈させた。しかし、高地アルプスの南側と、アペニン山脈の北方スロープから流れ下る奔流は、二つの連峰が囲む山奥や入り込んだ入江状盆地において集結する。落雷が山脈の胸壁から砕いた岩片も、夏の集中豪雨が山地に広がる牧草地から洗い流した土砂も、ついにはロンバルディア平原の青い広がりで休息する。その平原はコップがワインで溢れるように、岩石の障害物で周辺を囲まれた内部で、隆起したにちがいない。ただし、長い時間をかけて廃墟の堆積を繰り返しながら、その堆積物を下して拡散するという二つの力によって嵩上げされたにちがいない。

何世紀もの間、着実に繰り返し行われたと思われるロンバルディア平原の地面沈下をここで私が主張することで、読者に近代科学への信仰を強要したくはない。私達が扱うべき主要な事実は、細かい土砂の巨大な塊が、ポー川と傍系支流によって海へ徐々に運搬されたことである。ロンバルディア平原の特質は、多数のアルプス小石と煉瓦層が交互に組み合わさって構成されたこの地方の都市の古代壁によって極めて顕著に表現されている。

そして、一八四八年にそれが実証されることになる、好奇心を否が応でもそそる事件が起こった。どの戦場の周囲にも四、五フィートのアルプス小石が積まれて城壁とされ、ヴェローナの城壁下の戦いでは、オーストリア騎兵隊を見事に阻止したのである。この小石が散在している微細な砂は、川から運び上げられたが、それはそもそもアルプスの雪という自然の力で繰り返し供給されたものである。その結果、その川水が大山脈の麓の湖から流れ出す時には、どんなに不純水の混じらない水であっても、川水がアドリア海に達するまでには粘土の色と濁りがつく。川水が運ぶ土砂は、海域へ入るとすぐに投げ出されて、イタリア東海岸に沿った広大な低地帯を形成する。ポー川の強力な流れは、もちろん前方に最も堅固な地盤を造った。ポー川の北方、南方のそれぞれに、沼沢地帯ができたが、それは本流より弱い流れによってはぐくまれ、本流のデルタ地帯よりも急速な変化を受けにくかった。そして、これらの地帯の一つにラヴェンナが築かれ、もう一つにヴェネツィアが築かれた。

ここで、どのような事情によって初期の時代にこの広大な土砂地帯の特殊な配置が形成されるようになったかを探究するつもりはない。アディジェの河口からピアーヴェの河口まで、延々と三マイルから五マイルの間隙を置いて、実際の海岸から延びた砂洲が長細い島々に分かれて、それぞれの小島を潟海の狭い水路が結んでいる。これだけを読者が知れば十分である。

この砂洲と実際の海岸の間は、上記の二つの川やそのほかの川によって運ばれた土砂の堆積物から成り立っていて、石灰質の平底の浅海をなしている。それは、ヴェネツィア近郊における大抵の場所では、一フィートか一フィート半の深さまで高潮の時の海水に浸され、潮の低い時にはほとんどあらゆる処が露呈する。しかし、けっして海水が退くことのない、狭くて曲がりくねった運河の複雑な網の目によって、分断され仕分けられている。潮の流れによって、沼地に小島が処々にできて、技術や時間の経過によって固められて、建物を建てたり耕したりできるほど堅固で実りある地面になった場所もあった。また、それに反して、海面上にまで隆起しなかったので、低潮位の時には、平均して浅い小湖の水のように、海藻が不規則に露呈し、海底で光っているところもある。砂洲の間隙の一つの方へ幾つかの川の水路が合流することで重要さを増した。

これらの島々の最大のものにまたがるように、ヴェネツィアの都市が築かれた。この群島の中央の、南北に見える比較的高い地面のさまざまな土地に、時期ごとに人々が何度も移住してきた。今ではその大きさによって、都市、村落があり、それに孤立した修道院・教会の残存物が、風雨に曝されるにまかせて、地面に散乱している。それは、一つには廃墟となって荒廃した邪魔物とされたためであり、もう一つには首都へ作物を供給すべく耕作されたためである。

潮の干満の差は、平均約三フィート——季節によりかなり変化するが——である。しかし、干潮時は平たい岸辺に波が繰り返し寄せる程度であって、主要な運河になると、水車の流れのように頻繁に引き、逆流を走らせる。高潮の時、幾つかの小島では、林立した塔がさながら冠のように見え、村落が光って見える。そのような光景以外、ヴェネツィアの南北の方角には、数マイルにわたって島影は見えない。その都市と大陸との間には幅約三マイルの海峡があり、その都市とリドと呼ばれる砂洲の防波堤——潟海をアドリア海と区分けしている砂洲島——の間にも海峡がある。リド島は大海のただ中にその都市が築かれたという印象を与えるほど島の高さが低い。その実際の位置についての疑問は、深い海峡であることを印象づけるような杭木群が打たれているので、一部とはいえそれほど衝撃を与えられずに明かされる。それらの杭木群は、巨大な海蛇の背中に飾り釘を打ったように点々と続き、鎖状になって遠くまで連なっている。

そしてまた、浅海の高波が立たない海面に吹く強風の前で、きらめき踊るさざ波を立てながら、潮騒が閃光を放ってうねっている。だが、引き潮になると、光景は広範囲にわたって一変する。一八ないし二〇インチだけ潮が引いたら、潟海の大部分が海底の砂地をさらけ出す。完全な干潮になると、その都市が海藻の暗い色をした平たい砂地か、暗緑色の平地のただ中に立っているのが眺められる。ただし、ブレンタ川の比較的大きい支流とそのまた分流である流れが、リド島の港へ向かって一斉に集中する光景は、また格別である。この潮風わたる暗色の海原を通って、ゴンドラや漁船が、深さ五フィートをめったに越すことのない、曲がりくねった水路を進む。重い船の底が海底をえぐるほど泥土が詰まっていて、その水路にはついには航跡が澄んだ海水を透かして雪道の車輪の跡のように見える。櫂は漕ぐたびに海底に傷跡を残し、時には繁茂した海藻に絡まれる。海藻はのたりのたりと寄せる波によって吹き寄せられ、砂洲の縁にたむろして、力を出し切った潮流の不安定な支配に左右されるかのように揺れている。どの砂洲島の地面にも立派な建物が立っている今日でさえ、そのような光景には心底から圧倒される。

しかし、かつてのその様子を知るために旅行者は、夕方艀に乗ってあまり船が通らない曲折の多い水路を辿って、憂鬱な海原のただ中へ奥深く入るがよい。彼は想像力を働かせて、遠くに広がっているヴェネツィアの輝きを仮に払拭し、近くにある島影から壁や塔を仮に拭い去って、暫く待つがいい。すると、日没の輝く栄光と甘美な心のぬくもりが波間に消えて、ただ暗黒の砂漠のような砂地が丸裸になって夜の帳《とばり》の下に、道なく慰安なく希薄な姿で暗い倦怠と恐ろしい沈黙のただ中に没入してしまう。ただし、潮流が海水の溜まりの中に飛沫を上げて入り込み、海鳥が意味不明の叫び声をあげて、その端からひょいと飛び立つ処を除いてのことである。その時に、旅行者は、自分が立って味わう孤独感は、古代の人間が恐怖のあまりその住居の場として選んだ時の感情と同じような恐怖心をある程度含んでいることが分かるだろう。

最初の段階に杭木を砂洲に打ち込み、慰めのために海藻を散布した古代の移住民は、彼らの子孫達がその海の主となり、彼らの宮殿が海の誇りとなることなど想像もしなかった。しかし、その悲しい海原を支配する偉大な自然の法則の中に秘められていた、人間の想像力が予想できなかった不慮の災難のためにどのような準備がなされていたかとか、河川・水路・海への障害物や扉を設けることで、いかにしてヴェネツィア国民の全存在・全運命が予想され、そのような準備を余儀なくされたかを、回想してみるがよい。

もしもっと深い海流がこれらの島々の間に介在していたら、敵意を有する海軍がその新興都市を繰り返し征服し隷属させたことであろう。もっと強い大波が島々の海岸に打ち寄せていたら、ヴェネツィア建築の偉大さと洗練度は、平凡な海港の城壁や砦と取り代えられていたにちがいない。地中海の他の地域のように海潮がなかったら、その都市の狭い運河は騒々しくなり、都市が築かれた沼沢地には疫病がはびこっただろう。高潮が一フィートか一八インチだけ高かったら、各宮殿の入口へ船で近づけなかっただろう。干潮時には、実際に下の滑りやすい階段に足を踏み入れずに上陸するのが困難になる時もある。最高の満潮時には、海水が中庭に入って来て玄関ホールに溢れる。

干満の水位差がもう一八インチも異なれば、あらゆる宮殿の入口階段は干満時に海藻や貝の塊がこびりつくことだろう。そうであれば、干満の日常的な安易な繰り返しによって上流階級のための水路の全制度が廃止されたことだろう。そうなれば、その都市の街路は、運河の網の目が埋め立てられ、幅が広くなっただろうし、その場所と国民のすべての特質は破壊されたことだろう。

ヴェネツィアの王（元首＝総督）の座位（ドゥカーレ宮殿とその都市）のこのような忠実な眺望と、私達が普段抱いているそれについてのロマンティックな観念との対比に、読者は少し面食らったとしても、神の仕業の計り知れなさと、神の智慧について私達に示された実例の価値とを、釣り合わせてみるべきである。二〇〇〇年もの昔、濁った川水の泥土が汚染された海にゆっくりと沈殿し、生気もなく通行も航行も不可能な平底の海を、深くて新鮮な波が徐々に浸食して掘り下げるのを私達が見守ることを許されたとしても、それらの島々が空無から形が造られ、眠たげな波浪がそれらの荒涼とした砂壁で囲まれたのにはどんな目的があるかを私達は理解できなかったであろう。神の手は全地球上に及んでいるが、その神の御心にあった光栄ある目的は、今私達にとって最も苦悩多く暗く無目的に思われるもの以上には知り得なかったであろう。

それらの不毛な砂洲の陰気な辺縁にまで影響を及ぼし、浅瀬の間に塩分を含む草を生育させる法則の中に、地球の帯の上の黄金の留め金のように設けられるべき都市を創立するための覚悟――それは唯一の覚悟だったが――があった。海波の白い巻物の上にその都市の歴史を書き、海鳴りの響きに混じってその歴史を語り、さらに、その都市の不屈の精神と輝きの燃える心から東洋と西洋の栄光を蓄積し、世界中に広範囲に脈動をもって発信するための覚悟――神の覚悟――があったのである。

注

（1）league は、距離の単位で、一リーグは英米では約三マイルで、四八〇〇メートルとなる。

（2）stali が原語。原書第二巻、付録1での説明では、「ゴンドラを右へ向ける時の命令」とある。

（3）Canale di San Marco が原語で、「サン・マルコ運河」と言われる海。

（4）fugitive が原語だから、「亡命者」の意もある。フン族＝匈奴の来襲を恐れ、アドリア海の島嶼に移住した人達が最初のヴェネツィアの居住者となった。

（5）ラスキンは『近代画家論』第二巻（拙訳『構想力の芸術思想』法藏館）において空想力の中に想像力にもなるような肯定的な種類があることを論じている。

（6）Ponte de' Sospiri が原語。「黒い運河」を挟んでドゥカーレ宮殿と刑務所の間にあった。宮殿内の裁判で有罪になった既決囚人が渡る橋なので「溜息」の名がついた。

（7）バイロンの史劇『マリーノ・ファリエーロ』の主人公ファリエーロが、主人公の祖先の一人であるヴィターレ・ファリエーロの騎馬像に独白調で話しかける。これはフィクションであり、事実は、この騎馬像はファリエーロが反逆罪で処刑された約一五〇年後、バルカン半島でトルコ軍と戦った軍人のために立てられた騎馬像である。その軍人はアントニオ・ロレダーノと訳者は推測している。

ロレダーノ家は総督を出した名家であり、マリーノ・ファリエーロの妻はロレダーノ家の出とバイロンの作ではなっている。

二章　トルチェッロ島

ヴェネツィアの北方七マイルにあるトルチェッロは、干潮時に海面すれすれになる細長い砂洲が徐々に隆起して形成された島である。舟がこの島に近づくと、海水の滲み込んだ沼沢地帯の中へ突入し、あちこちで砂山が崩れて出来上がった小さな入江に進路を阻まれる。埋没した石造建材の断片と、ヒバマタ属の海藻の根が蜘蛛の巣状に張って白く日焼けした塊の間を暫く紆余曲折した後に、これらの入江の中で脆弱な個所は、淀んだ水溜りになっていることが分かる。そして、その岸辺は垣通しと菫が一面に生え、濃緑色の地面になっている。この砂地の上に、ロンバルディア風のありふれた形の粗末な造りの煉瓦製の鐘楼が建てられた。この鐘楼に夕方近くになって登ると（この鐘楼に登るのを妨げるものはなく、あるとしたら、それは壊れて蝶つがいが外れて揺れている階段の戸だけである）、そこからは、私達の広い世界の中で最も注目すべき風景の一つが見渡せる。

見渡す限り、不気味な青灰色の荒涼とした潟海である。それは私達が見慣れた北方の沼地――漆黒の水溜りと紫色のヒースの花咲く荒野――ではなくて、生気のない麻袋の色で、不毛の海藻の根から染み出した腐敗した海水が、蛇のような水路を通ってあちこちで鈍い光を放っている風景である。

夢のような霧が集まるのでもなく、そこを雲が横切るのでもなくて、重苦しいむっとする日没時に、北東方向にある水平線まで薄暗い憂鬱な空間が広がっている。北と西には、その風景の限界に沿って、高い陸地の青い線が見え、その線上でずっと背後に雲の冠を戴いた山脈の帯が靄って見える。

東方にはアドリア海の青白い色が見え、波濤の音が聞こえる。その音は一定の間隔を置いて大波が砂洲の防波堤に砕けるたびに、ひときわ大きくなる。南方には穏やかな潟海の枝分かれした入江が広がっている。その入江が夕焼け雲や黄昏の空を映す時には紫色と薄緑色とを交互に繰り返す。私達が立って見つめている地点の足元の地盤（塔を支えているのと同じ地盤だが）の上に一群の四つの建物がある。その内の二つは、小屋並みの大きさで（石造建物で、一つには風変わりな鐘楼が飾りのように付属している）、三番目の建物は八角形の礼拝堂であって、この建物の日の光を受けて輝くタイル張りの平たい赤屋根だけしか私達には見えない。四番目の建物は身廊と側廊のある注目すべき教会であるが、それについても私達にはやはり屋根の長い中央棟と側面スロープが見えるだけである。それらに日の光が射して、輝く一つの広がりとして、下方の緑地と彼方の灰色の沼地から分離している。それらの建物の近くには生き物は見当たらず、その周辺にも村落や街の痕跡もない。建物ははるかな沖合いで停泊している一団の船舶のように横たわっている。

さらに南方を見ると、潟海の枝分かれした入江の彼方に、夥しい塔がそそり立っていて、それらが群がる宮殿群の四角い形状の間隙に暗い影を投げている。それらの建物の輪郭の長い不規則な線が南方の空をかき乱している。

母と娘、それも寡婦の親子としてトルチェッロとヴェネツィアを見るのがよいだろう。

一三〇〇年前も、灰色の沼沢地帯は、今日のように見えたはずである。紫がかった山々が暮れなずむ遠方の眺望の中で輝いていたが、水平線上には日没の陽光に混じって不思議な火焔が立ち昇り、起伏した砂洲に寄せる波に混じって、多数の人声が哀れっぽく聞こえる。火焔はアルティヌム(1)の廃墟から立ち昇り、群集の嘆声は昔のイスラエルのように武力からの避難の道を海路に求めた声であった。

群衆が去った昔日の都市の跡地に、今は牛が草を食み休息している。夜が明けると、かつて築かれた大都市の主要道路の上で草刈りが始まる。やわらかい草の刈り束が夜の大気の中に香りを放つ。それは古代の寺院の内部に充満していた唯一の香りである。次に牧草地の僅かな空き地へと降りて行こう。

その鐘楼の下近くを流れている入江は、通常トルチェッロに上陸する入口とはなっていない。もう一つの、些か広くて、榛《ハン》の木立に覆われた入江が、潟海からかつて街の広場であった小さい牧草地の辺縁まで曲がりながら続いて、そこまで来ると、波止場の外観を残している灰色の二、三の石に阻止されて、行き止まりとなっている。

そこはありふれたイギリスの農家の中庭ほどの広さで、周囲は忍冬《スイカズラ》と茨の生えた壊れた柵や生垣によって囲まれ、手入れもされないまま放置されている。狭い土地には寄せる海水が退いた跡のある海辺に、消えかけた人の踏み跡——それは四〇歩か五〇歩ほど続くが——を残している。踏み跡はそこから、三方に建物が立っている四角い小さな地面にまで広がっている。残る一方だけは海からの水路に向かって開かれている。これらの二つの建物——私達が運河から島に近寄ると、左側の建物と前方正面のそれの二つ——はあまりに小さいから、農家の離れ家と思われるのも無理はない。もっとも、前者は修道院の建物で、後者は「公共の宮殿」という名称にふさわしく聳え立つ。両者共に起源は一四世紀まで遡る。第三の建物はサンタ・フォスカ八角堂教会で、前述の両者よりはるかに古いが、それほど大規模ではない。それを取り巻く柱廊玄関の柱は純粋なギリシャ大理石造りであり、その柱頭は繊細な彫刻で豊かに飾られているけれども、それらの柱とそれらが支えるアーチは、共に牛小屋の高さまでしかない。(2)

観察者がその光景全体から受ける強烈な第一印象は、こんなに荒廃した地を訪れた原因がどんな罪の結果であったにせよ、それは少なくとも野心ではなかったということである。この印象は、その建築群全体から漂い流れ出してくる。さらに大きな教会に近づき、その内部に入ってもこの印象が減少することはない。それは明白に迫害からの逃避者達と被害者達によって建てられた。彼らは彼らの島に急いで教会を建築して、そこに真面目で哀しい信仰の隠れ場を求めたのである。その隠れ場は敵の目を引きつけないよう華麗さとはほど遠く、しかも、破壊されるのを見せつけられた教会と対比して、どんなに惨めな思いを掻き立てられても、耐えられたものであった。いたる処に彼らがかつて愛した寺院の形態を少しだけ復活させ、彼らが建てようとする寺院によって神に敬虔の念を捧げようとする素朴で敏感な努力が見られる。ところが、悲惨な生活と精神的屈辱がその願いの達成を妨げ、つましさが贅沢な装飾と壮麗な設計を許さなかった。外部は装飾がまったく欠如している。ただし、例外は西方の入口と側面の扉である。前者（西方入口）は傍らの柱と軒縁に彫刻があり、後者（側面扉）には豊かな彫刻が施された十字架がある。他方、重厚な石造の窓の鎧戸は、石の大きな環――それは屋根の支柱と腕木の二重の目的に応えるが――で回転し、建物全体を入口の多い都市の大寺院よりもむしろアルプスからの強風を避けるのに適するようにさせている。内部は東と西の端に二つの荘厳なモザイクがあって、一方は最後の審判を、他方は聖母マリアを表現している。マリアは手を祝福のために挙げながらも、その頬には涙が流れている。両端の間の空間を限るように、柱列が品位を保って連なっている。その柱列は主任司祭のための高座と、半円状に上げ底された高僧の座のところで終わっている。柱列は、地上には彼らに残された家を持てなくて、来るべき家を待ち望む人達――迫害されたが、見捨てられず、身は捨てられても、魂は壊されない人達――の深い悲哀と聖なる勇気を同時に表現している。

イタリアでこれほど顕著に特殊な表現を有する初期教会があっただろうか。この教会は、あらゆる時代のすべてのキリスト教建築の特徴と矛盾しない(3)ので、私は建築そのものの個別的細部――それが興味あるものでも――よりもこのような総体的特質に読者を注目させたい。それゆえ建物の特

写真１　トルチェッロのサンタ・フォスカ八角堂教会後陣の外観

写真２　トルチェッロの教会　右端サンタ・フォスカ八角堂教会正面／中央奥サンタ・マリア・アッスンタ大聖堂（濃霧のためかすんでいる）

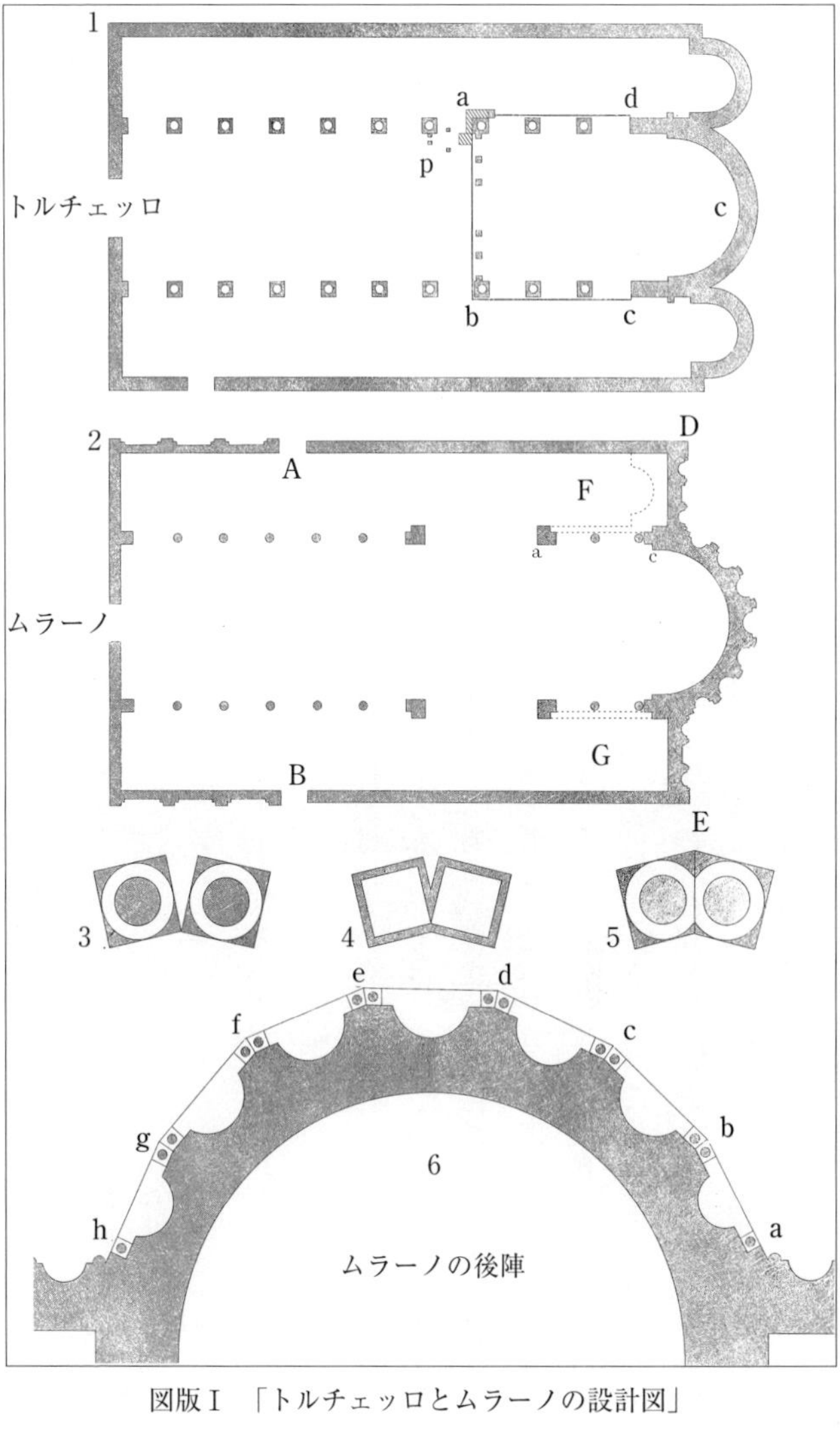

図版Ⅰ　「トルチェッロとムラーノの設計図」

殊な表現について明確な考えを示さねばならない場合だけ、これらの細部に立ち入って吟味することになろう。

教会の設計図について——これは私達の当面の目的でもないので、壁の厚さと配置については詳しく吟味しなかった。だが、内部配置は十分正確に示されている（図版Ⅰ）。教会はバシリカの通常の設計図に基づいて建てられた。言い換えれば、建物本体は二列の柱身によって身廊と側廊に分けられ、二つの横列の柱の上に支えられると同時に、アーチ状の小窓が穿たれた壁によって、身廊の屋根は側廊の上に高く持ち上げられていた。トルチェッロでは、側廊も同じように明かり取りが施され、身廊は側廊の二倍である。すべて大柱身の柱頭は白大理石で造られ、計算し尽くされた鑿彫りの効果の実例として私が今まで見た最良の作に入るものである。すべての柱身がデザインを異にしており、それらデザインの変形も空想的で優雅でもある。細かい描画によってしか、私は雪白の大理石に彫り込んだ、鑿の鋭い陰影と深い刻み込みを提示できないが、コリント式型から生じた柱身の変化を本質的に示す実例を一つ挙げることができる。(4) この柱身では、葉飾りの上部には一種のアカンサス（地中海アザミ）が用いられているが、下部にはアカンサスではなく、一種の蔓植物あるいは、すべての初期のロンバルディアやビザンチンの作品において蔓として表現された種類の植物が用いられている。葉は三葉飾りで、茎は手で摑めるほどに切り口鮮やかに刻まれている。それで茎は絶えず変化する輪郭の鋭い影を、背後の柱頭の鐘状のものを横切って投げかける。

私は読者に、コリント式作品の模倣がどんなに少ないか、さらに、葉のついた茎が地からどんなに大胆に分離されているかが分かるように、これらの蔓植物を大柄に描いてみた。だが、この装飾にはさらに注目すべきもう一つの事柄がある。躍動する反った葉の下方の柱身をめぐっている帯は、ありきたりの古典的な花輪や三つ編みの縛り帯紐——その実例は現在のロンドンの見せかけだけのほとんどの建物に見られるが——から模倣された。だが、中世の建築者は死物となった意味のない渦形模様に満足できなかった。ゴシック様式のもつ精力と生命への愛が、初期キリスト教の宗教的シンボリズムと混合されると、さらに活力ある表現を求めて、日々に精進努力した。そうして、花輪状帯が柱身をめぐるのに必要な長さの三倍もある蛇に変えられた。その蛇は三重の鎖状帯に絡んで、柱身の片側では尻尾と頭部を見せている。まるで蔓の茎の下方で柱身の周りをすべるかのような蛇の姿に見せている。

1図

　しかしながら、よく知られている葡萄の蔓は、キリストの初期シンボルの一つであったし、蛇はキリストの支配の永遠性も、また抑圧された悪魔の力もいずれをもここで表わしている。

　建築者がアカンサスの葉にもっぱら注意を注いでいた時[5]でさえ、彼の想像力はいつもの居心地のよい場所に彼を安住させなかった。ありふれたコリント式の柱頭では、葉は前のめりに頷いて、葉群の間にある釣鐘状の花から四方に投げ出されている。しかし、葡萄のこのスケッチ[6]（身廊の反対側の柱頭の一つの礎にある）からの二枚の葉は外側に反って、背後に巻くひげ蔓を示し、図版Ⅱ4図[7]のような位置で半分しか巻いていない。まさにこれこそリアルなアカンサスの葉の表現である。なぜなら、読者がアカンサスの葉の形態に親しみ、よく知ることは、中東の装飾についての私達の将来の研究の助けになるからである。それゆえ、私は図版Ⅱ3・4図のそれぞれ二つの位置でそれを描いた。

一方、5図はトルチェッロの彫刻家による、後者（4図）の形態を大理石に移し替えたものである。それは実際のアカンサスとはあまり似ていないが、ギリシャのどの作で表わされたアカンサスよりもずっと似ている。でも五小葉には伝統的に決められた型が見られる。しかし、これらは深いドリルの穴があけられて――それらの穴が黒のビーズ玉のように目に語りかけるが――根元で分離され、優雅で自由な線描で処理されている。それらがあまり混雑して効果がなくならない内に、これらの葉は変えられて活気ある単純なジグザグの辺縁となり、それがデザイナーを救って、末端のひげ蔓を透視する際の混乱を防いでいる。だが、デザイナーの自然への共感は彼の透視画法（perspective）の知識よりもずっと偉大である。彼が丈夫な丸みのある下茎に葉全体を根づかせて――それが葉の表面を内側にして終わる徴候なのだが――いるのを見ることは快い。それで彼はひげ蔓の美しい群れに有機性と柔軟性を与えている。ひげ蔓の群れは、死んだ貝殻のそれでも、私達は見飽きないし、しかも、柔軟性や成長の観念がその甘美な連続をして伸びながら絡まる光景に付加されると、さらに楽しくなる。

しかし、初期キリスト教の物言わぬ言葉であれ――それがその建物を建てた時に、建物の表現のどんなに重要な一部であっても――、新しく甦ったゴシック様式葉飾りの繊細な着想であれ、その

図版Ⅱ　「トルチェッロのアカンサス」

いずれもが、五つの建築様式[8]以外には建築について何も期待しないように教えられた通りがかりの旅行者に読み取られたり感受されることなど、期待すべきではない。でも、旅行者は大柱身そのもののの素朴さと威容にかならず心を打たれる。彼を感銘させるその他のものを列挙すると、

⑴明るい光の充満に助けられて、柱身の厳粛さが憂鬱な雰囲気にはならないようにすること。

⑵説教壇と内陣の繊細で美しい彫刻。

⑶教会の東方の端の特殊な側面。

以上である。⑶のこの「特殊な側面」は後期の寺院のように、聖母マリアに捧げられた礼拝堂のように奥に引き込んだ位置にあるのではなく、また、祭壇の壮麗さやそこで執行される儀式の演劇的効果のための見事な窓の出来ばえによって宗教的に役立つのではなくて、素朴で厳粛な半円形の引き込んだ奥の間になっていて、そこは三列の座席によって下方は満たされ、司教や長老が信徒達の信仰を導き見守り、日々の勤行で司教の役割や神の子羊の群れを見守る教区役員の役割を果たせるように、彼ら司教達に座席の列は委ねられている。

これらの特質を一つずつ継続して考察してみよう。まずこの教会の特質はその明るさである。これは、旅行者がサン・マルコ大聖堂の過剰な薄暗さと対照させると、おそらく感銘を受けるだろう。しかし、私達がトルチェッロの寺院を南イタリアの同時代のバシリカや、北方のロンバルディア風教会のいずれかと比較したら、その明るさは顕著になる。ミラノの聖アンブロージョ教会、パヴィアの聖ミケーレ教会、ヴェローナの聖ゼーノ教会、ルッカの聖フレディアーノ教会、フィレンツェ

の聖ミニアート教会などはすべてトルチェッロと比較すると、大墓石の洞穴のようである。だがトルチェッロの寺院では、薄暮が深まる頃でも、彫刻やモザイクの微小な細部までありありと見えるのである。悲哀の心を抱いた人達が建てた教会に自由に陽光が射し入るのを私達が見る時、特に心の琴線に触れるものがある。彼らは暗闇を必要としなかったし、暗闇に耐えられなかったのだろう。別に人工的に薄暗がりを作らなくても、彼らには恐怖と憂鬱な思いが取り憑いていた。彼らは宗教に慰めを求め、脅迫や神秘的なものではなく、実感できる希望と約束を求めた。壁面のモザイクのために選択された画題は、最も厳粛な性格のものであるが、そこには人工的な影は投げかけられず、暗い色彩も用いられていない。すべては美しく明るく、恐怖心で見られるのではなく、希望をもって見られるように意図されている。

画題のこの選択について考察してみよう。今では漆喰を塗られてしまっている身廊と側廊の壁面は、かつてはフレスコ画やモザイク模様で覆われていた。今では推測できない画題を選択して、一連の画題を見せてくれていたかもしれない。その可能性がある。だが、その作品が破壊された記録を見つけようとは思わない。とにかくその建物の中央の区画には、最初から今と同様に装飾画があった。片方の端にキリスト、マリア、使徒達が、もう一方の端に審判のために再臨したキリストが表現されたモザイク画があったと私は信じたい。それが本当だとしたら、この選択の意味に注目したい。他の大抵の初期教会は、建築者が世界の歴史と営みに生き生きとした関心を寄せていたことを十分に示唆するようなイメージの描画・彫刻の類をふんだんに所有している。政治的事件のシンボルや表現、生きている人間の肖像、風刺的・怪奇的・瑣末的主題の彫刻が不断に生起して、聖書に書かれた歴史や教会推奨の歴史の厳格に指定された表現を取り混ぜて生産された。しかし、トルチェッロでは、これらのありきたりの一連の聖書記述の出来事でさえ――当然必要だと考えるべきだが――表わされていない。信者の心は二つの偉大な事柄――すべての事実のうちで最も貴重な信仰上の事実――すなわちキリストの教会への現実的慈悲と、世界を審判するために来るべきキリストの未来にだけに留意する。この時期にキリストの慈悲は、聖母マリアの嘆願によって達成されると想定されていたことと、それゆえ、キリストという救世主の像の下に神への取り成しをしている泣くマリア像が見られること――これらの二つの事柄は、プロテスタントの観察者には悲しむべき事柄かもしれない。しかし、この島の信者達が海中での孤独さえも願った信仰の真面目な一途《いちず》さをプロテスタントが見逃すはずがない。信者達が新王朝を樹立しようと望んだり、繁栄の新画期の時代へ入ろうと希望したのではなくて、ただ神前にて畏まって、神の無限の慈悲でもって、海神が海の航海者を死者とする欲望を捨て、死神と地獄がそれに喘ぐ死者達への迫害を諦め、死者達の霊がより善い王国(9)へ入る時が来るのを、神が急がせるように祈禱するためだけに、信者達は海中の島に礼拝堂を築いた。

このようにして、信者達が現世の万物の終末を予期したからといって、些かも彼らの精神の力強さと反発力が減退するようなことはなかった。

それに反して、現存の構造の中で建物のすべての部分がそれぞれ占めている位置にふさわしい宗教的意図が遂行されたように思われる。その全部分の仕上げの美しさほど際立っているものはない。最も粗雑な部分でさえイタリア本土から運ばれたものである。最良で最も美しい部分は、彼らの小島の教会のために彫られたと思われる部分である。これらの中ですでに注目した新しい柱頭と内陣仕切りの精妙なパネル装飾は最も目立っている。後者（パネル装飾）は設計図[10]（図版Ⅰ）に位置が見られる六本の小柱身の間を挟んで教会を横切る低い壁を形成していて、それは歌い手達（合唱隊）のために定められた空間（身廊の高さより一段高められた空間）を囲むのに役立っている。その空間は設計図ａｂｃｄのように一応その図上で引いた線によって示されるが、実際は閉じられていない。この低い内陣仕切りに彫られた浅浮彫りは、各パネルに孔雀とライオンの像が一つずつ対面していて、ライオンも孔雀もいずれも正確な知識をもって表現されてはいないけれども、名状し難いほど豊かな表現で趣きがある。北方の端と連なっている説教壇の階段の背後に回って、はじめて私達は教会が急いで築かれた証拠を見出す。

しかしながら、その説教壇はその教会の諸特徴の中で目立たないものではない。説教壇は、内陣仕切りの北側にある二本の柱身の間にあって、ｐと印づけられた四本の分離された柱身に支えられている。柱と説教壇はわざと簡素にされたようである。しかるに、壇上に上る階段は、表面に大理石の彫刻石板が張られた目の詰まった石塊[11]である。階段の手摺りも立派だが、深彫りでない外部彫刻によって輝かされた舗石のような固い石塊でできている。これらの石塊――少なくとも側廊の方へ寄りかかっている階段を飾る石塊――は、本土から運ばれた。そして、階段の寸法にたやすく適合させられない大きさと形状だったので、建築家はそれらの石塊から必要な大きさの石材を切り出した。その際、当初のデザインの課題や調和をまったく無視した。説教壇は、この粗雑な処置が許容された唯一の場所である。教会の横側の扉には二つの十字が大理石の石板から彫り出され、その石板はかつて全面に豊かな彫刻が施されていた。その彫刻の一部分が十字の表面の処々に残されている。当初のデザインの輪郭線は、もちろん新たに造られた一枚の絹布の模様のように、十字の腕木の間の刻み目のように任意に彫られていた。実は、すべての初期ロマネスク様式においては、大部分の表面がただ豊かさを見せつけるために彫刻で一面に覆われていた。彫刻にはいつも意味があるし、そのわけは、彫刻家は一連の関連する思想なしに制作するよりも、鑿を導くのにある種の連続した思想をもって制作した方が、容易であったからである。しかし、この連続した思想が観察者によって跡づけられ理解されるなどかならずしも意図されなかったし、少なくとも希望されもしなかった。作品で提示されたすべては、眼を楽しませるために、表面を豊かに見せることであったようである。このことをいったん理解してもらえれば、大理石の装飾された石材は、ちょうどレースや刺繍のついた布と服飾家との間にあるのと同じような関係が、建築にもあることが理解されるだろう。なぜなら、服飾家にとってはレースや刺繍の布は彼女が必要とする部分と考えられるが、布の模様が分断される個所にはほとんど無関心だからである。一見した時には、その処置は鈍感で粗野な感情を示すように見えるけれども、熟考してみると、自己の能力発揮に大した価値を置かず、自分の能力をどう扱ったらよいかわからずにいると私達は感じる。野蛮な民族がみずから倒した洗練された建築の砕片から新たに城壁を築く時、たまたまこうして保存された芸術の痕跡に私達はその民族の野蛮さしか読み取れないが、新しい作品が、それと関わる古い芸術作品の断片と、制作上の手法において優れてはいなくても、同等であるならば、私達の結論はこうなるし、それで正しいだろう——「古い芸術を征服した粗野な扱いは、すでに達成した古い芸術への共感の欠如の兆候というよりも、より良い作品を制作する希望の兆候である」。

概して言えることは、装飾のこのような古い芸術への不注意で粗野な再生と活用は、実のところ、その建築師の属する流派に生命が躍動している証拠であり、建築的効果として用いられるべき施工と、抽象的完成を有すべき施工との間に彼らが正当な区別をしている証拠である。そして、それはまた彼らにとってデザインの制作遂行がとても容易であり、彼らの能力が尽くせぬほど余っているのだから、彼らが僅かな努力で置き替え得るものを不当なほどに悪用したからと言って、後悔の念を感じていないことを示している。

しかし、この例では、もし大理石が彫刻されないままで建築家の手に渡ったのならば、彼は労を惜しまずにわざわざ大理石に立派な彫刻を施したかどうかは疑わしい。と言うのは、説教壇のその他の仕上げは、故意に配慮したかのように簡素であり、この点でそのデザインは信心深い観察者にとって建物の他の部分よりも大きな興味を抱くものがあるように私には思われるからである。それは前述したように、四本の細長い柱身に支えられ、身廊の柱から次の柱へほとんど跨って少し楕円の弧を描いている。その日的は、南方諸民族特有の雄弁さが、作為的と思われないようにして、説教者の人柄全体から出る言動に自由な活動の幅を与えるためである。弧状になった壇の前方の中央では、小さな腕木と分離した柱身が狭い大理石の机（現代の説教壇ではクッションの位置に当たる）の突出部を支えている。その机は上面に浅い盆状の凹みがあり、その底には出っ張りがある。それは机上に置かれた書物が傍らへすべる心配がなく、また、説教者の手の下へと動かないように、まるで自然に書物が開いて安定するためであるかのようである。白い石目の入った紫色大理石の六つの球またはアーモンド型のものが、説教壇の周りに施されて、それらはその唯一の装飾となっている。その説教壇はとても優雅であるが、永続性と儀式のために造られたので、その構造や石材の一つも欠けてはならないほど、その簡素さには厳粛さと落ち着きさえも備わっている。しかも、すべてが最初に組み合わされた時に、中世寺院の奇怪な説教壇や見栄っ張りの備品としての現代教会の説教壇と比べると、それは対照的なほどに敬虔の念を呼び起こす。説教壇を装飾する様式が儀式の効果にどの程度まで影響するか、また私達にとって大いに重要なこの教会の特徴の現代風の扱い方が最善といえるかどうかは、少し時間をかけて考察する価値がある。

説教が申し分なければ、私達は説教壇の形態についてはあまり関心をもつには及ばない。だが、説教はかならずしもよいものであるはずがない。私の信じるところでは、会衆が聴こうとしている時の気分は、説教者にあてがわれた場の雰囲気の適・不適とか荘厳さ・俗悪さについての会衆の感受の仕方によって、ある程度加減される。説教者の説教の意味内容とは関係なく、彼自身の身振り・表情によって会衆が影響を受けるのと大体同じくらい影響を受ける。それゆえ、まず第一に説教壇は高度な装飾を施されるべきではないと、私は信じている。もし説教壇が大規模であるか、華麗な装飾で覆われるとしたら、説教者は卑しく小者に見えやすい。もし説教への関心が薄れてくると、会衆の心は直ちによそへ向けられ彷徨うことになる。私が観察したところでは、ほとんどすべての寺院で、説教壇が特に壮麗な場合には、説教は説教壇から発せられないことがあって、むしろ何か重要な目的のためならば、寺院の建物の他の部分に一時的に建てられたものから説教がされる。このようなやり方は、建築家が大規模な説教壇を設置するにあたって、耳からの聞きやすさよりも目に訴える効果を考慮したからであるけれども、説教者がローマ公会所の壮麗な講壇(12)に順応するのを嫌がる自然な感情——説教者が自分の説教がその場と比較して貧弱に見えることを恐れての嫌悪感——にある程度由来すると私は思う。しかし、これはロマネスク様式のバシリカの繊細なモザイク画や象牙細工のような彫刻についてよりも、フランドルやドイツの教会の説教壇に煩わしいほど付属している巨大な彫刻や透かし彫り細工の三角形飾りについてあてはまることだろう。形態が簡素であれば、色彩の美しさや高価な細工が導入されていても、説教者はそれだからと言って、陰に追いやられはしないからである。

第二には、私達が容認するどんな装飾も、純潔で落ち着いた高尚なものであるべきなのは明らかである。私達の使う備品はどんなものでも、説教者の都合のためよりも神の言葉の栄光のためであることは明白である。確かに説教を人間の作文と見なすか、それとも、神からの伝言と見なすかの二つの見方がある。前者と見なして、牧師（または神父）に、私達の耳か知性かいずれであれ私達の喜びのために牧師達の配慮と学識でもって説教を仕上げるように彼らに要請するならば、私達が導かれるのは、その話し振りの大仰な形式と堂々とした態度であり、説教壇の周りに金色の縁取りがなくてはならず、その壇の前に立派なクッションがなければならないと考える。そしてまた、もし説教壇の前のクッションの上に厳粛に広げられた黒い表紙の書物に説教が美しく書かれていないならば、良くないとも考える。こうしたすべてを私達が期待しても当然だろう。と、同時に私達はこのようにして準備された説教を、半時間か四五分くらいはじっとして聴くのが義務であると見なすだろう。だが、その義務が行儀よく果たされたとしても、次の機会に他の説教を与えられれば、幸せな確信をもって、忘れてよいものと見なすであろう。

　しかし、もし私達が説教者を――彼の欠点がどうであれ――、彼の説教を聞くか拒むかの選択が私達の生死に関わるメッセージをもって私達に遣わされた人間と見なすならば、またもし彼を、破滅に瀕している多数の魂の救いを託された者であり、一週間のほんの一、二時間だけ彼らが私達の魂へ訴えることを許されている者と見なすならば、あるいはまた、もしこの一、二時間が神の側に有利な僅かな時間で彼にとってどんなに貴重なものであるかを私達が少しでも考える努力をするならば、はたまた、もし説教者が会衆の魂に棘のあるイバラやアザミが生えるのを見守らねばならず、さまざまな野鳥によって啄まれて、道端に種となる小麦が散乱するがままになっているのを見なければならないならば、さらには一週間の労働で息もたえだえに疲れた会衆が説教者にこの時間を満ち足りない心を満たすために割いてくれた時に、説教者は一〇〇〇人もの人達の個々の心を摑んで、会衆に己の弱点を納得させ、罪を恥じ、危険を警告し、主が叩いてくれている戸口の掛け金を動かそうとするが、誰も開けないいし、賢者が手を伸ばしても誰も顧みない、いわば死せる魂を蘇生させるために説教者には三〇分だけの時間があるとしたら——そういう彼の存在を一度なりと理解し感じるがよい。そうすれば、説教する場の周りのけばけばしい派手な備品に対しての見方を変化させることになるだろう。その場から審判のメッセージが述べられ、そのメッセージは枯渇した骨に息を吹きかけて生き返るようにするか、もし効果がないなら、話し手と聴き手に同じようにか、きっといずれか一方に非難の宣告が記録されるかである。私達は、審判席の絹布や黄金、それに使者の口から出る着飾った弁舌などに気易く耐えられるものではない。私達が欲するのは、彼の言葉が甘美な時でも簡素であってもらいたいことと、彼が話す場は、喉の渇いた時に人々が集まる砂漠の中の大理石の岩のようであってもらいたいということである。

トルチェッロの説教壇における著しい特徴である厳粛な簡素さは、後陣(13)を占める高座や司教（監督）の座ではさらに顕著である。その配置は最初は些かローマの闘技場を想起させる。中央の王座へ上る階段の直接の駈け上がりが横に曲線状に広がる座席(14)の列を分断する。それは、まさしく半円状の闘技場において、登攀階段が座席の横列を縦に分断していたのと同様である。だが、この配置の粗雑さと、特に慰安のための備品の欠如(15)には、床机椅子も天蓋の彫刻も及ばないし、プロテスタントの凝視に値する威厳がある。なぜなら、キリスト教会の初期時代にはけっして論議されなかった司教の権威を厳格に重視するものとしてと同時に、そのすべての荘厳な印象を高慢やわがままがないものとして、プロテスタントの凝視に値したからである。

しかし、この小島の教会で司教の座が占めている位置へ特別な意味を与えるものとして、私達が記憶すべきもう一つの事情がある。それは、初期キリスト教徒はすべてが心の中において、教会は往々にして司教が水先案内人になる一つの船のイメージの下に象徴化されていたという事情である。このイメージが人々の想像力の中で発揮した力を考えるがよい。彼らにとって、精神的な教会は、大昔箱舟に乗った八人（箱舟の八人とはノアと妻、ノアの三人の子らと彼らの三人の妻のこと—訳者注）の魂が救われた破滅——人間への神の怒りが大地のように広くなり海のように無慈悲になった破滅であるが——に劣らぬほど恐ろしい破壊の真っただ中で、逃避の箱舟になった。そして、彼らは教会の実際の文字通りの建物——というのは、波浪の中に浮かんだ箱舟そのもののイメージの建物だから——が建てられるのを目撃した。彼ら会衆が永遠に別離させられた対岸の生まれ故郷と住んでいる島とをアドリア海の大波が妨げようとも、嵐がガリラヤの湖を襲った時、風を叱責し海に平穏を命じた神の名において波風を支配した使徒達に快く愛をこめて服従したが、その時に使徒達がお互いに見つめ合ったように、彼らもお互いの顔を見たとしても、驚くことはない。もし異邦人が、ヴェネツィアの支配はどんな精神をもって始められたかとか、ヴェネツィア[16]はどんな力で征服を進め、征服するために船出したかを知りたいと思うなら、その人は国営造船所の富や軍隊の人数を見積もることなどしないがよい。宮殿の虚飾を眺めたり、評議会ではどんな秘密があったかなどを探らないがよい。その人をトルチェッロの祭壇を取り巻いている棚状出っ張りの最高層へ上らせ、それから、大昔の水先案内人がしたように、立派な船の肋材に擬した教会の大理石造りのアーチの肋材に沿って眺めながら、死せる水夫達の亡霊がその石目入りのデッキの上に集まるようにその人に思わせ、彼ら水夫達の心を燃え上がらせた心情の力を感じるように努力させるがよい。その時、その柱が砂洲の上に固定され、その屋根が閉じられる。その屋根の下で、生まれ故郷に棄てた家屋敷を焼き討ちにする紅蓮《ぐれん》の焔が空を染めたことを想起するだろう。接合された壁の避難所の内部、波浪の無為の潮騒と彼ら最初の移住者達には聞き慣れない海鳥の翼の羽ばたきが岩礁辺りから聞こえてくる最中に想起する――そうだ、その時はじめて、昔の賛美歌が人々の声を寄せ集めた力強さをもって、合唱となって湧き上がった――。

海は主のもの、主がそれを造りたまえり
主の手こそが干《ひ》あがれる地を準備したまえり。

注

（1）ヴェネツィアの対岸辺りの大陸にあった古代に栄えた都市の名。フン族（匈奴）の襲撃に遭い灰塵に帰した。

（2）portico が原語。

（3）〔原注〕次のただし書きがある。「トルチェッロに寺院を建てた亡命者達の実際の状態は、キリスト教徒なら誰でも、最高の住居を自分の物にできないならば、地上におけるホームレス状態であっても、自分自身の魂に認めるべき精神状態こそ希求すべきだということを典型的に表わしている」。
（4） 図版Ⅱ「トルチェッロのアカンサス」の1図と2図がその実例。これらは同じもので2図は拡大図。
（5） 〔原注〕「アカンサスの表現だけでなく、後にはロマネスクの作品でも不断に特により念入りに吟味された」。
（6） 図版Ⅳ「葡萄（VINES）」（一六七頁）の上方のスケッチ（ラスキン画）。
（7） 図版Ⅱの「トルチェッロのアカンサス」は、1図から5図まで、すべてラスキンのスケッチの版画である。
（8） ローマ建築様式五種のことであり、イオニア、ドーリア、コリント、トスカナ、それに複合（composite）様式の五種類のことである。最後の様式の例は、コリントのアカンサス葉とイオニアの渦巻きの複合。
（9） 〔原注〕「そこでは邪悪な者が災いをもたらすことを止め、疲れし者が休息する」が引用されている。
（10） 図版Ⅰ「トルチェッロとムラーノの設計図」参照。
（11） 設計図では斜線の部分になる。
（12） ローマ軍が分捕った敵船の船嘴――軍船の舳先部分で、敵船にぶっつけるため頑丈な造り――を講壇とした。
（13） apseが原語。祭壇の後方の半円状の出っ張った部分で、「後陣」と訳した。
（14） 〔原注〕括弧内に「最初三列ではステップか座席か分からない。一方には高過ぎ、他方には低過ぎるから」と記されている。
（15） 〔原注〕「全体は大理石造りで、中央王座の紋章は便宜のためでなく、卓越さのためであり、分断されない座席と王座を顕著に分離していた」。
（16） Arsenaleが原語。「アルセナーレ」と言われる。

三章　ムラーノ島

ヴェネツィアの都市の衰退は、多くの点で疲弊して年老いた人間の体の衰えに似ている。老衰の原因は心臓にあるが、外面的にはまず末端に現われる。都市の中央部には、往時の活力の痕跡がいくらでも残っている処がまだあるし、災難と衰退する運命を明白に示す徴候を見るに見かねて眼を閉じると、異邦人である私にも全盛期のヴェネツィアの様子を髣髴させる処もまだ残っている。しかし、この消え行く脈搏は、その都市の郊外や場末へ血液を浸透させるほどの力をもってはいない。死の冷たい硬直が抜きさしならぬところまでその都市を捕え、致命的な病弊に取り憑かれてやせ細るにつれて、ベルトの緩みが日ごとに増大して衰えが目立ってくる。ヴェネツィア人達がかつて快楽と休息のために築いた小規模な宮殿があった北東の大境界地帯は、現在では最も悲惨な状態を表わしている処となっている。大運河に沿った比較的大きな建築群は、日常生活の華やかな営みのために保持されている。小宮殿には、通常小庭園が付属していて、水際へ向かって開かれている。これらの別荘や庭園の前には潟海が広がり、夕方になるとゴンドラが一面を覆うのが常であった。

ヴェネツィアとムラーノの島嶼群の間の海域は、ヴェネツィアが権力を握っていた時代には、ロンドンにおいて公園がロンドンに属しているように、その都市に属していた。車の代わりにゴンドラが使用されるだけの違いである。群衆は日没まで外には出なかったし、夜更けまで娯楽時間を引き延ばし、仲間どうしが交互に歌で答えながら楽しんだ。

ヴェネツィア人のこの習慣を知り、海辺に並んでいる夏季宮殿まで坂を降りて続く銀梅花《ぎんばいか》の咲く庭園を心に思い描きながら旅行者がヴェネツィアのこの郊外を訪ねるならば、延々と約一マイルも続く新しいがまったく荒廃した波止場――この六〇年か八〇年の間に建てられ、すでに倒壊に瀕している惨めな家並みの前に、造船所からサッカ・デッラ・ミセリコルディア[1]まで延々と続く波止場――を見つけて、不思議にも思い、悲しくも感じて驚くことだろう。さらに驚くだろうが、これらの惨めな家々（一部は昔の宮殿群の前面に、一部はそれらの廃墟に建てられた）から見渡せる眺望の中に見えるものといえば、海を隔てて約四分の一マイルのところにある煉瓦の平壁である。その平壁も延々と続きそうだが、白い小屋に阻まれている。その眺望に浮き立つかに思われた気分も、この平壁がヴェネツィアの主要な共同墓地を囲んでいることを知って、ふさぎこむ。旅行者は昔のヴェネツィア人が墓場の平壁の下で楽しむという奇妙な趣味のあったことを知っておそらく驚くことだろう。だが、さらに探究すれば、その島の上の建物は、海辺の建物と同様に、ごく最近のものである。その建物は聖クリストフォロ・デッラ・パセ教会の廃墟の上に立っている。意図的でないから、風変わりとしか言いようのない精神的習慣でもって、現代のヴェネツィア人は十字架を背負う者の平和を、死をもたらす平和に置き換え、毎日太陽が沈む時に彼らがかつて楽しみに出かけた処へ、彼らの各々に人生の日没が訪れた時に永遠に墓へ行かねばならぬことを、旅行者は知ることであろう。

人間がいくら挑戦しても、自然の力は後退しないし、自然の美しさも人間の痛ましい不幸によって沈められることもない。広大な海は死者の島の周りで輝きながら干満を繰り返し、アルプスの大空は太古の秀麗な山容の衰退を知らず、環状の地平線から射出する金色の王座が傾くこともない。風景はそれを損傷する妨害物があるにもかかわらず、非常に美しいもので、私達は夕方になると、その都市の狭い運河や街路から出て来て、はるか彼方の山脈の辺りに喪服のヴェールのように谷間を縫う花輪状の海霧を見守ったり、墓場の岸に沿って潮騒が嘯《うそぶ》く緑色の波浪の音に聴き入る。

夜が明けると、私達にはムラーノで営む一日の労働があり、私達の舟はヴェネツィアの海寄りの橋の下から迅速に飛び出して、広い海や空の世界へ私達を連れ出す。

積雲が群集して、陽光に映える海波のはるか上方に棚状に重なり合って、その群れの一つ一つの底辺が溝状にきっぱり切られた水平な線となっている。その内、積雲はついには一気に下る大理石の階段のように水平線まで沈む。ただし、山脈が積雲に出会って雲の中に消える処は除いてである。つまり、灰色のテラス状の雲の土台に山脈は阻まれて、青色の頂きのない一つの土手に変えられる。その土手状山脈には処々に雪のように散在する淡い緑白色の光の砕片が点在して趣きを添えている。下方には、イタリア本土の長く黒い海岸線が低い樹木で縁取りされていて、輝く潟海の広く波打つ海面がゆっくりと震え、上方の雲の塔を揺さぶる。そしてついには、長い光の三叉の帯に変形する。北の方を眺めれば、まず大きな墓場の壁が目につき、それからムラーノの建物が長く処々に散在し、その向こうに村落があって、それが強烈で透明な赤色で輝く。それは鏡にちりばめた宝石のようである。島の塔は水平線の少し上方の大気中に平衡を保っているように見える。その塔の影は実体と変わらぬほど輪郭鮮明で生気があり、存在感に満ちた姿で塔と海の間の空虚に投射されている。こうして見ると、村落は大気中に浮かんでいるようである。東方を眺めると、陸地を走っているような一群の船舶がある。と言うのは、リド島の砂洲が、船舶群と私達の間に延びているので、私達にはその砂洲の彼方に高々と帆を掲げた白い船が走っているのが見えるが、海は見えないからである。ただし、大きな海がそこに実際には存在しているのを感じ、上方の空に厳粛な力強い光が輝いているのを感じることができる。

その風景全体で最も不調和な特徴は、ムラーノのガラス工場の上空を飛んでいる雲であるが、それは私達の周りの廃墟になりかけた村落の中で唯一残された人間の営みの最後の徴候の一つなので、これを残念に思ってはならない。ゴンドラが静かに滑走すると、その雲は私達に近づいて来る。私達は墓地を通り、ムラーノから墓地を分離する深い海側の大運河を通ると、狭い運河に入る。その運河には両岸に運河の水面から三、四フィート高く舗装された歩道があって、その歩道が水面と家々の入口の間で一種の波止場になっている。その入口は大抵は低いが、大理石――イストリア産で四角に切られ鉄骨が入れられた――の重厚な戸と窓で造られている。かつてこれらの建物にはかなりの身分の者が住んでいたが、今は貧乏人だけが住んでいる。あちこちに一四世紀の葱花刳り形(2)の窓や太縄刳り形(3)が彫り込まれて飾られた入口が、比較的平凡な特徴として挙げられる。そして、波止場に沿って短いアーケードとなっていて、柱に支えられるだけの一階からできている幾つかの家々には、風変わりな優雅さと繊細さで仕上げられた、ヴェローナ大理石の柱身に支えられた窓がある。今はすべてが空しい。粗野な漁師達が、ジャケットをだらしなく肩に引っ掛けて、それだけでなく帽子も髪もすべてが暗緑色じみた灰色一色で、波止場をぶらついている。その彼らもその風景の繊細さや優雅さなど気にも留めない。

だが、かつてのヴェネツィアよりも、現在のその風景には些かの生命力がある。女達が入口に座って編み物を忙しげに編んでいるし、さまざまなガラス工房の職人達が舗道でガラス砕片を篩《ふるい》にかけて選んでいる。聞き慣れない叫び声が運河を挟んで飛び交い、イチジク・葡萄・瓜・貝売りなどの声が、小舟で混雑している運河沿いに遠くまで響き渡る。それぞれの売り物の名を連呼しているのだが、あまりに激しい声なので意味不明の叫び声のようにも聞こえる。もし私達が、この町のほとんどすべての家の漆喰の白壁に飾られた花輪の内部に、黒色の地に白抜き文字で書かれた文章「再びキリストを冒瀆するなかれ」から判断するとすれば、意味が不明なのは幸運なのである。その文章は何度書かれても、誰も気に留めないからである。

大きな水運び艀《はしけ》(4)と複雑に入り交じった小舟群——これらには、マストに垂らされたり船縁に掛けられた種々の魚網が満載されている——の間を縫って私達のゴンドラは進む。やがて迫縁《せりぶち》(5)に聖マルコのライオンが飾られた橋の下をくぐる。この橋の手摺りの端の柱にはもう一頭のライオン像が置かれている。これは空中をとぼけるように見上げる子犬のような顔をした小さな赤いライオン像で、私達は通りがかりに、その翼が羽毛でなく髪の毛で覆われていることなど、幾つかの点でその彫様式に興趣をそそられぬでもない。

その内、運河が少し左方へ曲がると、水面が穏やかになり、水路交通が混雑するのは、ムラーノの下町にあたるこの辺り、距離にして約四分の一マイルの直線に限定される。左側にあるかなり重要な聖ピエトロ教会を通り過ぎ、次にその教会の向かい側にあるアカシアの木立のある公園を通り過ぎると、私達の小舟は突然強い緑色の潮流に押し流され、潟海の主要な水路の一つの潮流に巻かれて旋回する。その潮流はムラーノの街を五〇ヤード以上の深さの流れによって二つの部分に分割し、その深い潮流には一本の木橋が渡されている。私達は流れに乗って少し漂流しているのに気づき、木橋の向こう側の低い小屋の列を眺めると、朽ちかけてはいるが、小屋の真っ白い壁に陽光が輝き、芝生の生えた波止場に沿って走る緑色の潮流の上に閃光が煌めく光景には、気分が引き立たせられるのか、それとも、気を滅入らせられるのか判断がつきかねるものがある。潮流を越えた向こう側の穏やかな運河の入口へ私達を押しやるには、強力な櫂の漕ぎ手が必要である。この緩慢な流れの左側にある砂洲の方へとゴンドラの舳先を走らせる時には、私達は少し目が眩《くら》む。そして、聖ドナート教会（口絵3）すなわちムラーノの聖なる教会の東端の下に上陸する。

その教会とそこから数ヤード離れて立つどっしりした鐘楼は、ヴェネツィア周辺ではどちらかと言うと見慣れない三角形の小さな草地に立っている。荒っぽく切られた四角の石の間に緑色の草のモザイク模様がある石畳み小路がその草地を横切り、その三角の草地の一辺は朽ちかけた庭園の壁に、もう一辺は低い小屋の壁に連なり、三番目の底辺が、私達が上陸したばかりの浅い運河になっていて、各辺はそのようにしてその草地の限界線となっている。三角形の一つの頂点の近くに、一五〇二年と銘入りの素朴な井戸がある。その三角の草地の最も幅広い部分は、運河と鐘楼の間にあって、一本の四角い中空の柱が立っていて、その四つの側面は石板で造られ、かつてはヴェネツィアの旗幟をしっかり留めていた鉄の掛け金がまだ付いている。

寺院の建物は、三角地の北の角隅を占め、現代の建物と、離れ家風の小礼拝堂と、吹きさらしの四角い窓付きの荒廃した白壁とが創建当時の外観を消し去り、建物全体がまったく醜態をさらし、後陣（祭壇後方の出っ張り部分）だけしか残されていない。元の設計図は注意深い吟味によってしか識別されることはなく、識別されても一部分である。建物全体の印象は、取り戻せぬほど失われたが、その残りの断片は一層貴重になる。

その教会の本体はほとんど残らず、はっきり分からないが、図版Ｉ（75頁）の2図の設計図のように、建物の全体の形態と広さは、損傷されていない端の部分ＤＥの幅によってまず第一に決定され、第二には、明かり層(6)の元の煉瓦の残片と、修復された側壁の残片によって決定され、第三には、今でも完全なままの身廊の柱身によって決定される。扉ＡとＢは元の位置なのかどうか分からない。もちろん、主要な入口は西端であったにちがいない。設計図面は、トルチェッロのそれと同様に、身廊と側廊だけによって構成されるが、明かり層は側廊の外側の壁まで延びる翼廊をもっている。東端の中央で外部へ投げ出された半円状の後陣は今や教会の主要な特徴である。もっとも、身廊柱身と外側の側廊の東方の端も創建当時の位置であるが――。側廊は内部が近代化されたから、側廊がかつて聖歌隊席と同じく円い端があったかどうかは推測の域を出ない。FとGの空間は小礼拝堂をなして、その内、Gには祭壇の背後に真っすぐな壁があり、Faには、点線で図示された曲線の壁がある。

FとGの礼拝堂を内陣から分割する隔壁も点線で示したが、礼拝堂は近代の施工なるがゆえである。

設計図は一定の比例・比率に則って――実尺の縮図として――、慎重に描かれているが、その比例・比率が処理された関係（実尺図と縮図との関係）は目測ではほとんど見積もれない。柱身から反対側柱身への身廊の幅は、三二フィート八インチである。側廊の柱身から壁までは一六フィート二インチ、近代に修復した羽目板の厚さを二インチ入れて、一六フィート四インチとなり、ちょうど身廊の幅となる。柱身間の間隔はちょうど身廊の幅の四分の一の八フィート二インチである。準翼堂を形成する大柱間の距離は、二四フィート六インチで、これは柱身の間隔のちょうど三倍である。だから三つの距離は正確に算術的な比例をなしている。

柱身の間隔　　八フィート二インチ
側廊の幅　　一六フィート四インチ

翼堂の幅　　　二四フィート六インチ
身廊の幅　　　三二フィート八インチ

柱身の周囲は平均五フィート四インチで、土台近くでは樹木に覆われている。主な大柱の最も広い側面は四フィート七インチ幅で、最も狭い側面は三フィート六インチである。ａｃ間の距離（大柱の最も外部の隅から後陣のカーブの初点までの距離）は二五フィートで、その点から後陣はほとんど半弧を描いているが、それはルネッサンス様式の造作で妨げられているので、その形態を正確に確かめることはできない。それは、コンカ(7)または半円型屋根（セミ・ドーム）の形態の屋根であり、その壁の外部の配置は、北方の教会のいずれかの控え壁体系(8)と同じように効果的で明確な控え壁体系によって、この円型屋根の安全策を講じている。もっとも、控え壁はローマ様式の柱身とアーチを適用して得られたものである。下方の階は、後になってルネッサンス建築で広く使用された奥行きが半弧状の円頭壁龕《へきがん》によって軽くされた厚壁で造られている。その壁龕の一つ一つが、壁から離れて立っている一対の柱身によって側部に付けられて、その壁龕の上に投げかけられた深く彫り込んだ刳り形のアーチを支えている。柱のある壁はこうしてどっしりした控え壁の一連の列をなしている（設計図参照）。その列の上には薄壁で背後を支えられ、アーチ――その柱身は下方の幾対もの柱身の上に設けられている――によって覆われた外部の大気に開かれた回廊がある。これらのアーチの頭部上に屋根がある。それゆえ、私達は外部が七辺の後陣を有する。それは主として粗雑でありふれた煉瓦造りで、それに大理石の柱身と幾つかの石造装飾を備えている。だが、そのために一

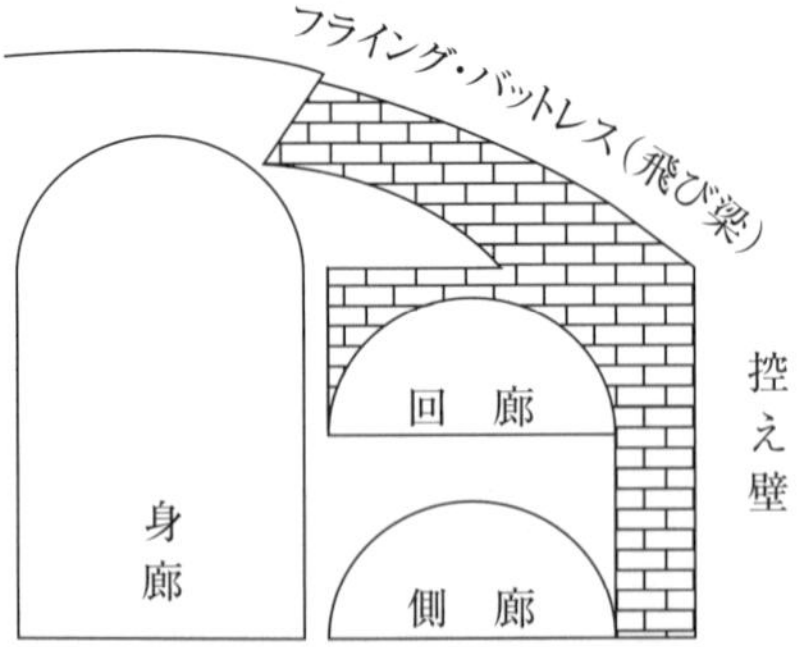

12世紀のゴシック（教会）建築

身廊の右側にもフライング・バットレスがあり，回廊・側廊も左側と左右対称になっている。12世紀以後フライング・バットレスができたおかげで身廊（本堂）の天井を高くすることができ，明かり層ができた。12世紀はロマネスクの名残りがある。

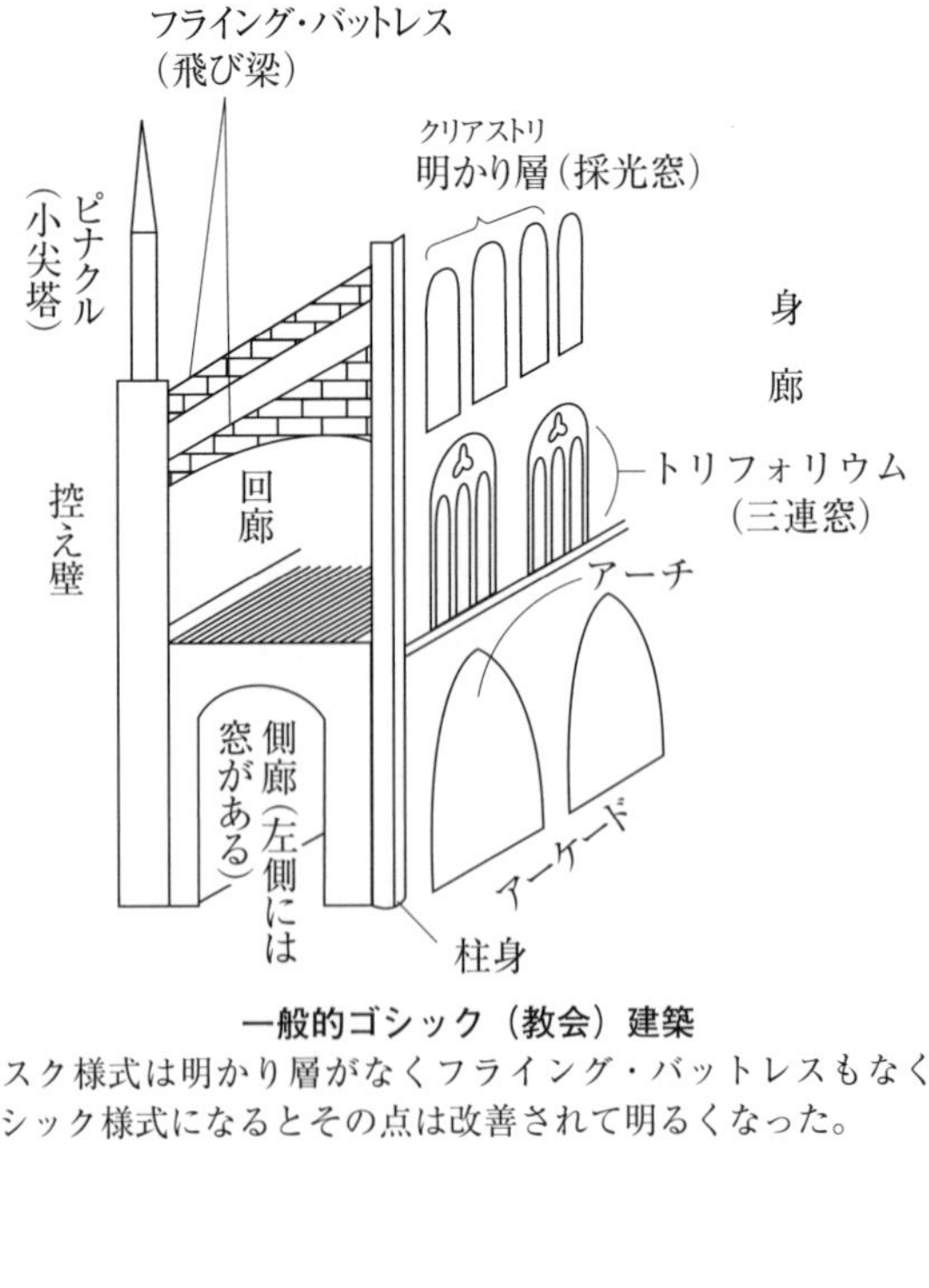

一般的ゴシック（教会）建築

ロマネスク様式は明かり層がなくフライング・バットレスもなく暗かった。ゴシック様式になるとその点は改善されて明るくなった。

層興味深い。なぜなら、それは今私達が自由にできる材料をもって、何をなしうるのか、何がなせたかを私達に示してくれるからである。さらに、それが有する大きさと少数の装飾の使用を見ると、造作の大ざっぱさにもかかわらず、微妙な法則を守り、よく考えた装飾から連想を呼び起こすので、繊細な感情を二重に深化させてくれるからである。

まず後陣側面の比率について述べる。私は、五章の「ビザンチン様式宮殿」で、大きさの比率に対する初期のヴェネツィア人の特殊な精妙さについて長々と述べる機会があるので、それまで詳述を避けるが、七辺の後陣の側面どうしの関係が、その最初の最も興味ある実例の一つを提供する。後陣の大きさの比率は調和を真に愛することから生じたとしか思えない。

図版Iの6図において、教会のこの部分の設計図が大規模に示され、その七つの外部側面は半弧よりも細かく分割した直線の集合として配置されている。それゆえ、完全な円が完成すると、それは一六の側面をもつことになる。そして、七つの側面は、最も幅広いものを中心に置いて、四つの大きさに配置してあるのが観察される。煉瓦造りはかなり摩損しているので、アーチの寸法は容易には確認されないが、アーチの立つ柱礎——これはほとんど損傷がない——の寸法は正確に得られる。この柱礎は設計図面の透かし線で示され、その側面がそれぞれ測定されている。

一番目ａｂ　　六フィート七インチ
二番目ｂｃ　　七フィート七インチ
三番目ｃｄ　　七フィート五インチ

四番目ｄｅ（中央）七フィート一〇インチ
五番目ｅｆ　七フィート五インチ
六番目ｆｇ　七フィート八インチ
七番目ｇｈ　六フィート一〇インチ

この繊細な比率がどんな微妙な感情を示しているかを観察してみよう。リズムの全体の方向に変化をもたせる二番目と三番目の間、五番目と六番目の間の僅差なしでは満足できなかった建築者の優雅な感受性とは、どんなに精妙なものであったことか！　しかも彼らは七フィート半で二インチの減少で満足したのである！　読者は三番目と五番目のアーチを奇妙に減少させたことを偶然だと思うとしても、私は、「それは偶然ではなくて、初期の建築者はこの種の交互の比率を得ようといつも願っていた」ということを、後に読者に立証したい。数の関係は、フィートとインチの形式で容易には理解しにくく、もし最初の四つをインチに変換して、定数の、例えば七五をそれらから控除するならば[9]、残りのそれぞれ四、一六、一四、一九は、全体から見れば明瞭な形式で比率を示すことだろう。

設計図の6図のｂｃｄなどの円形図の一対ずつは、柱頭と同様に固い大理石造りの支えの柱身を示している。ここでは[10]私は読者にそれらの柱頭の彩色に留意してもらいたいだけである。ａとｈの角隅にはそれぞれ単一の柱身であるが、その柱頭は、両方とも深紫色の大理石である。ｂとｇの次の対の柱頭は白色のそれであり、ｃとｆの柱頭は紫色、ｄとｅは白色である。こうして左右各側で色彩が交互に変わり、二つの白色が中央で出会う。紫色柱頭はすべて無装飾であり、白色柱頭はすべて彫刻を施されている。紫色柱頭を彫ることになれば、二つの点で柱頭は損傷されるからである。一つ目は、ある量の灰色の影が表面の色合いに混ぜられ、色彩の純粋性を失ってしまうし、二つ目は、それらは色彩から思想性を抜き取ってしまい、彫刻が要求するだけの注意を彫刻に注ぐことによって、精神が色彩に集中できなくしたり、あるいは、色彩を楽しんだりできないようにする。そういうことを、昔の建築者は知っていたのである。それで、彼らは紫色の柱頭を色彩が全面的に塗られた単一色の塊[11]にし、白色の柱頭に彫刻を施した。彫刻しなければ、それらは興味の対象にならなかっただろう。

　口絵1は、図柄が小さいので、彫刻された三角模様の三つを図版Ⅲで大柄な図柄で示した。この中の3図は口絵1の下段の四つの内の一つであり、4・5図は他のグループから採った。三葉飾り（三弁模様）の形態がここでも明瞭である。それとデザインのその他の部分は、底の浅い浮き彫りに造られ、空隙は四分の一インチほどの深さまで彫り込まれている。これらの空隙は最初の造りでは、黒色の構図で充填されていた。その構図に似た彫刻がサン・マルコ大聖堂で使用され、三角形ではないが、飾り迫縁の刳り形[12]にその構図が少し残っている。全体の表面は、完全に滑らかで、装飾形態は暗灰色の地で浮き彫りにされている。しかし、たとえこの地色が消えても、その方式の素朴さゆえに、ある程度の距離（一七または一八フィート）を離れて見ると、すべてのその部分はありありと見える。趣きのある三葉飾りは、私が描画で表現できないくらいの爽やかで新鮮な効果を与

図版Ⅲ　「ムラーノの彫刻」

える。三葉飾りが人々の心にどんなに気分一新の楽しさを与えるかに注目するとしよう。僅か数ヤードのスペースに三葉飾りが五、六回も繰り返されるが、私達はそれを見ても飽きない。実はこの装飾を私達が楽しむ心の根源には二つの神秘的な感情が流れている。その一方は、統合された三体の愛好であり、他方は、秩序のある充実感の愛好である。各場所が忽ちにして満たされ、しかも適切で容易に充実される。葉どうしが互いに押し合わず、勝手にでしゃばらず、しかも空隙のある処には、一つの葉がいつも踏み入り占めようとする。

三葉飾りは五、六〇〇回も繰り返されるが、同じ大きさのものは二度と繰り返されない。この法則は念入りに観察しても明言できるものである。口絵1の上段のａｂの彫刻では、縮小された葉が植物の生長を表わすと見られるが、下段を見ると、象眼された紫色大理石が二等辺三角形に近似して造られており、白色三角の中央にそれらは入れられている。それで、葉は装飾が側面を下るにつれて大きさを次第に減少する。読者は小柄な絵の正確さを疑うかもしれないが、図版Ⅲの3図の大柄な絵では、角度はすべて測られ、それゆえ、辺縁の幅の故意の変化は、論争の余地を許さない。この原則がどんなに絶対的に自然の原則であるかを銘記されたい。すなわち、「同じ葉形が繰り返されても、けっして同じ大きさの葉形は二つとない」という原則である。足元のクローバーを見れば、このムラーノの建築者が言わんとしたことと、彼は野蛮人でなかったことを、読者は理解するだろう。

読者に観察してもらいたいもう一つの要点は、デザイナーの心の中で色彩に与えられた重要さである。特に注目されたいのは、下方では白色柱頭だけが彫刻されるように、上方では白色三角だけが彫刻されることである。なぜ注目されたいと言ったかというと、芸術の偉大な原則が作品全体の中で実現されているのを見ることは最高に重要だからである。彩色された三角は彫刻を施されない。後陣の二つの主要なグループでは、グループの中央は彫刻されずに色彩を塗られた。また、鑿の複

[2]図

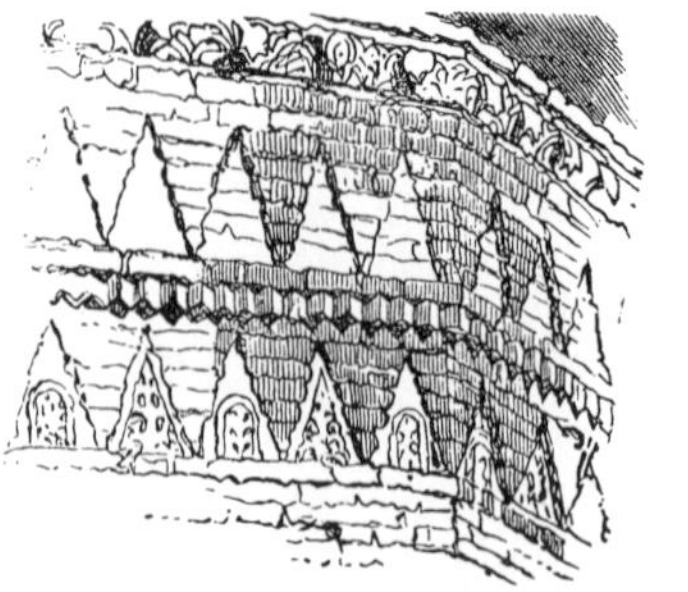

雑に錯綜した彫り跡にだけでなく、石の縞模様にも目が引きつけられるように意図されているのは明白である。このことにも留意されたい。後陣の中央にある口絵1の下段が、後陣の側部に張り付けられた口絵1の上段のものよりもはるかに貴重であることも注目されるだろう。下段には煉瓦造りはなくて、三種類の色合いの大理石がそこでは使用されているが、上段は煉瓦で造られ、黒白の大理石だけが使用されている。最後になったが、雑色の大理石を扱う場合には、職人がいかに鑿彫りを繊細に仕上げたか、また、粗野な煉瓦や暗い色の石を扱う場合に、いかに彼が大胆な模様を用いたかを見るのは、非常に楽しいものである。このすべてにおいての芸術的感情の微妙さと完璧さは、とても豊麗なので、建築物そのものを見る場合、パオロ・ヴェロネーゼの描いた刺繍の一片を見た時に目が喜ぶのと同じ気持ちでこの彩りの連続に目を留めるのでる。

挿絵[2]図の下段帯の構造はこのようであるが、上段帯は比率の変化のために興味を引く。上段と下段は木版画（[2]図）にあるように分割されていて、分離の境目は赤煉瓦の二層でできている。上層の方は蛇腹のように突き出しており、厚い黄煉瓦の端を前方にした配列で得られた不規則な持ち送り[13]の中間層によって支えられている。しかし上方の壁はこの突出部から直立して支えられるので、下段帯の上の煉瓦の厚さまで上段帯全体がせり出している。この結果、後陣の各側面は、下段より上段の方が四ないし五インチ幅が広くなる。それで、下段と同じ数の三角形を上段に並べても、各角隅に一または二インチの空隙を残すことになる。これは、計算外のミスのように少しでも感じさせたら、無様《ぶざま》に見えることであろう。そこで、それに視線を引きつけて、それが故意になされたと見せるために、上段の三角は下段の三角より約二インチ高く造られる。それは、下段の釣り合いと視覚効果で一層よく感ぜられるためであり、実際、土台が同じ幅であっても、かなり狭く見えるようになる。こうして、下段帯の豊富な一連の装飾よりも、上段三角は効果的に軽く造られる。二つの上下の帯は、変化しながら相互に結合し、調和のとれた全体となる。

しかし、三角形の高さのこの相違がうまく感ぜられないように、飾り気のない煉瓦のもう一つの層が上段の三角の頂点の上に加えられ、帯の幅を二インチだけ増大する。下段帯には五層の煉瓦があって、高さは一フィート六インチである。上段帯には七層の煉瓦があり（その六層は三角の間にある）、北方の側廊の端以外（その端では不可思議な理由で中間蛇腹が上段三角を下段三角と同じ高さに縮めるために上方へ傾いている）では、高さは一フィート一〇インチである。最後にここで建築家が決心したのはどんなことであったかを観察するがよい。その決心とは、一方の段の一連の三角形が他方の段のそれらのたんなる模倣であるべきではないが、彼は高さを加えて両方の違いを際立たせることはできない。それゆえ、彼はここだけでそれらの土台を狭くした。その結果、上段は七層を、下段では六層を有することになった。

今や私達は、東端全体の中で最も興味深い部分、北方側廊の末端にある飾り迫縁に話を進めよう。

三角帯は側廊の端にある二つの高いアーチによって中断される。しかし、後陣の北側において、それは完全には中断されず、それを持ち上げ、かくして、口絵2の美しく好奇心をそそる飾り迫縁となっている。上段三角帯は、下段のそれと一緒に迫上《せり》がることはできない。もしできたら、それは二階を受けるように備えられた蛇腹を壊すからである。そして、三角形がアーチの側面に向かって——波が砂浜に当たって砕けるように——消えていくZの形（ジグザグ形）になっているのは、最も珍奇な構造上の特徴の一つである。帯がアーチをめぐる時、帯の扱いには新しい特徴が生じることも分かるだろう。彫刻された石や彩色された石が幾つかある間に、煉瓦を突き出したままにしておかずに、倒置された三角大理石が用いられ、煉瓦造りの中の他の三角形と等しい深さに嵌め込まれるが、接合部ではZ字形の鋭く暗い線を生じるように、それらの倒置三角大理石は他の三角形よりも前へ突出している。補足された石の中の三つが不幸にも剥落したので、それらが創建当初に配置されていた色彩の完全な調和を決定することは不可能である。しかし、共通のアーチの要石《かなめいし》に相当する中央の石は、幸運にも残されており、右手の二つの側石（倒置石）、左手に一つのそれを伴っている。

要石は白大理石造りで、傍らの迫石《せりいし》(14)（アーチを造るくさび形の石材）は、深紅大理石造りである。これらは、建物全体の中で彫刻された唯一の彩色石である。それらが彫刻されなかった場合よりも満足いくように、それらは彫刻されている。その目的は、飾り迫縁をできるだけ立派にするためであった。彫刻すれば、白大理石の中の八つが、その上に並置して用いられた。深紅大理石が彫刻されないままにされていたら、それらはその他の石の綿密な仕上げと調和しなかっただろう。それらに綿密さと仕上げのたんなるしるしとして彫刻を施すことが必要になった。だが、同時に彩色面をできるだけ壊さないことが必要であった。まるでそれが彫刻されるために準備された表面にエッチングされたかのように、「装飾は、鋭い刻み目でそれらにたんに輪郭づけられているのである」[15]。深紅大理石の二つでは、各三角形の一辺と平行している三つの同心線から構成されていて、三つ目の深紅石では、それは美しいデザインの花輪になっている。その表面が鑿の繊細な刻み目によって、いかに完全に壊されないままで、白色大理石に細工されたか――その二つが図版Ⅲの4・5図で示されている――を読者が見ることができるように、図版Ⅲの2図では口絵2より拡大した図柄になっている。私達がまだ言及していない要石は、軽い刻み目を施された唯一の白石である。そのデザインは、花模様装飾に施される種類の職人気質の制作になるものではなく、完全な浮き彫りに彫られるか、私達が今見るように放置されるかのいずれかでなければならない。それは図版Ⅲの1図で示される。十字架の側面の太陽と月は、後の章で見るように、ビザンチン様式のアーチの要石で一様に用いられる。

アーチの側部に嵌め込まれた灰色と緑色の大理石の石片を見過ごすことは許されない。三角形態をこの点でぴったり適合させるのには困難を伴うが、中世の芸術家はいつも困難に出くわすのを楽しんだ。それを隠すのではなく、彼はそれを誇った。彼は、上段帯の拡大する面に適応して充当させるために、三角形の先を細長くするという困難な細工に人の目を向けさせたように、ここでも不格好な形の石片を嵌め込んで、彼はその石片を、アーチ全体の両側面で最も顕著なものにしたが、そうするために、ある場合は暗く冷たい灰色を用い、また他の場合は、その上方や傍らの赤・深紅・白の石片と対照的な暖かく生き生きした緑色を用いた。右側の緑と白の混じった石片は、私の知る限りでは、極めて稀有な大理石造りである。私の考えでは、最初白い石の砕片が嵌め込まれた。その砕片がその地色の上で輪郭が明確になるからである。確かに嵌め込まれたが、それは天然においてそうだったのである。その石は鉱物学上も興味深い石灰質の角礫岩である。白斑は上方の繊細で変化する色合いの全領域にぴったりとした刺激的快感をかもし出す趣がある。しかし、全体の効果は上方の三つの大柄な三角形の喪失によって全体的に損なわれている。それらは残存するものと同じく深紅色であったことは疑いない。かくしてアーチ全体は深紅色の地の上に浮き彫りにされた白色ゾーンであって、それは煉瓦の緋色蛇腹によって外周をめぐらされた。全体の色調は、両側面の灰色と緑色の混じった二つの貴重な石片によって対照されている。

口絵2の底部に見られるように、アーチの各側部に挿入された二片の彫石は、他の彫石とは異なる職人気質の造りである。それらは相互に釣り合わない。それは教会の諸部分はイタリア本土から運ばれたことを証明する証拠の一部となる。その一つには銘があり、文字が整わないことから古代のものであることが確認され、その銘を読み取れないことをかえって私は有り難く思う。しかし、ラザリ氏(16)が、その銘の残存部分の大半を見事に読み取った。

ラザリ氏の推測によると、その銘文は九世紀中頃に活躍したトルチェッロの高僧ドミニコ(17)の下でのその教会の建立を記録している。もしそれが事実なら、現存する建物で軽蔑的に挿入された断片では破壊されているのだから、この建物は一二世紀のもので、九世紀の建物の遺物から採取された断片でもって修復されたということになる。

後陣の一階の上方に、外部に開けられたアーチの下に、軽い手摺りに保護された回廊がある。この手摺りの外側は、刳り形が施され、それらの刳り形について私が言えることは、それらは現存する教会の造りの大部分と同じ流派の作であるということである。だが、この手摺りの欄を形成している大きな水平の石は、古い建物の砕片を裏返しにしたものである。それらの裏面一杯に彫刻が施されていて、それが回廊として持ち上げられているため、おかげでその彫刻を見ることができる。そこにはかつて、それらの表面に跡を辿ることのできる幅広く低いアーチの付いたアーケード[18]があった。その三角小間は葉飾りで満たされ、飾り迫縁は鎖細工で豊麗に仕上げられ、中央には十字形があった。これらの石片は、現存建物の建築家によって捨て石の大理石として使用された。現存の手摺りの小さなアーチは、無慈悲にも古い造りを貫いて制作された。手摺りの縦断面はかつて石の背面であったものから切り出された。ただ古いデザインの十字には少し敬意が払われ、十字が損なわれないだけでなく、手摺りの中央に位置するように、その石は彫られている。

ムラーノのこの手摺りは、荒廃した後陣の周囲の低い回廊とは別の囲いであることを、読者は留意されたい。それは初期建築の二つの大きな流派の間を仕切る障壁である。一方の流派では、初期キリスト教時代のロマネスク様式の工人によって彫られ、明確なある種の装飾の型を私達に提供し

3図

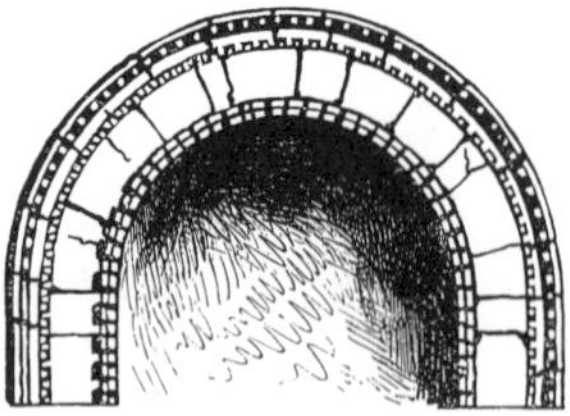

a

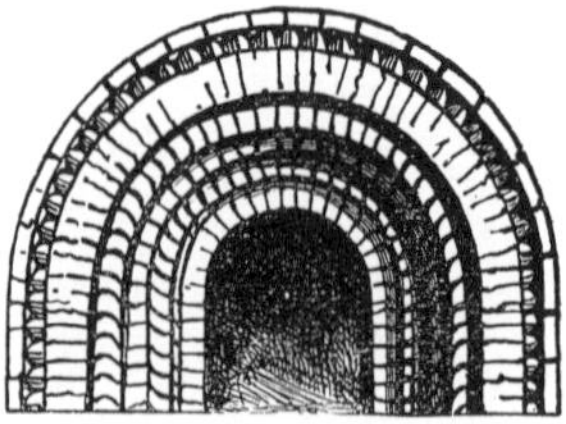

b

てくれる。その装飾の型の共通の点を一括して判断すると、その流派の特徴を説明できるし、時代に合わないものとして、この手摺りの向こうに（古い時代のものとして）投げ返すことができる[19]。手摺りの正面は、ロマネスク様式とはまったく異なるデザイン形態を──豊麗さは少ないが、優雅さは多く、ここではできるだけ素朴な形態を──私達に示している。この大理石の手摺りの正面から、現存するヴェネツィア建築の研究を始めよう。ただし唯一の問いは、「私達は一〇世紀と一二世紀のいずれから始めるか」である。

この問いにはすぐに答えられるという希望を、かつて私は大いに抱いていた。だが、初期ヴェネツィア建築の修復改変があまりにも多く、外国の様式の断片部分が無数に導入されたので、この問いを疑問のままにしておかねばならなかった。しかし、それと密接な関係のある一つの事情が注目されねばならない。3図において、bはムラーノの飾り迫縁であり、aはサン・マルコ大聖堂のそれである。後者はすべての歴史家と研究者によって一二世紀のものと認定されている。

ヴェネツィアにおけるすべての一二世紀の飾り迫縁は、例外なく

aのモデルに基づいており、装飾と彫刻において異なるだけである。ムラーノのそれに似たものは一つもない。

しかし、ムラーノの深い刳り形は、パヴィアの聖ミケーレ教会の刳り形にほとんどまったく類似しているし、あるものは早くも七世紀に建てられ、八、九、一〇世紀に建てられたものもあるが、その他のロンバルディア様式の教会の刳り形に類似している。

この根拠に基づいての私の推測だが、ムラーノの現存する後陣は、最初に建てられた初期教会の一部であり、今の後陣で用いられた銘入り断片は、イタリア本土から運ばれたものである。しかし、手摺りは他の部分より後期のものであり、それは後にもっと詳しく吟味していこう。

壁の内部の興味ある事柄についてまだ触れていないので、私達はそれを見てみよう。

一見しただけで期待はすっかり裏切られた。視線の先には柱身の列があり、それらの土台は木製の羽目板で隠されていて、ルネッサンスの室内装飾で最も定評ある様式で装飾されたアーチを支えている。それらの柱列の下の枡形に化粧漆喰で薔薇が細工され、斑状の黒・緑の地色にメッキされた化粧窓額縁に施された印形と矢形の刳り形を備え、さらにそれぞれの要石には小さなピンク色の顔と黒い眼をした智天使が見られる。教会の他の部分は大抵が汚い掛け布か、さらに汚い漆喰壁か、歪んで磨耗した画布に描かれた古ぼけた絵によって隠されている。すべてが世俗的で空しく汚い。だが、見捨ててはいけない。よく眼を凝らして見ると、後陣の陰の部分に、金地に描かれたギリシャ式マドンナ（聖母マリア）が見えてくる。舗道に第一歩を踏み出すと、私達は眼が眩む。それは、その像がギリシャ式モザイク造りで、海波に揺れるように波動し、鳩首のように染められているからである。[20]

舗道は今でも出入り自由にされていて、歪められ汚されているのは遺憾だが、際限なく興味を掻き立てる。新礼拝堂が建てられたり、新しい祭壇が建立される時には、調和のとれた外観をもつ石や階段が新しく周囲に嵌め込まれるために、舗道は壊されたり作り直されたりするからである。舗道は部分的に埋め込まれたり、運び去られる。中には、情け容赦なく現代の模造品や、その建物とは異なる時代の模造品——あちこちに捨て置かれた古い床石の断片など——を嵌め込まれる。全体の印象を昔のもののように人々の眼を欺くために仕組まれる。しかし、身廊の西端を占める部分と、側廊のそれに直接隣接する個所は、最初の位置にあって、ほとんど損なわれていない。それらの部分は、孔雀、ライオン、牡鹿、グリフィンのグループから構成されている（一グループにそれぞれの獣が二頭ずつ同じ壺から水を飲むか、鉤爪を立てている）。そして、その構図は織り込まれた帯で囲まれ、縞と星の模様が交互に組み込まれ、処々で建築表現が大理石のモザイクに仕上げられている。トルチェッロとサン・マルコ大聖堂の床石は、同じようにして施工されているが、ムラーノの残存するものは、雑色の大理石の使用によって得られた、眼にも鮮やかな躍動する彩色であって、上記のいずれの床石よりも精妙である。サン・マルコ大聖堂では、模様はより複雑に錯綜して、彫石はずっと巧みに組まれている。だが、各彫石はありきたりの一色である。ムラーノでは、あらゆる石の断片が複数の彩色石であって、すべてが教えられるはずのない技巧と共感で配置され、深い敬虔の気持ちで表現されている。なぜなら、その鋪装された床は、その教会の他の部分のように、年代が無記入ではないからである。中央の円石の一つの上に一一四〇年という年号が銘記されている。私の考えでは、それはイタリアの最も貴重な記念碑の一つであって、ムラーノの漁師の丸出しの膝頭が毎日跪くことで磨耗させた粗野な碁盤縞模様の床石に、ティツィアーノの絵画で絶頂期に達したヴェネツィア色彩のすばらしい精神の萌芽を、かくも早期に表わしている。

しかし、私達はさし当たり教会の装飾についての言及は、これで完結させて、その教会を去らねばならない。燭台に蠟燭は真っすぐに立ち、カーテンを引くと花綱装飾になり、造花と派手な厚紙製の三日月がどの柱頭にも付けられている。それは、メッキされた天使像とともどもに、その場所をできるだけ楽園に見せるためである。もし明日再び戻って来たら、私達の視野には老いさらばえた男女が飛び込んでくるだろう。彼らは気力も使い果たし、熱に浮かされたり、また半身不随の老人のように鋪石の上に半分跪き、半分咳をしながら哀願している哀れな人々の群れである。彼らは礼拝し、一つは体力が弱いのと、もう一つは不安な信仰のために、灰色の衣服で顔まで覆って畏怖しながら、陰気な動物的な悲惨な運命から脱却できずに拝むのである。ただ眼だけが輝き、唇は何か呟いている。

これらの人々は、かつてヴェネツィアにあったもの――「地上の楽園、海の妖精と半神半人の棲む処」――にふさわしい住民であった。

その翌日、私達はもう一度戻って来た。すると、信者も信仰の対象も、病人の群れもメッキされた天使像も、すべてが消失していた。後陣のずっと内部奥深くに、悲しげなマドンナが虚栄の祝福のために手を挙げて、襞の付いた豪華な長衣を着て立っているのが見えた。この孤独な像から私達の思いを引き離すものはほかになかった。高座の下方部にある中央の壁龕を占めている聖ドナートの粗末な肖像の彫り込まれた古い木製の銘板は、自画自賛であっても、古い教会の歴史とは関係がない。後陣の壁の上層を覆っている聖人達の色褪せたフレスコ肖像画もまた、比較的最近のものである。いわんや、後陣の壁の真ん中に位置する、マドンナの足の一部を切り取った祭壇の上の柱身と長押《なげし》は、(21)ルネッサンス様式の職人気質による作品であって、中にはもっと最近の作もある。半円型屋根そのものと、その屋根の根元の蛇腹（それは教会の外部で使用された蛇腹と同じである）と、それを囲む辺縁アーチ以外は原型構造を留めるものは何も残っていない。円型屋根の地色は金色で、直立のマドンナ像とよく用いられる銘による以外は、その地色の雰囲気は壊されない。その像は深い金色の縁取りの付いた青色の長衣を着ている。その長衣は頭部をすっぽり覆い、肩に投げ掛けられ、胸元を横切り、たっぷりとした襞を寄せて地上まで垂れている。胸元でその衣が開いて下着が覗き、下着も衣と同色である。深い金色の縁取り以外の全体は、その当時の婦人の衣服にほかならない。「一一〇〇年ほどの昔でも、婦人は青色の衣服を着て、肩にはマントを羽織っていた。その服装はそれ以前も以後も同様であった(22)」。

円型屋根の周囲には彩色されたモザイクの飾り縁があり、そのアーチの縁には、次の銘文があって、すべての会衆によって容易に読み取られる。

「人類の祖アダムの妻イヴが破壊した人々を、敬虔な聖母マリアが贖《あがな》った。キリストの恩寵に歓喜する万人は、寛恕を讃えよ」。

それゆえ、その建築物全体が聖マリアに捧げられた寺院にほかならない。贖罪の事実は彼女に帰せられ、その賛歌も彼女に捧げられた。

「あなたが私達に敬虔と悔悛の気持ちで顧みさせたい時代と信仰とは、これなのか」と私は問われる。贖罪が聖母に帰せられる以上は「否」と答える。贖罪が願われ信じられ歓喜される以上は「その通り」と答えることになる。何度でもそう肯定する。聖母が神の代わりに信仰される以上は「否」であるが、信仰の実体の証《あかし》がある以上は、「その通り」となる。なぜなら、人間達の区別よりもキリスト教徒と異教徒との間にはもっと深い隔たりがあるからである。私達が、人間は何を信仰するのかを問う前に、その人はいやしくも信仰するのかどうかを問わねばならない。この論点についてのキリストの言葉――「神は霊性であり、神を信じる人々は霊性の神を信じ、そうして真実を信じなければならない」――に留意されたい。霊性の信仰がまず起こったところで、それがかならずしも真実の信仰を意味するとは限らない。それゆえ、まず人々を霊性信仰者と世俗的信仰者に大きく分割する。それから霊性信仰者を、さらに分割してキリスト教徒と異教徒――すなわち、偽りの信仰者か真実の信仰者か――に区別する。それで、さし当たり初期教会の聖母礼拝がどの程度キリストの輝きを奪ったか、とか、神の子キリストに対するより深い敬虔の念がどの程度まで聖母信仰の粗末な儀式を通じて感ぜられていたかについてのすべての探究を、私はここでは省略する。その信仰を最悪の場合と想定するとしよう。ムラーノのこの円型屋根の女神を、アクロポリスの女神アテーネーやシリアの天の女王と同じ意味での偶像と見なすとしよう。この無知蒙昧な想定で、信仰者と不信仰者の差異を天秤にかけて比較するがよい。両者の差異とは、すべての時代で神を見る際の、計算し微笑し自力で独立する人間と、信じて泣き、時には訝《いぶか》り努力して神の他力に委ねる人間との差異である。心中で、「神なんか存在しない」と言う人と、「もし神を探せば見出せるかもしれない」と、あらゆる段階で一神を認める人との間の差異である。と言うのは、その差異は実のところ、現代の建築者と、ずっと昔、砂洲の島々に住んだ建築者との間の差異であるからである。昔のあの人達は、彼ら自身ではない何かを尊敬し、彼らを審判し元気づけ贖う霊的存在を信じていた。それに彼らはみずからの手によって守護天使のために王座を荒海に建立すべく、名もなき大衆として世を去ることで満足していた。だから、この点にこそ、彼らの力強さがあったし、海波の上を彼らと共に歩く霊がいた。もっとも、彼らはその霊の姿を見分けられず、主の声「それは私だ」も彼らには聞こえなかった。彼らがその過誤によってどれほど莫大な費用を無駄に使ったかは、後に見ることにする。彼らの信仰の尊厳性と誠実さは、彼らが世を去った後も残ったし、今日まで残っている。聖母礼拝は一二世紀に特有の特性ではない。聖ドナート教会の高座の外側、その中央の壁龕の中に、かつての内部の円天井の青い幻像に払われた敬虔の念を受容した聖母像がある。紅い頬と顔料を塗られた眉――一見すると、ぞっとするような人形が襤褸を着せられて、足元にある奉納されたランプの煤煙で黒ずんで立っている。もしムラーノの大理石を磨耗させた六〇〇年の間にイタリアが喪失したもの、取得したものを知りたいならば、信仰のためにこの人形を置いた僧侶と、この人形を礼拝するために、それを保持していた住民達は、その淋しい聖母像を金地の上に立つように着想した人達や、夕映えに燃える海から隆起する青い雲を見るだけで、はるか遠くから夕べの祈りが聞こえそうに思われる人々よりも、どのくらい高貴であったかを考えてみるがよい。

注

（1）Sacca della Misericordia が原語。「同情（慈悲）の袋（入江）」の意。貧民街か。
（2）ogee が原語。
（3）cable mouldings が原語。縄形刳り形とも言う。『建築大辞典』（彰国社、一九九三年）「縄形刳り形」の項参照。
（4）〔原注〕「直径七フィートの白い丸桶のフシナ（地名）からくみ出した新鮮な水を入れて運ぶ船」とある。
（5）archivolt が原語。通常「飾り迫縁《せりぶち》」「装飾窓縁」の訳語が使われる。
（6）〔原注〕「ゴシック建築の側廊上方の窓」と説明にある。「明かり層」の原語は clerestory である。
（7）concha が原語。「巻貝を縦に割った形態の耳殻」の意。
（8）buttress が原語。「扶壁」とも言い、壁を支えるための壁面。一〇二頁参照。
（9）十二進法であるから、七フィートは八四インチ、六フィートは七二インチである。
（10）〔原注〕この前に一行入っている。「それらの寸法とそれについての多様な細目は、付録Ⅵ『ムラーノの後陣』で示される」とあり、原書第Ⅱ巻の巻末付録にある。
（11）mass が原語。「塊」とか「マス」とか訳されるが、ここでは「広がり」がよいかもしれない。
（12）archivolt moulding が原語。「飾り迫縁」は archivolt、「刳り形」は moulding の訳語。

(13) bracketが原語。訳書『建築の七燈』(岩波文庫)の巻末用語解説では、「突出部を支承せしめるために設けたる突起物」とある。
(14) voussoirが原語。「傍らの」はlateralの訳語。
(15) 括弧内は原文ではイタリックである。
(16) 〔原注〕最新で最良のヴェネツィア案内書の著者。
(17) 〔原注〕『アルティナート年代記』に名がある。
(18) 岩波文庫版『建築の七燈』では「拱」をアーチの訳語とし、アーチの並ぶ列なので「列拱」をarcadeの訳語とする。
(19) 手摺りの裏側は、古い彫刻が施されており、裏返しにして使用しているから、こう言える。
(20) 鳩の首の羽毛の色合いの多様な変化について言及している。
(21) entablatureが原語。古典建築で柱上に支えられる水平部の総称。上から蛇腹、小壁(frieze)、台輪(architrave)と続く。
(22) 〔原注〕サンソヴィーノの言葉。

四章　サン・マルコ大聖堂

そこでバルナバはマルコを連れてキプロスへ渡って行った。(1)

アジアの海岸がマルコの視野の中で遠ざかり、小さく消えていってから、マルコは鋤に手をかけて後ろを振り返った。まさにその時、キリストの弟子達のリーダーであるパウロは、今後福音の旅の道連れにマルコを加えるには値しないと判断したのだった。

しかしその時、その弱い使徒マルコの心に予言の霊が入り込んでいたら、はるか遠い将来において、自分が人々の間でライオンの表象によって表現されることになるのを知り、そのことをどんなにすばらしく思ったことだろう。また、マルコ自身がキリスト教徒としての勇敢さを示せなかった草原で、彼の名前を呼ぶ戦いの雄叫びが、兵士の憤激を呼び起こして、不毛な血でキプロス海――彼は後悔と恥辱の念を抱いて、その海を渡ってバルナバについて行ったが――を染めることをどんなに痛ましく思ったことだろう。

ヴェネツィア人が九世紀にマルコの遺骸を手に入れ、主にその結果として彼らがマルコを彼らの守護聖人に選んだことは疑いの余地がない。九七六年の大火災[2]で失われた聖遺物（聖マルコの棺）の再発見が、北翼堂で最良の状態で保存されているモザイクの一つに記録されている。そのモザイクは、大火災後ほどなくしてつくられたもので、ベイユー壁掛け[3]のモザイク模様に制作様式が酷似していて、その当時の教会の内部を伝統的様式で示している。まず祈禱、それから神への感謝を捧げる民衆で充満する教会を示し、彼らの前に柱が立っていて、彼らの真ん中に総督が立ち、彼は金糸刺繡の深紅の縁なし帽を被っていた。その帽子の上に「総督」の銘が入っているので、それと分かる。このような様式はベイユー壁掛けとお揃いであり、同時期の大抵の他の絵画的作品とも同様である。もちろん教会は粗野な表現になっている。その上層の二つの階は、人物像の背景として、小規模に描かれている。遠近法をあえてとり入れずに描出された、絵画史上でも極めて大胆な作品である。それゆえ、工人は私達にその古代形態について幾らかの役立つ特徴を残してくれた。もっとも、当時使用された描画法に精通している人は、その証拠をそんなに押し出そうとはしないだろう。二つの説教壇は今日と同様に当時もそこにあった。当時教会全体にめぐらされていたモザイク模様の花飾りの房は、近代の修復者によって破壊されたが、一部だけが南翼廊にまだ残されている。屋根にその他のモザイクを表現しようと試みていないのは、あまりに規模が小さいので、モザイクの表現があまり成功するとは言えないからである。しかし、その当時、それらのモザイクの少なくとも幾つかのものが制作されたが、教会全体にそれらの表現が見られないからと言って、そのような施工において私達はそのような否定的証拠を信頼してはならないのであり、その点特に留意すべきである。

ラザリ氏の拙速な結論は、サン・マルコ教会堂[4]（聖堂）の中央の装飾窓縁[5]は一二〇五年より後期の作であるにちがいないということであり、その理由は、北方戸口の上方の教会堂の外側の表現にそれが見られないからということである。しかし、彼は正しいことも述べている。「このモザイクは――それはその建物の古代形態について私達が持っている前述とは別の証拠品であるが――、一二〇五年より初期であるはずがない。なぜなら、その年にコンスタンチノープルから運ばれて来た青銅の馬をそれは表現しているからである」と。そして、この一つの事実によってサン・マルコ教会堂の外側のどの部分の制作年代についても断定することを大変難しくしている。と言うのは、そのモザイクは一一世紀に奉献され、しかもこの教会堂にはその最も重要な外側装飾の一つがあるからである。そのモザイクは、全部が付加物でないとしても、その様式によって、そのモザイクは構造の原型部分であると私達が推測するけれども、一三世紀に手を加えられたのは間違いない。しかしながら、私達のすべての目的のために、読者に十分に覚えておいてもらいたいのは、その建物の最初期の部分は一一、一二世紀と一三世紀前半に属し、ゴシックの部分は一四世紀に、祭壇と装飾は一五、一六世紀にそれぞれ属しているということである。

しかし、私の話の要点は、その教会堂全体がギリシャ芸術家によって建てられ装飾されたと推測することにあるのではなく、サン・マルコ教会堂のビザンチン建築について広く読者に想起してもらいたいことにあるのである。一七世紀のモザイクは別として、その後期の部分は、原型の構造にあまりに器用に似させているので、全体的印象はやはりビザンチン建築のそれである。私は絶対に必要な時以外は、不調和な点に注目しないし、読者を解剖的批評によって退屈させることもしないだろう。読者の目や感情を捉えたり感動させたりするサン・マルコ教会堂の中のものは、ビザンチンのものか、ビザンチンの影響によって改変されたものである。それで、その建築上の真価に対する私達の研究は、骨董趣味によってかき乱されることはないし、制作年代の不明な個所によって阻まれたりすることもない。

読者をサン・マルコ大聖堂の境内へ連れて行く前に、読者に暫く静かな寺院のあるイギリスの町へ行ったと想像させながら、その大聖堂の西玄関へ連れて行くとしよう。読者は私と連れ立って人気の少ない通りへ行き、その通りの行きどまりに立つと、塔の一つの小尖塔が見え、胸壁の頂上の下にあって中央に小さな格子窓の付いた低い灰色の門をくぐって、一般の出入りを禁ぜられた内部の境内へと進む。そこへは司教《ビショップ》と参事会員を顧客とする商人の馬車しか入れず、旧式の少しこぢんまりとしているが、過剰なほど洒落た邸宅群の前に、小綺麗な手摺りで囲まれた、刈り込まれた芝生がある。その邸宅ときたら、小さな出窓ないしは張り出し窓があちこちに出張っており、クリーム色や白色に塗られた深い木製蛇腹や軒先があって、帆立貝の形をした小玄関が戸口にあり、片側に少し傾いた、いびつで分厚い小さな木製の破風が屋根に付いている。それらの邸宅群を通り抜けると、大きな邸宅の幾つかに到着する。これらの大邸宅はやはり旧式ではあるが、赤煉瓦造りで裏に庭園があり、果樹園の塀がある。その塀から油桃の木々の間に古い修道院のアーチや柱身の痕跡が見られる。滑らかな草地と砂利道とを厳格に区分けしている境内の前方を見ると、特に日当たりのよい側は快く、そこには聖堂参事会員の子ども達が保母に伴われて歩いている。芝生を踏まないように注意しながら、真っすぐの歩道を西玄関へ行くと、そこで暫く奥行きの深い尖頭玄関と柱の間の暗い場所に出る。かつてそこには彫像があったが、今は堂々とした人物像(6)の断片があちこちに残存しているだけである。視線の先をさらに上へと上げると、粗雑な彫刻と乱雑なアーケード(7)が見られ、それらは破砕されて灰色で、竜や嘲笑する鬼の頭部であり、雨と旋風によって磨耗甚だしく見る影もない。石造りの竜の鱗の色彩も本来金色であったのが陰鬱な深い朽ち葉色の地衣類の色合いになっている。さらに、高く視線を上げると、吹きさらしの塔が見え、あまりに高いので、塔のトレーサリ（はざま飾り、または網目模様―訳者注）の盛上げ装飾(8)の間に焦点を絞れなくなる。それらの装飾は粗野だが堅牢であるのが分かる。私達の眼は、渦巻く黒点の漂流のように、時にはくっつき時には散って、突然、盛上げ装飾と花飾りの間のよく見える場所にせっかちに飛び回る小鳥の一群を見る。鳥達は奇妙な啼き声を境内全体に響かせて、その声は崖と海の間にある侘しい海岸の鳥の叫びのようにしわがれているが、心を慰めてくれる。

暫くこの光景とその穏やかな荘厳さの交じった小規模な形態表現のすべての意味を考えてみるがよい。その奥まった境内に継続している眠たげな至福と、大聖堂の時計によって信徒の心の中で調整される神に対する義務の感覚とその着実な遂行の証《あかし》を推し量るがよい。そしてまた、それらの黒い塔群がこの都市と周辺のすべての人達に与えた影響の重みを推し量るがよい。彼らは何世紀にもわたって、その淋しい境内を歩いていった人達であり、それらの塔の麓の都市が川の曲がり角に立ち昇る煙霧によってはじめて人家の存在を認識できる時に、それらの塔の黒い姿を森林の広がる平原のはるか彼方に眺めた人達であり、建造物の群れる境内に射し込む夕陽のその日最後の一すじを視認する人達であった。そこで、私達はヴェネツィアに今いること、それもサン・モイゼ通りに今いることを、速やかに思い出すことにしよう。サン・モイゼ通りこそ、私達がイギリスの寺院の門口へと回想の中で導いた、俗界離れした人気の少ない通りと対応するものと考えられるからである。

最大で約七フィートの幅の舗装された小路に私達は入り込んでいる。そこは群衆で混雑し、往来する商人の掛け声が鳴り響く。はじめのうちは金切り声のようだが、次第に消え入るようになって、一種の金属性の響き音のようになる。それは私達が前進せねばならない小路に沿って立っている高い邸の間に閉じ込められているからであり、それだけ事態は悪化する。頭上を見れば、粗雑な造りの鎧戸、鉄製バルコニー、小煙突が張り出し台の上に押し出され——これらがわけの分からぬほどに込み合っている——、さらには、イストリア産の石造りの突出した敷居のあるアーチ窓と、イチジクの木の葉が内奥の庭園からひょいと顔を出し、低い塀を越えた処のあちこちに緑の葉の照り映えが見られる。その緑葉の先を目で追っていくと、万物の上高く、狭い家々の間に紺碧の空が見られる。両側には店の列が並んでいて、約八フィートの高さの石の角張った柱身の間隙をできるだけ密に立てて、その間隙を店として柱身によって床を持ち上げられている。一方の側の間隙は狭くて、戸口としての役目を果たし、他方の側の間隙は、より立派な店構えで、カウンターまで板張りで、その上はガラス張りである。だが、貧しい方の商人の店では、道路に向けて開け放しにされて、商品が露天に曝されてベンチやテーブルの上に置かれている。すべての場合に、陽光が店先だけに射している。敷居から二、三フィート入ると暗くなり、外からは内部が見えない。店の奥にあって、聖母絵画の前に吊されているランプから届くのは、微かな光だけである。敬虔の念が薄い店主は、時にはランプに火をともさず、安物の聖画で事足れりとする。宗教心の篤い店主は彩色聖画を、金メッキまたは房縁《ふさへり》飾り付きの小さな祠に設置している。おそらくその祠の両脇に花が一、二輪挿されて、ランプが輝いて燃えているはずである。ある果実商店の場合、弾丸のような暗緑色の西瓜がカウンターにうず高く積まれていて、聖母像は新鮮な月桂樹の葉の祠に鎮座している。だが、隣の鍋職人の店では、ランプを省き、店の中で見えるものは、暗闇の中で天井から吊された銅鍋の飾り鋲の模様が放つ鈍い反射光だけである。

一、二ヤードさらに進むと、「黒鷲」という屋号の旅館の前に出る。外側の壁に深い刳り形のある大理石の四角い戸口の前を通りながら、ふと見ると、古い井戸があって、その脇に尖頭形盾が彫られている。井戸に渡された蔓棚の影が見える。やがて私達は橋に出てそれからサン・モイゼ広場に到着する。そこからサン・マルコ大聖堂境内への入口（いわゆる「境内の口」）まで、ヴェネツィア的特性はほとんど破壊されている。まずサン・モイゼ教会の畏怖感を与える正面の景観によって、さらには広場近くの近代化した店によって、ぶらつくイギリス人やオーストリア人が下層のヴェネツィア人群衆と混在している一帯の光景によっても、その都市の特性は破壊されるのである。私達は「境内の口」の取り付きにある柱の中へ人込みを押しのけて素早く入る。それから、人込みを忘れる。柱の間には陽光の溜まり場があり、その真ん中へとゆっくり進むにつれて、サン・マルコ大聖堂の巨大な塔が格子模様の舗石の水平なだだっ広い場越しに眼前にありありと現われてくる。両側に無数のアーチが延びて左右対称の列をなしている。その様子はまるで暗い小路にいた私達の頭上で犇《ひし》めいていた粗雑な造りの不規則な商人の店舗群が突然衝撃を受けておとなしく従順に格好よく並んだようであり、すべての粗末な窓枠と崩れかかった壁がすばらしい彫刻と繊細な石造りの渦巻き状の柱身で充満しているアーチ群に変貌してしまったかのような印象を受ける。

衝撃を受けてたじろぐのも無理のない話である。なぜなら、秩序よく整列したアーチ群の隊列の彼方に、大地から幻視が現われて、それを畏怖の念をもって私達が見ることができるように、突如として境内全体の展望が開けたように思われるからである。夥しい数の柱と白い円型屋根（ドーム）が長くて低いピラミッド状の彩色光となり、一部は金色、また一部は宝の山が私達の前進につれて次第に沈下するように見え、美しいモザイク模様で天井張りされ、雪花石膏《アラバスター》の彫刻――琥珀のように透明で、象牙のように繊細な彫刻――でぐるりを取り巻かれた五つの円天井の大ポーチになって眼前に立ち現われる。棕櫚の葉と百合の花、葡萄と柘榴《ざくろ》、それに枝々の間にしがみ付いたり飛んだりする小鳥達のすべてが絡み合った風変わりな彫刻が全部ねじれて、蕾・芽と羽毛の際限のない網状細工に見えてきて、その真ん中に天使達――牧杖を持ち足首まで垂れた法衣を着て門越しに互いに凭れ合っている姿をした天使達――の厳かな姿が彼らの傍らの葉繁みの間を通してぼんやりと見える。その葉繁みに妨げられてぼんやりとしか見えない天使の姿は、創世の頃、エデンの園の門が天使に守られていた時に、その園の枝々の間から消えていく朝の陽光のようである。ポーチの壁の周りは、柱に囲まれていて、その柱は色彩に富んださまざまな石造り――碧玉、斑岩石、それに深紅で雪片の斑入り蛇紋石に、かてて加えて陽光を半ば拒み半ば譲る大理石による造り――である。その大理石には、クレオパトラの肌のように「接吻を誘う青い血脈」が走っている。引き潮が波状の砂地を残すように、大理石から密かに退く影が青い脈の起伏の一つ一つの線条を顕していく。それらの柱頭は、絡み合ったトレーサリ、草の根の瘤、アカンサス(9)と葡萄の流れるような葉、神秘的な表象などの豊富な装飾を見せる。これらの表象のすべてが十字架に始まり、十字架に終わる。それらの上方にある広い装飾窓縁には言葉と生命との連続があって、それぞれに地上での滞留期間が定められている天使達、天国の表象、人々の労働が表わされている。これらの上にある、輝く小尖塔の別の列は、緋色の花飾りに縁取られた白アーチと混じり合う。それは喜びの混合であり、その喜びの最中に、ギリシャの馬の胸が黄金の力強い雄大さを示して輝いているし、聖マルコの表象であるライオンは星々で覆われた青地の上に聳えている。そしてついに、まるで恍惚の境に入るかのように、アーチの紋章が砕けて大理石の泡となり、青い空へ飛んで行き、彫刻された飛沫の閃光や花輪となる。その様子は、まるでリド島海浜に砕ける波が落下する直前に瞬間凍結されて、海の妖精がその波を珊瑚や紫水晶（アメジスト）で象徴したかのようである。

イギリスのあの陰気な寺院とこの大聖堂の間には何という隔たりがあることか！

それらの寺院・聖堂を訪れる鳥類にその典型的な例がある。しわがれた啼き声の、真っ黒な翼の、落ち着きのない群れがイギリスの鳥だとしたら、その代わりに、サン・マルコ大聖堂の玄関には鳩が群れていて、彼らの羽の色は大理石造りの葉飾りの間を、寄り添い動くたびに玉虫色に変化して、七〇〇年間変わらずに立ってきたやはり美しい聖堂の風景の色合いと混じり合っている。

その下を通る人達にこのすばらしい風景はどんな影響を与えるだろうか。読者はサン・マルコ大聖堂の門前を日の出から日暮れまであちこちと歩いても、人々が眼を上方へ向けたり、それによって顔が照り映えるのを見ることはないだろう。僧侶も俗人も兵士も民間人も、あるいは富者も貧乏人もみなが同様に無関心にその傍を通る。玄関の奥までも、その都市の最も卑しい商人達でさえもが商品をのせた台車を押して入り、大聖堂玄関の柱の土台は彼らの腰掛け代わりになる。生け贄として「鳩を売る彼らの」ではなくて、玩具や戯画本（漫画書）の売人達の腰掛けになる。その教会堂の前の境内全体の周辺には、コーヒー店が軒を連ねている。そこを中産階級の暇なヴェネツィア人達がぶらぶら歩いて、内容のない週刊誌を読み、その真ん中辺りでは、オーストリア人の楽隊が夕べの祈りの時間になると演奏を始める。彼らの軍歌はオルガンの聖歌曲に釣り合わない。行進曲が懺悔曲を聴き難くし、楽隊の周囲に不機嫌な群衆が群がる。その群衆に意志があれば、曲に合わせて演奏する軍人を刺殺するかもしれない。玄関の奥では、下層階級の失業者達の集団がものうげに一日中日光浴し、蜥蜴のように身体を横たえている。目をかけられることもない子ども達が――

絶望的で冷酷な不行跡をうかがわせる若く重苦しいやぶ睨みの眼をもち、口汚い罵りで声がしわがれた子ども達が――、賭け事に興じ、取っ組み合い、怒鳴り合い、果ては眠り込んでおり、日がな一日、教会堂の玄関の出っ張り縁台の上で小銭の音を立てている。その様子をいつもキリストと天使達の像が見下ろしている。

この恐怖のただ中を通って教会堂へ入るのは避けて、私達は海に面した玄関の下の傍を曲がって、聖女ジャンヌダーク教会から持って来られた二本の重厚な柱の内側をぐるりと回り、洗礼堂の門をくぐって入る。すると、すぐに重い扉が閉まり、小広場[10]の光と騒音は共に閉め出される。

私達は低い円天井の室へ入ったのである。アーチ構造による円天井ではなくて、金色の星をちりばめた、薄暗い形象で格子縞模様が入った小円天井[11]（小円型屋根）である。中央には青銅製の洗礼盤があり、それには真鍮製の豊かな浮き彫りが施され、その上方に洗礼者の小さな彫像が立っていて、狭い室内を横切って射し込む一すじの光線を浴びている。この光は壁面の高い位置の窓から射すのであって、徐々に消えていく。その光が直射し照明する唯一最初のものは、墓石である。その墓は低い屋根とカーテンで包まれ、まるで窓際に置かれた窮屈な寝椅子であって、眠っている者が早くに目覚めるように窓近くに引き寄せられているように見えるが、舗装された床よりも若干上に置かれている。ただし、そこにはカーテンを引いてその者を見下すように二人の天使像が立っている。その者の額に永遠に当たっているだろうが、胸元で消えていく優しい光を見て、感謝することにしよう。

その顔は中年の男のものだが、額に深い皺が二本寄っていて、塔の土台のように額を分けている。額より上の頭部は総督の縁なし帽の帯によって縛られている。顔付きのほかの部分はとりわけ小柄で繊細であり、唇は切れ込んでおそらく死後硬直による輪郭の切れ込みが自然な線のそれに加わったのであろう。だが、顔には美しい微笑を湛え、容貌全体には深い静穏が漂う。上方の天蓋[12]の天井は青くて星が一杯にちりばめられていた。下方のその故人の置かれた墓石の中央には聖母座像があって、その周囲すべてがまるで夏の野原のように豊かに深く茂った花と柔和な葉の装飾で飾られていた。

故人は総督アンドレーア・ダンドロというヴェネツィアの偉人のなかでも初期の人物であり、若くして他界した。ヴェネツィアは彼が三六歳の時に王者として彼を選んだ。十年後に彼は死亡したが、私達はヴェネツィアの歴史の繁栄の半分を彼に負っている。

彼が身を横たえている室の周囲を見回すと、床は立派なモザイクで、赤い大理石の低い腰掛け石で取り囲まれている。その壁面は雪花石膏張りで、磨耗して崩れかかっており、年月を経て暗く汚れていて、ほとんど荒廃している。処々で大理石の石板も崩壊しかけており、粗雑な煉瓦造りは裂け目を通して中味を露呈しているが、それでもすべてが美しい。破壊しかけた裂け目は、雪花石膏の作り出した小島と海峡地帯の間を腐食させながら進撃し、半透明の広がりの上に時間をかけた汚れが忍び込んで、深い海水を通して射した陽光に照らされた海藻の色彩のように、豊かな金茶色に食い入って黒ずんでいる。光は祭壇の方へと室の奥へ入るにつれて消えていく。背後にあるキリスト受洗の浮き彫りの輪郭を辿ることさえ困難である。だが、円天井には人物像がはっきりと描かれており、一つにはミルトンが厳かな詩の一行で、「王座、統治、公国、徳行、力」と、その古代の区別を表現した「天にある処の支配権と諸力」という言葉がめぐらされ、もう一つの円周には十二使徒がめぐり、キリストは両方の円の中心に位置づけられている。壁面には洗礼者ヨハネの痩せこけた像がその生と死のあらゆる状況において何度も繰り返し描かれ、ヨルダンの流れは割れた岩の間を流れ下り、その川岸に生えた不毛の樹木の根元に斧が置かれている。「良い果実を産しない樹木はすべて伐採され、火にくべられる」。その通りである。火をもって洗礼されるか、さもなければ、火に投ぜられるかであって、その選択はすべての人間に委ねられている。行進曲が格子窓を通して呟きのように聞こえる。その曲が洗礼堂の壁面に古代ギリシャ人が書き残した審判の宣告文の響きと共に私達の耳の中で混じり合う。ヴェネツィアはみずからの選択をし、火の洗礼を選んだ（フン族による襲撃を「火の洗礼」と考えた―訳者注）のである。

墓石の蓋下に横たわる故人は、生前にヴェネツィアにもう一つ別の選択肢を教えてくれた。もしその国が彼の言葉に耳を傾けたならの話である。しかし、その国は彼と彼の大評議会の評議員を長らく忘れていて、彼の唇には埃さえ溜まっていた。

青銅製の網目細工の重い扉――彼の安息の室を閉じている扉――を通って、教会そのものの中へ入ろう。薄暗い室内のずっと深い処で、暫くすると眼が慣れてきて建物の形態が辿れるようになる。私達の前に十字架の形態に切り刻まれた洞穴が現われ、それは多数の柱によって側廊に分割されている。その屋根の円天井の周りに、大きな星のような狭い開口を通してのみ光が射し込む。あちこちでは、どこかはるか遠くの窓から射し込む一、二条の光線が闇の中を彷徨い、床の多数の色彩となって起伏している大理石の波状縞に狭い燐光の流れを投げかける。他のどんな光も、礼拝所の壁龕の中で絶えず燃えている松明や銀の燭台から出たものである。金で葺かれた屋根（天井）と、雪花石膏の外被(13)で覆われ磨かれた壁面は、曲がり角や角隅ではか細い光を、松明や燭台の灯火に照らし返す。聖者の彫像の頭部の周りの光輪が、そこを通る私達に閃光を投げ、再びもとの薄暗がりの中に沈む。足下にも頭上にもイメージの群像が次々とまるで夢の中のように連続して浮かんでは移っていく。美しいもの恐ろしいものすべての形態が混在して、中には流れる泉水を飲み、水晶の器から食らう竜、蛇、貪欲な猛禽類、それに優雅な鳥が交じり合い、人生の熱情と快楽が共に象徴化され、その贖いの神秘も表象化されている。

と言うのは、織り成された輪郭線と千変万化の画像はいつも最後には十字架に到達するからである。十字架はあらゆる処とあらゆる石に彫像として立ち、彫刻として刻まれている。時にはその十字架の周りに永遠の表象の蛇が絡みつき、また時には、その腕の下に鳩が宿り、その足元から甘美な草が萌え出る。しかし、祭壇の前で教会堂内部を横切る巨大な十字架こそがすべての中で特に際立っている。巨大な十字架は、後陣の陰の部分とは対照的にその前で輝かしい美観を呈している。香の煙が重く立ちこめる時、側廊と礼拝所の壁龕の中に、私達は大理石の上に微かな輪郭を跡づけられる像を見る。それは天を見上げて立っている婦人像で、上の銘には「神の母」とある。しかし、ここでは、彼女は万物に君臨する神ではない。君臨しているのは最初に見る十字架であり、いつも教会堂の中央で献灯されている。あらゆるドームとその屋根の凹んだ処には、キリスト像が最高所に置かれていて、復活を力で示し、再臨を審判で示している。

この内部が民衆の心を感化しないはずがない。毎時間、さまざまな祠の前に群衆が集まり、孤独な信者達は教会堂の比較的暗い処を通って散在しているが、彼らは深くて敬虔な祈りを捧げ、大抵は深遠な悲しみの祈りをするのである。ローマ教会に属する有名な数ある祠では、信者達が落ち着かない目をして、手持ち無沙汰な身振りをしながら、お決まりの祈り文句を呟いているのが見える。だが、異邦人の足音がしても、サン・マルコ教会堂の舗装された床石に跪いている人達の心を掻き乱すことはない。早朝から日没まで、一瞬も絶えることなく、信者が訪れる。ヴェールを半分被った人物がアラビア風の玄関を入り、教会堂の床の上に謙虚に長い間身を投じて、それから、前よりも確かな信心を得てゆっくりと立ち上がり、北側廊でいつも献灯が絶えない十字架上の磔刑のキリスト像の足元に熱情を込めて接吻と抱擁を捧げて、まるで慰めを得たようにして教会堂を去る。

しかし、このことから性急に結論づけてはいけない。建物の高尚な特性が現在でも信仰心をはぐくむのに感化力があるというように結論づけてはいけないのである。建物の外的な形姿によって訴えなくても、ヴェネツィアには、多くの人達を跪かせる不幸な事情が十分にあるからである。サン・マルコ教会堂で捧げられる信仰心が基礎となっているヴェネツィア人気質に、その都市の不幸な事情以上のものがあるとしても、それはその建築の美しさのせいでもなければ、そのモザイク画で表象された聖書記述の出来事の印象深さによるのでもない。モザイク画で表わされた出来事が民衆の心にささやかでも特殊な感化力を及ぼすことは、それが魅了する信者達の数から推測される。しかるに、サン・パオロ教会とフラーリ教会は、大きさはずっと大きく、位置もその都市のずっと中央にあるのだが、比較的閑散としている。(14) しかし、この感化力は、人心の最もありふれた本能に訴える集会——すべての時代と国において、多少なりと迷信に支えられて、感化を受け易く、精神性のある集会——に帰せられるべきである。暗闇と神秘、建物の混乱した奥行き、極めて少量で用を足すが、それに一種の神聖さを与える不変性をもって保持される人工的採光、俗人の眼によって容易に理解される材料の貴重さ、宗教的儀式と、厳粛な音曲と、有形の偶像やイメージ——それらに付随した人々に知られた伝説のある偶然事やイメージ——そういったイメージとだけ結びついている甘美で特別な香りで飽和された雰囲気が、今挙げたそれらの事柄と共々に迷信の醸し出す舞台装置となって大昔から存在し、世界の終わりまで、未開社会であれ正常な文明社会であれ、すべての民族によって神の真の本質を理解できない人々の心に虚偽の畏れを呼び起こすために用いられた。そして、それらの装置が、他のヨーロッパのどの教会でも、ある程度まで集大成された。マギ族の魔術や婆羅門の秘術も、麻痺し活気を失ったキリスト教の活性化のために使い尽くされた。(15) これらの魔術、秘術が掻き立てる大衆的な感情は、エレウシス、エローラ、エドフーにおける異教の信者達の信仰にでも与えられるのが、正当な敬虔の念に劣らぬほどの宗教的感情をもって、私達によって注目されるべきである。

宗教的情緒を掻き立てるこれらの古い時代の方法は、今日と同様に古代教会でも使用されたが、ただそれだけで使用されたのではない。

灯明は今でもあるように、昔もあった。だが、その頃、灯明が壁面の聖書記述の出来事を照らし出し、すべての人の目がそれを辿って、すべての人の心がそれを理解したが、私がヴェネツィア滞在中に誰一人として、一瞬でもそれに注目した者は見なかった。私は教会のなんらかの特徴に興味を示す取るに足らぬ言葉さえも聞かなかった。またその建築の意味を理解している僅かな証拠さえ感じなかった。そして、イギリスの寺院はもはや建築者の意図したような儀式に捧げられたものではなくて、その寺院の周囲にいる民衆の気質と寺院の特性の多くにおいて矛盾し、かけ離れているのだけれども、まだ宗教的な影響をかなり留めている。それで、その建築の卓越した特徴が徒《いたず》らに存在しているとは言われるはずがない。一方、サン・マルコ教会堂では、意図した通りの儀式で今なおその建築は用いられているのだが、その建築物の印象的な属性は信者達によってまるで理解されなくなっている。それが所有する美しさは感ぜられず、それが使っている言葉は忘れられた。その教会は長年ミサを執り行い、今なおその荘厳さを醸し出す創建時の人達の子孫によって満員になるが、その都市の真ん中に現実に立っていて、それでいながら、その教会堂はイギリスの谷間で羊群が一糸乱れず通り過ぎる廃墟よりも荒涼として立っていて、修道院の廃墟の墓石に苔が輝いている処で、羊飼いが指一つで跡を辿る大理石の壁の銘の文字よりも人々を教えることに関しては魅力も効力も少ないのである。

私達がこの驚異の建築の価値と意味を探究し続けることと、当面の利益とは無関係でなければならない。抽象的根拠に基づいて慎重に研究を続けて、その研究が終了した後にはじめて、私達はサン・マルコ教会堂への軽視はヴェネツィアの性格の衰退をどの程度意味しているかとか、あるいは、この教会堂は文明社会の称賛も受けず、その感受性を感化しないから、どの程度まで野蛮時代の遺物と見なされるべきかを、ある確信をもって公言できるのである。

私達のこれからの探究は二重にわたることになる。第一巻[16]を通して、私は抽象的建築としての完成度と表現上の達成度の研究とを慎重に区別をしておいた。私達は後に吟味するあらゆる建築物において、その構造と装飾価値を、まず芸術作品と見なして判断しなければならない。それから、どの程度までそれがその表現上の目的を達成したかをさらに吟味しなければならない。したがって、私達はまず第一にサン・マルコ教会堂を、教会堂としてではなく、建築作品としてのみ判断しなければならない。第二に、信仰の場として、その特別な義務への適合性を評価し、ビザンチン様式円型屋根（ドーム）が、永遠に失ったように見られる人心に及ぼす大きな影響力を、まだ保持している北方風大寺院に対する影響関係を評価しなければならない。

この著作の次の二つの部分[17]（「ゴシック様式」と「ルネッサンス様式」の部分―訳者注）において、それぞれの流派の本質について、はじめに精神面を、次いで形式面をできるだけ簡潔に分析して述べようと努力した。この部分ではビザンチン建築の本質について同様な分析を示したかったが、私の叙述を一般論にすることはできなかった。なぜなら、この種の建物をその生誕地において私は見たことがないからである。それでも、サン・マルコ教会堂で例を挙げられている原理を次のように略記して、その様式の主導的特徴と動機の大半は、中世のヨーロッパ建築のよく知られた体系と比較して、寛大な公平さでもって読者がそれを判断できるように明白に識別し得たと私は信じている。

ところで、その建物の第一の明白な特徴であり、その建物の他の重要な特異性のすべての根本であるものは、その明白な外被性(18)（大理石などの石板で壁面の外側を覆って装飾する工法─訳者注）である。それは、煉瓦の壁面をもっと貴重な材料（例えば大理石）で覆う、建築の偉大な流派のイタリアにおける最も純粋な実例である。外被を施した部分の配置のいずれかを批評する前に、重厚な材料で施さねばならないデザインの建築家と識別される流派の建築家達に影響したらしいし、間違いなく影響したであろう原理を、読者は考察しなければならない。

なるほどさまざまな民族の、いろんな時代の、あらゆる種類と程度の外被工法の実例を、初期の工法──壁の外側を選んで大きな石目の石板を嵌め込む工法──から、現代の工法──セメントで上塗りした煉瓦造り蛇腹の惨めな工法(19)──まで見出すことができる。しかし、動植物の二つの異なる種類を対比させて、その対比の明確な概念を把握するが、それと同様に（たとえ両者の間に一方から他方へ帰するのが難しい複雑な多様性があってもそれを把握できるように）、読者は自分の心に、外被様式と重厚な様式の理に適ったそれぞれの特徴を定着させることができる（たとえ両者の間に両方の属性を明白に結合させる複雑な多様性があるとしても、それができる）。例えば、多くのローマ式の遺物──石灰華の塊で建てられ、大理石で外被された遺物──の中に、私達は本当は外面の装飾外被だけでなく内容が充実しているのだけれども、外被の装飾的属性を幾らか有している様式を見出す。そして、煉瓦造りで大理石の外被は、とても堅牢で精妙に仕上げられているので、その建物は実際は外被様式だけれども、外側だけでなく中味も充実しているように思える。しかし、これらの中間的な実例は、二つの建物の系譜分類についての私達の一般的で明確な観念を少しも混乱させるものではない。一方においては、内容が内外同様に充実していて、装飾の形態と条件が内容の充実を思わせ証明する場合の実例は、最良のギリシャの建物、大抵は私達の初期ノルマン様式とゴシック様式の建物に見られる。他方においては、内容は二種類あり、一つは内側、もう一つは外側であって、装飾体系はこの二重性に基づいているのであり、実例はサン・マルコ教会堂に顕著に見られる。

私は二重性という語を悪い意味で用いたのではない。『七燈』[20]の第二章§一八で、私はこの外被様式の流派を不誠実と非難するにはあたらないと擁護したし、今でもそう擁護しなければならないと思っている。最初それは北方風の建築者にとって不誠実に見えた。なぜなら、石目のない石[21]の堅い塊の建築に慣れていたので、北方の建築者達は石材の外観がその厚さを示す基準であると考える習慣があった。しかし、彼らが外被様式に精通するにつれて、南方の建築者に彼らを欺く意図のないことに気づいた。彼は表面の大理石のあらゆる石板が、隣接する石板に鋲留めで接合されているのに気づく。未開人ははじめて鎧を着た男を見た時、その男は内部まで堅い鋼鉄でできていると妄想したことだろうが、これと同じだと分かった。鎧の接合部が中味の実体の輪郭にぴったり順応しているので、未開人が不平を言うほどペテンの被害について不平を言う権利のないことが分かった。その未開人に騎士道の習慣と鎖かたびらの着用について熟知させれば、騎士の具足一式を不誠実と非難することもなくなるのである。

サン・マルコ教会堂の建築上の騎士道とも言うべきこれらの掟と習慣を発展させることが私達の仕事であるにちがいない。

まず第一に、そのような様式を発生させた自然の事情を考察するがよい。役に立つ石の石切り場から遠方に位置し、石を産する本土へは危険な接近方法しかない民族の建築者について考えてみるがよい。彼らは全体を煉瓦で建てるか、遠方から積載量の少ない船で必要な石材を輸入するか、どちらかである。大抵は帆船よりむしろ櫂漕ぎ船によるスピードに頼った。積荷に要する労働と費用いかんによっては、ありふれた石でも、貴重な石でも、それぞれの船荷をできるだけ価値のあるものにすることになる。でも貴重な石だと、その供給量にもおのずと限界がある。また費用によってのみその限界が決められるのでなく、材料の物理的条件によっても決められた。なぜなら、ある大きさ以上の大理石は、金銭を払って所有しても、運べないからである。そのような事情で、重量を軽くするために、できるだけ多量の石を彫刻済みの状態で輸入する傾向があった。それで、もし商人達の情報を得て建築者が昔の建物の廃墟に立った時には、遺物の中の役に立つ断片を船に積んで祖国へ運ぶこともあった。大理石のこの供給の仕方から、一部はどうしても二、三トンしか得られないほどの貴重な良質の石材から構成され、また他の一部は外国の建物の柱身、柱頭、それにその他の部分から構成されていたから、ヴェネツィア周辺の島の建築家は自分独自の構造をできるだけよい方法で工夫しなければならなかった。煉瓦の塊の間の処々に貴重な大理石という僅かな石材を嵌め込み、すでに彫刻されている断片から、新しい建物の決まった均衡を守るために必要な新しい形態を刻み出すのも、あるいはまた、壁画全体を外被するに足る量の薄い石板を彩色石から切り出して、断片的彫刻の挿入を許容するような不規則な構成法を採用するのも――それはむしろそれらの彫刻の本来的美しさを示す目的なのであるが――、彼の判断による。

自分自身の技巧を示したいばかりで、他人の作品に敬意を抱かない建築家は、前者の選択肢を採用したであろう。彼は自分自身のデザインへのすべての干渉を阻止するために古い大理石を断片に切り刻んだであろう。しかし、自分自身のであれ、他人のであれ、高尚な作品を保存したいと思い、自分の名声より建物の美しさを尊重する建築家は、サン・マルコ教会堂の古い建築者達が私達のためにしてくれた事柄をしたであろうし、彼が委ねられたあらゆる遺物を救ったであろう。

しかしこれらは、建築方法を採用する際にヴェネツィア人達を動かした唯一の動機ではなかった。上述したすべての事情の下で、高価な碧玉を一船分輸入するか、硬質白亜石を二〇船分輸入するかが、他の建築者達にとっての問題であった。言い換えると、小教会の外被を斑岩石にして瑪瑙で舗装した床にするか、それとも、石目のない石で巨大な大寺院を建てるかが、彼らにとっての問題だったとも言える。(22) しかし、そんなことはヴェネツィア市民達にとって問題であったはずがない。彼らは古代の美しい都市からの亡命者だったし、廃墟の遺物でもって、称賛の念からよりも、愛着の気持ちから建てるのに慣れていた。こうして彼らは近代建築に古い断片を嵌め込む施工に精通していっただけではない。その都市の華麗な建物の大半を占めるその施工は、彼らに負っていたし、亡命者の愛着心から祖国愛へと変化を促した魔術的変換のすべてを、彼らに負っていた。亡命民族の愛着心から始まった施工は、征服民族の誇りにまで行き着いた。そして、引き離された幸福の想い出に加えて、祖国復帰＝本土化の勝利のトロフィーが掲げられた。戦船は投機的な商船よりも多くの勝利の大理石を新しい祖国へ運んで来た。サン・マルコ大聖堂も正面玄関はなんらかの定められた建築上の掟や宗教的情緒の組織だった表現と言うよりも、むしろ雑多な戦利品の華麗な供物を捧げる祠になった。

しかしながら、ここまではこの大聖堂の様式の正当化は、その建立の時代とそれが聳え立った地点における特殊な事情によっている。

『七燈』第五章§一四において、読者は少し名声のある近代建築家のウッド氏の意見をみることだろう。それはこの大聖堂の主要なものは「その極端な醜さである」という意見である。読者はこの意見が別の意見——「カラッチ派の作品はヴェネツィアの画家達の作品よりはるかに好ましい」——と関係があるのが分かるだろう。後者の感情的意見は前者の意見「その極端な醜さである」の主要な原因の一つを明白にする。それは、「ウッド氏は色彩感覚が欠けていて、彩色の喜びも感じられない」というものである。色彩感覚は天賦のものであり、生来不足していたりして、音楽を聴く耳の能力と同類である。サン・マルコ大聖堂の真の判断に必要な第一条件は、自分が有しているか、いないかを見分けようと努める人がほとんどいない色彩能力の完成である。なぜなら、この建物が私達の尊重に値するかどうかは、究極的には、完全で不変の彩色作品としての価値にあるからである。形態の構成法だけの習練を受けた建築家がサン・マルコ大聖堂の美しさを見分けられる素振りをするくらいなら、聾者が完全なオーケストラの価値に判断を下す素振りをした方がましである。

この大聖堂は東方の手工業製品だけでなく、その建築の大半と共通の彩色の魅力を有している。だが、ヴェネツィア人達は、東方諸民族の偉大な本能的才能に十分に共感し得た唯一のヨーロッパ民衆として特別な注目に値する。彼らは実際にコンスタンチノープルから芸術家を連れて来て、サン・マルコ大聖堂の円天井のモザイクをデザインさせ、その玄関の色彩を調和良く配合させることを余儀なくされた。だが、彼らはギリシャ人達が彼らに模範を示した彩色体系を、さらに男性的な条件の下で、急速に吸収し発展させた。

北方の自治都市の市民達や統治者が樫材や砂岩で暗い街やぞっとするような陰気な城を築いている間に、ヴェネツィア商人達は、彼らの宮殿を斑岩石や黄金で覆っていた。そしてついに、ヴェネツィアの巨匠と言われる画家達がその都市のために黄金や斑岩石と比べられるほど高価な色彩で表現した作品を創造した時、ヴェネツィアは、海波の打ち寄せる土台の上に建てられた壁に、このヴェネツィアの財宝の中で最も立派なものを惜しげもなく使った。流れの強い潮がリアルト島の下に流れる時、ジョルジョーネのフレスコ壁画の影によって今日までその流れが紅く染められてきた。

それゆえ、もし読者が色彩に頓着することなしに、このサン・マルコ教会堂についてなんらかの批評を試みようとするならばそれに対して、私は抗議しなければならない。しかし、もし読者が色彩に配慮しそれを愛するならば、外被様式建築の流派は「完全で永遠の彩色装飾が可能な唯一の流派である[23]」ことを読者に銘記してもらいたい。さらに読者に見てもらいたいのは、非常に硬質な、美しい彩色の塊として建築家に与えられた碧玉や雪花石膏の石片であり、そのある部分は壁面を彩るために磨かれ切り出されたものであることである。つまり、建物の本体に役立つ力強さは煉瓦造りにあるはずであり、建物内部の煉瓦造りの筋肉質の力強さは大理石の輝きのある外被石板を防御板として被せられるべきであることを徹底的に理解してほしい。それは動物の身体が鱗や皮膚で防御され飾られているのと同様である。この事柄をいったん認めたら、その構造の結果としての適合性と法則は容易に見分けがつくだろう。これらを私は自然な順序で述べることにする。

〈法則Ⅰ〉「装甲を結合するための台座（柱礎）と蛇腹は軽くて繊細であるべきである」。ある種の厚さ——少なくとも二、三インチ——が外被石板には必要である（最も丈夫な石板で構築され、露呈する部分を最小限に留めて施される時でさえそれだけは必要である）。それはひび割れの機会を防ぎ、時間による磨耗を勘案するためにである。この防御上の装甲の重さはセメントに委ねられてはいけない。石板が粗雑な煉瓦の表面に膠着されただけではいけないのであって、石板の相互の支え（その支えは鋲留めによって補助されるが、けっしてそれだけに依存しない）を保証するために、蛇腹と帯層を結びつけることによって、石板が防御する建築の塊と結合させられねばならない。その造りの真っ正直さと率直明快さのために、これらの帯層と結合台座とは、内部構造の堅牢な仕組みで重要な役割を果たすにふさわしい比率でできているように外見上は見えないことが必要である。あるいは、それらの石板の出来具合によって、すでに説明された大蛇腹と台座とを、最良の実質的な建物の本質的部分と誤解されるようにしてはならない。それらの石板は繊細で細身で、あてがわれる施工以上の厳しい施工には耐えられそうもないことは、見た目にも歴然としていなければならない。

〈法則Ⅱ〉「内部構造を科学的と見せかける（偽装する）考えは捨てなければならない」。構造の本体は明白に劣っているし、比較的一貫しない（同質でない）材料だから、構造のより高度な洗練度のある表現をそこに試みるのは愚かである。その塊によって、構造の充実性と力強さを保証されるだけで私達は十分である。私達がその建物から喜びを得る主要な源泉であるはずのよりよい色彩の展示は、その表面積次第であるため、それだけ微妙な調整によって表面積を減少させる理由は少なくなる。それゆえ、施工の対象の主要な本体は堅牢な壁と重厚な柱によって構成されるのであり、私達が要求する洗練度のより高い構造科学に裏づけられたどんな表現も、その従属的部分に投げ込まれるか、外的装甲の支えに実質的に向けられるかである。さもないと、アーチや円天井ではその外的装甲は内部の材料から分離しているため危険なことになろう。

〈法則Ⅲ〉「すべての柱身は堅牢でなければならない」。諸部分が小規模であるために、私達が外被構造を諦めざるを得ない場合には、諦めるべきである。何が内実（内部充実）であり、何が外被であるかについて、少しでも疑念があれば、そのままにしてはいけない。おそらく内実のあるように見えるものは現実にそうであるにちがいないが、だからこそ、いかなる柱身も外被されてはならないということは侵すべからざる法則となる。柱身の全体的効力はその堅牢さに依存しているだけではない。柱身に適合するように外被石材を切る労働の費用は、それに要する材料を節約するよりも大きなものであろう。それゆえ、どんな大きさの柱身も、いつも内実があることになる。その建物の他の部分が外被されると、柱身への疑念が強まり払拭しがたくなるから、柱身は、この外被様式でどこでもやたらに接着されてはいけないのである。柱身は一つの石材しか用いてはいけない。そして、壁と柱を建築者の好きなように重々しくしてよいと言っても、それだから彼がどんな大きさの柱身でも用いてよいということにはならない。柱身には一つの石材しか用いてはいけないことが、一層要請される。しっかりした支えが明確な点で要請されるノルマン式やゴシック式の場合、柱身の形状にした小さな幾つかの石で一つの塔を築き上げるのは法則に適っている。しかし、ビザンチン式の柱身はあらゆる方向の壁から建築者が欲するだけの多くの力を支えることを認めねばならない。そしてビザンチンの建築者には柱身の構造において、さらなる容認を求める権利がない。私達が壁の外被構造における彼の考えを容認したお返しに、彼が柱の中味を充実することについての寛大な容認によって、私達に報いてくれるようにするがよい。フランスとイギリスの谷間の白亜の石灰石しか得られない建築師が砕けた燧石と焼石灰から不器用な柱を捏造しても罪はないとしても、アジアの富とエジプトの石切り場に近寄れるヴェネツィア人であれば、少なくとも柱身を無傷の石から造るのは当然である。

これは別の理由にもよる。すでに述べたように、大きな建物の壁面を色彩で覆うには、面を石板に分割する前提条件がなければ不可能であるが、その手続きの実行にはいつもある種の卑小さや吝嗇の外観が伴う。建築者がこの疑念から身の潔白をあかし、彼が貴重な薄板で薄く壁を覆うのは、たんなる倹約や貧窮からではなくて、それ以外に事をなすことが不可能であることを立証することが必要である。柱身はこの点で建築者の名誉を回復するのに最適の部分である。もし碧玉や斑岩石の石材が壁面に嵌め込まれたら、見る人はその厚さがわからず、どのくらい代価を払ったかも判断できない。しかし柱身なら見て即時に見積もり、眼前の内実のある塊や、それを完全な左右対称的な形態にするために切り崩された塊のいずれからも、財宝の量・質を評価することができる。こうして、この種のすべての建物の柱身は、その建物の富の表現と見なされてよいし、神聖な器に盛られた宝石や黄金と同じ価値の一種の財宝と見なされてよい。実際、それらは大きな宝石以外の何物でもなく、例えば貴重な蛇紋石や碧玉の石材は、大きなエメラルドやルビーのように、その大きさと色彩の輝きによって価値づけられる。ただし、前者の価値表示に必要な量は、フィートやトンで測られ、後者の場合のそれは、ライン[24]やカラットで測られる。それゆえ、柱身は例外なくこの種のすべての建物では一つの石材で造られねばならない。なぜなら、どの場所にそれらを外被するか接合するかの試みは、宝石の中に偽りの石を導入する試みのように、欺瞞になるだろうからである（と言うのは、複数の宝石の接合された商品はもちろん同じ重さの接合部分なき単一種類の宝石とは価値が等しくはならないから）。それで、構造のいずれかの部分での富の表現も、それを建てた人達の犠牲的精神の表現も、見る者がそれらに置く信頼に対して直ちにとどめを刺す——卑小さや吝嗇と受け取られる——ことになるからである。

〈法則Ⅳ〉「柱身は時には構造から独立してもよい」。柱身が大きな宝石として装うことの重要性に比例して、支える構造の中に占める柱身の重要性は減少する。なぜなら、その抽象的な容積やその色彩の美しさで私達が感受する喜びは、機械的な仕組み上の必要性にそれが適応しているのに対する感受性からはまったく独立しているからである[25]。この世界で他の美しい事物と同様に、その目的は美しくあることであって、その美しさに比例して、それは他の点では無用であることを許される。エメラルドやルビーを、ハンマーの頭部にならないからと言って非難はしない。宝石入りの柱身への私達の称賛は、それが私達の役に立つからではなくて、宝石の貴重で主要な部分は、それを消耗、磨耗する仕事には不向きな素材自身の繊細さ、脆弱さ、柔和さにあると言えるからである。それゆえ、もし私達がその上に重みを加えると、それは砕けると私達が感じるから、それだけに私達はそれを一層称賛することになる。しかし、とにかくそのような柱身を設定する根本の目的は、それらの美しさを最も目立たせるように展示することにちがいない。それゆえ、柱身の本物の大きさを隠蔽したり、柱身の表面のどの部分かが隠蔽されたりする位置で壁面に柱身を嵌め込むことや、それらの柱身をグループに集めることは、それらの価値に比例して許されず、反対されることは明白である。

さらには、それゆえに柱の対称的あるいは科学的配置がこの種の建物では期待されるべきではない。もしそうなれば、そのすべてが材料の明らかな見誤りか誤った適応と見なされるのは明白である。しかしまた、それに反して、それらの有用性はほんの名目上のことであって、それらの存在の主要な目的は、それらの磨かれた面の上に陽光を捉え、見る人の眼を紺青の（柱身の）石目の迷路の間に楽しく遊ばせることである。そして、そのような処に設置された大きくて重要な柱身を、称賛と共に見る心構えが私達には絶えずできていることも明白である。

〈法則V〉「柱身は大きさが変化してよい」。それぞれの柱身の価値は、その容積に依存している。そして、すべての宝石は小さくなれば価値が低くなるが、それよりもっと大きな比率で縮小すれば、柱身の価値は減少する。それゆえ、私達は大小の柱身の間に明確な適応性（大きさの調和）を見出さなければ、柱身の連続した列柱の間の完全な対称性と同等性を期待してはいけないことは明白である。それどころか、観察される正確な対称性は、私達に一種の苦痛を与える。それは、他の柱身に調和するように無理にされる時、本来被らなくてもよい損失を幾つかの柱身が被ることを立証するものである。なるほど、対称性は小規模な宝石細工でも一般に追求されるが、その場合でさえ、完全な対称性ではなくて、建築における柱身の位置づけに影響する事情とまったく異なる事情の下で得られる対称性である。

第一の事情としては、「対称性は不完全である」が挙げられる。腕輪やネックレスにおいて相互に調和して見える石は、それらの相違が容易には目測できないほど小さいから、そう見えるだけである。だが、高さ九ないし一〇フィートの二本の柱身の間に宝石と同一比率で相違が存在したら、歴然たる相違がそれらの柱身には存在する。第二の事情としては、宝石商人達に取り引きされる宝石の量と、極小の宝石の交換の容易さが、商人達に同じような大きさの宝石を幾らでも選ぶ機会を与えることである。しかしながら、大変に微細な複数の宝石間に完全な対称性があれば、それらの宝石の価値をものすごく高めるほどなので、多くの時間をその選択に割くことが多い。しかし、建築家には交換の時間も便宜もない。彼は取り引きの間に一本の柱を傍の教会の片隅に置いておいて、それに調和する別の柱を手に入れるまで放置しておくことはできない。彼は何百本の柱身を束にしておいて、その中からゆっくりと大きさの釣り合うものを選ぶこともできない。彼は同胞の商人に不要な柱を送って、相方の便宜のためにそれらを役立つ柱と交換することもできない。彼の石材ないしは彼のすでに切り出され用意された柱身は、すでに遠方から限定数だけ運ばれて来ているのであって、取り替える石材がない。彼が不要な石材は、他の何処でも需要がなく引き取り手もない。対称性を得る唯一の方法は、良質の石塊を品質の劣った石塊と共に均一に切り出すことである。こうしたやり方を私達はあまり彼に強要したくはない。バルダッキーノ(26)でも、重要な礼拝堂や祠でも、この高価な対称性が必要になるし、見積もられた価格に比例して称賛の声も高まるが、一般の建物構造においては、導入された柱身の大きさや容積が不断に変化するのを予期せねばならない。また、それらの柱身の間に得られる対称性は完全ではない。その対称性の魅力を、往々にして見られる大理石の石目の波状模様を音楽に喩えると、音節の重さとアクセントの不思議な意外性のある抑揚に依存しているのを予期せねばならない。アイスキュロス（古代ギリシャの悲劇詩人──訳者注）やピンダロス（古代ギリシャの合唱隊歌作者—訳者注）の野性的な抒情的リズムがポープ（一八世紀英国の詩人—訳者注）の完成した韻律に対するのと同一の関係を、その対称性は厳格に鑿で彫られ調和のとれた建築に対して有している。

宝石の原理を大きな石材だけでなく小さな石材にも適用するのは、壁面に採用された外被工法のためのもう一つの理由を私達に示唆してくれる。よく起こることだが、雪花石膏の幾つかの多様な石目模様の美しさはたとえようもないものなので、その実質的な量を節約するためだけでなく、そのファンタスティックな線条の配置具合の変化を展示するために、石を分割して石板にすることで、それを示そうとするのである。一つの石材から順に切られた二枚の対になっている石板の一つを裏返し、対応する辺縁を探して接触させることによって、完全に左右対称の形象が得られる。その形象を見る者は石目模様の位置をより徹底して理解するだろう。これは実際にサン・マルコ教会堂の雪花石膏の大半で用いられている方法である。こうして達成された効果には二重の意義がある。まず第一には、観察者の眼を、用材の石の本質へ向け綿密に観察するように仕向けることである。第二には、観察者に建築者の意図の誠実さのさらなる証拠を与えることである。と言うのは、二つの石材に類似した石目模様が発見されたら、それら二つは同一の石から切り出されたという事実が公になり、その証拠になるからである。建物の異なる部分でそれらを用いることによって、その類似性を隠すことは容易だろう。しかし、それに反して、用材の石の性質をよく知っている者なら誰でも一見してその建築の全体系を発見するように、それらの石の辺縁と辺縁を接触させて施工するのもよい。だが、それは平凡な観察者には理解されないだろう。雪花石膏の性質に無知な者は、すべてのこれらの対称的模様が原石そのものに見出されたと想像するにちがいない。こうして彼は二重に欺かれるだろう。石塊は連続体であって対称的だと憶測されるが、実は細分化され不規則な石塊なのだから。私はそれを容認するとしても、万事において無知は欺瞞されやすく、ペテンの源泉としてみずからを咎めるしかない。探究の対象にならないものであれば、誤解されやすい様式や言葉は不実ではないが、探究を迷わせるように故意に図られた様式や言葉は不実である。宗教的真実をはじめとして、偉大ないしは高尚な真実は、おそらく思いつきや無知からくる思い込みに対して間違った側面を提示することになる。真実も嘘も最初は両方とも自己を隠蔽する点で一致するが、私達が嘘を調べようと近づくと、嘘は努力して何とか自己を隠蔽し続ける。そして、もし見破られないようなら、私達を虚言のもっと深い淵へと導く。真実の方は私達の根気と認識に比例して自己を顕わすのであり、私達の抗議に対して親切に正体を顕わして、それが顕わされるにつれて、私達をますます深い真実へと導く。

〈法則Ⅵ〉「装飾は彫り刻みを浅くせねばならない」。構成法がこのように組織づけられたら、建物の大半の上に深い彫り刻みはあり得ないという基本条件に基づいて、ある種の装飾様式がそこから生じなければならない。このことは明白である。外被の薄い石板は深い彫刻を許容しないし、奥の煉瓦に達するほどまでに、石板を刻んではいけない。それゆえ、私達が石板に彫刻するどんな装飾も精々一インチより深く達することはできない。この条件により、外被様式の彫刻装飾と、北方の外被様式でなく内実のある石の彫刻装飾(27)の間に必然的に生まれる大きな相違点を少し考察してみるがよい。北方の彫刻装飾は、陰気な闇や怪奇な突起を彫り刻んだり、曲がりくねった溝の起伏に富む波状帯をも彫り出せるし、どんな形態も構想も意のままの規模で造り出せる。例えば、長衣を着て、陽光に燃え立つ王冠を被った巨大な彫像とか、手探りでは辿れない陰の部分の隠れた場所に潜んでいる毒気のある小鬼や忍び足の竜がそれである。これらと彫刻家の手と気質——意のままにあちこちと鑿を打ち込み彫り出す手と気質——に与えられた遊び心と自由な精神について考えてみるがよい。そして、大理石の薄い石板の滑らかな表面にデザインを仕上げる精神が、どんなに北方彫刻のそれと異なったものかを考察してみるがよい。大理石の薄石板には、一本の線を引くのも一つの陰影を塗るのも、柔らかな鉛筆の筆致で、貴重な資源である石板を壊さないように慎重に進めるのであって、鑿で激しく打ったりしてはならない。それは鑿が繊細な薄石板を貫通しないようにするためである。さらに、どんなに鍛錬された腕をもってしても、思いつきのような性急な着想は許されない。どんな動物や人間の形態も平板な表面に彫り出されなければならない。すべての容貌の特徴、ドレーパリの襞、手肢の絡み合いは、彫刻の一作品よりも繊細な描画の一作になるように縮小され抑えられねばならないことも考察するがよい。それから、それらの奥行きの深さを感じ始めるまで、北方の流派の特性と比較して、これらの外被様式の教会の装飾デザインのあらゆる部分において余儀なく施行された特性の結果的相違を追究するがよい。二、三の相違点を辿ってみよう。

第一の相違点は、装飾の源泉を、人体に求めることが少なくなったことである。なぜなら、そのような条件の下で人体を表現することが困難なだけではなく、人体を浅い線刻の薄肉彫り(28)で表現することによって人体が受ける損失は、人体の形態そのものの威厳に正比例しているからである。北方彫刻のように彫刻の内実が充実している場合、人体形態の比較的高貴な特性に魅せられて、彫刻家は、下等な動植物の組織構造の表現よりも人体形態の表現を目指すようになる。しかし、すべてが輪郭で描くように変えられると、花や下級の動物の形態は、かならずより理解しやすくなるし、人体の輪郭よりも意図された対象物の描写を見る人に一層満足を感じさせられる。生物界の比較的下級の領域に装飾の源泉を求める動機は、異教の偉大な民族——ニネヴェ人、ギリシャ人、エジプト人——の精神では微弱であった。その理由の第一は、彼らの思想は彼ら自身の能力と運命にあまりに集中していたので、彼らはより劣った動植物の組織構造よりも、粗野であっても人体形態の暗示を好んだからである。理由の第二は、彼らの不断の内実が充実した彫刻の制作実践——しばしば膨大になるが——が、彼らをして、浅彫りの彫刻であれ、単色の花瓶であれ、浅い象形文字であれ、線画の扱い方に大量の科学的知識をつぎ込むようにさせたからである。

しかし、アラブ民族と偶像崇拝のギリシャ人に起源を有する動物形態、特に人体形態の表現に反対するさまざまな観念が、とにかく建築者達の気持ちを、人体より劣った型に装飾材料を求めるように仕向けた。そして、充実した彫刻の実習が減少した結果、高度な組織構造の描写を初歩的な人体や動物の輪郭へと変換する自信が芸術家になくなっていった。その時に、表面彫刻のための主題の選択が、抵抗なく植物群や花の組織構造へと向けられた。人間と動物の形態は、大きさでも、頻度でも、その重要性を失っていった。

その結果、北方の内実ある建築においては、彫像の群列——建築上の貢献とかけ離れた、往々にして巨大で抽象的な関心を集めた彫像群列だが——に、北方の最も高尚な特徴の効果はかかっていると私達は理解する。他方、南方の外被様式において、人体形態は大半が従属的で矮小化されて、葉と花のデザインの間に絡み込まれている。それは実際そうであるし、そう期待されてよい。その葉や花のデザインの様式において際限なく生み出される実例が、あの外被様式の直接の出所であったローマ人のファンタスティックな装飾によって供給されてきた。

さらに述べよう。彫刻家の対象が抽象的輪郭へと向かうにつれて、表現のあらゆる形態を建築上の貢献に従属させる傾向が増大する。花や動物が大胆な浮き彫りで刻まれる時はいつもそれらを必要以上に完全に表現しようとしたり、あるいは、遠方から見た効果の単純さと矛盾する細部や複雑な模様を導入しようとするまでになった。往々にして、これよりさらに悪い過ちが犯された。石に活力を与えようと努力するあまりに、デザインの装飾上の本来の目的が犠牲にされ、忘れられた。しかし、この種の努力をしないで、か細い輪郭だけに彫刻家が腕を揮う時、この輪郭が精妙な優雅さでもって構成され、さらに、その装飾上の配置の豊かさが描写力の弱さを埋め合わせるだろうと、私達は予想できる。北方の大寺院の玄関において、近隣の野原に生えている花のイメージを探すこともできる。そして、私達が、格子造りの石で棘を表現し、灰色の石で花を表現したのを驚異の眼をもって見る時、これらの装飾の要点は、私達が少し距離を置いて建物全体を眺める時にはあまり[29]

意味をなさず、ただ混乱を引き起こすだけに思える。ところが、南方の外被様式の建物においては、そのような眼や思考の欺瞞を予期してはいけない。その線刻彫刻の絡み合いの複雑さのために、最初にそれらを暗示した自然形態は何だったのかを決定するのは困難であろう。だが、それらの配置の優雅さはいつも完全だろうと自信をもって期待することができる。それに、そこでは一つの線でも取り去れば、必ずデザインに支障をきたし、一本の欠けた線でも加えれば崩れると予想できる。

さらに述べたい。外被様式の流派の彫刻がこうして力よりも配慮と純粋さによって一般的に識別され、大半はまったく浅彫りで深みはないのだが、陰影を得る一つの方法——特に単純で明白な方法で往々にして彫刻家の能力次第であるが——がある。彫刻家が外被用石材の背後に危険を伴わずに凹みを残したり、壁面の隙間を満たすためにガラスのようにその石板を用いる場合に、彼はその石板に孔を貫通させることで、彼のデザインの他の部分の光の当たる描写と対照させて、濃密な陰影の点や面を得ることができる。なぜなら、それが建物の外部において装飾の効果をより高める方法であると同時に、それはまた風雨が遮断される内部へ光を入れる最も安全な方法でもあるからである。そこでこう結論づけられる。陰影が黒くて突然現われる点の効果をこうして熟知した建築家はしばしば同一原理を装飾の他の部分に持ち込もうとする。深いドリル孔や、黒色のはめ込み部分によって、一般的な扱い方による明るさに退屈した眼に活気を与えようとする。

さらに述べる。彫刻の力が抑えられる度合いに正比例して、効果的手段ないしは美の構成要素としての色彩に付与される重要さが増す。外被様式は完全で永遠の装飾を可能にする唯一の様式である。それはまた、色彩装飾の真の体系が発明される端緒となった。これを理解するために、北方と南方の諸民族によって採用された彩色原理の本質を少し慎重に再吟味することを、私にさせていただきたい。

この世界の始原から色彩を蔑視する芸術の流派はなかったと私は信じている。色彩蔑視の考えが不用意に説かれ、深く考えもせずに適用されてきた。が、芸術においての色彩の愛好は、芸術の流派における生命力の存在を示す徴候の一つであると信じる。彼らが色彩を蔑視するのは、ルネッサンス派の死の最初の兆候の一つであると私は認識している。

今では、私達北方の大寺院が色彩の有無で芸術の良し悪しを決めるのは、問題にならない。おそらく大自然と時間における偉大な単調な灰色は、人間の手が作り出すどの色彩よりも良い色彩であろう。だが、それは私達の当面の問題にはならない。単純な事実として言えるのだが、それらの大寺院の建築者達は、彼らが得ることのできた最も輝かしい色彩を寺院に塗ったであろう。さらには、私の知る限りでは、ヨーロッパでは塗料やモザイクや金メッキでその目立つ部分を彩色されなかった記念建築物は、真に高貴な流派の手になる作品にはなかった。これまでエジプト人、ギリシャ人、ゴート人、(30) アラブ人、それに中世のキリスト教徒もこの点では一致している。穏和な時代に、彩色なしで制作を思いつく者は一人もいなかった。それゆえ、この点でヴェネツィア人はアラブ人に徹底して共感していた唯一のヨーロッパ人だと私が前述した時、私は第一に色彩に対するアラブ人の熱烈な愛好に言及したのであり、第二には、アラブ人の色彩本能の完成に言及した。その完成によって、彼らは彼らの行うこの種の制作（彩色作業）を応用して豪華な作品を作り、原理においても制作（彩色作業）を正しいものにしたのである。私達が最後に吟味せねばならないのは、北方の建築者の彩色原理と識別されるべき彼らのこの彩色原理にほかならない。

ブールジュ大寺院(31)の建築家はサンザシが好きで、彼の造った大寺院の玄関は、その豊かな花輪飾りで装飾されていた。その建築家のもう一つの好みは、さらに詳しく言うと、灰色サンザシではなくて、緑色サンザシの方であったので、それをできるだけ輝かせて緑色に彩色した。その色彩は今でも葉飾りの茂みの割れ目の部分に残されている。事実、彼は他のどんな色彩もほとんど選択しなかった。彼は、人生を諷喩するために棘を金メッキしたにしても、棘を彩色するなら、きっと緑しか塗らなかっただろうし、全面緑色にしたことだろう。当時の人々は、サンザシを青色に塗るというようにさせるかもしれない色彩の抽象的調和の追求に反対する傾向があったのであろう。

同様にして、彫刻の主題が明確である時には、その色彩は明らかに必然性があった。北方の建築者達の手にかかると、結果として、それはしばしば抽象的装飾学の対象よりもむしろ石造り建物の来歴を説明し生き生きと鮮明にする手段になった。花飾りは赤に、樹木は緑に、顔は肉色にそれぞれ塗られた。すべての結果は美しいというより、むしろ娯楽的なものになることがあった。

そしてまた、刳り形の輪郭や柱身と円天井では、彩色の方法としてはより豊かでより抽象的なものが採用されたが（初期のガラス彩色での彩色の最善の原理の急速な発達に助成されてのことであるが）、北方彫刻での陰影の力強い深みが建築家の眼を混乱させ、彼が壁龕などの奥まった処で強烈な色彩を用いることを余儀なくさせた。もしそれらがより繊細な色彩調和の感受能力を損なうとしても、強烈な色彩を用いたのである。その結果、全盛期の記念建築物でさえ、最初に施された色彩によって修復改善すべきか、その逆にすべきかは、往々にして論争となるところである。しかし、南方では、彫刻の平板で比較的曖昧な形態は、それらが人々の関心を高めるために彩色を必要としても、それらが最大の効果を発揮できるように、それを引き立てる諸条件を正確に示した。例えば、光の中で最も繊細な色合いを展示する表面積の広さや、色彩的に最もよく調和する繊細で真珠のような灰色の輝きと隣接した陰影の微弱さである。他方では、ほとんどの場合、装飾線のたんなる複雑な絡み合いでしか表現されない主題のデザインでも、合理性を失うことなく、建築家が選んだどんな方法でも彩色されることができる。樫の葉や薔薇の花が当然生き生きと彫刻された場合、前者を緑に、後者を赤に塗るのは当然である。だが、明確に樫の葉や薔薇の花とは判別できないものしかなくて、たんなる美しい線、輪郭の迷路にしか見えない。こちらでは葉のようで、あちらでは花のようである装飾部分では、彫刻の全体のトレーサリは白く残されて、金色か青色を地色として、その周りの色彩と最良に調和する何か他の方式で扱われるのがよい。そして、彫刻の必然的に脆弱な特性が色彩の最良の配置を必要とし、それを展示しようとしたように、建築家の手にかかる貴重な大理石は、彼に色彩の最良の実例と最良の方法を両方とも与えてくれる。最良の実例は、すべての自然石の色合いであり、その変化は千変万化で質も精妙極まりない。最良の方法というのは、それらがすべて永遠の方法だからである。

こうしてあらゆる動機が、彼を色彩装飾の研究へと駆り立て、あらゆる利益がその追求において彼に与えられた。やがて注目されるように、未開時代のキリスト教社会の純真な人心に対して、彩色された絵画の助けを借りて、はじめて強く訴えることができた時に、このような事態が起こったのである。その結果、外的にも内的にも建築構造は一つは絵画的効果と融合し、建物全体が祈るための寺院としてよりも、むしろ巨大な彩色祈禱書――民衆の祈禱書――として見なされるべきものになった。その祈禱書は羊皮紙ではなく雪花石膏で装丁され、宝石ではなく斑岩石の柱で飾り鋲を打たれ、内外共にエナメルと金色の文字で書かれたものである。

〈法則Ⅶ〉「建築物の印象は大きさに依存すべきではない」。これは推論すべき究極的結論である。これらの幾つかの建物の部分において読者の注意を引くのは、デザインの繊細さ、色彩の完全さ、材料の貴重さ、それに伝統的関心――こういったものに依存していることを、今までに読者は理解したと思う。すべてのこれらの特質は大きさから独立していて、それと矛盾さえしていることもある。表面彫刻の繊細さも、色彩の微妙なグラデーションも遠方から見ると評価されない。私達の彫刻が一般にはたった一、二インチの深さしかなく、私達の彩色は大部分が自然石のもつ柔和な色合いと石目によって生じることを私達は見てきた。それで、必然的な結論は、建物のどの部分も遠くに離れて見ることはできないし、建物の塊としての全体は大きくあってはならないということである。それが大きいことは願わしいことではない。なぜなら、繊細で美しい細部を本気で凝視する人の気質は、空間や大きさの漠然とした印象を甘受する気質とはまったく異なるからである。それゆえ、私達は建物のすべての最良の作品が、比較的小規模な空間の範囲内に集中していることに失望するのではなく、感謝しなければならない。そして、断崖のような控え壁と見分けられないほど高く聳え立つ北方の強大な門柱の代わりに、書物の頁のように私達の前に広げられた低い壁と、柱頭を、私達が手で触れることのできる柱身を、私達が有していることを感謝しなければならない。

上述した諸法則を正しく考察することによって、旅行者は北方芸術のさまざまな流派に精通し、必然として生じる偏見の影響下にあっても、サン・マルコ教会堂の建築について、より率直で正当に判断できるようになるだろう。これらの刮目すべき法則がその美しい建物において展示されていることを実証できる能力が私にあればよいのになあと、思うのである。その表現の正しい印象を伝達することの困難さは、作品が高貴であればあるほど増してくる。私が賛辞を捧げる場合、作品そのものに言及すること以外に、私の言わんとする意味を挙げようとすることは極めて危険である。そして、事実建築上の批評が今日すべての他の批評よりはるかに後れを取っている主要な理由は、最良の建築を忠実に説明するのが不可能な点にある。絵画のさまざまな流派の実例には誰でも容易に接することができ、作品それ自体への言及は、批評のすべての目的のために十分であると思われる。しかし、ナショナル・ギャラリーには、サン・マルコ大聖堂やドゥカーレ宮殿のようなものはないし、それらの忠実な説明も、この著作のような書物の規模では不可能である。どんな規模でもそれは途方もなく困難である。私自身の経験では、建築を公平に評価することほど芸術面で難しいことはない。その完全な説明は存在しない。なぜなら、すべての良い建築は、眼からある程度の距離を置いた時の効果に適応させた鑿の彫り込みに依存しているからである。そして、秩序整然たるただ中に不確定要素を入れ込むこと、あるいは、鮮明な線条の中に神秘性を混合すること——これこそがデザインの特殊な点の完全な表現と共々に、遠方から見た成果であるが、そのすべては、芸術家の技術も決意もまだその主題に伴われていない時に、最も厳しい良心の呵責をもちながら、作品に捧げられた最も称賛すべき芸術家の技巧を必要とするのである。そして、誇り高い自負をもって制作されたあらゆる建築物は、一巻の図版、それも法外な配慮をして仕上げた図版を必要とする。本著作の主要な主題である二つの建築物——サン・マルコ大聖堂とドゥカーレ宮殿——に関して、どのような種類の挿絵によっても、ほんの僅かな正当な評価さえ与えることは不可能だと私は分かった。サン・マルコ大聖堂については、その努力ははじめから絶望的である。なぜなら、その効果はあらゆる部分の最も繊細な彫刻によっているだけでなく、今述べたように、その色彩にもとりわけ依存しているからである。その色彩とは、世界で最も微妙で変化に富み名状し難い色彩である。例えば、ガラス、透明な雪花石膏、磨かれた大理石、光沢のある黄金の色彩である。サン・マルコ大聖堂の一つの玄関を説明するよりも、スコットランドの山の頂き——そこには、紫のヒースの花と青白い釣鐘草が満開期を迎えている——、あるいは、東部フランスのジュラ県の林間の空き地——そこには、アネモネや苔が密生している——を説明する方が容易であろう。

図版Ⅳ（葡萄蔓の図）の下部に示した装飾窓縁(32)の一つの断片は、その事物を説明するためではなくて、例証や説明が不可能であることを証明するためのものである。

それは拡大して示すために断片とされている。しかし、この大きさでもそれは小さすぎるので、大理石の葡萄の葉の鋭い輪郭や先端を十分明瞭に示すことができない。その地色は金色で、三角小間の彫刻は半インチの深さにも達していないし、これほど見事な出来ばえは稀有である。それはエルジン(33)の帯状装飾とほぼ同じ深さまで彫刻された大理石の精妙な輪郭描写にほかならない。事実、衣服の裾はビザンチンの絵画様式に従って、緊密な襞で満たされ、大きな広がりは、浅彫り彫刻にすれば退屈になるので、ここでは特に必要な襞となっている。しかし、これらの襞の配置はいつも極めて美しく、人物像の手に握られた巻物によって得られた配置のように、幅広く単純な隙間によって対照させられている(図版Ⅳ参照)。

装飾窓縁の玉はかなり突出していて、大理石に施された、織り合わされた帯状模様の間の隙間は、聖書の彩飾写本の彩飾のような色彩で満たされている。菫色、深紅、青、金、緑が交互になっている。しかし、緑色はモザイクの中で青色の部分と混ざらずには用いられない。また青色は白っぽい緑色の小さな中心なしには用いられない。時にはガラスの一片は四分の一インチの正方形である。なぜなら、こうして満足させられる色彩への共感は、大変微妙であるからである(34)。中間の円型は紺青の地色に同様の方式で多様化させられて、金色の星が施されている。そして、間隙に見られる小さな十字架は青色と抑えた色合いの緋色が交互になって、それらの上と下に金色の地に二つの白い小円が施されていて、それらの小円は直径が約半インチである(この細工は建物の外側にあって、目の上二〇フィートの高さである)。他方、青色の十字架はそれぞれが白っぽい緑色の中心をもっている。すべてのこの精妙に混じり合った色合いの図版は、どんなに大きく拡大しても、読者に十分な構想を与えることができない。しかし、もし読者が一群の花を彫ったありふれた木版画に想像力で補えるものを与えるとしたら、近代建築とビザンチン建築のそれぞれの価値の決定は、サン・マル

図版Ⅳ　「葡萄の蔓：自然とその応用」

コ教会堂のこの断片だけに依存していることが容認されるだろう。

その装飾窓縁の葡萄の葉から――それらの葉には自然からの直接の模倣はなくて、それに反して特に後に注目する建築目的への熱心な従属が見られるけれども――私達は、真実の葡萄の葉や絡み合う枝が金色の陽光を背景に描出されたのを見る時に感じるのと同じ喜びを感受できる。紺青の地色を背景にした星は、その建築者が想い出したように、空の大きなアーチを昇り降りする星を私達に当然想い出させる。そして、星、枝、葉の輝く色彩は永遠に美しく、万人に愛されると私は信じている。さらに、硬直した輪郭で不気味に老化した教会堂の壁面は、これらの星や植物よりも良くもなく高貴でもない。私はデザインをした人と、その装飾窓縁を喜ぶ人は、賢く幸福で神聖であったと信じている。読者は私がすでにロンドンの街中から採った装飾窓縁[35]を振り返って、その三者[36]（エジプト式、ギリシャ・ローマ式、ゴシック式）中のいずれかに対応するものが存在するかを見てみるがよい。そのような作品をデザインした人達がサン・マルコ大聖堂を野蛮な怪物と呼ぶのを想い出すがよい。そして、私達のいずれが正しいかを審判するがよい。

サン・マルコ大聖堂のさらなる細部と、大きい宝石としての柱身の価値の説明は、付録九「サン・マルコ大聖堂の柱身[37]」に見出せる。ここで私は当面の主題の次の部へ移らなければならない。

それは、サン・マルコ大聖堂の精妙で多様な装飾が、寺院としての聖なる目的にどの程度適切であって、近代の教会にいかに適応しているのかという点についての探究である。私達はここで二つの問題を有していることは明白である。第一は、装飾の豊かさは教会において正当であるかどうかという、一般的で常に紛糾の的となる問題である。第二は、サン・マルコ大聖堂の装飾は真に教会の目的に適ったキリスト教会的性格のものかどうかである。

『建築の七燈』の第一章で、私は読者の前に、神へすべての貴重品を捧げたい気持ちが合法的に表現され得る唯一の場として、教会がなぜ豊かに飾られるべきなのか、幾つかその理由を提起しようとした。しかし、私はその資格のある教会が装飾の必要があって存在しているのか、あるいは、それは装飾を所有することでその目的によりよく適合しているのかという問題にはまったく触れないままにしておいた。そこで今その問題を簡潔率直に扱う許しを読者に求めたい。

それを決めるため主な障害は、それがいつも公明正大でない形式で私達に示されることから生じてきた。私達が今私達自身の住居を出て、新しく建設された街路を通り抜けて、一三世紀の大聖堂へ行く時に感動するからと言って、民衆の信仰を準備する者として私達がふさわしいかどうかが、問われるし、私達が私達自身に問うことであろう。だが、私達は、その感動がその大聖堂の建築者によって意図されたものかどうかを問いはしない。

古代の建築と近代の建築を比べた時、ともすれば、最初期の建築形態の面白さにのみ目を奪われがちになるが、だからと言ってそれが古代建築の評価をおとしめることにはならないだろう。私が言いたいのは、それらの効果が古い時代の建築者によって実質的に意図されたものではなかったということである。その効果がどんなものであってもそれを意図してつくられたものではなかったということである。古代の建築者は彼の作品を美しくしようと努力したが、けっしてそれが面白くなることを期待してではなかった。したがって、それが建てられた時に、他の建築作品の中にあって夢のように美しい姿で聳えていたことを私達が忘れるならば、この事柄を公平に判断する資格がない。さらには、中世のあらゆる住居が同じような装飾で豊かに飾られ――玄関を格子模様にし、大聖堂の樋嘴《ひはし》(38)に生気を吹き込む怪物があるが――趣きのあるものだったことを忘れるなら、私達はその意図を判断する資格を失う。また、私達が現在喜びと共に疑念と驚きの念をもって見るものは、その当時にあってはすべての小路や街路に見られた、誰にも馴染みのある様式であり、自然の風景がデザインの一つとしてその都市の主要な建物に嵌め込まれていたことを忘れるなら、やはり同様に判断する資格を失う。さらに、近代の集会所の建築者が水漆喰の壁や真四角の窓によって印象づけようと考えなかったのと同様に、古い時代の建築者が最も豊かな色彩と最も凝った彫刻を施したからといって、特別に信仰心を印象づけるデザインを生み出そうと考えたわけではなかったことを忘れるなら、やはり同様に私達は判断の資格を失う。

読者はこの事実をよく心に銘記しておいてもらいたい。そして、その重要な必然の結果を推論してもらいたい。現代の私達は、その尖頭アーチと筒形天井に一種の神聖さを与えた。なぜなら、いつも四角い窓から外を眺め、平板な天井の下で生活している私達は、大寺院の廃墟の中にあるもっと美しい形態に出会いたいからである。しかし、それらの大寺院が建てられた時、尖頭アーチは修道院の戸口だけでなく、一般の戸口にも用いられていたし、修道士が聖歌を歌う時、封建領主や海賊達は円型屋根の下で酒宴を催していた。円型天井が酒宴や聖歌に特に適していると思われたからではなくて、それがその当時丈夫な屋根として最も容易に建てられる形態だったからである。

私達は自分達の都市の立派な建物を破壊してきた。私達は美と意味のまったく欠如した建築をもってそれを建て替えた。そして、幸運にして私達の教会に残されてきた断片が私達の心に及ぼす不思議な効果について、まるでそれらの教会が周囲のすべての建物から際立つように強烈な浮き彫りを施されるべくデザインされ、「ゴシック建築」という言葉は現在のように修道士のラテン語のように宗教的言語であったかのように、推論している。大抵の読者は、今までの認識を今一度確認し直せば、それが事実でないことを知るはずである。しかし、読者はそういう過った推論を続けてきたはずである。彼らは眠気によって正気を失ったのか、ゴシックは特に教会向きの様式であるという印象を甘受し、時には教会装飾の豊かさはローマ教会の一条件ないしは補助物であるとさえ考えていた。近代ではその通りになったことは疑いない事実である。なぜなら、私達の最近の建築には美しさがなく、過去の遺物には美しさが多量にあり、これらの遺物はほとんどが独占的に聖職目的であるので、高教会派（英国教会の中でカトリック的儀式を遵守する一派―訳者注）とローマ教徒の党派性のための宗教的目的に適合しないすべての要素を骨抜きにされた人間性を役立てるのにためらいはなかった。

それで彼らは進んで次の理論を公にした。それは、「今残されているすべての善良な建築は高教会派やローマ教徒の教義を表わしているから、すべての善良な建築は今までそのままであったし、これからもそのままでなければならない」というものである。田舎の聖職者が無心にそれを信じていても、国民の常識が間もなくきっぱりとそれと手を切ると私は思っている。キリスト教会建築が善良で美しい場合、それはその時代の普通の住居建築の完全な発展にすぎないし、尖頭アーチが街中で用いられたら教会でも用いられ、円形アーチが街中で用いられたら教会でも用いられ、小尖塔が屋上階に設置されたら鐘楼でも設置され、平たい天井が応接室で用いられたら教会の身廊でも用いられた。これらの事柄は、私がここではっきりと力強く主張したいことを確認するために過去の精神の探究を必要としない。円形アーチにも尖頭アーチにも神聖さはなく、小尖塔にも控え壁にもそれはないし、柱にもトレーサリにもない。

教会はより多くの人達を収容せねばならないから、大抵の他の建物より大きい。教会は暴力から比較的安全で信仰上の供物を供えるのに適していたから、大抵の他の建物より一層飾り立てられる。しかし、教会はいずれも個別の神秘的な宗教的様式で建てられはしなかった。教会はその当時のあらゆる人に共有され親しまれる様式で建てられた。ルーアン大寺院の正面を飾る、燃えるようなトレーサリは、市内のどの家の窓にもかつてはその同類が見られた。サン・マルコ大聖堂の玄関を飾る彫刻は、大運河沿いのあらゆる宮殿の壁面にもそれに似合う装飾としてかつては見ることができた。教会と住宅との唯一の相違は、教会には信仰を意図した象徴的意味がすべての建物の諸部分に込められているし、絵画や彫刻は、教会では住宅よりも世俗的な主題の頻度が少ないということが挙げられる。これ以上に住宅と教会の間に厳しい一線を画することはできない。なぜなら、世俗的歴史が不断に教会建築に取り入れられ、聖書の出来事やそれへの言及が住宅装飾の少なくとも半分を占めているのが一般的だからである。

この事実は重要でありながら、これまであまり考察の対象にされなかった。少し長くなるがここで述べることで、私の今まで主張した事柄の締め括りとすることを許していただきたい。

中世都市のあらゆる住宅は、大寺院の玄関と同じように豊かに飾られ構成も同じように精妙であった。住宅の方は教会と同様に美しい部分において同じ種類の特徴を示し、教会の方も周囲の建物——今でも存在するのと同様な建物——とは異なる様式の変化によって識別されたわけではなかった。教会は普遍的な様式の完成度の高い充実した実例にすぎなかった。樫の樹木が、大きさと左右対称性においてはそれぞれ異なるが、その葉は、すべて同じ樫という木から生じるが如くに、教会が都市の雑然たる街中から生じたのである。もちろん、家庭に必要な小塔や趣きのある小規模な窓の形態には、劣った材料すなわち石の代わりに材木がしばしば用いられた。デザインに遊び心を発揮した住民達の空想力が家庭建築に、奇異性、世俗性、多様性を持ち込んだが、教会建築ではそれらは伝統や財力や修道士と石工の技巧によって、阻まれた。他方では、円型天井、控え壁、アーチ、それに塔の建築条件は、他に例を見ない大寺院の大きな形態に見合うためだけに必要とされた。しかし、これらの特徴は、より大きな必要条件に機構上の技巧を適用したということにすぎなかった。そうして、発展させられた形態のどれにも、特に聖職向きであるように意図されたり、そう感じられるものは何もなかった。あらゆる村落や都市の住民達は、彼らの教会の装飾のための基金を喜捨する時、彼ら自身の家と同様に——ただし、もう少し立派に、彫刻の主題に少しばかり厳粛な傾向を盛り込んで——神の家を飾りたいだけであった。この厳粛な傾向を盛り込んだかどうかは、必ずしも明瞭には見分けられない。まったく劣った方式が北方の教会建築の細部に生じた。それらの教会の最良のものが建てられた時、各家庭の住宅は一種の寺院であった。聖母やキリストの像が必ず主要な戸口の上の壁龕を占め、旧約聖書の事跡が、張り出し棚や破風のグロテスクな怪物像の間に奇妙にも挿入されていた。

読者が今建築物から感じていることは、教会装飾の適合性が一般に論議の根拠とされているものとはまったく異なる根拠に基づくものであろう。私達の街並みが不毛な煉瓦の壁ばかりで、私達の眼が日常生活で絶えず醜く矛盾だらけで無意味なデザインの対象物ばかりを見ている限り、美を感受する能力がある眼と心の機能が私達の実際生活全体の中で糧を与えられずに放置されていたのに、突然に信仰の場に入った時に美のもてなしを受けて喜悦の境地に入れるかどうかは、疑わしい。色彩、音楽、彫刻——それらが信仰の祈禱のために心構えせねばならない瞬間に——が、五感を喜ばせ、そのような訴えかけに慣れない人々の好奇心を搔き立てるということは、疑わしいとしても、もし美しい形態と色彩にひとたび馴染み、人間の手が私達のために、たとえ極めて低級な用途のためにでも、施工したものの中に、高尚な思想と称賛すべき技巧の証《あかし》を見つけられるとしたら、その証を祈禱のために建てられ働かされるものの中にも、私達は見つけたいと思うだろう。見慣れた美しさの欠如が、信仰を促すどころか、信仰心を動揺させるだろう。そしてまた、優良な職人気質で製作された私達自身の家屋について、そういう見慣れた美しさのない家で神を信仰するかどうかを問うことは、旅にあって、日中は美しい森を抜け美しい水辺を通った巡礼者が、夕べには祈禱のために不毛な場への道に転じなければならないものかどうかを問うのと同様に、私達には空虚に感じられるのは疑いない。

ところで、サン・マルコ大聖堂の装飾が、真に聖職向きのキリスト教会的であるかどうかという、私達に付託された第二の問題は、第一の問題と共々に決定されることは明白である。なぜなら、もし装飾の認容だけでなく、装飾の美しい施工が、私達が日常生活において装飾に親しんでいることに依存しているのならば、高尚な建築の様式はもっぱら聖職向きであるべきではない。それは、教会で完成される前に住宅において習熟されねばならないし、それが教会と住宅の両方に適用されるかは、高尚な様式かどうかを決める試金石である。と言うのは、もしそれが本質的に虚偽で下品であるならば、それは住宅に適合されるとしても教会には不適とされるからである。そして、世俗的な批判の光に耐えても、神の言葉の光に耐えられない多くの思想信条があるが、他方、聖書の試練に耐える思想信条は実践の試練にも耐えるように、建築には便宜と都合によって外見上正当化され、日常生活で耐えられる多くの形態がある。それらの形態が教会のために用いられるやすぐに、それらは不快になるが、教会のために有用な形態は、日常の用途にも耐えられる。こうして、建物のルネッサンス様式は、住居にも都合のよい様式であるが、その様式が教会で用いられる時には、すべての宗教家の自然な感覚が、苦痛を感じ、宗教家をしてその様式に背を向けさせる。これが家屋のためにはローマ様式を、教会のためにはゴシック様式をという一般に広まった観念を生んだ。ところが、そうではないのである。ローマ様式は本質的に卑小であり、それが私達に便利な窓と広い部屋を与えてくれる限りにおいてのみ、私達はそれに寛大であり得る。便宜の問題が外されて、様式の表現や美しさが、教会でそれを用いることによって試みられるや、すぐに私達はその様式が十分でないと理解する。

しかし、教会に適しているというゴシック様式もビザンチン様式も、住居には比較的適合する。それらの様式は最高の意味で教会と住居の両方に適して有用であり、あるいは、それらはそれらが両方のために用いられた場合を除いては真の完成とは言えなかった。

しかしながら、ビザンチン様式の作品には、それが使用された時代に、明確に聖職目的のためにそれが適合しているか、いないかを見極める一つの特性がある。私の言いたいのは、その装飾のもつ本質的な絵画的特性である。表面的な装飾や彫刻だけによって興味深い作品にするのには、どんなに広い表面を、大胆に建築的特徴の欠如のままにさせておくかを、私達はすでに見てきた。この点で、ビザンチン作品は本質的に純粋なゴシック様式とは異なる。なぜなら、ゴシックは純粋に建築的特徴によってあらゆる空間を満たしており、その方が気に入るなら、絵画的助けを借りないで済ませることができるからである。ゴシック教会は、アーチの連続、壁龕の山積、トレーサリの絡み合いなどによって印象づけられる。しかし、ビザンチン教会は、広大な素地の表面一面に芸術的表現と興味深い装飾を必要とする。その装飾は絵画的になることで、はじめて高尚になる。言い換えれば、自然の事物である人間や動物、花などの植物を表現することによって高尚になるのである。

それゆえ、ビザンチン様式が近代においてはたして教会の用途に適しているかという問題は、絵画芸術、特にモザイク装飾家の芸術によって生み出され、生み出されるかもしれない宗教上のどんな効果があるかという探究にその答えは含まれていることになる。

私がこの問題を吟味すればするほど、それだけ、ある一定の時期に宗教的大義に最も役立ちそうな芸術の性格についてドグマ化することの危険性を感じる。私はまず一つの大きな事実に出会う。私は他人の経験に答えを出すことはできないが、来世を信じ、神の前に己を完全に跪かせるキリスト教徒の中で、芸術に関心を抱くような人とはまだ会ったことがない。芸術を熱心に愛する高尚なキリスト教徒を何人か私は知っているが、彼らの中には、キリスト教思想と世俗的事柄との幾らかの絡み合いがいつもあり、その絡み合いの結果、彼らは妙な不幸や猜疑の気持ちに陥ったり、彼ら自身が誤解だとか義務の心得違いだとかという結果に導かれる。このような人達の内の多数の行為が、彼らより首尾一貫している人々より気高くないとは私は思わない。彼らは、がっちりした骨組みと生来の狭い視野しかもたないために、神に己を預け神と共に歩む努力をしない人達よりも、感情の基調がより優しく魂には先見の明があり、そのためにより大きな試練と恐怖に曝される。だが、それでも信仰に関しては正しく穏やかに見えるうえ、真面目に芸術を心にかける人を私は知らないというのが一般的に言える事実である。そして、偶然、芸術によって感動させられた時、彼らキリスト教徒にどんな種類の芸術がこの印象を与えたのかをあらかじめ言うのは不可能である。往々にしてそれは演技的な陳腐な台詞によるか、さらによくあるのは、偽りの感傷によるものである。普通のプロテスタントのキリスト教徒の心に実際に最も感化力があったし、今でもそれがある四人の画家は、カルロ・ドルチェ、グェルチーノ、ベンジャミン・ウェスト、それにジョン・マーチンであると私は信じる。よく宗教的な画家達の中にはあまり顧みられない人が多いと言われるが、これは事実と私は信じる。いわんや、彼の師匠や昔の真に偉大な宗教的画家も顧みられない。しかし、カルロ・ドルチェの両目に涙を浮かべたしみじみとしたマグダラのマリアや、グェルチーノのキリストや聖ヨハネ、ウェストの聖書を絵画化したものや、マーチンの稲妻の閃光が走る黒雲は、その時代に対しての真実に、深く共感されざるを得なかった作品である。

その明白な理由は多数ある。主な理由は、すべての真に偉大な宗教画家達は心底からのローマ教徒であったから、彼らの作品のある部分においてローマ教の教義を明確に具現しない作品は一つもないという事実である。プロテスタントの心はこのローマ教の教義に直ちに衝撃を受け、もはやその作品の核心に入ることもできず、少なくとも入る気にならないほどに、その教義によって苛立たされる。あるいは、その作品の中のローマ教徒でなく、キリスト教徒と認められるような深遠な登場人物を発見しようとする気にさえならない。こうして、大抵のプロテスタントがはじめてアンジェリコの楽園に入ろうとした時、その画家が彼らに話しかけさせたいと思う第一の人物は、聖ドミニコであると分かって、癒しがたいほど不快になり、できるだけ早急にその楽園から退くだろう。

実はそのアンジェリコの楽園を満たしている人物達は、衣服が黒、白、灰色のいずれであれ、唇の中で彼がどんな名前で呼ばれていようとも、彼は人間の手になった誰よりも聖者らしく純粋ですべての特徴から見て愛情に溢れていることを、プロテスタントは発見するゆとりもない。こうして、プロテスタントはカトリックの教義を具現しなかった人々の手になるごく僅かな助力を愚かにも求めることになるだろう。その結果、カトリシズムもプロテスタンティズムも信じないが、絵画を描くために聖書を読む人達から助力を受けることを余儀なくされる。かくて私達は祈禱で日々を送る画家達に注目するのを拒否するが、道楽三昧に日々を過ごす人達によって教育される心構えができていることになる。おそらくサルヴァトールの「エンドルの魔女」ほどよく知られたプロテスタントの絵画はないだろうが、その画題はその画家によって選ばれた。理由はただ一つで、サウルと女魔法使いの名の下に彼は山賊の頭領とナポリの魔女を描くことができるからであった。

事実は、強烈な宗教感情が芸術面での極めて粗野な暗示にさえ欠けている点を補充するか、また他方では粗雑なものを抑えて洗練させたり、はたまた弱々しいものを高揚させて印象強くするということである。おそらく芸術と呼ばれる資格のあるものなら、すべてが宗教的感情の強制に対して不満足であろうし、芸術が空虚を補うための努力は、それに提供された労力の真の価値によるよりもむしろ連想と偶然事によって誘発されるのであろう。愛する友人に似ていたり、習慣的な概念と一致したり、慣れない不快な特殊な執着から解放されるなど、とりわけ芸術家が関心のある感情から選択したものである。そのおかげで、宗教的想像力の最も高尚な努力をもってしても、影響力を失うかもしれない時に、絵画への称賛を獲得するのであろう。絵画は実に事実を表現しているという幼稚な妄信が、情緒の俊敏な能力に加えられる時、称賛はどんなに高まることだろう！　だが、事実がよく語られるか悪く語られるかは、あまり問題にならない。私達がその絵画は真実だと信じるやすぐに、それが悪く描かれたことについて、あまり不平を言わない。彩色版画を持っている子どもが、どれがヨセフでどれがベンヤミンかと熱心に真面目に尋ねる時、ラファエロの「夢のお告げ」の中の三人の人物群像を称賛する鑑定家よりも、その子の方がみずからの努力によって現実感を付与された粗い版画の象徴から受けた強烈で荘厳な印象を感受する、より多くの能力をもっていないかどうか、読者に考えさせるがよい。そしてまた、人心が宗教的な傾向にある時、かならずこの幼稚な能力の有無を考えさせるがよい。その能力とは、信じられる真実の最も粗野なシンボルを高揚させて荘厳さとリアリティをもたせる能力である。熟慮の上で断っておくが、この幼稚な能力は高貴な能力であって、歳をとってからよりも若い時に多く所有している能力であるが、後年になっても、いつも宗教によってある程度回復すると信じる。

しかしながら、ルネッサンス時代以来、真実は信用されなくなった。宗教的画題を扱う画家はもはや事実の語り手と見なされず、観念の発明者と見なされている(39)。私達は真実の歴史が語られる方式を厳しく批評するのではなくて、発明品の欠点の厳しい調査者になっている。その結果、近代の宗教心においては、判断を不確定にする情緒が判断を厳しくする懐疑心に加わった。そして、欠点に無知なアラ探ししかできないこの無知な情緒が、どんな芸術にもうるさく干渉する。特に宗教芸術に干渉する時には、最悪となる。なぜなら、宗教的信念は、情緒を御しやすくするように、表現を単純素朴にするからである。言い換えれば、真の宗教画家は制作方式において、偉大な非宗教画家よりも、ずっと粗野でファンタスティックで、単純素朴で欠点が多いということになることが多い。すべての高尚な流派の芸術がはぐくまれたのは、制作者と鑑賞者の両方の側におけるこの巧まざる表現と素朴な受容にあった。今後もこれは変わらない。現代においては、芸術が体系づけられて学問的であるべきだという不可避の必要条件のために、能力の巨大な損失を見積もることは不可能である。この世界の構成が変えられない限り、そこには教育の範囲に入らない多くの知性があると思われるからである。生来有している能力を培ったり磨いたりする傾向をもたない多くの人達が、正しい感動を呼び起こす才能と生気ある発明の才能を発揮させ得る可能性がある。そして、すべての磨かれない能力は現今の社会状態では失われる。これは芸術だけでなく、他の分野でも同じであるが、特に芸術において失われるのである。十中八、九、人々は磨かれたものを能力と見間違えている。一人の人間がアカデミーの専門課程を終えて、フランス産のチャコで改善された方式で描くことができ、短縮法や遠近法、それに解剖学などを知るまで、私達は彼が芸術家になれるとは思わない。さらに悪いことに、私達は彼に解剖学を教え、チャコでの描き方を教えることで彼を芸術家にすることができると思いがちである。しかるに、彼の中にある真の天賦の才はすべてのそのような業績・学力とは独立したものである。

だから、ヨーロッパのあらゆる地域やあらゆる町には、高等な想像的能力をもっているが、私達が合法的で学問的やり方で表現されたもの以外のどんなものをも見ようとしないから、私達の役に立つために、その能力を用いられない多くの農民や労働者がいると私は信じている。一連の聖書物語や何かほかの歴史的事件を膨らせたら、彼の頭の中に珍しく高尚な空想を発見し、それを粗野であるが私達にふさわしく、うまく仕上げられる多くの村の石工がいると私は信じている。しかし、私達があまりにもったいぶっているので、彼にそれをさせることができず、それが仕上がった時にも彼のぎこちない作品を真っすぐに捉えて励ますことができないのである。したがって、その哀れな石工は職場の片隅で石を滑らかに切り続けるしかなく、私達は滑らかな四角い石で私達の教会を建て、それで私達自身を賢いと思い込む。

この主題については他の個所でさらに追究するが、ここではサン・マルコ教会堂のモザイクも、同じ時期の他の作品も、宗教史の表現としてはまったく野蛮だと考える人達に反論してみよう。それらの作品はその通りだと認めるとしても、そのためにそれらの作品が宗教教育に無効であると考えるべきではない。私は教会堂全体を一つの一般向けの大祈禱書だと述べたが、モザイクは祈禱書の彩飾画であり、当時の民衆はその彩飾画によって聖書の事跡を教えられた。それも、私達が今聖書の講読によって教えられるよりも——十分とは言えなくても——ずっと印象的に教えられた。民衆には他の聖書はないし、彼らは他の聖書を持てなかった。プロテスタントは往々にしてそうは考えないが。貧しい人達に、印刷された聖書を供給するのも困難だろう。聖書が本だけであったら、生じる困難はどういうものになるか考えてみるがよい。教会堂の壁は必然的に貧しい人の聖書になり、絵は書物の中でよりもはるかに容易に壁面で読み取られた。この見方に基づいて、壁を発展途上の偉大な民族の聖画としてのみ考察すると、私はこれらのモザイク画の文脈と画題をよく吟味するように最終的に読者に促したいが、その前に私はモザイク画を施すのはいかなる意味でも野蛮だとする考えに反論せねばならない。モザイク画を彩色描画を目指す幼稚な努力と見なすことによって、私はあまりに近代の偏見に譲歩しすぎた。それらのモザイク画には非常に高尚な種類の登場人物がいる。それらは後期のローマ帝国から伝えられた学問的遺物にも欠けていない。さまざまに見られる性格特徴はほとんどいつも洗練[40]されていて、表情は厳粛で穏和で荘重で、態度と着衣の襞は、単身像と激しい行動をしていない群像においてはいつも威厳がある。しかるに、明るい彩色と、明暗法の無視とは、不完全と見なして済ますわけにはいかない。なぜなら、それらの手法は、人物像が円天井の場合の遠い距離の隔たりと暗がりの中でも、はっきり見分けられ得る唯一の手法であるからである。私はそれらを野蛮と見なすどころか、すべての宗教芸術の作品の中で、これらモザイク画とそれに類する作品を最も効果的なものであったと信じている。

　モザイク画は、世界中におけるローマンカトリシズムの偶像崇拝を支えるものとしての木製や蠟製の像の卑しさと、人心を宗教的主題から引き離して芸術そのものに導く偉大な芸術との中間点にある。人間の技巧のこれらの製作部門について問題はないし、あり得ない。ヨーロッパのローマ教徒の心をどんなに感化しても、操り人形の製作は美術の一部門としての考察に値しないのは確かである。ローマ教徒が崇拝する像がどのようであるかは、文字通りローマ教徒には重要でない。安物売りの玩具店で安くまけさせて手に入れた卑俗な人形の例を取り上げてみる。それを子沢山の大家族に渡すと、それは子ども達によって家の周辺で踏みつけられて、揚句の果ては不格好な塊にされてしまう。そこで、それに繻子の僧衣を着せて、それが天から降ってきたと公言する。すると、それはすべてのローマ教徒の目的を十分満足なほどかなえたことになる。偶像崇拝は美術を促進させるものではない。これは何度繰り返しても言い過ぎではない。だが、他方では、美術の最高の部門は、偶像崇拝や宗教を促進するものではない。レオナルドやラファエロの絵画にしても、ミケランジェロの彫像にしても、偶然の場合は別として、崇拝の対象であったことはない。彼らの作品には、不注意に、無知な人達によって見られた場合は、もっとありふれた作品の場合よりも人々を引きつけるものが少ない。注意深く見られ、聡明な人達によって見られれば、彼らの作品は直ちに人心をそれらの主題（画題）から逸らせてそれらの芸術の方へ向けさせるので、称賛の念が形式に囚われた信心に取って代わる。「聖シィスティンのマドンナ」や「カルデリーノのマドンナ」[41]をはじめ、その他の同系統の作品がある種の人々の心に相当な影響力をもたなかったと言うのではなくて、ヨーロッパ民衆の大半を、それらの作品が全然感化しなかったと私は言いたいのである。しかるに、最も高名な彫刻や絵画の大多数は、人間の美への賛美や、人間の技巧への敬意とは別の感情で注目されることはけっしてない。それゆえ、効果的な宗教芸術は、二つの極端の間に介在する（と私は信じている）が、その二つとは、一方は野蛮な偶像崇拝であり、他方は壮麗な工人の熟練技である。その宗教芸術は一つには祈禱書の彩飾画や、印刷術の発明以来その彩飾画に取って代わった書物の挿絵にあり、また一つにはガラス絵に、さらに別の一つは建物外部の粗い彫刻に、はたまた別の一つはモザイクにもあるし、またフレスコ画やテンペラ画にもある。テンペラは一四世紀に、不完全なるがゆえに力強いこの宗教画と、それを継承した無力な完全芸術との間の繋ぎとなっていた。

しかし、すべてのこれらの部門の中で最も重要なものは、サン・マルコ大聖堂のモザイクによって、中間的様式で表現された、一二、三世紀のモザイク嵌め込みである。祈禱書の彩飾画はその細密さのためにモザイクと同じ荘厳な印象を生み出すことはできなかったし、頁のたんなる装飾となって埋没したものが多い。近代の書物の挿絵は、名を挙げるに値しないほど巧みでない。彫刻はある部分が大いに重要だけれども、建築上の効果の中にこれまた埋没する傾向がある。そのため、彫刻の意味は、すべての部分にわたって一般大衆によって判読されることは滅多にない。いわんや、彩色された窓の真紅に燃えるようなただ中で伝統は鍛えられることもない。結局、テンペラ画とフレスコ画はしばしば限定された大きさや弱々しい色彩のものになった。しかし、一二、三世紀の偉大なモザイク画が必然的な光沢を伴って教会の壁面と天井を覆った。それらのモザイクは無視されることはなく、またその施工から免れることもできなかった。それらの大きさがそれらを威厳あるものにし、距離の隔たりが神秘的にし、それらの色彩が魅惑的にした。それらは、混乱した装飾や劣った装飾にはならず、主題から注意を逸らさせるような技巧や科学の裏づけがあって飾り立てられることもなかった。それらは信者が祈っている間はいつも彼の前にあった。彼が待ち望んでいた光景の巨大な幻影の出現、あるいは、彼がその現われを祈願した霊の出現が信者の眼前にあった。それで、パルマとフィレンツェの洗礼堂の暗い天井に出没する青白い顔や不気味な形姿を見上げた時の畏怖感を認めない人や、あるいはまた、使徒を遣わした人とその使徒達の巨大な像――それらの像がヴェネツィアとピサのドームの暗がりの中の金色の天井から見下ろしている——の威厳に心を打たれない人は、どんな種類の宗教的印象をも感受する能力がないにちがいない。

この著作の将来出版される部分[42]で、近代教会におけるこの種の芸術を私達が用いることができるどんな可能性があるかを発見しようとするだろうが、当面私達は直接の目的を達成するために、サン・マルコ大聖堂で表現された主題の文脈を追究し、その建築者達の感情の十分な構想を造り上げ、それが建てられた相手の人達にとって、その用途とは何だったかを十分に把握することが残っている。

最初の方で、古代と近代の間の注目すべき差異を造り上げるものとして、読者の特別な注意を向けねばならなかった一つの事情がある。私達の眼は今では文字に慣れ切って、読むのにもうんざりする。したがって建物に銘が刻まれていても、大きく明瞭に書かれていなければ、私達がそれをわざわざ判読することはまずない。だが、昔の建築家は読者を信じていた。あらゆる人が彼の書いたすべてを喜んで読んでくれると信じていた。それに、読者達は円天井に書かれた石造り写本の頁を所有して喜ぶだろうし、彼がその頁を多く与えれば、それだけ民衆は感謝することを信じていた。それゆえ、サン・マルコ大聖堂へ入る時、私達は骨折ってでも刻銘されたすべてを読まねばならない。さもなければ、私達は建築者の感情をも彼の時代の感情をも透察することはできないだろう。

その教会堂の両側に大きな柱廊玄関や玄関が付設され、その空間が未受洗者と新改宗者のために特に維持されている。洗礼の前にこれらの人達は旧約の歴史的事跡を凝視するように導かれるのは、もっともと考えられた。さらには、人間の堕落の歴史と、モーセによる契約の時代までのユダヤ族長の生涯の歴史を提示する。これらのシリーズの主題の順序は、多くの北方の教会の場合とほぼ同じであって、洗礼志願者にモーセの契約は救済には不十分であることを示すためにマンナの降下で意味深長に締め括っている。「我等の祖先は荒野でマンナを食べて死せり」——こうして、洗礼志願者の思念を、マンナがその表象である本物のパンへ向けるのである。

洗礼の後、洗礼志願者が教会堂へ入るのを許された時、振り返ると、主要な入口の上方にモザイク画を見る。それはキリストの片側に聖処女が、もう一方の側に聖マルコが崇敬の姿勢で王座のキリストに侍っている図である。キリストは膝の上に聖書を広げて表現され、その聖書にはこう記されている。「私は入口であって、私を通って入るなら、その者は救われるであろう」と。モザイクを囲む赤大理石の刳り形には記されている。「私は人生の門である。私に属する者達をして私を通って入らしめよ」と。教会堂の西端の蛇腹を造り上げている赤大理石の平縁の上には、下方のキリスト像と関連して記されている。「彼は何者か、彼は何者から来たか、彼はいかなる犠牲を払って汝をあがなったか、それに、なぜ彼は汝を創造し汝にすべてを与えたか、これらの問いをよく考えよ」。

これははじめて教会堂へ入った時の洗礼希望者だけによって読まれるべきではない。いつでも、そこへ入った者は誰でも、この銘を振り返って読むべきである。教会堂へ人々が毎日入ることは、彼らが精神的教会へはじめて入ることを日々の記念とすることである。壁面に彼らのために開かれた書物の残りの頁に導かれて、彼らは、目に見える寺院を、あらゆる部分で目に見えぬ神の教会と見なすようになった。

それゆえ、大戸口――これは洗礼の表象である――から鑑賞者が入るや直ぐに、彼の上方にある最初の円天井のモザイクは、神の教会へ入った最初の表示としての聖霊の恩寵の流入を表現している。小円天井の中央には、第二人格と第三人格の神性がそれらの特殊職能と共々に主張される時、子羊が玉座に在《いま》すように、鳩がギリシャ様式で玉座に在《まし》ます。聖霊の中央の象徴から一二の火焔の流れが、円天井のぐるりに立つ一二人の使徒達の頭部の上に降りてくる。それらの人物像の下方にある、壁を貫通してあけられた窓の間には、聖霊降臨節に、使徒達がおのおの自身の言葉で話すのを聞いているさまざまな民族が、それぞれ一民族を二人ずつで表現されている。最後に、小円天井を支えている四隅には、四人の天使達が描かれ、それぞれが手に持った杖の先に銘板を掲げている。最初の三人の天使達の銘板にはそれぞれ、「聖なる」の語が記され、四人目の銘板には「主」が記されている。賛美歌のはじめの句が四人の天使達の口にこうして入れられて、その言葉は円天井の辺縁に続けられ、聖霊の贈り物に対する神への賛美を、神の教会へ受け入れられ、あがなわれた魂への歓迎と結びつけている。

聖なる安息日の主なる神よ、
天地は汝の栄光に満ちている。

最高位のホサナ(43)、
主の名に寄ってきた者は幸いなり。

そして、改宗者は聖霊の流入を、特に清浄化の営みと見なすように要請されていることを、この銘文に看取すべきである。四人の天使達が絶えざる賛辞で褒め称えられているのは、神の子ども達になった人達を浄化するために聖霊を注ぎ与えるのに表明された神の神聖さである。この神聖さのために天地は神の栄光に満たされたと言われるのである。

こうして、新来の魂の救済のために天使達によって神に捧げられた賛辞を聞いた後に、信者ができるだけ理解できる形態でキリスト教の過去の事跡と未来の希望を凝視するように導かれることは最適と考えられた。それらの事跡と希望はその保証がなくては万事が空虚になる三つの出来事に要約される。それらの出来事は、キリストが死に、復活し、神に選ばれた人のための場を準備すべく天上へ昇ったということである。

最初の小円天井と二番目のそれの間にある円天井には、キリストの磔刑と復活が、通常の連続物語としての中間の場面――ユダの裏切り、ピラトの審判、茨の戴冠、冥界への下降、婦人達の墓場訪問、それにマグダラのマリアへの顕現――と共々に表現されている。二番目の小円天井（教会堂の中央の主要な小円天井）は、天上への上昇という主題によって全体が占められている。その最高度の頂点に、四人の天使に支えられて、青い天空へ上昇し、和解の表象である虹の玉座に座らされるキリストが表現されている。彼の下には、一二人の使徒達がマドンナと共にオリーブの山に立っているのが見え、彼らの真ん中に上昇の瞬間に現われた白衣の二人の男がいて、二人の上に彼らによって発言された言葉が刻まれている。「お前達ガリラヤの人達よ、なぜお前達は天を見つめて立っているのか。神の子たるこのキリストは、お前達から選ばれたのだが、審判と正義を行うために委託されて地上の仲裁者としてまた来るであろう」。

使徒達のぐるりをめぐる円座の下の小円天井の窓の間に、キリスト教の美徳が、キリストの場合の肉体の十字架と魂の昇天の結果として続いて生じたものを表象している。彼らの下、小円天井の天使達を支える円天井には、四人の聖職者達の像が置かれている。その理由は、昇天の事実についての私達の確信は、彼らの立証によっているからである。そして、最後に、彼らの足元に彼らが宣言した福音の甘美さと充実の象徴として楽園の四つの川――ピソン、ギホン、チグリス、ユーフラテス――が表現されている。

祭壇の上にあって、旧約のキリストへの証を表現している三番目の小円天井は、彼を中央に座らせて、族長達や預言者達に囲まれているように示している。しかし、この天井は民衆によってほとんど見られることはない。(44) それらへの凝視は教会堂の中央の天井へ主に注意を引きつけるように設計されているので、信者の心は直ちにキリスト教の主要な基本原理――「キリストは蘇った」――と、希望――「キリストは来たりたもう」――へと集中する。もし信者に傍系の礼拝堂や小円天井を探訪する時間があれば、それらに新約の歴史のシリーズ全体――キリストの生涯の事跡と使徒の秘蹟を順序を追って並べ、最後にヨハネ黙示録(45)の光景――を見出せるだろう。だが、一般の人々がこの時間までに入るように、信者が一日の労働を始める前の少しの時間に絶叫調の祈りの章句を捧げるために正面から入って、祭壇の隔壁まで進むだけだとしても、まばゆい身廊と千変万化の円天井のすべての華麗さが、潟海の浅瀬の間に立っている葦葺きの小屋との奇妙な対照をなして信者の心を打つならば、二つの偉大な伝言――「キリストは蘇った」と、「キリストは来たりたもう」――を宣言するだけのために、それらの華麗さは信者の心を打つのである。毎日のことだが、陰影に翳る鐘楼と気難しい様子の宮殿がまだ夜の闇の中へ退いている間の夜明け前に、白い小円屋根が海の白い泡が造り出した花冠のように聳え立って現われる時、それらの建物が東方の勝どきの声「キリストは蘇った」と共に立ち現われた。そして、毎日のように、それらの足元から海まで潮のように満ちたり退いたりする騒がしい声や物音を立てる群衆を見下ろしながら、小円屋根は群衆の上で警告を発した。「キリストは来たりたもう」と。

こういう想念が読者をしてサン・マルコ教会堂を、たんなる豪華で野性味溢れる美観をもった建物としてではなく、違った視点から見てみたいと思わせるのであろう。読者はそれが信仰の場としてよりも、もっと重要な位置を、昔のヴェネツィア人の心の中に占めていたと感じるだろう。それは、「神の書かれた言葉」を読み取る巻き物でもあった。それは、内部ではすべてが絢爛たる花嫁のイメージ――金細工で織った衣を身に纏っている――であると同時に、内外共に記されている「神の掟」と「モーセの律法」の目に見える銘板でもある。教会としてであれ、名誉としてであれ、黄金や水晶がそれを装飾するのにどうしても必要であることは否定できないのではないだろうか。花嫁の象徴として、その壁面には碧玉が嵌め込まれ、土台はあらゆる様式の貴重な石材で飾られ、神の言葉の伝言者として、詩編作者のある勝利を誇れる発言「私はもろもろの宝を喜ぶように、あなたの証の道を喜びます」（詩編一九、14－15）は、それについて真実であるということは、すべて否定できないのではないか。どんなに厳粛な目的でも、なぜその大聖堂の柱身が人々の集まる広場の舗装の上に建ち上げられたかを私達が知る時、サン・マルコ大聖堂の境内の長い眺めを一味変わった気分で見下ろして七つの門と輝く円屋根（ドーム）を展望しないだろうか。人々が交易と快楽を求めて地上のすべての国から来て、ここで出会った。しかし、群衆が貪欲からくる落ち着きのなさや快楽の渇望のために絶えず揺れ動いている様子を見下ろしながら、その上方では、大聖堂の栄光が群衆に証言している。彼らが聞こうが聞くまいが、商人が代価を払わずに買える一つの財宝があり、また、すべての他の快楽にまさる一つの喜びが、神の言葉と神の彫像にはあることを、証言しているのである。

透明な力強さへと変えられた大理石施工や虹の色彩に配列されたアーチ群列の存在価値は、富の誇示にあるのではなく、視覚の欲望や生命力の誇示への空しい奉仕にあるのでもない。かつて血で書かれた伝言が虹の色合いで描かれている。何時の日か、天空のドームを充満させる一つの音声が、その建物の円天井（ドーム）に反響する。その声は、「彼は審判と正義のために帰って来る」と叫んでいる。ヴェネツィアの力強さは、その都市がこの声を憶えている限り、変わることはない。その破壊は、その都市がこの声を忘却した時に、その都市を襲った。その都市が理由もなくそれを忘れた時、破壊が回復不能なほどにその都市を襲った。どの都市もヴェネツィア以上に光栄ある聖書を持ったことはない。

北方の諸民族の間では、粗野で暗い彫刻が、氾濫するかのようにおびただしくて、ほとんど意味を判読できないイメージが彼らの寺院を満たした。だが、ヴェネツィアのために、東洋の技巧と財宝があらゆる文字を金メッキし、あらゆる頁を彩飾し、遂には聖書兼寺院が東方の三博士の見た星のように遠方からでも輝いて見えた。他の都市では、民衆の集会は暴力と時間の変化を伴って、宗教的連想とは程遠い場所でしばしば催された。危険な草むした城壁跡だとか、いざこざが絶えない街路の埃の中などで、行動が起こされ、会議が開かれた。それを私達が正当と認めることはできなくても、時には許されてよい。

しかし、ヴェネツィアは、宮殿であれ、広場であれ、右手に聖書を持ちながら犯された。その証言が記された壁面は、その都市の会議の秘密を保護し、その都市の政治の犠牲者を閉じ込めた壁から僅か二、三センチの厚さの大理石で離されているだけである。その都市の最期の時に、ヴェネツィアがすべての恥辱とすべての抑制をかなぐり捨て、その都市の偉大な区画が地上全体の狂気で充満されるようになった時、その都市の罪がどんなに大きなものだったかを覚えておくがよい。なぜなら、その罪は、神の掟の文字で燃える神の館の面前にて、犯されたからである。ペテン師や偽りの仮装者は腹を抱えて高笑いして立ち去った。彼らの去った後、沈黙が続いた――これは予言されたことであった。なぜなら、虚栄心を募らせ、犯罪を生み出してきた幾世紀もの間、彼らすべての間で、サン・マルコ大聖堂の白いドームは、ヴェネツィアの死んだ声に言い続けていたからである。「すべてのこれらの事柄のために神は汝を審判にかけるだろう。そのことを汝は知るがよい」と。

注

(1) 〔原注〕『使徒行伝』xv章38・39節。参考にこの引用文の前文は、「パウロは、パンフリヤで一行から離れて働きを共にしなかったような者は、連れて行かないがよいと考えた。こうして激論が起こり、その結果互いに別れ別れになり……」。キリスト磔刑の時、若者が雨衣を置き忘れ逃げた。彼をマルコとする説もある。

(2) 〔原注〕ピエトロ・カンディアーノ四世に対する叛乱によって引き起こされた火災。ドゥカーレ宮殿が火事になり、創建当初のマルコ聖堂が破壊された。次の総督ピエトロ・オルセオロ一世により修復された。

(3) Bayeux tapestry が原語。フランス北西部のベイユー（Bayeux）のホテルに保存されている。

(4) 「大聖堂」は、San Marco Cathedral の訳語、「教会堂（聖堂）」は San Marco Church の訳語とした。「大聖堂」は司教区の中心の寺院。

(5) archivolt が原語。前章で「飾り迫縁」とも訳した。

(6) 〔原注〕この像は地上の王に似ていて、おそらくずっと昔に天国の賢者になった王のものであろう。

(7) arcade が原語。「拱廊」「列拱」などと訳される。商店街のは「拱廊状アーケード」でありこれが語源。

(8) boss が原語。教会天井の肋材の交差点に施される突起装飾。戸口や窓の刳り形の末端装飾にも応用。

(9) acanthus が原語。「地中海アザミ」のことで、ウイリアム・モリスが装飾デザインに用いた。

(10) piazzetta が原語。
(11) small cupola が原語。ここでは複数になっている。
(12) canopy が原語。「天蓋」と訳して、roof をこの場合は「天井」と訳した。
(13) 岩石を板状にして張り付ける施工をした。その外被の石板を「外被」と訳した。
(14) 〔原注〕冬季におけるサン・マルコ教会堂の暖かさは上記の二つの教会のそれよりはるかにまさるから、人の出入りが多い最も有力な原因の一つとして考慮に入れるべきだろう。
(15) エレウシスは古代ギリシャ都市アッティカのデーメーテール女神崇拝の中心地。エローラはインドデカン高原の古都アウランガバード西北三〇キロにあり、仏教・ヒンズー教・ジャイナ教の宗教的壁画彫刻、特に石窟の石彫は有名。エドフーは古代廃墟のあるナイル河畔の村。
(16) 原書 *The Stones of Venice* は全三巻である。本訳書は第一巻の最初の章と第二巻から選んでいて、第三巻は未訳である。主として第二巻の訳と言ってよい。なお旅行者向け普及書も参照した。
(17) 「ビザンチン時代」と「ゴシック時代」と「ルネッサンス時代」とが本書で挙げられ、「ゴシック」と「ルネッサンス」のそれぞれの様式のことを指す。「ルネッサンス時代」は未訳。
(18) 大理石などの石板で壁面の外側を外被して装飾する工法。
(19) 〔原注〕ロンドンで、ほんの先日のことだが、この工法のセメントが崩落して労働者が殺された。
(20) ラスキン著『建築の七燈』（岩波文庫）の略で以下同様。原題 *The Seven Lamps of Architecture* (*1849*).
(21) 石目に沿って石は切れるので、石目がない石は、どの方向にも切れる。
(22) porphyry が原語。斑岩石以外に、古代エジプト産の長石結晶を含む美しい硬岩石をも意味する。
(23) 括弧内は原文ではイタリックである。
(24) 一ラインは十二分の一インチである。
(25) 拙訳『構想力の芸術思想』（ラスキン著『近代画家論第二巻』）一二章「活力美その一・相関美」参照。

（26）baldacchino が原語。イタリア語で「飾り天蓋」の意。玉座、司教席、祭壇、説教壇の装飾覆いを指す。大理石造りで四本柱で支えられる。ゴシック建築では彫像の石造りの屋根をもそう呼ぶ（今泉他著『美術辞典』東京堂）。

（27）〔原注〕北方の彫刻装飾は、暗い洞穴の凹みや暗黒の奥まった処まで自在に彫り込める。

（28）linear bas-relief が原語。

（29）「遠近法」を想起している。

（30）Gort が原語。Gothic の語源で、北方人種であり、北イタリアで混血し、ロンバルディア人が誕生した。

（31）Bourges が地名の原語。フランス中部都市の名であり、そこの有名な大寺院名でもある。

（32）archivolt の訳語。他の訳語としては、「飾り迫縁」も用いた。

（33）Thomas Elgin（1766－1841）。イギリスの駐トルコ公使、蒐集家。パルテノンなどから彫刻を多数蒐集。

（34）〔原注〕実際にはガラスの切り嵌めものにはまったく同一の色合いは二つとない。緑はすべて青の影響で多様化し、青には深みをもたせ、赤は透明度が異なる。それで色彩のそれぞれの広がりの効果は多様性に富み、果実の点彩色のようである。

（35）〔原注〕ロンドンの倶楽部ハウスから採ったもので、装飾なしの素面仕上げになっている。原書第一巻、Plate Ⅷ。

（36）原書第一巻では、エジプト式、ギリシャ・ローマ式、ゴシック式の三者の各柱の相違が述べられる。

（37）原書第二巻の巻末付録九を指す。

（38）gargoyle が原語。屋根の水落とし口にグロテスクな怪物の彫像を魔除けとしてつける。それを「樋嘴《ひはし》」と呼ぶ。

（39）〔原注〕近代キリスト教徒は古代キリスト教徒より事実を信じることが少ないと、私は言うのではない。近代の教徒は真実としての事実の表現を信じないのである。私達は絵画をいずれかの画家の構想と見なす。

昔のキリスト教徒はそれをいずれかの画家の実際行った事柄の描写と見なした。ギリシャ教会では、今日までそすべての絵画は厳密に伝統の一部門である。

(40)〔原注〕ビザンチン芸術の激しい行動を表現しようとするすべての努力は不適切である。彫刻芸術が他の点で進んでいる時に、その大半は愚劣なものになるから。他方、初期ゴシック彫刻家は洗練のすべての点では失敗したが、行動表現ではけっして失敗しなかった。この差異は、もちろん東洋精神の静寂と西洋精神の活動性の間のすべての点での差異の必然の結果の一つである。その差異をゴシックの本質の研究で完全に追究せねばならない。

(41) これら二つの聖画はラファエロの作品である。後者にはレオナルドの影響が見られる。

(42) 原書第三巻を指す。訳者もこの訳書の続編として予定している。

(43) 神への賛美の言葉。

(44)〔原注〕それは劣った工人の技による。多分他の部分より後期のものだろう。

(45)〔原注〕黙示録に題材を得た古いモザイクは消失し、一七世紀の貧相な作品に取り替えられた。

五章　ビザンチン様式宮殿

　前章において述べたサン・マルコ大聖堂の建築は、読者にビザンチン様式の精神を熟知させるのに役立ったと思うが、読者はまだその包括的な形態についてははっきりと分かってはいないだろう。種々の時代に建てられた多様なモデルに基づいて、サン・マルコ大聖堂を吟味した後に、その包括的な形態を定義するのは、読者を安心させることにならないだろう。サン・マルコ大聖堂に類似した建築物を探しながら、私達がヴェネツィア市街を通り抜けるならば、まず第一に、外被様式に、第二には刳り形に、サン・マルコ大聖堂の初期部分とも一致する特徴・特質を見出す。それらの二つの特徴・特質は、目に訴える点ではそんなに魅力的ではないが、あらゆる重要な細部において相互に符合し、それらは現存するヴェネツイアの残存建築とはまったく外貌の異なるもっと古い時代のヴェネツィアの残存物と見なされる。これらの残存物から、一一、一二、一三世紀の間に東部イタリアで営まれた芸術としてのビザンチン建築の諸形態についての包括的結論を確実に引き出せるだろう。

それらの形態は、様式だけでなく他の点でも一致している。すべては修復によって糊塗された廃墟か断片かのいずれかであり、どれ一つを取っても無損傷または無修復のものはない。一つの天使像も一つのストーリーも解読可能な状態で見出すことは不可能ということが、その都市の力強かった最初期の時代に、それらが建てられたという証拠——建築の方法に劣らぬくらい説得力のある証拠——である。狭い街路に沿って散在し、一つの柱頭やアーチの部分によって認知される断片などの例だけを挙げて済むものではない。リアルト橋の近隣地区の六つの建築物——カ・フォスカリ運河沿いに一つ、ヴェンドラミン・カレルジ宮殿として知られる偉大なルネッサンス様式宮殿の向かい側に目立って建っている一つ(1)などが重要な残存建築である。

その宮殿からの運河沿いの眺望は、聖ジェレミア教会——これはもう一つのルネッサンス様式だが、その宮殿よりは魅力が薄い建築である——に行き着く。この教会はイギリスのナショナルギャラリーのように鈍い色の亜鉛板葺きの円屋根（ドーム）で、味気ない煉瓦の塊である。そのため、見る者はヴェネツィア後期建築の最も立派なものと最も下品なものとを同時に眼前にするわけで、最も立派な前者は私的贅沢品の逸品であり、最も貧弱な後者は神に捧げられた作品である。左方を見ると、さらに初期の時代の作品の一部が見える。その一部は、残された痕跡の高貴さに劣らぬほどの荒廃ぶりによって、上記の宮殿と教会への反証となっている。

その残骸はぞっとするほどの荒廃をさらけ出す。その残骸が最も賤しい種類の現代の使用に充てられたために変貌させられたことに、古さびた点や悲しむべき点が感じられる。それは大理石柱身によって支えられたアーケードと、大理石で表面を覆った煉瓦壁から構築されているが、外被石はまるで死体から経帷子を剝ぎ取るように剝奪されている。その壁には多数の割れ目が入っているが、新しい煉瓦で充塡され修復されている。縞模様の溝や凹みは粘土と白漆喰で埋められ、それが大理石の上に滲んで滴り落ちる。何世紀もの星霜によって塵埃にまみれた崩壊状態になって風化している。その裂け目に柔らかな雑草や彷徨する葉や蔓が根を張っているが、それらの雑草は野生で控え目な生え方でも生長を許されず、その場所は生き物の住めない場となっている。腐朽した隔壁は廊下に渡された棒で釘付けにされ、見るも無惨な部屋は西方の脇に何とか繕われている。そこかしこに雑草が不精に踏み敷かれ、痩せ細った繊維は春が再びそれを揺さぶると、不健全な生長のままに放置され、こうして生と死の格闘の間に醜く堆積されたものが爛《ただ》れて朽ちてしまう。

その歴史はほとんど記録されず、僅かに残った記録も役立たない。そこはかつてフェッラーラ家に属し、一六世紀にはトルコ商人の一般貨物の倉庫とするために買い取られたものだ。それで今では「トルコ人商館」と称される。この事実は一八五二年にヴェネツィア支庁がその階下を「煙草集荷所」として使用を許可した事実と同じように考古学者にとっても重要である。このこともその時代の他の残存物についても、それらの石が私達に語ってくれる事柄以外は何も知ることはできない。

他の七つのビザンチン宮殿についての説明を読者が知りたければ、原書付録一一(2)において旅行者用に記しておく。ここでは私はその種の宮殿建築の最も面白い点を一般的に説明するだけである。

それらの宮殿はどれも円形アーチで、大理石の外被で覆われている点で一致しているが、原型を留める諸部分の配置がとにかくも跡を辿れるのは六つしかない。それらは「トルコ人商館」「ロレダン別邸」「ファルセッティ別邸」「フォスカリ運河邸」「テラスのある邸」「マドネッタ邸」の六つである。これらには、一つの角隅から他の角隅まで正面に沿って一続きのアーケードがあり、さらにそれぞれのアーケードは中央と両翼に分けられていて、中央のアーケードは比較的広く、中央のは柱身が、脇の張り出し付け柱、あるいは、小柱身で入れ替えられている点でどれも一致している。

それらの構造を検討し得る範囲では、それらは低い階では丈が高くて数の少ないアーチを、高い階では丈が低くて多数のアーチを有する点でも一致する。しかし、不幸なことに、二階がそのままになっている上記の例の二つの場合、一階が近代化されている。海に面した階がそのままになっていれば、二階が近代化されている。それゆえ、ビザンチン様式のアーチには二階層以上はない。しかしながら、これらはギリシャ建築家の均衡に対する共感の微妙さという、私が強調したい第一の主要な点を十分に示している。一般読者は僅かな寸法の違いを見て驚きはしないと思う。もし読者が労を惜しまずにそれらを比較するならば、その結果は結構興味あるものになると私は確信している。

最初私はこれらの宮殿の立体面を掲げるつもりであったが、そんな労力と配慮を必要とする図版を準備する時間もない。だから、できる範囲で簡潔にそれらの部分の位置を説明しなければならない。

トルコ人商館では、海に面した階に一六のアーチがあり、その一階のアーチの上に二六のアーチがある。全体は壮麗な土台に載っていて、その土台は赤大理石の石材で建てられ、その中の幾つかは一フィート半の厚さで七フィートの長さであり、満潮時の喫水線の上方約五フィートの高さまで持ち上げられている。建物の半面の立体図が、側部からアーケード中央の柱まで、略図の4図のように掲げられる。この略図は諸部分の配置を示すためだけに描かれた。アーチ間の円形や直立した長方形によって示唆される彫刻は繊細であり、この大きさの三倍のスケッチでも示されないほどである。その建物はかつてアラビア風欄干が上に冠せられていたが、数年経って取り下ろされた。だから、私はその細部の真正な表現がどうであったか分からない。円によって4図で示唆されるアーチ間の彫刻の大部分は、剝落したり、取り外されたが、二つの側部にはそれらの原型の配置の図解で示された表現が正しいことを示すものが十分に残っている。

大きさを観察すると、地階の両翼の小アーチ柱身から柱身までは次のようになる。

aの間隔　　四フィート五インチ
bの間隔　　七フィート六インチ半
cの間隔　　七フィート一一インチ
defなどの間隔　　八フィート一インチ

アーチbとcの幅の差は、大柱頭のそれと比べて左方にある蛇腹の小壁龕によって必然的に生じた。だが、中央アーチの両端の間に半フィートの差が突如としてできて、そのために建築者を苛立たせる。それで彼は次のアーチを不必要な処置なのに二インチ減らした。こうして彼は四フィート半から八フィートまでの徐々に増大する一連の段階において、側部への漸次的抑揚リズムを得た。もちろん第一の差（cからdへの二インチの差）が輪郭線の厚さより狭いので、図解でその差を示すことはできない。上階では柱頭はすべてほとんど高さが同じであり、両端のアーチ間の差を生じる根拠がない。二六のアーチが設計され、下階アーケードの傍系の三アーチの上に四つの小アーチがあり、中央一〇アーチの上に一八の小アーチがあり、こうして柱身がすべての種類の適材適所に相対的にしっくりと納められ、それらを勘定しようとすると眼が混乱する。しかし、それらの外見上の混乱にもかかわらず、精妙な対称性が一貫している。というのは、各側部の四アーチが二つのグループに分かれて配置され、一つのアーチは中央の単一の大柱身で、もう一つのアーチは壁面への付け柱となり、残り二つは小柱身のアーチとなっているからである。大柱身が中央の柱身の山彦の反響のように使われて、それらの柱身を言わば「蟻接《ありつ》ぎ」(3)によって付け柱の一つの系列に纏める方式は、ちょうど偉大な画家が色調を徐々に変えて移行する時、小スペースに少しずつ色合いを繰り返していくのと同じである。その方式は、ビザンチン様式の構成の特徴をよく表わしている。

4図

a　a　a　b　c　d　e　f

「ゴシック様式宮殿」の章で注目する柱頭の配置についての

言及で、これについての他の証拠を示す予定である。この上階アーケードの傍系アーチは、差し渡し三フィート二インチで、中央アーチは三フィート一一インチである。それゆえ、この建物のアーチは全部で六級の大きさである。[4]
　この奇妙で微妙な均衡《プロポーション》と調和が、そのような調和の見出せる建物の施工が単一の流派によるものであるだけでなく、(その微妙な測定の符合が跡づけられる限り)彼らの独創的形態でもあることを、読者に指摘するには及ぶまい。近代の建築者は彼のアーチをこういう様式で関連させることなど思いつかない。ヴェネツィアでの修復が横暴な手によって続けられたので、そのような「洗練化」の工事が破壊の進展を促し、いわんや配慮に欠けた再生で模倣にもならないという状況を近代建築者は認めようとしない。ビザンチン様式の職人気質に私達の目を向けさせる最も興味ある実例が、サン・マルコ大聖堂の正面のアーチ群に見出される。それらの均衡について、私は以前には述べなかったが、それはそれらをここで同時代の宮殿のアーチ群と比較するためであった。

5図

a

b

　西洋風の正面の入口で実際に使われる戸口は、通常五つであって、それらは5図の木版画でaとして配置されている。だが、ビザンチン様式の建築者はそのような単純なグループに満足せず、同図bのように両端に一つずつの小さいアーチを導入し、[5]それも正面の微妙な均衡として締め括る以外に何の役にも立たない二つの小ポーチコを加えて、私がヨーロッパの建築全般で知っている柱身と装飾窓縁の配置の中で最も精妙な均衡を示すものとした。

ここで私は細部に立ち入らない。正面のアーチ群の配列の大きさを観察すると、次のように側部のポーチコによって締め括られる。

①中央の装飾窓縁の面は　　三一フィート八インチ
②両側の二つの面は　　一九フィート八インチ
③それらの脇の二つの面　　二〇フィート四インチ
④側部としての小アーチの面　六フィート〇インチ(6)

②と③の間の差は二〇フィートを挟んで前後八インチの微妙な差であるが、これについて私は論評するには及ばない。読者が労を厭わずに今眼前の証拠全部をムラーノの後陣から得られた証拠と比較するならば、それはビザンチン様式の建築家には（建物の）均衡についての強烈な才能があるのを否定し得ない証拠になることを、読者は認めざるを得ないだろう。ところが、現在私達は、その感受性を、喪失と感じないほどほとんどなくしてしまった。それは、パルテノン神殿の微妙な湾曲に関する最近の発見によって分かったことだが、(7)測定という骨の折れる作業をしてはじめて示されるものは、デザインの美に影響しないはずがないということである。視覚で見破れないものに視覚は絶えず影響される。いや、視覚は見破れる度合いの最も少ないものによって最も影響を受けると言っても言い過ぎではない。
例えば、画家の場合、人間の表情の変化が依存している輪郭線の多様な変化をしっかりと把握す

6図

a　b

るべきである。彼が偉大であれば、それだけ彼はそれらの微妙さを強く感じるし、それらの関係のすべてを感受し、また、単一の曲線の髪の毛一筋の変化も見逃すまいとするに違いない。実際に、色彩や形態には真に高尚なものはなく、その能力は説明が難しいほど無限に複雑で、跡づけもできないほど微妙なものである。これらのビザンチン建築物について、私達はそれらを凝視しないからそれらを感じないだけである。凝視すれば、花や葉の自然で多様な均衡を楽しんでいるように、私達はそれらのアーチ群の多様な均衡を楽しむであろう。私達の誰でもが一瞬にして6図の小葉群bの優雅さを感じることができるが、その優雅さはサン・マルコ大聖堂の正面のように均衡がとれていることによるのである。各小葉が一つのアーチに対応する。例えば、茎の元に近い最小の小葉が、大聖堂のポーチコに対応する。私はb図で正確に均衡を示そうとしたが、二番目と三番目の小葉の差異は僅かなのでほとんど見分けられず、a図で少し誇張される。自然は均衡の面ではるかに微妙である。花の正面から百合の類を眺めた時、暫く私達はそれが均整《シンメトリ》のとれた六花弁星になっていると想像したとしても、綿密に吟味すると、雄シベの上の内部の二つの花弁が他の四つのよりも幅広で、三種の大きさの一つの群れに纏められたことが分かるであろう。他方、雄シベが依存している第三の内部花弁は六弁中の最小の花弁に縮小されて、7図のように下三つの花弁は中間の大きさのままである。

次に私達は大運河沿いの宮殿に話を戻そう。それらの残存遺物がその配置が微細な点の一致によって原型の位置のままであることが証明され、それが容認されれば、それらは私達に一つの形態――それが宮殿のであれ、住居のであれ――を示してくれる。その形態では、一般に両翼の各部屋へと開いている中央の桟敷や涼み廊下(8)がある。それによって、陽光が燦々と当たるようになっている。建物の全体の均衡は、実は柱身とアーチの集合体にすぎないとはいえ、無駄がなく明るくて優雅の極みである。これらの宮殿の内部の配置には、僅かでも痕跡が残っていた例がないし、この問題であえて憶断をめぐらすほどの情報を、東方の現存の建築について私は有していない。それで、それらの外的な形態について確認できる事実の陳述をしていきたい。

私は以前に世界には二つの偉大な種類の柱頭があると言った(9)。その一方は凸状であり、他方は凹状である。前者には想像力の自由奔放さと共に装飾の豊かさが見られ、後者には想像力に厳しい鍛錬と共に装飾の簡素な厳粛さが見られる。

7図

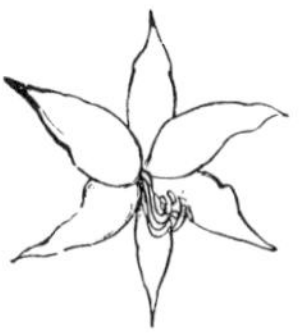

ビザンチンの時期には、これらの両方共に制作されたが、凹状の方が息が長く、ゴシック時代まで生き延びた。第一巻で私がそれらについて加えた説明では、サルビアの葉の例で、単一の湾曲線の二つの部分を図解して例証したが(10)（章末の注に掲載の図版参照）、今度はそれらの性格（特性）をさらに詳細に研究せねばならない。これらは花の典型に基づいた両方のグループを考察することによって、二つの代表的な花を考察する。一方は睡蓮、他方は

朝顔によってである。ビザンチン様式の建築家にはこれらの花を模倣しようという意図はなかった。しかし、すでに何度も繰り返し述べたように、すべての美しい芸術作品は、意図的であれ偶然であれ、自然の形態を模倣するか、あるいは似せるかしなければならない。これらの柱頭を最も似ている自然の形態と比べてみることこそが、読者の心に柱頭の特徴を定着させる最も適切な方式である。一方の凸状グループは睡蓮の花のように丸いコップ状の花のごくありふれた形状にしたがって形造られ、花弁は茎から水平に生えて、上向きに閉じる。薔薇はこのグループであるが、そのコップ状の花は花弁が贅沢に幾重にも重なっている。クロッカス、風鈴草、馬蹄草、アネモネ、その他ほとんどの野原の美しい草花はこのタイプに基づいた形状である。

他のグループは、朝顔（夕顔も同類）、ラッパ草などで、釣鐘状の花の下方部分が細身で、花唇が頂上で外側へ反っている。この構成の花は、凸状型よりも少ないが、樹木や草むらの植物には頻繁に見られる。もちろんこれらの両方の条件は柱頭に応用される時に、修正される――例えば、茎や柱身を分厚くするなどしてである――が、他の点で類似は綿密で精確である。読者は心に花の輪郭を定着させ[11]、世界が今までに見てきたし、これからも見るであろう柱頭の二つの種類を表現するものとしてそれらを記憶に留めた方がよい。

ビザンチン時代における凹状グループの実例はギリシャのコリント式に基づく大柱頭――主として教会の身廊の柱に用いられた――か、ないしは、宮殿の傍系の小柱身に見られる。些か奇妙に見えるのだが、純粋なコリント式の形態は、トルチェッロやムラーノの教会、そしてサン・マルコ大聖堂のように、身廊の柱にもっぱら保持されてきた。それはあらゆる他の形態共々にサン・マルコ大聖堂の外側にも施されたが、身廊と翼堂の柱身におけるほど明確に施されたことはない。トルチェッロでそれがとっていた形態については十分に述べた。サン・マルコ大聖堂に現われた多様な形態の最も繊細なものの一つは図版VI15図で示され、それは、鋭いアザミのような葉が鮮やかな浮き彫りに刻まれて、その結果陽光が時に背後からその葉を透かして輝かせることで際立たせる。さらに、それは、一つの纏まった花のように、頂上で相互に連なっている葉どうしの端が外側にカールして美しいことでも際立っている。

ビザンチン時代の凹状グループの他の特徴的な例は、コリント式から生じた例が、豊かであると同程度に単純である。それらはトルコ人商館、ファルセッティ別邸、ロレダン別邸、テラスのある邸、マドネッタ邸などの上階の側部にある小柱身に見られる。それらは、図版VIの1図と2図が十分に証明してくれるように明確に類似している。それらは、柱礎やこれらの宮殿の全面に沿って走っている蛇腹層から矢形に裁断され、柱身に適合するように低部全体に少し丸みをもたせた四つの石片によって切り出された諸部分だけでできている（例は図版VI1図でトルコ人商館柱頭）。それらが二つのアーチ内に施されると、図版VI2図の形態をとる（例はテラスのある邸）。図版VI3図はファルセッティ別邸の中央アーチから採られた。それは後期の修復によるか、ビザンチン時代ではまったく独創的な形態によるかのいずれかであるから、その理由でここに提示された。

しかしながら、凹状グループは、ビザンチン的精神には当然気に入られなかった。ビザンチン精

図版V　「ビザンチン様式凸状柱頭」

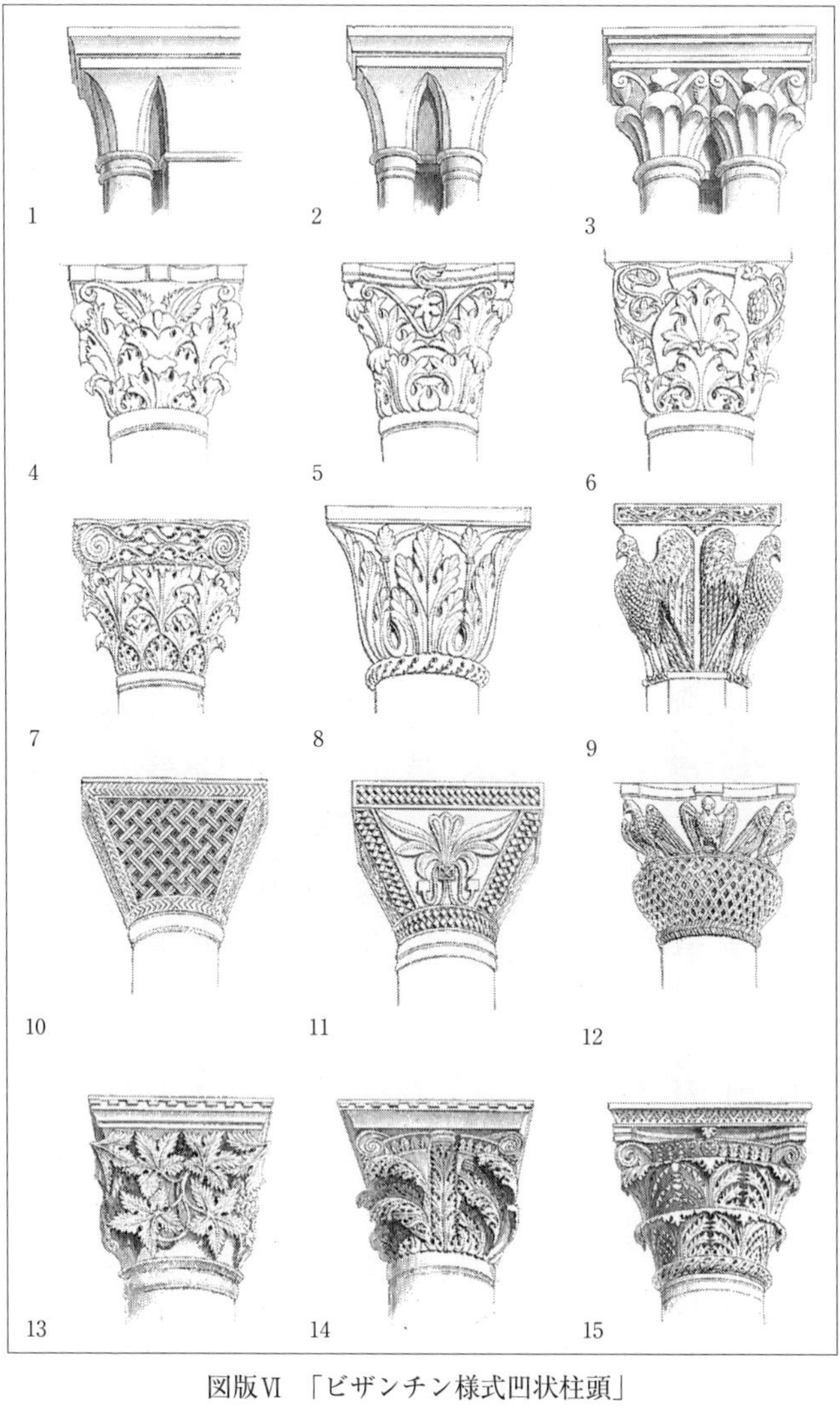

図版Ⅵ「ビザンチン様式凹状柱頭」

神独自のお気に入りの柱頭は、大胆な凸状ないしはクッション状の形状のものであり、その時代のすべての建物に顕著であったので、図版Ⅴを掲げておく。それが最初に用いられた形態は、柱身の頭部に置かれる四角い石塊（図版Ⅴ1図）から実際には得られた。最初は2図のようにその石塊の低部の角をそぎ、縁に丸みを付ける（3図）ことで変化していった。こうして、釣鐘型石塊ができた。その石塊の上に単純な頂板が置かれ（4図）、それはムラーノの上階アーケードで用いられた形態であり、その柱頭の枠組みは完全であった。5図は同一規模でのその装飾の一般的方式と結果を示している。他の6図と7図は、ムラーノの後陣から採られ、8図はテラスのある邸から、9図はサン・マルコの洗礼堂からであって、これらの図はいたる処に現われた平均的な豊かさを有する柱頭表面の彫刻方式を示している。さらに凝った実例もあり、そのファンタジーや美しさには限度がないが、ここでは平均的なものを挙げるのに留めたわけである。

これらの嵩のある形態ゆえに抱かれた愛着心の結果として、ビザンチン時代の人々がコリント式に基づいて制作した柱頭の形態を用いる時、彼らは凹状の断面の低部を膨らませることによって修正しがちであった。図版Ⅷ1図a（二二二頁）は、純粋な凹状グループの柱頭の断面図である。特に注目すべきは、柱頭の首の周囲の鉢巻き状の帯や紐は、それが柱身と分離している個所を示すために必要とされていることである。他方、4図aは純粋な凸状グループの断面であって、それは鉢巻き帯を必要としないし、その帯があれば、かえって妨害されるだろう。しかるに、2図aはビザンチン様式柱頭の一つの断面である（トルコ人商館の下階アーケードの柱頭）。それはコリント式に基づいている。その主要な流線は凹状であるが、その断面図はそれが柱身に合体する個所で凸状釣鐘の形態のように下方で湾曲している。最後に、3図aはサン・マルコの身廊柱身の断面であって、そこではビザンチン気質への譲歩は、非常に繊細だと認めても、二重である。第一は、基底から起こってくる曲線にあるし、第二は、それが再び凸状になる個所の頂上にある。もっとも、コリント式釣鐘形態は大胆な凹状葉形によって柱頭頂上に与えられるのだが。

ところで、これらはビザンチン様式の断面の一般的修正版なので、私は図版Ⅵにおいて、凹状の伝統的型の装飾の最も特徴的な実例の幾つかを一緒に纏めて示した。これらの採られた出処は以下の通りである。

1トルコ人商館の傍系柱
2テラスのある館の傍系柱
3ファルセッティ別邸の中央柱、上アーケード
4ロレダン別邸の下方アーケード
5ロレダン別邸の下方アーケード
6トルコ人商館の上のアーケード
7ロレダン別邸の上のアーケード
8サン・マルコ大聖堂
9サン・マルコ大聖堂
10編み飾りの館の上のアーケード
11ロレダン別邸の上のアーケード
12サン・マルコ大聖堂
13サン・マルコ大聖堂
14トルコ人商館の上のアーケード
15サン・マルコ大聖堂

それらについて観察すべき主要な要点は次の通りである。

純粋な凹状形態の1・2図は最初期においてはけっして装飾されなかった。ただし、時には角隅の切断面中央の下部の刻み目ないしは刳り形によって装飾された場合はあった。4・5・6・7図は幅広い葉のアカンサスの応用様式を幾つか示している。それらは、ヴェネツィア作品固有の特徴である。4・5図は同一建物から採られ、四つの一群からの二つであり、コリント式から最も親しく派生した柱頭の扱い方に容認された大胆な多様性を示している。私はこれらのヴェネツィア風柱頭の一つとして、どの点からでも他に似たものがあるのを見たことがない。しかし、先端で葉が三葉飾りになっているものは、いろんな処理がされて、7図のように一般に一つが他の下に引き込んでいるけれども、大部分は類似している。8図の形態は、サン・マルコにだけに生じたもので、その大聖堂ではよく見かける。ヴェネツィアの9図は、サン・マルコだけに生じたと思うが、それは初期ロンバルディア様式のお気に入りの形態である。10・11・12図はすべて高度な特徴がある。10図はサン・マルコ地区にある館の上階における側面上で、よりファンタスティックな織り込み方で施されている。11図はロレダン別邸にあって、サン・マルコの偉大な百合の柱頭から採られた。13・15図はサン・マルコ特有である。14図はサン・マルコとトルコ人商館の両方で見られる、美しい形態である。

これらの柱頭や他のビザンチン柱頭で葉飾りの分離した部分が施工された方式は、後にもっと長く注目される。ここで私は読者に二つの事柄を観察してもらいたい。これらについてと、前の図版Vの凸状グループの柱頭についてとの両方を、観察してほしい。ギリシャの形態と比較して、これらの柱頭の、第一に生命を、第二に幅広さを観察してもらいたい。

まず私は「生命」と言いたい。これらの柱頭のどれもがさまざまな想像で創られているだけでなく、それらの多くは同じ二つの側面をもたない。例えば、図版VI5図は中央に宙ぶらりんの葉が配置され、あらゆる側面と異なっている。6図は四ヶ所の上方角隅のそれぞれに異なる植物を有している。9・12図では、鳥達がそれぞれ異なる羽根の動きを見せている。13図では葡萄の葉のどの位置も異なっている。だが、これがすべてではない。それらとギリシャ式柱頭の間の装飾的特質の相違は、ビザンチン式のすべてが自然愛のより大いなることを示している。葉のどれもがリアリティに基づいている。どんなに粗雑でも真実により忠実にスケッチされている。それらは、ギリシャの先例のようではなく、生きている葉や茎の間で生活していた工人の心に示された様式で繰り返し扱われた。完全に理解してもらうために、この図版VIで私がそのままにしておいた鮮明な輪郭も、実例の図からその光と陰影のもつ活力を奪っている。だが、それでも読者は生命観が絶えることなく生じているのに注目できる。4図の頂上で、小葉が横にまくれている。5図では古いコリント様式の渦巻き形が枝分かれした巻き髭に変容されている。6図では葡萄の房は左右対称をまるで無視して、右手の角隅にさりげなく投げられている。7図では渦巻き形は蔦の花冠に縫い込まれている。14図では葉が柱頭の周りの旋風――それによって葉がめくり上げられて――によって、言わば吹き流されている。一方、13・14図は、ゴシック時代の最も完全な生きた葉と同じである。これらのデザインが優雅であってもなくてもよい。それらが有する優雅さや美しさは、たんなる輪郭だけでは描写できなくて、それらがどんなギリシャのデザインよりも健全で偉大性に貢献していることは、論争の余地がない。

第二に、すべてのこれらの実例において、たとえ後になって細部を充実させたとしても、その実質的な許容範囲の広がりの幅はとても大きいことに留意されたい。私達が比較的単純な釣鐘形の輪郭の美を吟味するにせよ、あるいは、より豊かなコリント様式の渦巻き様の形から派生したところの外側にまくれた葉の美を吟味するにせよ、それらがすべて立派で単純な曲線で輪郭づけされていて、それらの細かい雷文模様やアザミ葉模様の全体を巨大な型――その型がすべての多様な尖端や襞を型独特の必然の領域に嵌め込んでしまう――に入れることを私達は理解する。事実はこれらのビザンチン様式の彫刻の長く緩やかな流線や広がる表面において、私の知る限りでは芸術史上最初に得られた特異な様式の萌芽である。それは、あらゆる個々の部分の完全な自由と、囲い込んだ形態や指導的衝動への完全な服従との統合の萌芽である。この両者の統合は、イタリア芸術が最高頂に達して、それから息切れした二人の巨匠――ティントレットとミケランジェロ――の構図において、その最も熱情的表現にまで高められた。

丸みのある石の表面に細工を施す習慣に、私はあまり重要性を付与したくない。なぜなら、その習慣によって得られた結果が美しくなることはあっても、幅を広げたいという欲求を招くだけでなく、性急さや粗雑さを招くことがよくあるからである。図版Ⅵ6図のトルコ人商館の柱頭において、彫刻家は葉が自由で優雅で輪郭鮮明な効果を生じるようにこの上ない配慮をしたけれども、彼はそれらの葉どうしをばらばらに分離するのが不満であったから、それらの葉を尖頭アーチの葉のように連続線で囲い込むまで心が休まらなかった。同じことが同じ建築物の他の柱頭やサン・マルコの多くの柱頭において種々のやり方で行われている。もし断面の美しさが証明されなくても、彫刻家が全体を統合する偉大な法則を理解しそれを愛していて、柱頭の隆起の周囲を波打つように吹き流された棘葉で囲み込んで連続した流れが広がる塊とする感情は、ミケランジェロが「アダムの創造」において、主要人物像を幅広い雲のような曲線で描く布で囲い込んだ感情と一致していた。これを証明するには、今述べた一つの実例だけで十分であろう。それほど偉大な構想と廃墟の大理石の粗雑に切られた断片の間の関係を断定するのを奇妙に思われるかもしれない。しかし、芸術上のすべての最高の原理は、雄大であるだけでなく、普遍的であって、その影響を受容できないほど小さすぎるものではない。それらの原理は山容の輪郭の山並みと、砕片を染める微細な地衣類の湾曲部をも同時に支配している。

図版Ⅵ10・11・12図の編み目または市松・碁盤縞模様の柱頭にはまだ言及していない。それらの柱頭は、多くの最も興味ある連想が関わっている一群の表現である。前章「サン・マルコ大聖堂」で注目されたのだが、薄い大理石板で建物の外部を覆う方法は、微細な孔をあけて内部を明るくする体系へと導きやすかった。陽光を入れないで光と空気の両方を得るために、石板に微細な星のような孔を穿つ方式は、暖かいアラブの建築家の不断の習慣になった。そしてさらに、ゴシック建築家がトレーサリを使用する場でそのような孔を穿った石を使用するのが、アラブ建築家の習慣になった。内部では、採光によって星座のように見える形態それ自体が、精妙な装飾であったが、外部では開孔された石の表面に僅かな装飾を加えることが必要と感ぜられた。僅かばかりの開孔は光の散乱と斑っぽい印象を与えやすいので、その中間を取って、表面の効果的扱いがそれらを囲い込んで、孔をあけられ光を散乱するかのような石に統合とまとまりを与える方式である。それゆえ、一般に中間のスペースは編み込まれた帯状紐（髪の毛をまとめる紐様のもの）に似せた彫刻を施された。その帯状紐が出会うたびに、交互に互いの上や下へと隆起したり潜ったりするように、編み込まれる。編みや織り装飾のこの体系を好むのはアラブ民族に限るものではない。それは人類の本能に普遍的に快いものなのである。

私の信念によると、ほとんどすべての初期の装飾はそういう装飾に満ちていて、特にスカンディナヴィアとアングロ・サクソンの装飾にそれが見られる。彩飾写本はその複雑な最も美しい彩色効果を一三世紀までそのような装飾に頼っていた。それほど素朴な装飾にどうしてこの一見奇妙な確かな喜びが感ぜられるのか。それには幾つかの大変興味深く抽象的な根拠がある。実用的な考えが美の真の印象を高める力がある場合は、よくあることではない。しかし、私達が慰めと誇りの両方を負うている創意ある典型やイメージに、織り技術の人類にとっての重要性が実際的な魅力ならずとも、僅かなりと興味を抱かせる可能性がある。だがさらに、深遠な根拠が、神秘性と統合性に対する人間生来の愛好心にはある。その愛好心はどんな種類の迷路であれ縺《もつ》れであれ、精神がその縺れた混乱を見通してなんらかの主導的な手掛かりを摑むか、纏めるプランを構想する限りでは、その迷路や縺れを凝視する際の精神の歓喜となり、そこに深遠な根拠があることになる。その歓喜は、複雑さ——人間の運命と時間の経糸・緯糸の織り成す興隆・没落・服従・征服の繰り返す複雑さ——をシンボルによる表現で説明する感情によって増大され、厳粛にされる。

それはともかくとして、事実は、私達がこの織り込みの複雑さを凝視することに飽きることはないということである。しかも、ある程度まで言えることだが、私達が樹木の枝や草むらの絡まり、高空の雲の編み目模様を見守る際の荘厳な喜びは、長衣の細かい網目模様や編み髪や、金糸銀糸のヘアネットや花輪状鎖飾りの多彩な輝きから受ける喜びに劣らぬほどに、織り込みの複雑さに飽きないという事実に負うている。ビザンチン様式の装飾は、発展途上のほとんどすべての民族の装飾と同様に、この種の細工に満ちているが、それは最も堅牢な柱頭の周りにある微細な編み目細工に、最も単純ではあるが、際立って表われている。時には図版Ⅵ10図のように網目状のヴェールに、また時には、鳥や他の動物が縁に止まった籠に似たものとしてである。11図のダイヤモンド装飾は、ロレダン別邸ではその代用とされている。この装飾は少し後期の時代の特徴で、普通のゴシック風市松模様へ向かう一つの傾向でもある。しかし、それを最も明確に示す柱頭は、サン・マルコの百合柱頭と同じようにすでに言及された。その北方風の柱頭が図版Ⅶで慎重に描かれている。

現代の建築家が野蛮と称するこれらの柱頭は、例外なく私が建築の領域で出会った、幅の広い輪郭美を示し、最も精妙な構成図を有する作品である。その断面図は図版Ⅷ3図bに示されている。この図の内線は百合の花の背後の石の線であり、外線は柱頭の断面全体を通して得られた外側の網

第一巻の図版「百合の頂板（柱頭の上）」より

目細工の線である。しかるに、3図cは角隅における外側の断面図であり、これらの線の一方の他方への移行（3図bからcへと見る人が位置をずらしての視点の移行）によって、柱頭の二つの見方が同じ輪郭美を見せないのだから、その範囲で可能な最も精妙ですばらしい曲線の連続を生み出すと、読者には容易に分かるだろう。深遠な作意が窺われるこれらの輪郭に基づいて編み細工は並外れた注意深さで制作された。それらの輪郭が優雅さと複雑さゆえに目立っているのは、柱頭全体の塊（マス）がその必要な奉仕のための堅牢な力強さと釣り合いゆえに目立つのと同様である。マルチーズ・セルヴァティコによって示唆されたように、このように応用されたこの種の装飾が残された最初の例と思われるが、ソロモンの神殿の柱頭に彫られた市松網目と鎖状花輪を模倣しようと思いついたために、制作されたのであろう。その編み細工は柱頭の四つの各側面に一つずつの花を囲い込んでいて、その花の形態は、通常それが施されるたびに細部までこまごまと変形されるが、百合の花から採られたもので、図版Ⅵ11図に表現されたように、こうした百合の花は一般に見ることができる。百合の根から出た巻き髭の先端に、その花弁の先から滴る露を受ける器のような正方形または長方形が二つ置かれている。だが、私にはその意味が分からない。柱頭の上の頂板はすでに第一巻の図版（前頁に掲載）で示された。しかし、陽光が大理石の割れ目に次々忍び込み、真昼の光線の白い輝きが乾き切った百合の葉先に触れる時、ここで示した図もどんな賛辞も読者にそのもの自体の完璧な美しさを理解させるのに十分ではないだろう。

今までに述べたすべての柱頭において、釣鐘状形態は四角であった。そのような輪郭は、頂板の

図版Ⅶ　「サン・マルコ大聖堂の百合の柱頭」

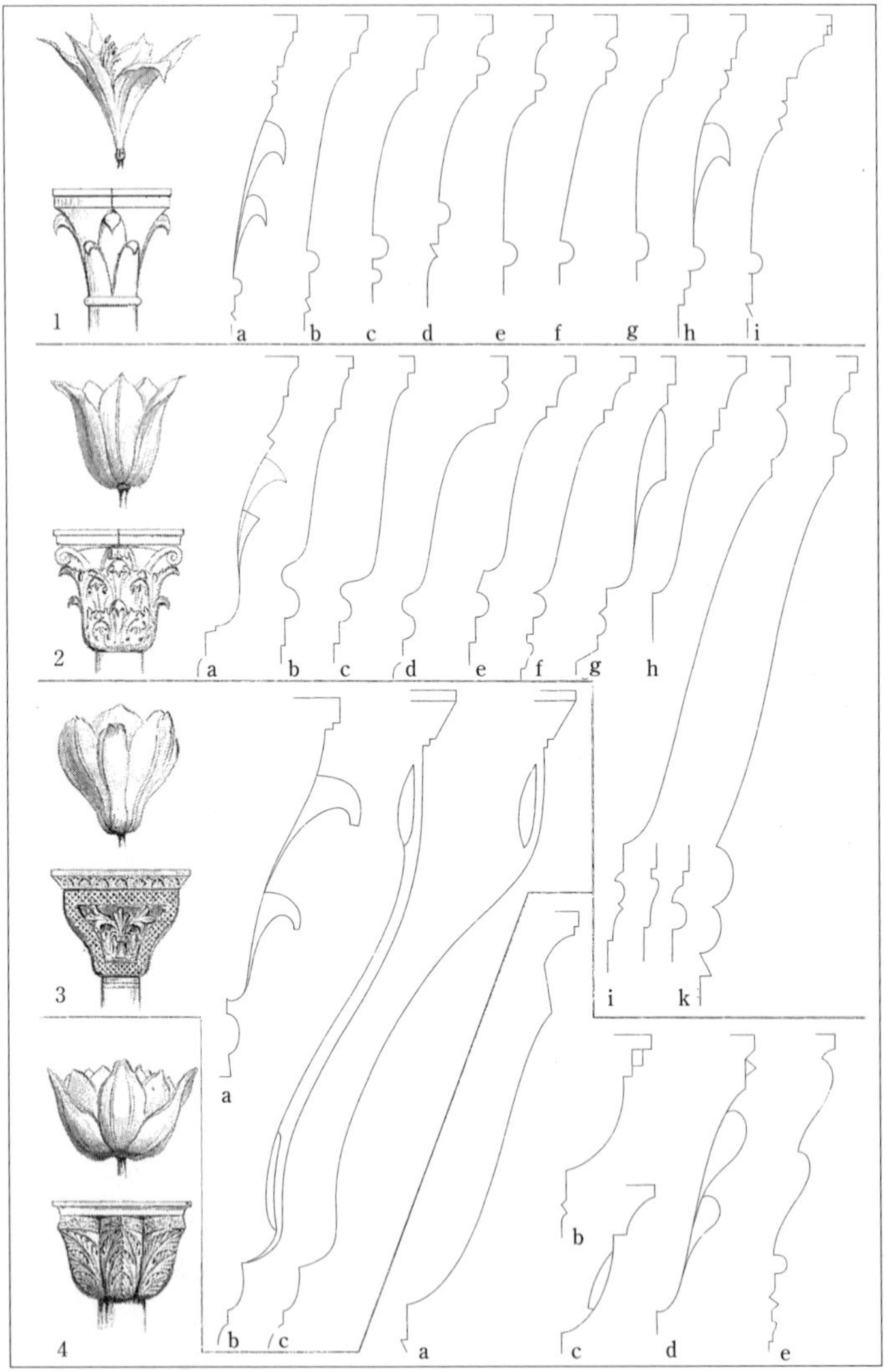

図版Ⅷ 「ヴェネツィア風の花の四つの様式」

四角から柱身の円い輪郭へと移行する過程で得られた。これよりずっと複雑な形態のシリーズは、釣鐘状のものを奥に引っ込めることによって薔薇やチューリップの裂片や葉のように個々に分割された結果であった。これらの裂片や葉は今度は一つ一つが花形細工で覆われたり、網状細工として鑿岩された。サン・マルコからの例（図版Ｖ10図）はこれらの状態の最も単純なものの観念を示している。おそらくヴェネツィアで最も精妙なものは、全体から見て、トルコ人商館の上部アーケードの中央柱頭である。

　ビザンチン様式柱頭を総括する主な条件は以上のようである。しかし、示された例は、単一の実例であり、それらは幾千の中から選ばれた最も美しいものではなく、最も分かりやすいものである。サン・マルコのデザインだけで一巻の書物をなすであろう。

　私的な宮殿の場合、装飾窓縁[12]の列は大抵は単純で軒蛇腹《のきじゃばら》の歯状装飾の刳り形がついているくらいである。すべての装飾効果は、七章の図版XV「初期ゴシック様式宮殿の窓」に示される方式で、上方の壁やアーチの間に設けられた彫刻品に委ねられている。これらの彫刻品は、十字形、直立長方形、円形のいずれかで、このすべての三つの形態の一実例が図版Ⅸで示される。十字形は入口の装飾窓縁の中央か、窓の上の一階中央に置かれて外見上普遍的な装飾である。その両側に円形と長方形の装飾が選択肢に沿って選ばれ用いられる。多くの場合、壁の大理石は最初期のビザンチン様式宮殿から引き剝がしたもので、それで十字形が装飾窓縁の上にだけ残された。窓の上に設けられた十字形の最良の例は、移行期の邸に見出せる。一つは聖マリア・フォルモサ教会広場に、もう一つ

図版Ⅸ　「ビザンチン風彫刻」

は（すべての窓に十字が施された）聖マリア・マテル・ドミーニ教会広場にあって、よく保存されている。またもう一つは、アポストリ教区の大運河沿いにあって、一階の各側面に一つずつ計二つの十字と中央にキリストの真鍮の浮き彫り像が鎮座する。最後に、図版Ⅸ４図の大きい十字が撮影された邸は、聖ジョヴァンニ・グリソストモ教会通りにあって、マルコ・ポーロ所有の家であった。

この十字は優雅で立派で最良の保存状態だから示されるのであるが、どの一点においても特徴がない。と言うのは、私達は、十字の交叉点に薔薇の代わりに、通常この図の小さい十字（２・３図）に見られるように、太陽と月の間に挟まれた、祝福の意を込めて挙げた片手を見出せるからである。問題の時期の全ヨーロッパにおけるキリスト磔刑のほとんどすべての表現で、太陽と月が十字の両側に一つずつ導入されている。太陽は一般に赤い星のように絵画的に導入される。しかし、それはキリスト受難の時期の暗闇を示すのが目的でなされたのではないと私は考える。特にそのわけは、これがそういう意図であったなら、キリスト受難の時期には昼間天に月は存在し得なかったから、月は目に見えるはずがなかったからである。二つの光体は、天と地が贖罪の営みに完全に依存していることを表現すべく設定されたと、私は信じている。この見方が確認されるのは、サン・マルコ大聖堂の中央にあるように、キリスト像の傍らや他の初期の装飾窓縁に見られる十字形がなくても、祝福を意味する挙手の傍らに、同様な方式で太陽と月が設定されているのを私達はよく見出せることによる。しかるにまた、太陽と月が十字形から省かれることも珍しいことではない。創造物全体を救済するキリストの力は、根から生じた新鮮な葉や、その傍らで食んでいる鳩によってはじめて示される。それで、彩飾された聖書では、創造を表現する一連の絵画がキリスト磔刑を以て終結するのを私達は見る。そのキリストの贖罪によって、創造物すべての家族の存在があると信じられている。そして、「全創造物が今まで呻吟し苦悩した」のは、そのキリストの贖罪に共感してであった。その贖罪に同じように創造物の全家族が依って立っている。

キリスト教信仰のシンボルを宮殿の中心に置くこの習慣は、初期ヴェネツィアではごく普遍的なものであった。それは一四世紀中頃まで止むことはなかった。アーチの上方または間に設けられた他の彫刻は、ほとんどかならずと言ってよいほど鳥や獣の群れからできていた。鳥も獣もその間には葉のある小枝が柱状に生えていて、その両側に向かい合っているか、あるいは、互いに相手を鉤爪で裂いて貪り食っているかである。これらの彫刻のうちの多数、特に図版Ⅸ５・６図のように円囲みの小振りな彫刻は今のヴェネツィア中に夥しく散在しているが、元の位置や格好のままのものは滅多に見られない。

ビザンチン様式宮殿が破壊された時も、これらの一部である彫刻は大体が保存されたし、多かれ少なかれ左右対称に細工されて、新建築物の壁の中に再び嵌め込まれ、上部帯状装飾帯や刳り形の断片も同じようにしばしば用いられた。[13]それゆえ、原型のままの様式はサン・マルコ大聖堂、トルコ人商館、編み飾りのある館、それに他の二、三の建築物に見られるだけである。それらの建築物の最も注意すべき点は、小さな柱の両側面の鳥獣群がミケーネの門上のライオン群にまことに酷似している点である。その門の装飾全体は、私が絵画から判断する限りでは、ビザンチン様式彫刻にあまりにも似ているので、フランス考古学者達の独創的推測──「それは中世の作である」──を論外だと決め付けられないと感ぜざるを得ない。ヴェネツィアの彫刻の中で最良の作品は、そのように配置された鳥獣群から成っている。図版Ⅸ1図はサン・マルコ大聖堂で用いられた彫刻の一つであって、周囲に花輪状鎖飾りが施され、最も洗練された種類の特徴を有している。ただし、真ん中の幹や柱はしばしば繁茂した葉──通常は葡萄の葉──に枝分かれしているので、その装飾全体はほとんどエゼキエルの次の言葉から構想されたようである。「大きくて長くて多様な羽毛を生やした大鷲がレバノンへやって来て、香柏の梢に止まった。その鷲はその若枝の末端を摘み切り、**それを商業都市へ運び、商人の都市にそれを置いた**。その鷲はその地の種を採った。……すると、それは芽を出し生長し丈低くはびこる葡萄の木になった。**その枝が鷲の方へ向かい、その根は鷲の下にあった**(14)」。

共食いしてでも争い合う動物群は彫り方がきまって粗野であり、下等で奇怪な化け物がゴシック彫刻でとる位置をビザンチン彫刻でもとっている。不器用ではあるが真実のグロテスク彫刻が、例えば真ん中に一つの頭部があって身体が四つついているようなものが、それらの中に混じっていることがある。しかし、多様な創作の試みを示してはいない。ただし、光と陰影の効果的配置や、鳥の羽毛や葉の重なりを示す筆致の躍動と深い思いに、創作の試みを示していることがあるが、これらのビザンチン様式装飾の二つの側面がすべての点で同じにならないように、眼を楽しませるために十分に多様性を確保するように配慮されている。例えば、図版Ⅸ1図の周囲にめぐらされた花輪状鎖飾りにおいて、頂きのアーチの向かって左側に四角を囲んだ二つの円があるが、右側ではさらに小さい円と一つのダイヤ形があって、それらは一つの四角と二つの小さい点または突起を囲んでいる。花輪状鎖飾りの底部では、右に一つの円、左に一つのダイヤ形があって、こうして最も細かい点にまで細工が施されている。私は、この上方の彫刻を闇として表現した。それは光を背景にして影の中で見られるという、これらの装飾の一般的効果の観念を示すためである。その効果はデザイナーによって見積もられ、大理石の凹みに嵌め込まれたガラスのモザイクで造られた金地の使用によって得られた効果である。それぞれの四角いガラスにはその表面に金箔が貼られ、その上に張られた薄いガラス膜によって保護されている。それはガラス片がその嵌められた台から具体的にもぎ取られるまで、時間や天候によってその光沢を風化させないためである。金地の滑らかなガラス膜で覆われた表面は雨によって洗われても、大理石は通常時間が経過するにつれて琥珀色にくすんでくる。そして、装飾全体が影の中に投ぜられると、完全に反射的光沢を帯びた金色の表面は、闇を拒否し装飾の暗い格子模様を背景にして、ぴかぴかに輝く光を帯びて現われる。他方、大理石がその完全な白色を留めて陽光の中で見られる個所では、それは金地に浮き出た白雪の透かし模様として示される。そして、これら二つの効果の交替と相互混合とが、ビザンチン装飾の主たる魅力の一つとなっている。

金と色彩で下地を塗る方式――サン・マルコ大聖堂での普遍的な方式――が私的宮殿の彫刻でどの程度成し遂げられたかを問うのは、今は不可能である。今まで注目してきたように、残存する彫刻の残骸では、原型のままの格好の装飾彫刻はごく僅かである。ゴシックの時代に、後続の建物で使用された大理石から判断すると、それらの建物のモザイク地の断片は修復されたと言うよりも、除去されたと言う方が自然である。モザイクは、もし注意深く見守られ、弛んだらきっちりと詰め直されれば、すべての装飾の中で最も安全なものである。もし放置されて風雨に曝されるなら、時間が経過すると、その存在の痕跡さえ残さないほど消滅するかもしれない。確信をもって言える事実は、柱身も建築全体の上張りも、共に石目入りまたは多様な彩色の大理石で造られることである。柱身と彫刻は今でも外観を保つように石目入り下地の上に引き立つ純白の大理石造りであるか、もっとありそうな例では、富裕な宮殿では金モザイクの下地を施し、貧弱な宮殿では青色の下地に彫刻の葉と辺縁だけを金メッキしている。

これらの比較的明るい色合いはより深い色彩――一般に装飾窓縁では小豆色と緑色を交互に使用している――の帯と対照させられる。その帯が依然残っている建物はロレダン別邸、トルコ人商館、リアルト橋近くのコルト・デル・レメールの館、それにもちろんサン・マルコ大聖堂である。上記の明るい色合いは、円盤状の緑色蛇紋岩石と斑岩石であり、円形の彫刻共々に、これらの岩石は東洋では特別に気に入られた装飾であったようであり、それは古代テュロスの王が壁に盾を掛けて飾った事実に由来するらしい。「アルワデとキリキワの人々は城壁の上をくまなく囲んで立ち、ガマディムの人々は塔を固めていた。彼らは小盾を城壁の周りに掛け、それはおまえの美しさを完成した」(15)。

多様な色合いの緑と紫の美しく厳かな調和（ちなみに、スコットランドの丘陵の最良の美しさも同じ色彩の調和に負うている）は、ヴェネツィア人のお気に入りの色彩感情となっていたので、後代の宮殿でも引き続き使用された。だが、ビザンチン時代の青白く繊細な彫刻と対照させられた時ほど、それらの色彩の調和が見事な完璧さで見られることはなかった。

潟海の不毛な砂洲と移住して来た人々の悲しみから生まれた最初期の最も麗しいヴェネツィアは、このようなものであった。紺碧の石目が入り、金色で暖かく包まれ、さらに森林の枝に降りた霜が大理石に変えられたように、白い彫刻で模様づけされた優美なアーケードと輝く壁に満ちた都市——それがヴェネツィアである。しかし、その都市の美しい青春期において、それは無分別な快楽の都市ではなかった。そこには心情深くに悲哀が依然宿っていて、都市全体が力を注ぐ深い信仰があった。

私は今となっては解釈困難になった多くの彫刻の宗教的意味を推測して当てずっぽうに言うのでなく、十字形をあらゆる建築物の主要な装飾とした気質は、誤解しようもなく、比較的小規模な彫刻の主題の多くに、初期キリスト教の精神に完全に通じる意味をかならず感受する。他のどの鳥よりも多く用いられた孔雀は復活のよく知られたシンボルであって、噴水から水を飲む時（図版Ⅸ1図）や聖水盤から飲む時の孔雀（同図版５図）は、信仰深い洗礼で受ける新しい生命の典型的表象であると私は信じて疑わない。他のすべての樹木よりも好んで用いられる葡萄の木は、キリスト自身か、または、キリストと身体的に一体化するか、告白して一体化するかいずれかの状態にある人達の典型的表象である。[16] 足元の鳩は慰安者の到来を表現し、争う動物の群れはおそらく明確に一般に理解されたであろう悪の力への言及であろう。

さらにオカルト的な意味を私は強調したくない。初期ヴェネツィア人の真摯な心を特徴づける事柄は、読者がその痕跡を跡づけられると考えそうな最後のもの――明るく純粋な色彩への愛好――である。この愛好は後にヴェネツィア派絵画のすべての成功の根源になったが、そのようなこの上ない素朴な形でビザンチン時代だけの特徴となった。それゆえ、その時期についての論評を終えるに当たり、その明るく純粋な色彩への愛好の意味を真に評価するのは、まことに結構である。実は私達の誰も色彩の高尚さや神聖さを十分に鑑賞していない。それは付随的美しさ――それは官能的（肉欲的）快楽の根源にほかならない――として言及されるくらいでしか話題にされない。私達が日常的に周囲で見かける人達ときたら、「彼らにとって眺めが何をもたらそうとも、野原から緑の草木を剝奪し、太陽の日の入りを死に装束で装い、雲から輝きを奪うことのできる」人達である。しかし、実は本来的にはそうではない。このような表現は大抵無分別に用いられている。もし空から紺碧が奪われ、夕映えから黄金色がなくなり、葉から緑が消え、人間の生命である血液から深紅色が、頰から赤らみが、目から黒色が、髪から輝きが消えたら、つまり一瞬といえども白色の世界に生きているのは白人ばかりとしか見えないなら、彼らは色彩にどんなに負うものがあるかをすぐに感じ取るだろう。

要するに、そうなれば、世界と彼ら自身の存在がどうなるかを想像しさえすれば分かることである。事実、神が人間に与えて下さったすべての贈り物の中で、視力、なかでも色彩を見分ける力は神聖で天与のもので厳粛なものである。私達は何も考えず色彩が派手だとか、悲しげな色だというふうに語る。しかし、色彩が良いとか派手であるということには、同時にはなり得ないから、そのように語るのは、思慮に欠ける。すべての良い色彩はある程度愁いを帯びて物思わしげであり、最も美しい色彩は憂鬱であり、最も純潔で最も思索的な精神は、色彩を最も愛する人達にある。

多くの人達の耳には、これは奇妙に聞こえるかもしれない。それにこの問題を主として絵画に関連したものと考える人達にとって、これは特に驚くべきことかもしれない。偉大なヴェネツィアの色彩派は通常純潔とか物思わしげとは理解されないし、そういう色彩が卓越しているという考えを聞けば、ほとんどあらゆる人は、心の中でルーベンスの粗野性やコレッジオとティツィアーノの官能的表現を連想するだろう。だがさらに理解を深めると、人々の芸術観はこういう受けとめ方を修正することであろう。画家の信仰心が誠実で真摯であれば、彼の色彩体系はそれだけ純粋に広く彼の作品に行き渡ることがまず第一に発見されるだろう。第二に発見されるのは、画家にとって一つ間違えば下品にも官能的にもなり得る色彩を第一に意図する色彩とする場合、色彩は直ちに彼を向上させ、それは彼の作品の一つの神聖な救済的要素となるということである。ヴェネツィア画家とルーベンスが時々謙虚にへりくだって腰を屈めるその屈曲の傾斜の深さは、彼らを堕落させない力が彼らの色彩にあることを、彼らがしみじみと自信をもってかみしめていることの結果である。彼らは片手で天国から降ろされた鎖に摑まるように、その色彩にしがみつく。もっとも、もう一方の手では、時には埃や灰を集めているように見えるが。第三に発見されるのは、画家の性向が非宗教的で思慮に欠け猥褻であれば、それだけ確実に彼の彩色は冷たく陰気で無価値になるということである。この点で反対の極にある芸術家は、フラ・アンジェリコとサルヴァトール・ローザである。そのうち前者は滅多に笑わずよく泣き、祈りを欠かさず不純な考えをけっして抱かなかった。彼の絵画は宝石のような作品が多く、ドレーパリの色彩はまったく純粋で青白い色ではじめて純潔化されるし、金地の上に浮き出された彩色窓の色彩のように多彩である。他方、サルヴァトールは、放蕩三昧の洒落者で諷刺家であって、仮面舞踏会と酒宴に生涯を費やした人であった。だが、彼の絵画は恐怖感に満ちて、その色彩は大抵が陰気な灰色である。芸術には人生の盛りの時からよりも、終末からその人生を染める色彩を選ばねばならぬと言わんばかりに、彼の色彩には死の世界を含むものがある。「そのような笑いに人間の心情は悲しみ、その歓楽の果ては重苦しい」。

これらは特に変わった実例ではない。私は純潔な色彩と深遠で高尚な思想との関係について、これほど例外のない厳しい法則を知らない。最近のフランドル派の絵画は、構想が浅はかで主題が猥褻であるが、色彩はいつも地味である。しかし、フランドル派の初期の宗教絵画は、思想が神聖であると同時に色合いが鮮やかである。ベリーニ派、フランチャ派、ペルジーノ派は、深紅、青、灰の色彩で描いた。カラッチ派、ギドー派、レンブラント派は茶色と灰色で描いた。私達の偉大な大聖堂の建築者は、紫色の目もあやな布地で窓を覆い柱を包んだ。華麗なルネッサンスの建築者は、その宮殿を冷たい白光で充満させ、石を産地から切り出したままの青白い色にしておいた。

この色彩と思想の関係についての普遍的法則の高尚な論拠を発見することは難しくはないようである。それが平和の契約のしるしとなった時、空の前面に掲げられた彩色の自然な法典を結合する天に懸かる弧状の虹の中に、分光された純粋の色合いが人間の心に永久に承認されたからである。また、これは勝手な選定によってではなく、それらの色合いを七色、いやもっと厳密には神性自体を表現する三位一体の秩序の予定された驚異的な構成の結果であるように想われる。ノアの息子に与えられた名前のセムの意味、即ち「壮麗」に留意されたい。この人は人類との契約が果たされるべき人だから。彼の末裔であるアジアの諸民族のあらゆる人によって、如何にしてその名前が正当づけられるかをよく見守るがよい。イスラエルのその選ばれた息子への愛が多くの彩りのある布地の衣によって表現されたのも、けっして無意味ではなかった。ダヴィデの失われた娘が彼女の胸元から衣をもぎ取ったのも、純粋さのシンボルの神聖さの深い意義があってのことであった。「王の娘達の処女なる者はこのような飾り付きの上着を着ていた」[17]。

それらの民族が色彩を支配しているのは――これは最近になってやっと人々の間で認識されてきたことだが、いつもなんとなく感ぜられていた――、伝統や教育のおかげだと夢想してはならない。彼らの領土が破壊され、その美徳が消失し、その宗教が汚されようとも、彼らは本能と能力を相変わらず保持してきた。彼らの本能が彼らの偶像崇拝を他民族のそれよりも栄光あるものにした。他民族の偶像崇拝は、ピラミッド・洞穴・山岳から拝火教として飛び出してきたり、星を運命の支配者と思い込み、太陽を生命の神と誤解したものであった。他民族のそういう能力が未熟な十字軍兵士を眩惑させ服従させ、悲しみと恥辱を忘却させるに至った。その結果、ヨーロッパ人はサラセン人の剣から受けた受難の喪服として、サラセン人から学んだ壮麗な衣を着た。ヨーロッパ人は高価なカーペットを踏み、雑色のカシミヤのコートで身を包みながら、みずからの誇りや美に想いを馳せることなく、今日の人達に、他民族の力を認める。それも、人類の生誕以来、決定されてきた優秀性をほんの二、三ヶ月以前にはじめて感じて認めた工人達が集まって張り合うただ中で、他民族の力を認める。その優秀性の免許状には自然自身が神秘的な印章を押して、ノアの息子ヤペテ――その意味は「拡大」である――の末裔の西洋民族に対して頑強に動かない岩石、頑固な鉱石、未開の森林という財宝を譲る許可を与えた。自然が砂地にて宝石を熟成させ貝の中で真珠に丸みをつけている間に、その名を「壮麗」と称される人の宝冠を飾るために、西洋諸民族は地球の果て、または、深海底までも彼らの定められた使命を遂行せねばならない。

東洋人の心の中にある特有の生真面目さが色彩愛という特質とどのように結びつくのかを観察してみるがよい。生真面目さは落ち着き、さらには、想像力の深さ・広がりから生じるものであって、それは西洋人の心の特徴である活動性や、その結果としての驚く能力・笑う能力とは対照的である。旅行者は一歩一歩いつも注意して見、物事を狭く速く眺めるが、休んでいる人はもっと広い視野で見渡すことができる。その場合、その視野は変化のないものであるが。そして、眺望から彼が受ける喜びは、娯楽や驚きによる喜びよりもむしろ観照(18)の喜びである。純粋な東洋精神が明確に表われる場合はいつもその働きは生真面目であると私は信じている。東洋と西洋の民族の影響力の出会いは、ヨーロッパでは、他のどんな徴候によるよりも、ゴート人のグロテスクな笑いが消失してゆく過程によって記録されている。この問題はこの巻の他の個所でさらに述べたいが、差し当たり読者に印象づけたい要点は、ヴェネツィア初期建築の明るい色合いは、心の陽気さの徴候ではなくて、その都市がイタリアやヨーロッパの他の全都市よりも知られることになった多様な彩色能力という根拠にあるということである。多様な色彩で彩色された外被という特質の賦与がその都市の祝祭の熱狂ぶりで与えられたのではなく、その都市の初期の真摯な信仰の厳粛さで与えられたということである。その都市は後代になって地球の歓楽街、イタリアの祝祭場と化した。それゆえ、その都市は荒廃した。だが、金色と紫色の栄光ある長衣が彼に授けられたが、それはその都市が海洋からベスタという処女神を迎えて祭壇を建立した時であって、その都市が「姦淫」（または「偶像崇拝」）の酒に酔うようになった時ではない。

私達は今までその都市にこうして授けられた固有の贈り物に十分な敬意を払ってこなかった。またこの都市の偉大な絵画の巨匠の作品として、その都市が私達に残した遺産がどのようなものかを十分に考察しなかった。その遺産は、当然あるべきものより少ないし、当然あるべき姿とは異なっている。しかし、ティツィアーノとティントレットが世に出る前――彼らによってその都市の業績と栄光が絶頂に達したが――、その都市は真実と生命の道へとその息子達を導くのをすでに止めていた。息子達は大いに道を誤り、彼らに定められた使命を果たさなかった。神の最良の贈り物が人間の足で踏み潰され、神の最も豊かな財宝が蛾によって食い荒らされ、世界史でたった一度だけ授けられた神の霊の最後の感化力が冒険と犯罪の惨事によって消され弱体化されるがままにさせた。神が委ね給うなり行きほど、憂鬱で驚くべき問題はない。人々がどんな受難を受けたかということには驚かなくて、人間がどんな損失を受けたかを見て私はしばしば驚く。善が苦悩と悪からどうして生じるかを理解するとしても、死と丸裸と盲目という損失からどんな善が生じるというのか。果実は熟す前に地上に衝突する。突然の死で、輝く生命と立派な意図は氷解する。半分しか語られない言葉は、口中に詰まった粘土で永遠に封ぜられる。また中でも、さらに妙なことに、完璧にまで高められた人類の尊厳と、一人の人間に集中され、一定の目的、一定の瞬間に必要とされるあらゆる才能と能力と、すべてのこの完成された祝福が、それを最も必要とする人たちによって拒否され曲解され押し潰され捨て去られるのを神が為すままに任せるとは！　岡の上に設定されたのではない都市、家に居る誰にも光を与えない蠟燭――これらは、この不可思議な世界の最も重苦しい謎であり、その呪いを最も際立たせる謎であるように私には思われる。そして、なるほどこのヴェネツィアに委ねられた力は、その最高潮の時に多数の不幸なやり方で骨抜きにされた。それでも、その力はヴェネツィアだけが所有していた。その力の表明によってすべての心が動かされ、その都市の手による作品によってより力強くより高尚にされて終わった。紫色の塔のように水平線を保護している黒い山々と、繁茂した葉で埋め尽くされた厳粛な森林との壮大な風景が、長い年月をかけてではなく、日の入りと共に青銅色に変わって、天空に定着させられた陰気な塊となるが、その塊を揺さぶったり隠したりする力はもはや嵐にも霜にもない。それは壮大な人間性であり、それは外套の下に弱点を隠さず、宝冠によって偉大さを得るのではない完璧で誇り高い人間性である。それは、金粉や宝石の輝きが岩石に散る波沫のように衝突しても、依然として人間そのままに青い空を背景にして丸裸で立っているような思慮深い形姿にこもる威厳ある人格である。それは壮大な神話となって、人々の日常生活の精神的伴侶となって心を充実させてくれ、戦場で矢の飛んでくる最中に燃え立つ焔のように顕現する守護天使を見守るものである。万物創造の領域の広さを見積もってみよ。ヴェネツィアがこうしてヨーロッパ諸民族に残した遺産の価値の重みを見積もってみよ。それから、かくも広大でかくも恵み深い力が浪費と腐朽のただ中に根を下ろすことがあり得たかどうかを判断してみるがよい。仮面を被った道化のまだら服ではなくて、立派な法衣を着ている時に、その都市を天からの火が襲った。その都市は涙の雨の間を透かしてその最初の光線を見た。騎馬民族フン襲来という大洪水がイタリアの丘陵から退いたその時、その都市の宮殿の周囲に建物が立ち、その繁栄の軌道は雲の上に彩られた虹のように上向きであった。

注

（1）〔原注〕これは今でも住居に使われ、よく管理が行き届いた少数の宮殿の一つで、傍らにある庭園は常緑樹が豊かで金メッキの手摺りと深い水に雪のように白い影を長い吹流しのように投げる白い彫像で装飾され、目に鮮やかに映えている。

（2）原書第二巻巻末付録を指す。

（3）原語は dovetail（鳩の尾）。蟻接ぎの「ほぞ」が鳩の尾に似ていることから名づけられた。

（4）原語は six magnitudes. 建物の規模の大きさを示す単位。
（5）原語は portico.「屋根付き玄関」の意。
（6）〔原注〕これらの数値は近似値である。
（7）〔原注〕ペンローズ氏（Mr. Penrose）の言による。
（8）gallery, loggia が原語。それぞれ「桟敷」「涼み廊下」と訳す。
（9）〔原注〕原書第一巻、二七章、§三・三五・四〇。
（10）原書第一巻、図版XV a b c d 参照。
（11）〔原注〕図版Ⅷ、1図と4図参照。
（12）archivolt の訳語。「飾り迫縁」とも訳す。
（13）frieze が原語。「帯状装飾帯」と訳す。
（14）原文では太字はイタリックである。〔原注〕エゼキエル書、一七章三〜六節（新共同訳、日本聖書協会）。
（15）エゼキエル書、二七章一一節（同訳書）。
（16）葡萄酒をキリストの血と想定して、それを飲んで現世でキリストと一体化することも典型的な一表象。
（17）〔原注〕サムエル記、下、一三章一八〜一九節「アブサロムの娘タマルは純潔が汚されたので、その後頭から灰をかぶり飾り付き上着を引き裂いた」。
（18）contemplation が原語。「凝視」「構想」とも訳す。拙訳『構想力の芸術思想』（法藏館）参照。

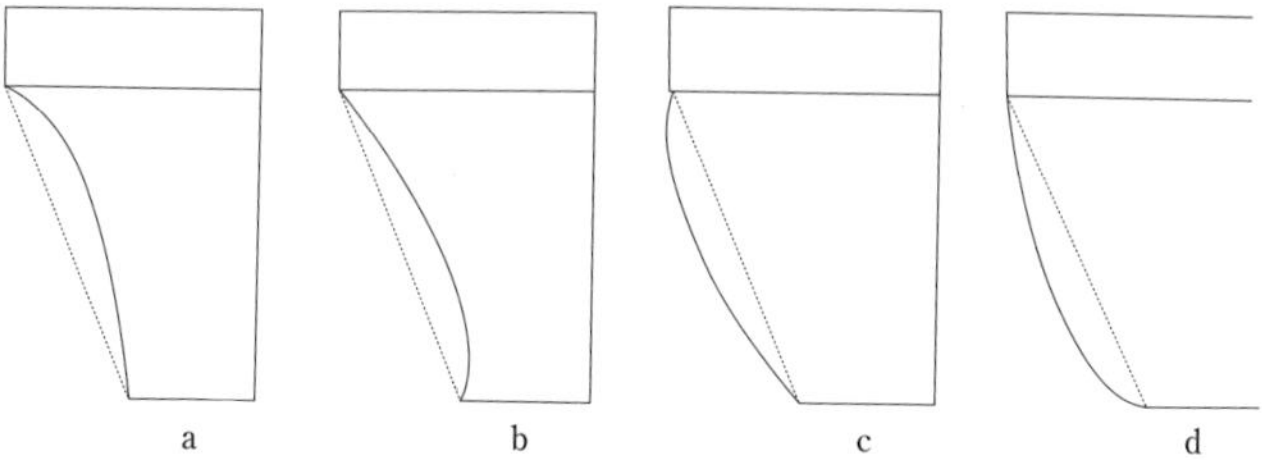

注（10）の図　第一巻の図版XV「サルビアの葉の図解」

第二部　ゴシック時代

六章　ゴシックの本質

読者が序章「石切り場」における私達の主題――「ヴェネツィアの石（石造建築）」――の分類を思い出すなら、私達がこれから吟味しようとしているのは、ビザンチンとゴシックの二つの様式形態の中間にある段階のヴェネツィア建築の流派についてであることが分かるだろう。中間の建築と言っても、それはゴシック様式形態と関係させて考察するのが都合がよい。このような各段階における変化の傾向を見分けるためには、まず手始めにその最終結果に大体の全体の見通しをつけようと試みるのが賢明であろう。その移行が始まったビザンチン建築が何であるかを私達はすでに知っている。しかし、その移行の行き着く先のゴシック建築について何がしかを知るべきである。それゆえ、私はこの章でいわゆるゴシック建築の真の本質についての明確な大要を読者に示しておこう。

いわゆるゴシックと言ったが、ヴェネツィアのそれだけでなく、普遍的なゴシックのことである。と言うのは、ヴェネツィア建築が普遍的または完璧な型のゴシックにどの程度達しなかったか、どの程度外国の独立した形態を仮装していたかを見分けることは、私達の次の研究の最も興味ある部分の一つとなるだろうからである。

そうした比較に伴う主要な困難は、ゴシック期のあらゆる建築物は、ある重要な点で相互に相違するという事実から生じる。多くの建築はもしそれが他の建物に現われたらゴシックとは見なされない特徴を含んでいる。したがって、私達が推論の基礎とすべき条件をすべて提示することを許されたとしても、私達が吟味の対象とする各建物に「ゴシック的」要素がどれ位含まれているかという、その程度において評価できるのみである。

その要素は、その建物のゴシック性が多いか少ないかを判断する特性であって、それこそが「ゴシック的」なのである。私はそういう建築の本質を明確にしたい。それは喩えて言えば、オレンジ色と紫色のものしかなく、指示された赤色の事物が実際にはないのに、赤色の本質を説明せねばならない人が遭遇する困難と同質である。その人がヒース属の植物の断片か樫の枯れ葉だけで説明しようとすると、こう言うだろう。「この樫の葉では黄色と混じった色であり、このヒースでは青色と混じった色であり、それが別個に分離されたら赤色となるが、抽象を完全に理解してもらうのは難しい」と。ゴシックの特性を抽象的に表わしても、それを理解させるのはずっと難しい。なぜなら、その特性そのものが多くの観念の混合からできていて、それらの観念の結合にこそ特性があるからである。言い換えれば、尖頭アーチがあるからといってゴシックというわけではないし、穹窿屋根（ドーム）や飛び梁控え壁[1]がゴシックを構成しているわけではない。これらのすべてか、幾つか、もしくはこれらを伴う他の多くのものが、生命を有するほどに緊密に有機的に統合した場合に、これらはゴシックを構成するということである。

今提起した定義で、私は読者の心にすでに存在していると考えられる観念を分析しようとしているだけである。私達のすべて、あるいは大部分は、「ゴシック」という言葉の意味に対して明確に心に決めた考え方をもっている。だが、多くの人達は、別にそれを定義することもできないままに、心の中でこの考えを漠然と抱いているだけである。言い換えれば、「ウエストミンスター寺院はゴシックであり、セント・ポール寺院はそうではない」とか「ストラスブール大寺院はゴシックで、サン・ピエトロ寺院はそうではない」と一般的に理解しているが、それでもやはり彼らが前者に認めて、後者に認めない要素とは何かについて明瞭な観念は有していない。つまりウエストミンスター寺院やストラスブール大寺院の建築施工がどれほどゴシックとして良くて純粋かを言うことはできない。いわんや何とも言いようのない建物である聖ジェームズ宮殿やウインザー城について、そこにゴシック的要素がどのくらいあり、どのくらい欠如しているかなどを言うことはできない。私はこの研究は楽しく有益な研究になると信じている。しかも、この灰色で陰影深く多くの小尖塔のあるゴシック精神のイメージを、私達の心の中で跡づける際には、普通よりもはるかに興味深い何かが見出せると私は信じる。さらに、ゴシック精神のイメージと私達北方民族の心の間にどんな連帯感があるかを見分ける面白さがある。もしこの研究途上で、読者が抱いているゴシックのイメージを損なうような形でこの語（ゴシック）を用いたとしても、私はこの解釈を読者に無理強いしようとは思わない。この著書の後半部分で述べる事柄の理解に必要なものとして、私の解釈を吟味し理解して下さるようにお願いするだけである。

私達はゴシック的特性を分析の対象とする。それは粗雑な鉱石が他の異質の物質を多く含んだままで化学者の分析対象にされるのと同様である。もっとも、おそらく鉱石は純粋な状態では存在しないか、存在してもほんの僅かしか得られないし見られもしないで終わるが、それでも説明し難く外見上混乱しながらも、明確に別個の性質を有する物質があるからである。化学者は鉱石を別個の二種類に分けて定義する。外的種類は結晶形態、堅固さ、光沢などであり、内的種類はその構成原子の比率と性質である。まったく同様にして私達はゴシック建築が外的形態と内的要素を有することを理解する。内的要素はそれで読み取れるように表現された、建築者のある種の心的傾向である。例えば、想像的模様（意匠）、多様性の愛好、豊麗さの愛好、等々である。外的形態は尖頭アーチ、穹窿屋根、等々である。もしそれらの要素と形態が見分けられなければ、私達にはその様式をゴシックと称する権利がない。もしそれが生命をもたない乾涸びたものなら、それに形態があると言うのは十分でない。もしそれが形態をもたないならば、それに力があると言うのは十分でない。それゆえ、これらの二つの特性を順次に私達は研究しなければならない。まず心的表現とは何かを決定しよう。次いでいわゆるゴシック建築の有機的形態とは何かを決定しよう。

第一の心的特性または表現について述べるには、どのような特徴をそのゴシック建築家が愛し、その作品で他のすべての建築家と異なるものとして何を本能的に表現したかを、私達は発見しなければならない。

鉱石が純粋な状態でなく、他の成分・種類の鉱物と混合して存在するのと同様なことがゴシック建築でも見られる。ゴシック魂を造り上げる多様な心的特性においても、そのように混合している。その魂を生み出すのは、あれこれの個別的なものではなくて、ある特定の度合いでそれらの心的特性が統合されているのである。それらの特性のそれぞれが、ゴシック以外の多くの他の様式の建築でも見出せるが、ゴシックは、そうした心的特性が見出せない処や、少なくとも心的特性を発揮する場がある程度供給されない処では、存在するはずがない。ただし、鉱石の構造と建築様式の構造の間には途方もない相違がある。もし私達が岩石からその要素の一つでも差し引くなら、その形態はまったく変わるし、何がしかの鉱石としてのその存在が破壊される。しかし、もし私達がゴシック様式からその心的要素の一つを差し引いても、それは以前の状態より少しゴシック的でなくなっただけである。その要素の二、三の統合が他の要素を加えられれば、強度が増し、他の要素を差し引けば、強度が減るようなある特定の「ゴシック的」特性を与えるに足る。

ゴシックの特性的またはモラル的要素は、重要性の順序で並べると、次のようであると私は信じる。

Ⅰ　野性（粗野性）
Ⅱ　多様性（変化愛好）
Ⅲ　自然性（自然愛）

Ⅳ　グロテスク性（型破りの想像力）
Ⅴ　厳格性（頑固さ）
Ⅵ　饒舌性（惜しみない表現力）
これらの特性は建築物に属するものとしてここでは表現されている。建築者に属するものとしては次のように表現されるだろう。
Ⅰ　野性または粗野性
Ⅱ　変化愛好
Ⅲ　自然愛
Ⅳ　型破りの想像力（独創的構想力）
Ⅴ　頑固さ
Ⅵ　寛容さ
このうち、いずれか一つまたは二つを差し引いても、ある建築物のゴシック的特性はただちに破壊されはしないだろうが、大部分を差し引くと、それは破壊されるだろうと私は述べておきたい。順序を追ってその特性を吟味する。

Ⅰ　野性または粗野性

「ゴシック」という語が北方の建築に属する特性の表現として最初に適用されたのは、何時なのかについては確信がない。しかし、その最初に用いられた年月がどうであれ、その語には非難がましい意味が含まれ、その建築を生んだ諸民族の野性的な特性を表現する意図があったと私は推測している。だからと言って、それらの民族が文字通りゴシック的血統であるという意味ではない。いわんや彼らの建築が起源的にゴート族自身によって発明されたということにはならない。だが、彼らと彼らの建築物は共に厳格さと粗野さをある程度示していたことを意味していた。その厳格さと粗野さは、南方民族と北方民族の両者の特性に対応してみると、ゴート族とローマ族の最初の出会いの時の両方の民族間の対照的なもので、その後たびたび見られたものの反映のように思われる。堕落したローマ人の文明が――その贅沢の極みと罪人としての傲慢さゆえに――いわゆる暗黒時代の終わりにヨーロッパ文明を模倣するモデルになった時に、ゴシックという語は、嫌悪感の交じった、紛れもない侮蔑語となった。考古学者と建築家の努力によって、ゴシック建築は、その侮蔑による汚名を晴らしてもらった。その構造の壮麗な技術とその表現の神聖さにただ讃嘆のあまり、昔の非難語は差し引かれて当然と思った者もあり、また、さらに明白に光栄ある語がその代わりに採用されるべきだと考えた者もいた。だが、そのような代用の機会もなく必要もない。形容が侮蔑的に用いられる限り、それは誤用である。だが語そのものは非難されるべきではない。それどころか、正しく理解されれば、人類の本能がほとんど無意識に認める深遠な真実がある。北方の建築が粗野で野性的なのは、深遠な真実であるが、この理由で私達がそれを咎め、非難するのは誠実ではない。それどころか、北方の建築が最も尊敬に値するのはまさにこの特性のゆえであると私は信じている。

近代科学によって作成された世界地図は狭いスペースに大量の知識が投じられてきたが、それでも私は今まで、北方と南方の国々間に存在する身体上の特性を対照させて想像させるほど絵画的にうまく表現された地図は見たことがない。私達はその相違を詳細にわたって知っているが、それらの相違を十分に感じさせてくれる、一見して明白な洞察力を有していない。アルプスには竜胆《リンドウ》が、アペニン（山脈）にはオリーヴが生育するのを知っているが、コウノトリとツバメが遠方からシロッコ（熱風）[2]に身を委ねながら竜胆とオリーヴの生育地域の相違を見分けるように、鳥が渡りの途中で見る世界の表面の変化に富むモザイクを、私達は独力で十分に構想することはできない。

暫く鳥の飛翔に想像の翼を広げて、想定外の広大な湖のように眼下に広がる地中海と陽光に照らされた古い岬を種々想像してみよう。雷鳴が怒号を響かせ、嵐雲が灰色の染みとなって、燃えるような野原の上に流れていく。そこかしこに、火山灰が周りに積もった火口から昇る白煙が不動のままの花輪となっている。だが、ほとんどは光輝く偉大な平和の地で、それはシリア、ギリシャ、イタリア、スペインと、まるで青い海に敷かれた金色の敷石のようであり、それらの上に私達が急降下して近づくと、山々の連なりが盛り上がり、打ち出し彫り（金属板の裏側から打ち叩き、模様を浮き彫りにする―訳者注）で細工されたように見え、それらの段丘地の庭園と乳香の薫り豊かな樹木の花で柔和に輝く。それは月桂樹、オレンジ、羽毛のような葉の茂る棕櫚の木であって、それらの灰緑色の樹影によって、大理石の原石や輝く砂の下に傾斜している斑岩の岩棚の熱気を和らげてくれる。さらに、北方へ飛翔すると、東方の色彩から徐々に広大な降雨性緑地帯に変化する。その地帯ではスイスの牧草地、フランスの落葉喬木の成育する谷間、ダニューブ川とカルパチヤ山脈の黒い森が、ロワール河口からボルガ河口まで広がっているのが、雨雲の灰色の渦巻きと牧草地に沿って低地まで延びる渓流から立ち昇る霧の薄片状ヴェールを透かして見える。さらに北へ進むと、大地が隆起して薄墨色の岩石とヒースの生える沼地の雄大な広がりになる。その沼地が野原の散在する森林地帯へと続き、それが陰気な紫色の広大な荒地で仕切られ分割されると、嵐が吹き荒び、漂流する氷山で冷却され、争って押し寄せる凶暴な潮流によって苛《さいな》まれる、北海のただ中に不規則に浮かんでいる恐ろしい島々になる。そしてついには、最後の森に覆われた山の麓が峡谷で力尽き、飢えた北風が山頂を侵食して不毛の地にし、最後に鋼鉄のように耐久力のある氷壁が北極の白夜から死神のように私達に向かって牙を剝く。

大地に架けられた目にも鮮やかな虹のグラデーションを構想して、（想像上で）そこを横切った後に大地へ降りて、動物生育地帯における上述の大地の鳥瞰図と並行してその変化を見ることにしよう。南方地帯における空中や海中で輝き、砂漠に跋扈《ばっこ》し、敏速に動きまわっている夥しい数の生き物――例えば、縞馬や斑紋のある豹、それに光沢のある蛇や、緋色で飾り立てた鳥類――、これらの獣の色彩の繊細さと鮮明さ、それに動作の敏捷さを、北方種属の霜害に抵抗する力強さ、毛深い外皮、熱を吸収して黒ずんだ羽毛と比較しよう。例えば、アラビア馬とシェトランド群島産のポニーを比較したり、虎、豹毛狼、熊などと羚羊や大鹿を、そしてまた、極楽鳥とミサゴをそれぞれ比較するがよい。そうすれば、地球とそれに属するすべてにおいて、それらの存在を貫いて支配する偉大な法則を納得して認めざるを得ず、人間にそれぞれの生を与えた土地の自然・風土が自分自身の安住を表現したのだから、それを非難したりせず、むしろ喜ぶことができよう。不断に陽光を反射するかのように快晴の天空に聳え、燃えるように輝く宝石を並べ立て、碧玉で飾った柱石に柔和な彫刻を施した人間を、敬意をもって見守ることにしよう。だが、やはり劣らぬ敬意を払って、次のような時に彼の傍らに立つことにしよう。沼地の苔の間に散在する岩石を剝ぎ取り、その岩石から粗野な力強さと素早い一彫りで、素朴な生気を孕む彫像を打ち出し、さらに北海のような荒々しく奔放な想像力の影響が充満している鉄製の控え壁や頑丈な岩壁の山を北方の暗い空に聳え立たせた時に、彼の傍らに敬意の念を抱いて立つことにしよう。その彫像は手足は頑健であるが、不格好で狼の生命力に満ちているし、打ち付ける風のように激しく、それを遮る雲のように変化に富んでいる。

この彫像には堕落も非難もなく、大変威厳があり、栄光もある。この野性味と施工の粗野さを北方の現存建築の本質的特性として認めようとせず、また理想的な形での願わしい特性として容認することを拒否するという遺憾きわまりない過ちを私達は犯した。大聖堂とアルプスの間には、同胞のようなよく似た外観がある。優れた指先の感触が霜を運ぶ風によって凍え、目は沼地に立ち昇る霧によってかすみ、雹によって潰されたから、(そうした苦難に耐えて制作されたものには)精力的な表現力と不屈の精神の見事な営みが見られる。このような強力な精神を吐露した人々は、大地から豊穣な実りを収穫するだけでなく、ユートピアのように恵み豊かな陽光に浴するでもなく、パンを得る畑地を作るために岩を砕き、火にくべる薪を得るために森を切り開く。彼らの喜びの生活のための営みで、斧を揮い犂を押す時に彼らの腕と心情の厳しい習慣を図らずも表わすことになった。しかし、もし北方民族の間で最初に生まれた時のゴシック建築の野性が、ある程度高尚な特性と見なされるならば、風土の指標ではなく、宗教的な原則の指標として考察され、やはりそれは高度な高貴さを有する。

いわゆる建築装飾の諸体系は三つに分割される。

1　奴隷的装飾――劣った工人の施工や能力はより高度な人達の知性に完全に服従させられる。

2　構成的装飾――制作上劣った能力は、ある点まで解放され独立している。それはそれ独自の意思をもち、しかも、その劣等性を告白して、より高度な能力に服従するから。

3　革命的装飾――制作上の劣等性は容認されない。

ここで、私はこれらの分割の本質を少し長くなるが説明しておかねばならない。

奴隷的装飾の主要な流派はギリシャ、ニネヴェ、エジプトのものであるが、彼らの奴隷状態にはさまざまな程度がある。ギリシャの工人の親方は、アッシリア（ニネヴェの別名）やエジプトの親方よりもずっと進んでいた。親方もその部下も何にしても不完全な外観に耐えられなかった。それゆえ、親方が部下に施工を命じたどんな装飾も幾何学形態から構成された。例えば球、分水線、完全に左右対称の葉形である。これらは測線と定規によってまったく正確に仕上げられ、完成時には、彼自身の彫像のように、それはそれとして完全であった。それに反して、アッシリアとエジプトの親方は何にしても正確な形態を認識する程度が低かったので、形象の彫刻は劣った工人によって施されても満足し、あらゆる工人が達成可能な基準にまで目標を低下させ、あらゆる工人が指定基準以下に堕落しない程度の厳格な訓練を施した。ギリシャの親方は低級な工人が完成にいたれない主題を与えなかった。アッシリアの親方は不完全に仕上げてしまう主題を工人に与えたが、不完全さの合法的基準を設けた。両方の体系において工人は奴隷であった(3)。

装飾の中世的ないしは、特にキリスト教的体系において、この奴隷状態はまったく一掃された。キリスト教は偉大な事柄だけでなく取るに足りないような事柄でも、あらゆる魂の個々の価値を認識していたからである。たんにその価値を認識していただけでなく、無価値であることを自覚することに栄誉を授けることによって、個々の魂の不完全さを認めていた。ギリシャやニネヴェの親方が強烈に苦痛と感じ、できるだけ完全に拒否した能力不足や堕落した自然を事実として認めた。キリスト教の師匠は毎日毎時間、結局は神のより偉大な栄光へ至るものとして、恐れずにその事実を凝視した。それで、キリスト教がその教えに仕えるべく召集するあらゆる精神に対する訓戒は、「できることをせよ、そしてできないことは何かを告白せよ。失敗を恐れて努力を惜しむなかれ。また恥辱を恐れて告白の口を閉ざすことなかれ」である。

建築のゴシック派がこうして劣った人々の労働の成果を受容するのはおそらくこの流派の主要な称賛すべき点であろう。不完全さに満ちた断片から、そしてまた、あらゆる鑿の細工において不完全さを剝き出しに告白して、彼らが告発をされるはずのない堂々たる全体を見事に立ち上げた。

現代のイギリス人の心は、あらゆる事物においてその事物の性質に沿っていて矛盾しないような至上の完成または完璧を熱烈に欲する点で、ギリシャ人の心と多くの共通点がある。これは観念的には高尚な特性であるが、事物の性質に値する品格は絶対的であると思い込ませ、高度な質の不完全さよりも低級な質の完全さを選び取る時には、それは下劣になる。そのような怪しげな規則に当てはめて判断すれば、例えばすべての獣は、その機能と質が比較的完全であるから、人間よりも選ばれるべきものであろうが、獣は常に人間より劣っている。人間を対象にした作品においても、その質がより完全な作品は、性質上より多くの欠点や欠陥を有しやすくなる作品よりも劣ることに考えが及ばない。なぜなら、性質が立派であれば、それだけ多くの欠点を、堕落せず潔白であるゆえに、顕わすことになるからである（質が高い作品は、不完全でも、質の低い作品の完全より良いことがある——訳者注）。

最良の作品は最良の形態では最も稀にしか見られないという事実は、この宇宙の法則である。野生の雑草は毎年丈夫に育つが、小麦の性質は比較的高貴であるゆえに、厳しい胴枯れ病の害を受けやすい。それゆえ、私達が見、行う万事において、私達は完璧を欲し、それを求めて努力するが、やはり偉大な進歩をした高貴な作品の上に、低い達成しか果たし得なかった卑しい作品を置くべきではない。破砕された威厳より、口当たりがよいが取るに足らぬ存在を、評価すべきではない。名誉ある敗北より、卑しい勝利を選ぶべきではない。成功という自己満足を安堵して楽しむために、私達の目的を下げるべきではない。だが、とりわけ他人の魂を扱うに当たって、厳しい条件や綿密な慎重さによって道を間違わなければ、高尚な結果に至る努力をどうして妨げられたかに注意を払うべきである。

さて、たとえどんなに粗野で素朴であろうとも、私達が手工労働で使用する万人が有する天性の性質には、より優良な作品を作る何がしかの能力がある。最悪でも、のろい想像力とか鈍い感受能力とか、揺れぐらつく思考の歩みとかがある。大抵の場合、彼らがのろいとか鈍いのは、すべて私達の欠点である。しかし、たとえそうした薄弱な状態にあることに満足しようとしても、彼らは不完全であるが、もっと優秀でもっと完全に近い技よりも称賛して名誉を与えなければ、その技術は強化されるはずがない。これは私達がすべての労働者達を扱う時に心すべき方法である。彼らのうちに思考力のある部分を探し、たとえその代償として何を失うとしても、どんな欠点や過ちをも認めなければならなくても、私達は彼らから思考力のある部分を見分けるべきである。なぜなら、それらの中の最良の部分は、多くの過ちを伴ってしか現われないからである。この事実を明瞭に理解するがよい。あなたが人に直線を引くこと、直線を切ること、曲線を描きそれを彫ること、称賛すべき速度と完全な明確さで一定の線や形態を幾つか写し彫ることを教えることができるとする。そして、彼の作業がそのジャンルでは完全であるとあなたは理解する。しかし、もしあなたが彼にそれらの形態のどれかについて彼自身で考え、彼自身の頭で何かより良いものを見出せないかどうかを考察するようにと言ったら、彼はそこで思考と動作が停止してしまうだろう。彼の制作活動は躊躊しがちになり、彼は考えるが、十に一つは過って、自分なりに考えて彼の作品に与えた最初の筆致または彫刀の一彫りに過ちを犯す。しかし、それにもかかわらずあなたは彼を一人の人間にした。彼は以前にはたんなる機械――生気を吹き込まれた道具――にすぎなかったのである。

あなたはこの問題で厳しい選択を突きつけられた。生き物を道具にするのか、それとも、人間にするのかの選択である。両方はできない。人間は道具のような正確さで働いたり、すべての行動において明確で完璧であるように意図されて創造されたのではない。もしあなたが彼らから明確さを得て、彼らの指に歯車のように度数を盛って、彼らの腕でコンパスのように曲線を描かせたいならば、あなたは彼らを非人間化しなければならない。彼らの精神のすべての精力は彼ら自身を歯車やコンパスにするために捧げられなければならない。彼らのすべての注意力と力強さが卑しい行為の達成に役立てられなければならない。魂のこもった眼は指先に向けられ、魂の力が指先を導き目に見えないすべての神経を一日一〇時間も集中させるようにしなければならない。それも指先がその鋼のような正確さを過たないようにするためであり、その結果、魂と視覚が疲弊して、ついには全人間的存在が喪失する、つまり、この世におけるその知的な仕事に関する限り、一山の鋸屑になってしまうのである。歯車やコンパスの形態に嵌め込まれずに、一〇時間が過ぎた後に、炉辺の人間味溢れる語り合いにまで発展していく心情によって、はじめて救われる。他方では、もしあなたが生き物を人間にしたいなら、それを道具とするはずがない。彼が想像し、思考し、為すに値する何事でもしようとし始めるように、させればよい。そうすれば、エンジンを回転させる正確さはただちに失われる。すべての彼の粗雑さ、すべての彼の愚鈍さ、すべての彼の無能振りが現われる。恥の上に恥を塗り、失敗の上に失敗を重ね、挫折の後に挫折をしても、彼の人間としての全尊厳が現われる。雲が彼の上にかかるのを私達が見た時、はじめて彼の尊厳の高さを知る。雲が明るかろうと暗かろうと、その雲の背後と内部には変貌があることだろう。

あなたが誇りに思っているイギリス風の部屋の周囲を見回すがよい。部屋の仕上げがとても良くて丈夫で、装飾品がとても良い仕上げになっているから誇らしく思うのも無理はない。その正確な刳り形のすべてと完全な磨き具合と、よく枯らした材木と、焼きを入れた鋼鉄とが不都合なくうまく調整されているか調べ直すがよい。幾度もあなたはそれらを自慢して喜んだ。そして、イギリスはなんと偉大なのだと思った。なぜなら、その国の些細な作品でもこんなにも徹底的に仕上げられているからである。残念ながら、もし正しく読み取られたら、これらの完全な作品はイギリスの奴隷状態の徴候であり、それも、鞭打たれるアフリカ人やスパルタ農奴のギリシャ人の奴隷状態よりも千倍も酷く堕落した奴隷状態なのである。人々は打たれ鎖で引きずられ拷問され首枷をつけられ蠅のように殺され、しかも皮肉なことに、最善の意味で自由のままにされている。しかし、彼らの内部で魂を窒息させ、人間的英知に乳を授ける枝を枯らし、伐採され腐朽する丸坊主の樹幹にし、墓場で蛆虫の餌食になった後にやっと神を見ることになる肉体と皮膚を機械を縛るための革紐にするとは……。これこそが奴隷の主人になるためなのである。イギリスの封建領主の軽い冗談が人々の生命を奪ったとしても、苦悩する農夫の血がその畑に流されたとしても、その国の多数の労働者の生命力が燃料として工場の煙になるべく供給され、彼らの力が毎日浪費されて蜘蛛の巣のような繊細な糸に変えられ、その力が搾取されて一本の正確な線に変えられるために捧げられている。

　また古い大寺院を眺めに行くとしよう。彫刻家達の無知な想像をめぐらした古い痕跡を見て、あなたが何度も微笑した大寺院を眺めにである。今一度醜い小鬼（ゴブリン）や奇怪な格好の怪物や、解剖学の裏付けのない、硬直した厳しい影像を吟味しよう。だが、それらを嘲笑してはならない。なぜなら、それらは、石に鑿を打って彫り込んだあらゆる工人の生命と自由の証であるから。法律や特権や慈悲によっては保証されない思想の自由と、存在体系の階梯（プロティノスの存在階層論が新プラトン主義を経て成立したキリスト教的世界観―訳者注）における工人の立場の証であるから。これこそが今日のヨーロッパ全体が、その子ども達のために再び獲得することを第一の目的としなければならないことなのである。

　私がでたらめや常識外れのことを語っているとは思ってはならない。工人を機械のような存在に堕落させることこそ、この時代の他のどの悪弊よりも、諸民族の大衆を、空しく一貫性なく破壊的な自由獲得闘争――その本質を大衆は自分達にも説明できない――へと駆り立てている。富の蓄積や貴族的奢多に反対する大衆の叫びは、飢餓への恐怖や誇りを失わせるような刺激によって、阻止することはできない。こういう恐怖・刺激はすべての時代で大いに行われたが、社会の基礎は今日と同様にけっして揺るがなかった。それは、人々が栄養不良であったからではなくて、彼らはパンを得るための仕事には喜びを得られず、それゆえ富を喜びの唯一の手段として当てにしたからである。

人々が上流階級を侮蔑することで苦痛を感じるからではなくて、彼らは彼ら自身の侮蔑に耐えられないからである。なぜなら、彼らが定められている種類の労働は、堕落させる労働であって、彼らを人間以下にする労働であることを、彼らは感じているからである。上流階級は下流階級に対して、今日ほど同情の念を抱かず慈悲心ももたなかった。しかも、前者は後者によってそれほど憎まれなかった。なぜなら、貴族と貧乏人の間の分離が法律によって立てられた壁であったからである。今、立場の違いは本当にリアルであり、人間性の分野で上流と下流の立場の間は崖となって、崖の下には悪疫をもたらす空気が漂っている。正しい自由の本質が理解される時、そして、他人に従って他人のために働き、他人や他人の立場に敬意を払うことによって奴隷状態ではないことを人々が分かる日が来るのかどうか私には分からない。そういう自由は、裁量の自由――配慮より生じた自由――にしばしばなる。甲の人に「行け」と言って彼が行き、乙の人に「来い」と言って彼が来る場合、言いつけた者は大抵の場合その者に従う人よりも緊張とぎこちなさを含んだ意識をもっている。前者、言いつけた者の行動は、その者の肩の重荷によって妨害され、後者、従う者の行動は手綱を繋ぐため口に嵌められた轡《くつわ》によって妨げられる。重荷が軽減され得る方法はないが、私達はその轡を噛んでくやしがることがないならば、轡に悩まされなくてよい。

他人に敬意を払って、私達自身と私達の生活を他人に委ねることは奴隷状態ではない。それは往々にして一人の人間がこの世に生きることのできる最善の状態である。実際、隷属的な、換言すれば、不合理で利己的な敬意がある。しかし、高尚な敬意、換言すれば、理にかなって思いやりのある敬意もある。この種の敬意を抱いた時ほど人間が高尚であることはない。いや、感情がたんなる理性の限界を超え、その結果、それが愛となったとしたら、人間はそれによって高尚にされる。

荒れた生垣から銃口を突き出して、地主を待ち伏せしていたアイルランドの農民に奴隷根性があるのか、それとも、二〇〇年前にインヴァーキーシングという処で、自分の首領のために自分自身と自分の七人の息子の生命を捧げた老召使が奴隷なのか、いずれが奴隷的気質を有していたか。老召使の場合、それぞれが死ぬたびに兄弟を死ぬまで戦わせるために「ヘクトールのためにもう一人死ね！」と呼びかけた。それゆえ、すべての時代とすべての国で、人々によってお互いのために敬意が払われ犠牲があえて供された。それもたんに不満なく供されるだけではなく、喜んで供された。飢え、危険、剣の刃、すべての害、すべての恥辱が主人や王の大義のために喜んで耐えられた。なぜなら、真心から出たすべての贈り物は、それを受容する者と同様に与えた者をも高尚にしたし、自然の本性がこの犠牲を鼓舞し、神がその犠牲に報いたからである。しかし、魂が彼らの内部で萎縮し感謝されないのを感じ、彼らの全存在が底知れぬ深淵へ沈むのに勘づき、山積する機械の一つとして数えこまれ、歯車と共に数えられ、そのハンマーを打つ回数で測られるなどということを、この人間性はそんなに長く耐えることはできない。それは、この自然が命じもしないし、神が祝福もしない事柄だからである。

最近、分業すなわち労働の分割という偉大な文明による発明が研究され、大いなる完成の域に達した。ただし、私達はそれに虚偽の名を与えた。真実を言えば、分割されたのは、労働ではなく、人間達である。人間がたんなる部分に分割され、生命の小断片、パン屑の切れっぱしにまで粉砕された。それで、人間に残された英知の小片は一本のピンや釘を製造するのにも十分でなく、ピンの先端や釘の頭部を作るのに疲れ果てる。ところで、一日に多数のピンを製造するのは、実際、利益を上げられるが、もし私達がどんな透明な砂粒でピンの先端が磨かれるかを見れば、それが拡大されて人間の魂の砂粒と分かったら、私達はそこにも幾らかの損失があると考える。すべての私達の工場制工業都市からあがる大いなる叫びは、吹子の送風音より大きいのだが、それが私達が人間ではなく他の何物であっても工場で製造することに対する叫びである。

確かに綿を漂白し鋼鉄を鍛錬し砂糖を精製し陶器を練造するが、一人の生きた精神を有する人間を磨き鍛錬し精製し練造するのは、けっして利益に対する私達の見積もりに見合うものではない。その叫びが大衆を駆り立てる結果のすべての弊害には、唯一つの方法だけで対処できる。それは教える、または、説教することによってではない。彼ら大衆に教えることは、悲惨さを示すことであり、もし説教しかしないなら、彼らへの説教は、その悲惨さを嘲笑することであるからである。それは人々を向上させ幸福にするには人々にとってどんな種類の労働がよいかを、すべての階級に関して正しく理解することによって、はじめて対処される。それは、労働者達を堕落させて、はじめて得られる便宜、美装、安価を犠牲にする覚悟をしてである。そして、身体を健康にし品性を高める労働の生産品と成果を要求する覚悟を同じようにしてである。

どのようにして、これらの生産品が認証され、この要求がほどよく軌道に乗せられるのか。こう問われるだろう。それは容易である。三つの幅広く単純な規則の遵守によってである。
1　絶対に必要でない品物の、「創意」が加わる余地のない工場制生産などを助長してはならない。
2　正確な仕上げだけのためにその仕上げを要求するのではなくて、実際的で高尚なある目的のためだけに要求すべきである。
3　偉大な作品の記録保存のため以外に、どんな種類の模倣やコピーも助長するな。
これらの原則の第二のものは、目前の主題の考察から直接生じた原則にほかならなくて、私は簡潔に第一の原則の意味と広がりをも説明し、第三の原則は別の場所で述べるように保留しておく。

第一の、「必要でない品物の、創意が加わる余地のない工場制生産を助長してはならない」とは、例えば、ガラスのビーズ珠はまったく不必要であって、それらは工場生産においてデザインも思想も存在しない。それらは最初ガラスを引き延ばして棒にすることで形成される。この棒は人間の手によってビーズ珠の大きさの砕片に分断され、それから炉の中で棒の砕片に丸みがつけられる。棒を分断する人は一日中その仕事につきっきりで座り、手は微妙に間を取る痙攣を繰り返しながら振動し、その振動に影響されて霰のようなビーズ珠が落ちる。彼ら、棒を引き出したり断片を炉で融解させたりする人々は、人間的能力の一欠けらも用いる機会がまったくない。それゆえ、ガラスのビーズ珠を買う若い婦人は皆が奴隷取り引きをしているようなものであって、私達が長期にわたって打倒しようとしてきた奴隷制よりもっと残酷な取り引きをしているわけである。

しかし、ガラスのコップや器は、精妙な創意の主題になり得る。もしこれらを買う時に、私達がその創意の代価――美しい形態や色彩や彫刻への代価であっても、細工のたんなる仕上げの代価ではない――を払うならば、私達は人間性へ貢献していることになる。

それで、普通の場合、宝石の原石をカットするには、精神的能力の行使をほとんど必要としない。必要なのは、瑕をつけないある種のコツと判断であるが、精神的能力全体を持ち出すことは必要ない。それゆえ、価値があるからと言って、カットされた宝石を身につける者は皆奴隷使いと言える。しかし、金細工人の細工や宝石を鏤《ちりば》めたりエナメル細工を施した多様なデザイン制作は、最も人間的な英知の主題になり得る。だから、良いデザインの皿や貴重な彫刻が施された花瓶やカメオ、エナメルを購入するのに費やした金銭は人間性の輝きを高めるのに用いられ、そのカッティングは、高尚な目的達成のために払われる代価であるから、完全に許容されるのである。

この法則は他の場所で詳しく述べるとして、私達の直接の関心は第二の規則、すなわち、「それが高尚な目的に導かれないなら、正確な仕上げを要求するな」についてである。なぜなら、私はゴシックの粗野さや他の種類の不完全さを、それらの粗野さや不完全さがなくてはデザインや思想が得られないならば、結構なものとして述べたからである。もしあなたが粗野で教育のない人間の思想を有するとしたら、あなたはその思想を粗野で無教育なやり方でもっているにちがいない。しかし、努力なくして自分の思想を教育のあるやり方で表現できる教育ある人間なら、優雅な表現を受容し感謝するにちがいない。「ただ思想を得よ」と言いたい。そして、農民が良い文法を使えないからとか、あなたが彼に文法を教えるまで語るなとか言って、農民を黙らせるな。文法と洗練度は両方とも良いものである。ただ優れた方をまず確保せよ。そうして芸術において繊細な仕上げは巨匠から得られたら願わしいし、いつも巨匠から得られるものである。幾つかの場合に、ミケランジェロ、レオナルド、フィディアス、ペルジーノ、ターナーのすべては、最も精妙な注意力をもって仕上げた。彼らが施した仕上げはいつも高尚な目的を一層充実させ達成する。しかし、彼らよりも能力の低い人達は仕上げることができない。なぜなら、完璧に仕上げるためには完璧な知識を要するし、私達は彼らが与えることのできる思想を受容しなければならない。それで、規則は簡単である。常にまず創意を探し、その後、創意を助ける施工——独創家が辛い努力をせずに施せる細工——を探せばよい。とりわけ、思想のない処に施工の洗練さを要求してはいけない。そうすれば、埋め合わせのきかない奴隷の仕事になるからである。それよりもむしろ実用的目的に応ぜられる限り、滑らかな仕事よりも粗野な仕事を選ぶがよい。そして、根気とサンドペーパーで仕上げられたものを誇る理由はないと考えるがよい。

私は一例だけを示すことにしよう。しかし、その例は、すでに言及した工場制生産すなわちグラスの生産からのもので、私達の現代のグラスはその実質が精妙であればあるほどに透明であり、形態も真実に近く、カッティングも正確である。私達はこれを誇りにしている。だが、実は私達はそれを恥じるべきである。古いヴェネツィアン・グラスは濁ってそのすべての形態は不正確で、古いヴェネツィア人はそれを誇っていたのは正当であった。ここで言っておくが、イギリス工人とヴェネツィア工人の間には相違点があり、その相違点は前者が自分の模様に正確に適応することだけを考え、その曲線を完全に先鋭化し、彼は曲線に丸みをつけ辺縁を鋭くするための機械となる。しかるに、古いヴェネツィア工人は自分の辺縁が鋭いかそうでないかなど全然気にしない。彼は自分の創るあらゆるグラスに適した新しいデザインを発明し、それに新しい着想がなければ、柄も凹んだ縁も創ろうとはけっしてしなかった。それゆえ、不器用で創意の欠けた工人によって作られた時、醜くぎこちないヴェネツィアン・グラスができるが、どれだけ高値をつけてもつけきれないほど形態が美しいヴェネツィアン・グラスもできるわけである。そして、二度と同じ形態を私達が見ることはない。あなたは完全な仕上げと多様な形態を両方もつことはできない。もし工人が辺縁についてこだわって考えていたら、彼はデザインを構想できない。デザインを考えたら、辺縁の装飾を思いつかない。美しい形態化か、それとも完全な仕上げか、いずれに代価を払うかを選択するがよい。そして、同時に工人を人間とするか、たんなる磨き石にするかを選択することである。

読者はこう言って私の言葉に横槍を入れる。「もし工人が美しくデザインしてくれれば、私は彼にグラス工場の炉辺にいてもらいたくない。彼をそこから去らせて紳士にならせて、スタジオを持たせ、デザインをさせるならば、私の方が平凡な工人を探して、その工人にグラスを息で膨らませたり、カットさせたりする。そうすれば、私はデザインと仕上げを両方共に得られる」と。

この種の考えは、すべて二つの誤った憶断に基づいている。第一は甲の人間の思想は乙の人間の手によって施工され得るし、されるべきという考えであり、第二は手工労働はそれが知性によって支配されたら、堕落となるという考えである。

大仕掛けの場合、測線と定規によって決定される仕事において、ある人間の思想が他の人達の労働によって遂行されることは可能だし必要である。この意味で最良の建築とは子どもの手による大人の精神の表現であると私は定義する。

しかしながら、小仕掛けの場合は、数学的に定義されることのできないデザインでは、ある人間の思想はけっして別の人によって表現することはできない。独創的創意ある人の職人気質と指図に従う人の職人気質との相違は、しばしば偉大な芸術作品と平凡な作品との相違となる。その両者間の距離が、どんなに幅広いかを、私は別の処で示そう。それよりは、知性によって支配された時の手工労働を軽蔑するというもう一つのさらに致命的な誤りを述べることの方が、今の私の目的に適っている。なぜなら、手工労働をその労働のために価値づけることよりも、上記のように知性によって調整された時の手工労働を軽蔑することは、手工労働をそのもののために尊重することと同様に致命的だからである。

昨今私達は二つを分離しようとしている。私達は甲の人にいつも思考してもらいたく、乙の人にいつも労働してもらいたい。それで前者を紳士、後者を職工と呼ぶ。しかるに、工人はしばしば思考すべきだし、思索家はしばしば労働すべきである。両者共に最善の意味で紳士であるべきである。実際のところ、私達は両者を非紳士的にしている。一方がその兄弟を羨み、他方が彼を軽蔑する。そして、社会の大衆は病的な思索家と惨めな労働者から成り立っている。労働によってはじめて思想は健全にさせられ得るし、思想によってはじめて労働は幸福にさせられる。二つを分離させることはできない。私達のすべてがある程度良い手工職人になって、手工労働の不名誉が払拭されれば、結構なことであろう。そうすれば、貴族と庶民の間にはっきりした区別が今のところあるけれども、庶民の間では怠け者と働く者、自由職業と不自由職業の人々の間のように、就職の明白な区別があってはならない。すべての職業は自由であるべきで、特殊な就労に誇りを少ししか感ぜられず、容易に達成できる職業に誇りが多く感ぜられるということはあるべきではない。さらに、幾つかの職業のそれぞれにおいて、親方・師匠は最も辛い仕事をしないことを自慢すべきではない。画家は自分自身で絵の具の顔料を粉に挽くべきであり、建築家は彼の工人達と共に石工の仕事場で働くべきである。工場主は彼の工場の誰よりも巧みな職工であるべきである。そうすれば、人々の間の区別は経験と技巧のみにあって、経験と技巧によって当然正当に得られる権威と富にのみあることになる。

もし私がこの興味深いテーマを追究するとしたら、手近な問題から離れるべきであろう。最初、「ゴシック」を非難する言葉たらしめた粗野さや不完全さが実は正しく理解されたなら、キリスト教建築の最も高貴な特性の一つであって、高貴であるだけでなく、欠くべからざる特性であることを読者に示すために私は十分に述べたと信じている。不完全でない建築は真に高貴であるはずがないということは、気まぐれな逆説と思われても、やはりそれは極めて重要な真実である。そして、これは容易に論証できる。私達が万事完全に仕事をすると思い込んでいる建築家は、仕事全体を自分自身の手で執行できない以上、彼は古いギリシャの方式と現在のイギリスの方式では、工人を奴隷にし、彼の仕事を奴隷の能力の水準にまで落とし、その結果、彼の仕事を堕落させることになる。さもなければ、彼は彼が工人達を見出したままに彼らを受け入れて、彼らが自分達の力強さと共々に自分達の弱点も見せるようにさせねばならない。その弱点はゴシックの不完全さと絡み合うだろう。しかし彼は、彼の仕事全体をその時代の知性ができる最善の高貴なものにしなければならない。

原則はより明白に述べられ得る。原則の例証を私は建築に限定したが、建築だけについて真実であるかのようにしておいてはいけない。今まで私は「不完全」と「完全」の二語を、ひどく下手な仕事と、平均的な明確さと科学的裏づけでもって施された仕事との間を識別するために用いてきた。私が懇願したいことは、労働者の知性に芸術的表現をするだけの余地がありさえすれば、ある程度の技巧の拙劣さは容認されるべきであるということである。だが、正確に言うと、良い仕事は完全ではあるはずがなく、完璧への要求はいつも芸術の目的を誤解している証である。

これは、両方共に永続的な法則に基づいた二つの理由による。第一の理由は、偉大な人間は挫折の時点に達するまで仕事をやめない。すなわち、彼の気持ちは施工する彼の能力のずっと先を行くので、能力は時折気持ちの後を追うことについていけなくなる。さらに、彼はいつも彼の仕事の劣った部分に、その部分が必要とする劣った注意だけを注ぎ、彼の偉大性によって、彼が気乗りしなかったり、自分に対して腹を立てる時には、見る者が不満でも気にしないほど、自分の果たす最善の成果に対する不満感に慣れきってしまう。この必然性を認めようとしないで、完成にいたろうといつも努力した人間がいたが、それは一人だけだったと私は信じている。その人はレオナルドである。彼の空しい努力の結果は、彼が一枚の絵画に一〇年を費やした末にそれを未完にしておいたということである。それゆえ、私達が偉大な芸術家に最善を尽くさせるとしたら、その作品では、悪いものだけが、その悪い方式で完全になり得るのである。

第二の理由は、不完全さは私達が生命について知っているすべてにとってある程度欠くべからざるものであるということである。それは死すべき生身、すなわち、進歩と変化の状態の肉体における生命の徴証である。生き物はどれも厳密に完全ではないし、完全ではあり得ない。その一部は朽ちかけていて、一部は発生・萌芽状態である。ジギタリスの花——三分の一は蕾で、三分の一はすでに萎み、三分の一は満開の状態——は、現世の生命の一典型である。生きている万物において、生命の徴候だけでなく、美の源泉である、ある種の不規則と欠陥がある。人間の顔だって両側面の輪郭は精確には同じではないし、葉だって裂片が完全なものはない。枝だって左右対称なものはない。万物はそれが変化を含意しているように、不規則性を認めている。不完全を追放することは表現破壊、努力阻止、活力の麻痺化である。神に定められた不完全な点のおかげで、万物は文字通り良くなり美しくなり愛らしくなる。それと言うのも、人間の生活の法則が「努力」となり、人間の判断の法則が「慈悲」となるようにであった。

もし建築にしても、他のどのジャンルの作品にしても、不完全でないならば、それは良いものではないということを、一般的法則として認めてもらいたい。そして、私達がルネッサンス期に接近するにつれて、明瞭に見分けられるもう一つの奇妙な事実に対する心構えをしておこう。その事実とは、ヨーロッパの諸芸術の堕落の第一の原因は、偉大性を崇拝したことによっても鎮められず、あるいはまた、単純さのもつ寛容性を許容できないような、完璧さに対する無情な要求であったということである。

ここまでは野性または粗野性――ゴシック建築の第一の心的要素である――についてである。それはビザンチンとロマネスクの建築のような多くの他の健康な建築でも一つの要素となっている。しかし、真のゴシックはその要素なしでは存在できない。

第二の心的要素は、移行性または多様性であった。

Ⅱ　多様性（変化愛好）

私はすでに強調して述べてきたが、それは劣った工人に独立した作業を容認することである。たんに彼にとっての義務として、そして、建築をキリスト教的にすることによって、それを高尚にするものとして容認することである。私達が今考察せねばならないのは、その義務の遂行、すなわち建物のあらゆる特徴を不断に多様化する行為に対してどのような代償が得られるかである。

工人が完全に隷属させられる場合には、建物の諸部分はもちろん相互にまったく類似するにちがいない。なぜなら、工人の施工の完成は一つのことだけに練習を積んで他の仕事を与えないことによってはじめて達せられるからである。工人の堕落の程度を、一見して見分けるには、建物の幾つかの部分が類似しているか否かを観察することである。ギリシャの作品のように、すべての柱頭が似ていて、すべての刳り形が変化していないならば、堕落は完全である。もしエジプトやニネヴェの作品のように、ある種の形象の施工方式はいつも同じだけれども、デザイン様式が不断に変化するならば、堕落はさほど全般には及んでいない。ゴシックの作品のように、デザインと施工の両方に不断の変化があるならば、工人は皆が解放されていたにちがいない。

労働者が自由になったことで得られるものはどの程度かをイギリスでは問われることだろう。イギリスでは、ほとんどあらゆる人の心にある最も強い本能の一つは様式愛である。この様式愛が私達の家の窓は馬車の窓と対であるべきだと私達に願望させる。あらゆるものの形式を一定に固定し、その形式からの変化を禁じる建築理論にためらうことなく信仰を捧げるように私達にさせるのである。私は何も様式愛を非難しようとは思わない。それはイギリス精神の最も役立つ要素の一つである。それは私達の交際やすべての純粋に実用的な事柄において、私達の助けになる。そして、多くの場合にそれはモラルの礎石の一つである。

ただ様式愛を芸術愛と思い込まないようにしよう。なるほど様式愛はその最高の意味では、時間が音楽に必要なように、美術の必要条件の一つである。だが、時間厳守の愛好がオペラ鑑賞と関係がないように、様式愛は建築や絵画を私達が楽しむのとは関係がない。経験によって私達が教えられる事柄は、日常生活における正確で几帳面な習慣が、芸術的創造力を素早く感じたり豊かに所有したりする人達を特徴づけるのは稀であるということである。しかし、二つの本能の間に矛盾したものはないし、私達の実務的習慣を保持しながら、しかも独創的創意の高貴な才能を容認して楽しむことを妨げるものはない。私達は建築以外の他の芸術のあらゆる分野で、そうしている。そうしないのは、それは不正であると教えられたからだけのことである。建築家達は生真面目になって、私達に教えているのだが、「算術に四つのルールがあるように、建築には五つの様式がある」と言うのである。私達は単純にこれは道理だと考えて、彼らの言葉を信じる。彼らはこうも言う。「コリントの柱頭にはそれに固有の形態が、ドーリアのそれにも、イオニアのそれにもそれぞれ固有の形態がある」と。ABCの文字に固有の形態があるのだから、これもまた道理だと考えてその命題を認める。それゆえ、上述の柱頭の一形態は固有で他にはないと理解し、すべての型破り（固有の型に当てはまらないこと）を小心翼々と恐れて、建築家がこれこれの寸法で固有の形態の柱頭を準備し、他のすべての点では合法的形態を遵守するように配慮したということを私達は認める。それが済んだら、自信を強めて私達はよい家に住めると安心する。

しかし、私達のより高度な本能は欺かれない。新しい本や絵画で味わう喜びに似た喜びを、私達は自分達のために準備された建物では味わえない。私達は建物の正確さに満足し、その便利さに幸福を感じて、その大きさを誇る。私達がその左右対称と職人気質に味わう喜びは、よく整った部屋や見事な工場製品に味わう喜びと同質である。そして、私達はこの喜びを、建築が私達に与えるべく意図された喜びと夢想する。ミルトンやダンテの詩を読むように建築物を読み、詩の連《スタンザ》からのと同じ喜びを石から得るという観念は、少しの間も私達の心には浮かばない。それには十分な理由がある。詩にも建築の対称性やリズムと同じく厳格なリズムがあり、建築よりも千倍も美しいが、リズム以外にも別の何かがある。詩は、柱頭が様式に合わせたり、その場の釣り合いに合わせたりして造られるようには、けっして作られはしない。それゆえ、詩には適当という感じ以外の、ある種の喜びがある。

しかし、この二世紀にわたって私達が教えられてきた全部を振り払って旧弊から脱却し、さらに新鮮であると同じように単純で確かな真実を感受するまで覚醒するには、常識による逞しい努力を必要とする。言葉、色彩、石のいずれで表現しても、偉大な芸術は同じことを何度も繰り返して言わないことと、他のあらゆる芸術のように建築芸術の価値は新しく違った事柄を表現することと、繰り返しは印刷物の場合と同様に大理石でも天才の特性ではもはやないことと、良い趣味の掟を犯さないように小説家に要請するように、建築家にも要請するのは、「芸術家は正確なだけでなく楽しませるべきである」ということ――これらの事柄は真実であり自明である。ただ多くの他の自明な事柄と同様に、虚偽の教育によって私達から隠されていたのである。芸術の偉大な作品で、その制作のために規則やモデルが与えられる作品などない。建築が既知の規則に基づいて与えられたモデルから制作される限り、それは芸術ではなくて、工場生産である。二つの手続きの中でフィディアスから柱頭や刳り形を模写して自分達を建築家と称することは、ティツィアーノから頭部や手を模写して自分達を画家呼ばわりするのよりも不合理である。

変化や多様性は、書物の場合と同様に建物の場合も人間的心情と知性にとって必要であることを理解しよう。さらに、単調さは、時折用いられても、価値がないことも理解しよう。そして、私達は装飾が一様で、柱も一様な比率の建築から喜びを得ることを期待しないのは、雲がすべて一様な形状で樹木がすべて一様な大きさの構図から何も期待しないのと同じである。

　これを言葉によってではないけれども、行為において私達は認めている。一九世紀の人々が芸術で得たすべての喜びは、私達がピクチャレスク[4]という語で楽しんだ絵画・彫刻、二流の骨董品、中世建築にある。ところが、現代建築物のどこにも喜びは得られないし、真実の感情を有するすべての人々は近代的都市から自然風景の中へ逃避するのを楽しんでいると、私達は感じている。それだから、時代の特徴となった風景への特別な愛好が生まれた。建築の場合、確立された法則に順応するためにも嫌悪するものに耐えているが、それと同じように、すべての他の事柄でも、心の準備ができれば、結構な話だが……どうだろう。

　こんなに堕落した法則がいかにして確立されるにいたったかを、ルネッサンス派を述べる際に見ることにする。ここでは私達はゴシック的な特徴のある建物ではゴシック精神がその法則を突き破ることを、その精神の第二の最も本質的な要素として書き記しさえすればよい。ゴシック精神はあらゆる隷属的原則の侵害に対して挑戦し、それを喜び、一連の形式を発明し、それらの形式の価値は形式が新しいだけでなく、**繰り返し「目から鱗」の斬新さを生み出せる**[5]ことにある。尖頭アーチは円形アーチからの大胆な変形であるだけでなく、それの夥しい変形を容認した。と言うのは、尖頭アーチの比率は無限なほどに変化に富むが、円形アーチはいつも同じ比率であるからである。柱身群はたんに一つの柱身からの大胆な変形であるだけでなく、それら柱身の取り合わせやその結果生じる比率における夥しい変形を容認した。トレーサリの導入は、たんに窓の明かり採りの扱い方の驚くべき変化だけでなく、トレーサリ桟の組み合わせにも際限のない変化を容認した。それゆえ、すべての現存するキリスト教建築には多様性への愛好が存在するが、ゴシック派はその愛好を絶頂に達した精力でもって示した。その影響たるや、それが及ぶ処は何処でも、他のどの特性よりも、この特性によっていち早く遠くまで及んだのが跡づけられる。ゴシック様式の採用の傾向は、ゴシックが乗り越えようとする建築の形態における、より大きな不規則性と、より豊かな多様性によっていつもまず第一に示される。それは尖頭アーチやゴシック精神が認められる他の外的特徴が表われるずっと以前にすでに示された。

しかし、ここでは、健全な変化への愛好と病的なそれとの間にどんな相違があるのかを注意深く書き留めなければならない。どうしてかと言うと、ゴシック建築が興ったのは、健全な変化を愛好したことにあるように、その建築が破壊されたのは、一部は病的な変化愛好の結果であるからである。これを明瞭に理解するために、自然界において、変化と単調が、それぞれにそれなりの用途があり、一方は他方なしに楽しむことはできないので、それら変化と単調については私達に示されるさまざまな様式を考察する必要がある。さらに言うと変化は、単調が続いた後に最も楽しいというのは、明るい光が暫く目を閉じた後に最も眩しく見えるのと同じであるから、それぞれにそれなりの用途があると言える。

それにしても、単調と変化との間の真実の関係は、それらを音楽の領域で観察することで最も単純に理解される。そこで私達がまず第一に注目するのは、単調には急速な変化や頻度の高い変化の繰り返しにはない荘厳さと威厳があることである。これはすべての自然を通じて真実である。海の荘厳さの大部分はその単調さに基づいているが、同じく荒涼たる沼地や山岳地帯の風景の荘厳さもその単調さに基づいている。特に運動の荘厳さは、エンジンのレバーの穏やかで変化のない上下運動におけるように、その単調さに基づいている。それで、闇には光にない荘厳さがある。

ところが、そうして単調さが、ある時間経った後とか、ある程度を超えたりすると、興ざめするか耐えられなくなる。それで音楽家は二つの方法のうち一つで単調を破ることを余儀なくされる。旋律か楽章を繰り返す間に、楽章は多様化され豊かにふくらまされ、そして全体を調和させる。これが一つの方法である。また、ある一定数の繰り返された楽章の後に、まったく新しい楽章が導入されると、それはそれ以前の単調な時間の長さに従って、喜びの度合いが大にも小にもなるのがもう一つの方法である。もちろん自然はこれらの種類の変化を不断に用いている。海の波は大きく纏まったうねりでは相互に似ている。だが、小さく分割されたさざ波や波跡の曲線は相互に似たものはないので、単調の第一の方法である。大平原は突然現われる岩や木立によって単調が破られるから、単調でも第二の方法である。

さらに、いずれの場合にも変化を楽しむために、ある程度の根気が聴き手と見る者には必要とされる。第一の場合、彼は音や形態の大きな塊が繰り返されるのに根気よく耐えることで満足し、小規模な細部を注意深く見守る楽しみを求めて満足せねばならない。第二の場合、変化による充実した爽快感を感じるために、暫く単調の苦しみを根気よく耐えねばならない。これは単調さの要素が使われている最も短い楽節について真実である。さらに威厳ある単調さの場合、必要とされる根気はかなりのものなので、それは一種の苦痛——将来の喜びに対して払われる代償——となる。

作曲家の才能は単調さにあるのではなくて、変化にある。彼はある一定の場所や度合いで単調を用いて、感情と趣味を示すことができる。すなわち、単調さを多様な使い方をすることによって、それらを示すのだが、彼の知性が示されるのは、その配置や創意にあって、それを浮き彫りにする単調さにある。

最後に、もし変化の喜びがあまりにたびたび繰り返されると、それは快くなくなる。なぜなら、そうなると、その変化が単調になり、私達は極端で気まぐれなほどの変化に喜びを感じるように駆り立てられるからである。これは私達が上記したところの病的な変化愛好である。

これらの事実から私達が一般に推測できる事柄を記そう。単調は本来的に私達には苦痛であるか、苦痛であるべきだが、それは闇が苦痛であるのと同様である。単調な建築は暗いか死んだかの建築であり、それを愛好する人々について、「彼らは光より闇を愛好する」と言われるのは真実味がある。

しかし、変化に価値を与えるために用いられたある程度の単調さは、とりわけ偉大な画家の陰影のように、あらゆる種類の漠然と暗示された形態がその本体を通して現われるようにさせる透明な単調さは、すべての他の構成・構図におけると同じく建築においても欠くべからざる条件である。そして、単調さへの忍耐は、闇に対する忍耐の場合と同じ健全な心の部分が関わっている。換言すると、頑健な知性は、たんなる眩しさやぎらぎらした輝きよりも、それらの厳粛な雰囲気や、嵐や薄明の中で光る砕けた神秘的光を楽しみ、つまらぬ心の持ち主は影や嵐を恐れる。偉大な人は、能力や技をより卓越させるために、運命のもたらす闇夜に耐える心構えができるが、劣った人はその代償を払おうとしない。まさしくそれと同じように、偉大な知力は、劣った知性にとっては退屈な単調さでしかないものも受容するかまたは楽しみさえする。なぜなら、前者の知力はより強い忍耐力と期待力をもっていて、変化による将来の大きな喜びに十分な代償を払う心構えができているからである。しかし、すべての場合に、高尚な本性が単調さを受容しないのは、高尚な本性が闇や苦痛を愛好しないのと同様である。だが、そういう本性は単調さに寛大であり、忍耐と根気の中に高度な喜び——この世の福祉にとって必要な喜び——を受容する。しかるに、一時的な一様な無変化に従おうとしなくて、変化を次々と追求する人達は、徐々に変化による刺激の刃を鈍らせて、そこから逃避できないし、そうした世界全体に影を落とし、その人々を飽きさせる。

この世界の摂理において多様性が一般にもたらす効用を見れば、私達はただちに建築における多様性の効用と悪用を理解できる。ゴシック派の多様性は、多くの場合にその多様性がたんなる変化愛好からではなく、実用的必要性から巧まずに生じたのであるから、それだけ健全で美しい。なぜなら、ある観点からすると、ゴシックは最善であるばかりか、唯一の合理的建築である。もっとも、俗的であれ高貴であれ、すべての奉仕に最も容易に適応できる建築として唯一の合理的な建築なのである。屋根の傾斜や柱身の高さやアーチの幅広さや設計図面の配慮などが一定していないので、ゴシック建築は小塔の縮小もできるし、広間に拡大もできる。螺旋階段にもさせられるし、尖塔として聳えさせることもできる。それも堕落しない優雅さをもち、無尽のエネルギーを漲らせてできる。そして、ゴシック建築がその形態や目的に変化のための機会を見出す時はいつも、それは統合や威厳のいずれにも損失感を少しも伴わずに変化に応じる。まるで燃える蛇のように神秘的で変幻自在であるが、魔術師の声にはいつも即応する。そして、ゴシック建築家達は、彼らの制作したすべての建築の現実的用途と価値に対して、外部の均衡と纏まりの伝統的観念が干渉するのに耐えられなかった。

これこそが彼ら建築家達の主要な長所の一つである。もし彼らが窓を一つ欲すれば、窓をあけた。部屋を欲すれば、部屋を加えた。控え壁を欲すれば、それを付けた。伝統的形式に対するそのような冒瀆は均衡を損なうよりむしろ均衡に関心を添えると認識して——実際にそういうことがいつも起こったが——、さらに外部の様相の確立された伝統的形式をまったく無視して、窓・部屋・控え壁を増やすことができた。それで、ゴシックの最盛の時期には、均衡のために禁ぜられた有用な窓に代えて、むしろ驚かせるために無用な窓が予想外の場所に開かれたものだった。偉大な建築作品を制作するために雇われた後継の建築家達は皆が、先輩の採用した様式をまったく無視して独創的なやり方で諸部分を加えた。もし大寺院の正面の両脇に二つの塔が名目上対応して建てられるなら、一方は他方と異なるのはまず確実で、それぞれの塔の頂上の様式と底部の様式は異なるのもまず間違いない。

しかし、これらの特徴的な変形は、不断に変化する偉大な諸体系の一部としてはじめて容認された。その不断の変化は、ゴシック的デザインの各構成部分を通して流れており、建築者の想像力のためだけでなく、見る者の探究心をそそるためにも際限のない領域として表現された。そして、その変化は最良の流派において、神秘的で繊細であり、高尚な単調さを混入することによって、さらに一層楽しいものとなった。比較的野性的な流派では、幾分気まぐれで饒舌な表現となったが、すべての流派において、変化はその派の生命にとって必要で不断の条件であった。多様性は時には一つの特徴にあり、また時には別の特徴にあった。それは柱頭や葱花飾りや壁龕やトレーサリやそれら全部の纏まりの中にあったとしても、諸特徴のいずれかにいつも見出される。もし刳り形が不変なら、表面彫刻が変化する。柱頭が固定したデザインなら、トレーサリが変化する。トレーサリが単調なら、柱頭が変化する。もし初期イギリス派のような立派な流派において不変の形の刳り形・柱頭・花形装飾にほんの僅かな近似が認められるならば、多様性が建築の塊の配置や形象彫刻に認められる。

Ⅲ　自然性（自然愛）

ゴシック精神の第三の構成要素は「自然性(6)」である。これは自然の事物そのものへの愛である。

芸術的法則に束縛されずに率直に自然の事物を表現する努力である。ゴシック様式のこの特徴はこれまでに挙げた（ゴシックの）特徴と必然的に関連して部分的に表われている。工人が好きな選択をしたどんな主題をも自由に表現することができるようになるや否や、工人は題材として自分の周囲にある自然に注意を向けるに違いないし、彼は自然を見たままに、彼の使える技巧によって正確さの多少のずれはあるが、表現しようとする。それも空想力を大いに羽ばたかせるが、法則は僅かしか尊重しないで表現しようとする。しかし西洋の民族と東洋の民族との間には、両者が自由な状態でさえ際立った差異がある。

西洋民族の想像力またはゴシック的想像力は事実の表現を最も喜ぶが、東洋民族（アラブ・ペルシャ・中国などの民族）の想像力は色彩と形態を喜ぶ。これらの知的性向のそれぞれには誤りと悪用のその特殊な形態がある。この項はできるだけ簡潔に述べなければならないが、この部分のみはむしろ詳述した方がよい。なぜなら、「自然性」には幾つかの意味があるが、その一つにおいては、批判的な意味で使われても止むを得ないし、芸術と自然の現実的関係の問題は今日ヨーロッパのすべての流派を通じてあまりに多くあまりに混乱しているので、私がここではっきりと一つの真実でも発表すれば、かならずそれに伴ってある種の誤りを認めざるを得ないように思われる。読者が、一般的指導のために役立つ主題の分析に立ち入ったと考えて私を大目に見てくれなければだが、そういう心配もないだろう。

まず第一に私達は色彩と線の配置は作曲と似た芸術であり、事実の表現からは完全に独立していることを、心に銘記しなければならない。良い彩色はそれ自体以外のどんなもののイメージもかならずしも伝えはしない。良い彩色は光線のある種の比率と配置にあって、何物かへの類似にあるのではない。白紙に画家が筆で灰色と紫色の良い彩色の二、三の線を描いたとする。さらに、筆づかいが加わるにつれて、私達はその絵が鳩の首を表現しようとしていることを知る。そして描写が進むにつれて、鳩の首がうまく描かれていることを褒めるだろうが、良い彩色はその模倣のうまさにあるのではなく、灰色と紫色の抽象的な特質に負うている。

同様に偉大な彫刻家が石塊から作品を彫り始めるや否や、私達はその線条が品よく配置され、高貴な特性を有することを見分ける。形態が人間か獣か、はたまた植物か、ドレーパリか、いずれでも、それらの形態が何を意図しているのか、私達は全然見当がつかない。何かへの類似があっても、それはそれらの品性に影響しない。それらは崇高な形態である。それは、工人が良い彫刻家か悪い彫刻者かを語るためのものであり、私達がそれらについて知る必要があるすべてである。

最も高尚な芸術は、形態と色彩についての抽象的価値と、それらについての模倣的能力をぴったりと合致させたものである。それは最も高尚な事実を表現するために用いられた最も品のよい構成である。しかし、人間の心は一般にその二つの完全性を統合できない。人間は事実を追求して構成をゆるがせにするか、構成を追求して事実をゆるがせにするかのいずれかである。

大自然がこう**すべき**(7)（自然の造形のこと―訳者注）だと神は意図しているだけであって(8)、最良の芸術を生むことを神がかならずしも欲求しているわけではない。事実は、地質学の図解のように、芸術なしで求められることがあるし、芸術がトルコの絨緞のように事実なしで求められることがある。大抵の人々は事実か芸術かのいずれかを表現する能力を賦与されているが、両方共に賦与されてはいない。ただし、例外として一人か二人の最高の人物だけが両方を賦与されている。

注意すべきことは、人々はその芸術的資格において三つに大きく分類されることである。右、左、中央の三分類である。右側には事実の人間、左側にはデザインの人間、中央には両方の人間というわけである。

三つの分類はもちろん感ぜられないくらいの細かいグラデーションによって相互に移行する。事実の人間だからといってデザインの能力がまったくないわけではない。デザインの人間も事実をある程度認識している。それぞれの分類枠の人間が反対側の分類枠の人間の能力を大なり小なりもっているので、それぞれが中央枠の特性に近づく。中央の位置でさえ、彼らが一望の下に両方の領域を見渡せるので、一方か他方かへ傾く気配が少しもないほどに頂上の王位にぴったり就ける人達はほとんどいない。

さてこれらの分類枠のそれぞれのなかで、機能が健全に働く場合と、あまり健全でない、ないしは病的に働く場合がある。いずれかの作品が病的状態で見られる時、工人達の行動を捻じ曲げた特別な悪用に欠陥を探すのではなく、工人達の分類枠にあら捜しを私達はしがちである。

三つの分類間の区別を十分に理解するために、単純な主題について三分類の健全な働きの実例を挙げよう。そうすれば、私達はそれらが陥りやすい堕落を一層容易に吟味できるだろう。図版Ⅳ

（一六七頁）の上図は桜の木の枝と並べて置いた葡萄の蔓である。私はその輪郭をできるだけ正確に描いたが、形態を構成し配置換えしようとは思わなかった。それはありのままの健全で正常な事実の働きそのままの単純な作品であり、葡萄の髭蔓について知りたい人に役立つものである。でも、そこにはデザインの試みはない。図版XVII（四三九頁）はドゥカーレ宮殿の角隅を装飾するために用いられた葡萄の枝を表現している。それは葡萄樹の表現として誠実であり、しかもあらゆる葉が建築上の目的に役立ち、その位置から割愛すれば、かならずデザインが損なわれる。これは中央の作品である。事実とデザイン両方に跨る。図版IVの下図はサン・マルコ大聖堂の三角小間である。そこではデザインの目的が優雅な線と釣り合いのとれた広がりを金地の上に得ることであるので、葡萄樹の形態は漠然と暗示されている。見る者に葡萄樹の生長についての事実を知らせる試みは少しもない。茎も髭蔓もない。それらから出た葉のついた帯状の紐が走っているだけで、その輪郭だけが葡萄樹から採られ、しかも不完全に採られた。これは事実を意に介さないデザインである。

さて、すべてのこれら三つの場合ともに、作品は完全に健全である。図版IVの上図はデザインがないからと言っても、悪い作品ではない。下図は事実がないからと言っても、悪くはない。前者の目的は真実によって喜びを与えることであり、後者のそれは構成によって喜びを与えることである。両方共に正しい。

三分類された工人が陥りやすい病的作業は何だろう。

まず最初に「事実の人間」と「デザインの人間」が陥るものが二つである。それぞれがもう一方の分類の人々に影響を与える。

第一は、それらの二つの分類の一方が他の一方を軽蔑する時——

第二は、二つの分類の一方が他の一方を羨む時——

したがって、四つの種類の危険な誤りを生じる。

第一は、「事実の人間」がデザインを軽蔑する時である。これは静物画家——花などを模倣して写生する画家——の誤りであり、正確な写生や自然への強い共感の才能があるので、模倣が完成されたり共感が表現されたりすることで、万事完成と思い込む画家達の誤りであって、例はオランダの画家達である。イギリスの風景画家の大多数はこの分類に入り、最も器用な自然のスケッチ画家をもこれに含まれる。それらの画家は、真の色調の空や太陽の光や夕立を忠実に表現することが芸術に求められるすべてと思い込んでいる。一般的にこれらの画家達は、より高度な質の構成に対する感情が死滅しているが、これは彼ら自身に責任がある。彼らはおそらくはじめからデザインの高度な才能をもっていなくて、他人がもっているデザインの偉大な才能を軽蔑し、その研究を拒否することで、はじめ所有していた能力も失った。彼らの知識は正確なので、彼らは通常押しが強く自惚れていて、徐々に自分達の作品に似たもの以外は何も称賛できなくなる。彼らは偉大なデザイナーの作品に欠点しか見なくて、少し前の時代——ラファエル前派時代のこと——の最も偉大な人達の構成を冷笑することで、現代ヨーロッパ社会に計り知れない害を与えている。なぜなら、これらの偉大な人達の作品は「自然」についての「事実の人間」の観念と完全には合致しないからである。

第二の種類の誤りは、「デザインの人間」が事実を軽蔑する時のものである。すべての高尚なデザインはある程度事実を扱わねばならない。なぜなら、自然以外にデザインの糧はないからである。最高の彩色家は自然の色彩からヒントを得ることで最良の発明をする。例えば、鳥・空の形象のさまざまな群れからである。空想的な色彩と形態を発明する喜びで、自然の真実が勝手に無視されるなら、知性は比較的耄碌《もうろく》したのであり、私達が中国人の作品に見出すような芸術が結果として生じてくる。ギリシャのデザイナーは人体の形態という事実を喜んで、その結果偉大になった。しかし、人間以下の自然の事実は彼らに無視された。それで彼らの劣った装飾は死んで価値がなくなった。

第三の種類の誤りは、「事実の人間」がデザインを羨む時のものである。換言すれば、この種の人間は模倣能力だけを有するので、自分の周囲の目に見える世界について能力を使うのを拒否する時である。しかし、構成が芸術の目的であると教えられたら、この種の人間は自然が彼らに与えない創意ある能力を得ようとして、有名なデザイナーの作品だけを研究し、剽窃の野放図な蔓延と芸術法則に絡み取られて窒息してしまう。

ここに今世紀（一九世紀）のはじめの大いなる誤りがあった。それは絵画制作に従事する最も卑しい種類の人々の誤りであって、それはその誤りに陥った人達をまったく役立たずにし、真実でも想像でも世間に貢献できなくするから、すべての中で最も致命的である。そしてこうする内に、彼らは十中八九真実と想像の両方において卑しい類似品によって世間を欺くのであり、真実も想像も現実に存在するのに、ついには世間は真実か想像か見分けがつかなくなる。

第四の誤りは「デザインの人間」が事実を羨む時のものである。換言すれば、自然を綿密に模倣したいという誘惑が彼らを彼ら本来の装飾的役割を忘れるまでにさせ、彼らは写実的真実のために構成能力を失う時である。例えば、サンザシの刳り形である。[9]

しかし、二つの病的な状態——「事実の人間」がそれに陥りやすい——は、「デザインの人間」が陥りやすい状態よりもずっと危険で有害であることは、注意深く記しておくべきであろう。「デザインの人間」の病的状態は彼自身だけに損傷を与えるが、「事実の人間」のその状態は世界全体に損傷を与える。中国の陶芸画家は、実際は尊大ではなくて、陶器でないものを破壊したがらない。しかし、現代イギリスの事実のハンターは、デザインを軽蔑して、自分の真実観と一致しないあらゆるものを破壊したがって、宗教に代わった独善主義によって興奮に駆り立てられた伝統破壊者の最も危険で軽蔑すべき者になる。サンザシを緑色に塗ったブールジュ大寺院の彫刻家は実は彼自身の美しいデザインの効果を幾分損なったが、コンスタブルに草を緑色でなく茶色に塗らせようとしたジョージ・ボーモント卿はコンスタブルと自然の間に立って、その画家の目を見えなくし、神の営みを冒瀆しようとした。

両極端の分類の人々が相互に羨み軽蔑することによって引き起こされた彼らの病弊については、これで終わりとする。中央の分類の人々が両方の能力を所有するから、この種の病的作業に陥りやすくはないということは明白である。

だが、事実の追究について考察するならば、三分類すべてに影響する別の種類の病弊がある。と言うのは、デザインの人々でさえとにかく外的真実から独立してはいない以上は、すべての三分類はある程度事実の追究者であるからである。三つをすべて多少なりと真実の追究者と見なすなら、彼らからまた別の三つの部類が生じる。自然で彼らに提示されるあらゆるものは自然の中では善悪混在している。それで真実追究者としての芸術家は、また大きな三つの部類――右、左、中央――に分けられる。右側の人達は善を感じ追究し悪から去る。中央の人々は、最も偉大であって、善悪をありのままに全体として感受し追究する。左側の人々は悪を感じ追究し、善を捨て去る。

私の言いたいことは、第一の部類は善を受け入れ悪を捨て去るということである。しかし、この部類の人々に提示されたものなら何でも、彼らは優雅さ、生命、光、神聖さの内、それが有するものを集めて、他のすべてを――少なくともできるだけ多くを――描かれないままにする。彼らの人物像の顔は邪悪な熱情を表現しないし、彼らの風景画の空は嵐など何処吹く風という調子であり、色彩の優勢な特性も明るさであり、明暗法の特性は光の充実である。初期イタリア派とフランダース派の画家アンジェリコ、ヘムリング、ペルジーノ、フランチア、全盛期のラファエロ、ジョヴァンニ・ベリーニと私達イギリスのストットハードは何よりもこの部類に属している。

第二の最も偉大な部類は、すべての善と共感し、しかも善を告白し容認し、悪から善を引き出すので、自然の中に彼らが見るすべてを躊躇なく描くのに、全体についての一種の神聖な把握・支配をもってする。彼らの主題は自然のように無限であり、色彩は華麗と悲哀の間に均衡を保ち、時折その両方の最高度の色合いに達して、明暗は明と陰影の間に均衡を保っている。

この部類の主要な人々は、ミケランジェロ、レオナルド、ジオット、ティントレット、ターナーである。第二期のラファエロ、ティツィアーノ、ルーベンスは過渡期的で、最初の人は折衷派へ傾き、最後の二人は不純な部類へ傾いた。ラファエロは稀に悪弊をすべて示し、ティツィアーノとルーベンスは稀に善をすべて示した。

最後の部類は悪だけを感受し模倣する。彼らは樹幹を描けばかならず病虫害・霜害で萎縮し風害で裂けた樹木になる。また、空を描けばかならず嵐雲に覆われている。彼らは人間性にまだ残っている乞食根性や獣性を喜ぶ。彼らの色彩は大抵地味で不気味であり、画面の大半が闇で占められる。

この部類の実例は幸運にも完成した形では滅多に見られない。サルヴァトール・ローザとカラヴァッジオは最も特徴的である。この部類に属するその他の人々は、彼らが善を多く感じ表現する度合いに比例して、感ぜられないようなグラデーションによって中央の位置へ近づく。しかし、ムリリョ、スルバラン、カミロ・プロカッツィーニ、レンブラント、テニールズは皆当然この低級な部類に属している。

ところで、芸術家を事実の人々と、デザインの人々と、両方の人々の三種に分類したのは皆神の定めによる。しかし、後の三つの部類における最後の人々（悪だけを感受し模倣する人々）はけっして神の定めたものではない。それは完全に人間の業であって、その部類に属する人々は彼ら自身の過失によってその部類に陥った。その時までは彼らは有用でもあり有害でもある。悪が最悪の形態にせよ、時折表現されるのはよいのだが、悪を楽しむのはけっしてよくない。中央の部類の強力な人々はいつも悪について必要なすべてを表現する。時にはホガースがしたように諷刺家として辛らつに悪について述べるが、彼らが悪を際立たせることなく、慈悲深さのもとにそれを隠したりするから、ますます悪がどぎつく表現されることになる。すべての悪が神のような無垢の目を通してあがなわれることもなく、ただ月並みな表現に終止するからそうなるのである。

そこで、第三の部類もある程度存在すると思うが、必要な部類は最初の二つの部類だけである。そして、最も卑劣な部類（この第三の部類）が第二の部類と混用されてきたことは、一般に認識されてきたことである。普通ヨーロッパ中で知られている二つの格式ある派は、「純粋派」と「自然派」というイタリアで最初に認められた名称で呼ばれている。しかし、現状では、堕落した、または、悪を愛好する部類は——純粋派ほどはっきりと定義できないが——曖昧だからこそ広義に解釈されて、時に自然を忠実に描く大画家もこの範疇に入れられ不名誉を与えることになる。

長い間、私の心の奥底で抱いていた事柄がある。それは、官能派がその汚らわしさにおいて自然派と離れているほど、純粋派はその神聖さにおいて、自然派と離れてはいないし、悪を悪のために追究する人と真実のために悪に耐えて寛大である人との差は、悪に耐えて寛大である人と悪に耐えようとしない人との差よりずっと大きい——もっとも見分け難い話であるが——という事柄である。

ここで私が便宜上、純粋派、自然派、官能派と呼ぶ人々の三つの大まかな格式の現実的関係を簡潔に記しておこう。これらの名称は彼らの現実の特性を表現しているからではなくて、私は用語を知らないので、純粋派の正反対を正確に表現する便利な用語を創造できないからである。私は大陸で確立された言語の慣用にできるだけ従うために、純粋派と自然派の名称を使用する。ところで、自然界で私達に提示されるほとんどあらゆるものは、善悪が混在しているが、だからといって自然は改善することができないと私は言うつもりはない。また、神の創造物のどれもが、もし私達がその用途を十分に洞察するならば、悪のために創られたと言うつもりもなく、その創造物の直接の効用や外観について、それはその時々に、あるがままのものであると認めざるを得ない。

それはちょうど果実の堅い皮や苦い味が、前者は果実を保護し、後者は果実の種を残すというそれぞれの目的があるにしても、食する者にとっては悪弊であるのと同じである。それゆえ、純粋派は自然を改良したりはしなくて、神のために良かれと思うものを自然と神から受容する。しかるに、官能派は、「豚が食する外皮」で腹を満たす。それゆえ、三つの部類は小麦を刈る人達に喩えられる。純粋派は細かい粉を受け取り、官能派は籾殻と藁を、しかし、自然派はすべてを家へ持って帰り、前者（粉）からケーキを作り、後者から寝床を造る。

実例を挙げると、収穫を破壊する嵐でもまだ種蒔きをしていない時に吹けば収穫のために日光を輝かせる助けになるし、都市を埋没させてしまう火山灰でも歳月による破壊から多数の人や物を保存してくれる。しかし、悪弊はやはり恐るべきである。なぜなら、私達はそれが必要だと知ったからである。そして、破壊を前にして退くような精神の臆病さと脆弱さを理解する。想像の中では、平和が壊されず、空が暗くならず、海が怒らないし、葉が変化せず、花が凋まない世界を創造する精神の臆病さと脆弱さを私達は容易に理解する。しかし、恐怖と美しさが交互に訪れるのを等しく見守る心をもつ人間は偉大である。彼は晴れた空の下でも喜び、水平線に細く棚引く黄昏の雲をじっと耐えて見守る人間であるからである。自然の平和が守られ保障される神の定めの荘厳さを喜べる人間は、さらに偉大なのである。しかし、麻薬と病気のために麻痺と病的雰囲気を楽しむ人間、人類の苦悩と絡み合った自然の無秩序の中に日常の飯の種を見出す人間、そして、宴会の開かれた家の片隅が荒野からの風に襲われている間に、罪を問い論破するのが定められた仕事である天使の右手を歓喜して見守る人間、そういう人間は、計り知れない距離を隔てて上記の両方の人間から分離されている。

凝視の主題が人間性そのものである時、これはさらに真実である。人類の熱情は一つは保護的、一つは恩恵的であった、穀物の籾と種子のようである。だが、熱情が、防備するように委任された精神の安らぎと釣り合いの取れた統合の状態で見られた時には、熱情は無用ではないし、高貴さがないこともない。目的が人類の継続である「熱情」と、不正義に対してその目的のため武装すべきであり、気まぐれな侮辱に抵抗すべく目的を目指し強化する「憤激」と、思慮分別や敬意や畏怖の根元にある「不安」――これらの三つが皆、人間の現存世界との関係で見守られる限り、名誉があり美しい。宗教的純粋派は現存世界との関係から退くことを自覚しようとして、表情からすべての一時的熱情の痕跡を払拭し、それを聖なる希望と愛で輝かせ、それを天国の平和の穏やかさで保障する。この派は肉体の形態を深い襞のある衣服で隠したり、その形態を厳しく鍛えられる型に則って表現し、努力によって強化させたり、情緒によって紅顔の聖者の像を作るよりも、断食によって衰弱し、苦悩のために青白くなるように人間の形態を描くのである。しかし、自然派の巨匠は人間を全体性で——精神的な強さと共に肉体的強さでも——捉える。この派はその熱情の全領域を探り共感をもてるから、その熱情すべてから一つの威厳ある調和を引き出せる。この派は人間を恐れることなく、人間の堅忍不抜の信仰においてだけでなく、その行為と思想、その焦りと怒り、さらに、その官能とその誇りにおいて表現するし、人間をそれらすべてにおいて高尚にする。この派は肉体から外被を剝ぎ取り、劣った生き物を見下ろしている天使のように人体の神秘の数々を見る。この派が見るのを渋るようなものはないし、告白するのを恥じるものもない。勝利し堕落し苦悩する生命ある万物との同質性を——尊厳性や慈悲のいずれにおいても——主張している。しかし、この派は幾分距離を置いて、共感の深い淵にあっても不動のまま立っている。なぜなら、この派の者の内部の精神は深遠なほど考え深いので、悲嘆にくれることはないし、大変勇敢なので驚嘆して度を失うこともなく、あまりに純粋なので汚染されることもない。

罪を犯したり他人を苦しめたりすることにしか喜びを見出せない人達、いつも人間を貧乏か耄碌状態か、または怒りか肉欲でしか見ない人達を、存在の階梯において私達は二派（純粋派と自然派）の人間の格式のどのくらい下に置くべきか。その人達は仕事上で人間を弱味へと陥れるか、または、人間の破滅の上に勝利するかであり、この人達は泥棒の陰険さや兵士の怒りや放蕩児の歓喜以外に思索や称賛の対象を認めない人達なのである。このように明確に述べると、この派が存在することが妙に思われてくる。しかし、絵画や彫像にしても、モラル上の目的が全然なしに人類の悪弊や悲惨を描いた作品が、私達のギャラリーや部屋の壁から取り除かれるとする。そうすれば、どんなギャップや空白が、私達が長期にわたって敬意の念をもって近づいた場所で、壁面の存在価値を減ずるかを、少し考えてみるがよい。また、低級であれ高級であれ、さまざまな形態の熱情――例えば、農民間の酔っ払いの喧嘩、兵隊どうしの賭け事と殴り合い、すべての階級の情事と陰謀、獣的な戦争画、山賊の画題、苦悩の飽食、それに飢えや難破や虐殺による死といった興奮だけのためのもの――、この多様な形態の熱情と関係ある無数の作品群を考えるがよい。それらの作品は鈍った精神を活性化し栄養を補給するものだが、それはその精神を血の海に浸すことでしか得ることはできず、その後はまた汚れて硬直した冷淡へと萎縮する。そして、半神半人の美しい妖精や好色な牧神や美の三女神や妖女の群れる官能的情欲の広くて虚偽に満ちた天国を考察するがよい。その天国とは、コレッジオのアンティオペー（ギリシャ神話で、テーバイ王の娘。ゼウスとの間に双生児の娘を産み、苦難の後、娘達に救われる―訳者注）の第七天界からペルシャの室内装飾家の描いたギリシャ風のバレーダンサー達と冷笑するキューピッド達にいたるまでの世界である。後悔することもなく、このすべてを破棄するがよい。そして、どれほどの芸術が後に残るかを見てみるがよい。

しかも、これらはその派の傾向の最も粗野な表われにすぎない。世界の聖画家のリストの高い地位にある人達の作品にも、もっと微妙だが確実なその派の徴候がある。この第三の格式の人達の間にムリリョの名を私が挙げる時、読者は疑いなく驚くことだろう。そうだ！　ダリッジ美術館へ入って、二人の乞食――一人は地面に横たわり食べていて、もう一人はその傍らで立っている――の有名な絵画について少しばかり考察しよう。

私達イギリス人の画家達の中に、純粋派の画家で、マドンナを見たこともないのでマドンナを描かなかったから、ムリリョとは並べられないが、乞食や農民の少年を描く画家としてなら、ムリリョやその他の画家ではW・ハントと並べられてよい画家がいる。彼は農民の少年達を愛した。なぜなら、その少年達が他の少年より粗末で絵の題材になる服装をしていて、より健康な肌色をしていると分かったからである。彼らの中で彼は見たすべてを恐れることなく描いた。健康とユーモア、新鮮さと活気のすべてを、ぎこちなさと愚かさをもって描いた。否定的であれ肯定的であれ、どんな害悪があっても描いた。全体として私達がそれを愛し、それがおそらく美しいと分かったから描いた。もし美しくないとしても、そこには悪よりも善の可能性があると分かったから描いた。野良着を金の衣のように貴重なものにする陽光と美しい色彩によってすべてが輝かされた。しかし、ムリリョが街路で集めた二人の襤褸を着た邪悪な浮浪児を見るがよい。最初あなたは笑う。なぜなら、彼らは貪欲に食っていて彼らの悪党ぶりは完全だからである。だが、そこには悪党ぶり以外に何かがあるのか、あるいは、画家がその嫌悪すべき邪悪な子ども達を描くことに時間を費やすのはよいのだろうか。画家が貪欲に食っているずる賢そうな乞食の子を私達に示したからと言って、私達が襤褸を纏った子どもの学校に少しでも興味を抱いたり、次に道で出逢った貧乏な子を助けることになるだろうか。画家が描いたその行為の選択に留意するがよい。彼は他の方法でも飢えを示し食う行為に興味をもたせることができただろう。例えば、顔をやつれさせたり、眼を物欲しそうに描いたりすることによってである。しかし、彼はそれをしたくなかった。彼はたんにがつがつ食う不快なやり方を楽しんだだけである。少年は飢えていなかった。飢えていたなら食いながら話したりにっと笑うためにきょろきょろしたりしないからである。

その絵画の下方の人物像のもう一つの点に注目しよう。それは絵を見る者の方へ足の裏が向けられるようになっていることである。それは他の姿勢だったらぎこちなくなるからではなくて、画家が足裏にくっついた灰色の埃を描き示すためにであった。こんなものを自然の絵画と呼びはしまい。それはたんに汚れを楽しんでいるだけである。その絵画の教訓があるとしたら、汚れを描いたからと言って少しも力強くならないということである。乞食の裸足が綺麗ではないと私達は誰でも知っているそういう構想のために人間の想像力が十分活発でないかのように、その汚れをわざわざ明るみに出してみせる必要はないはずである。

官能派の描く姿勢は、人物像を扱う際よりも、風景を扱う時の方が明白な特徴が少ない。なぜなら、自然の最も野性的な熱情さえも高貴であるから。その傾向は彼ら官能派が左右対称で単純な群れよりも、葉や前景の混乱した不規則な配置の方に重点を置くことによって、樹木や花のそれぞれの属的形態を特徴づけることにあまり注意を払っていないことによって——これは怪我の功名だが——明らかにされる。ほかにも「ピクチャレスク」(10)——それが見出された事物の完全さと矛盾しない美しさよりも、腐朽や無秩序や病気から生じた美しさ——を、選り好みすること、そしてまた、万物に存在する力強さと美しさの要素を不完全に描写することによってその傾向は露《あらわ》となる。

私は『近代画家論』の最終巻(11)でこの主題を十分に解き明かそうと企てたが、本書で三つの大まかな芸術家の部類を読者に理解させ、さらに高級な二部類（自然派と純粋派）――最後の部類（官能派）は病的だから――が陥りやすい病的状態の種類もまた理解させるために十分に述べたと信じる。

自然派の役割は自然の全体をできるだけ表現することであり、純粋派の役割はある特別な目的や時間のために絶対役立つものを表現することである。そうである以上、両派が近視眼のために誤りやすく、第三の派は判断力が薄弱なために誤りやすいことは明白である。まず第一に、私は両派が自然に存在するすべてを見るのではなく、近視眼的なために誤ると言おう。この場合「見る」とは、事物の外側だけを見たり、手近な問題と関係の薄い（事物の）点だけを見ることを指す。例えば、現代の大陸の自然派は、手肢の解剖的構造を徹底的に見るが、空を背景にした手肢の色彩を見ない。色彩を見るのは、画家にとって、構造を見ることより重要であるのだが。そして、事物の深みより表面を見る方が容易だから――と言うのは、事物を丸ごと見ることは、透察能力、共感能力、想像力という高度な能力を必要とするからだが――世界は通俗的な自然派で一杯である。彼らは官能派、悪を楽しむ人達ではなくて、最深の善を見ないし、彼らが自然に発見する僅かなものによって（表面しか見ないから）自然画のすべてに不信を招く人達である。

純粋派はこの同じ近視眼に陥りやすいというほかに、判断の致命的誤りにも陥りやすい。なぜなら、善でない事柄を善と考え、善が最小である事柄を最高の善と考えるからである。かくして、世界は通俗的な純粋派で一杯である。彼らは自分達の選択の愚劣さによってすべての選択に不信を招く。純粋派になることによって、ほんの僅かな程度の弱点——すぐ感情を害するだとか、物事の目的の理解が狭隘であるとかである——を示すのが普通だから、なおさらそうなる。芸術の全歴史において、最も偉大な人達は例外なく自然派であり、最も偉大な純粋派は自然派に最も接近した人達である。彼らはベノッツオ、ゴッツォリ、ペルジーノである。それゆえ、自然派には純粋派を蔑視する傾向が生じ、純粋派には自然派に対して感情的になる傾向が生じる（彼らを理解しないし、彼らを官能派と混同して感情を害するのである）。そして、これは両派にとって有害であるのは悲しい。

ここは多様な種類の誤りを述べる場ではない。読者はすでに私達の直接の主題から一見離れた処へ導かれて論述に幾分うんざりしているかもしれない。しかし、私が「自然性」[12]をゴシックの建築の第三の最も本質的な特徴であると述べた時、「自然性」の語の意味をはっきりと定義するためには、脱線は必要であった。ゴシック建築者は、私達が分類した芸術家の両方の間の中央の最も偉大な格式の部類に属している。私の言いたいのはこのことである。すなわち、すべての芸術家を、デザインの人、事実の人、両方の人と見なすならば、ゴシック建築者は両方の人であったし、すべての芸術家を、純粋派、自然派、官能派と見なせば、ゴシック建築者は自然派であった。

最初に私は言っておくが、ゴシック建築者は事実をデザインと統合する中央の分類に属する。しかし、特に彼ら自身の独創と言える要素は、信仰である。彼らの芸術的創意や配置の能力は、ロマネスクやビザンチンの工人のそれよりも偉大とは言えない。彼らはデザインの原理をそれらの工人達によって教えられたし、工人達からデザインのモデルを受容した。しかし、ビザンチン派の共感と豊かな空想力に、ゴシック建築者は南方では見出せない事実の愛好をつけ加えた。ギリシャとローマの工人は共に彼らの装飾に伝統的な葉形飾りを用いた。それは葉とは似ても似つかぬ何かに移行して、結び瘤が妙なコップ状の蕾や芽・房になり、茎からではなく生命のない棒や杖から生えているようになった。ゴシック彫刻家はこれらの型をちょうど私達が二度目にそれらを継承したように、あるべき典型として最初に受容した。彼はそれらの型には真実性もなく、知識もなく活力もないことを理解していた。彼が何をしても勝手だが、彼は真実の葉を描くことを好んだ。慎重に少しずつではあるが自然のさらに多くを自分の作品に入れて、逆にそのことですべてが真実の作品になった。でもやはりそこには固有の鍛錬され洗練されたデザインの配置についてのあらゆる価値のある特性を保持してであった(13)。

ゴシック工人が真実のために制作したのは、外的で目に見える主題だけではない。彼は実際の真実だけでなく、想像力によって表現する真実を描くのにも確固たる信念があった。換言すれば、ある観念がローマやビザンチンの工人によって象徴的に表現されると、ゴシック精神はそれを極度に具現化した。例えば、煉獄の火焔がトルチェッロの（ロマネスク様式の）モザイクでリボンのように縦縞の赤い流れとして表現され、その流れはキリストの王座から下降して徐々に邪悪な霊魂を巻き込むために延びてくる。この意味を私達がいったん教えられたら、それでその目的は十分に達せられた。しかし、ゴシックの独創的発明者はその徴候を必要な解釈に委ねて放っておかなかった。

彼は火焔をできるだけリアルな火のようにする。ルーアンの聖マクルー教会のポーチ（玄関）では、彫刻された火焔が死者の国の門から噴出して、まるでその教会そのものが燃えているかのようにし、壁龕の割れ目を通して、のたくる火焔が舌状の石造りとなって揺らいでいるようにした。これは極端な例であるが、だからこそ二つの芸術の流派の間の気質と思想の完全な相違性と、ゴシック様式デザインに影響した強烈な真実の愛好を例証している。

この真実性の愛好がその作用においていつも健全であるとは言わない。それがデザインを蔑視することから陥る誤りにはすでに注目した。与えられた実例において――そこでは真実の愛好は性急過ぎて、内的真実でなく表面の真実を捉えているだけだが――、注目すべきもう一つの種類の誤りがある。死者の国の火焔を表現する際に、最も語るべき必要のあるのは、火焔のたんなる形態ではなくて、その鎮火し難い勢い、その神聖な定めと神聖な限界であり、さらにその内的な猛火ぶり――肉体的物質的でなくて、神の怒りの表現であることの猛火ぶり――である。これらは一束の薪から発火して燃え盛る火焔を模倣することだけで語ることはできない。もし私達がこの象徴について少しでも考えれば、神の王座から流れ出て、悪しき霊魂を隔絶する岸の間を不断に流れ、それによってまるで勢いづけられたかのように流れが先へのばされ湖に入る。そこには邪悪な霊魂が投ぜられている。そのような血液の赤い流れを思わせるものによって、松明で照らされた壁龕の辺りで、ゴシック建築者よりも多くの真実をロマネスクの建築者は語っただろうと、私は思う。だが、これは私達の直接の目的には合わない。当面私は真実への愛好が後期ゴシック時代に導入されたことの過失について主張しているのではなく、北方の建築者達の光栄ある特別な特徴としての感情そのものについて主張しているのである。と言うのは、上記の例においてさえ、過失を引き起こした原因は、真実への愛好にはなく、思想の欠如にあるからである。真実への愛好はそれだけではよいが、それが無思想に誤導されたり、虚栄心によって過度に煽動されて、主にそれがその把握力と理解力を自慢するために、つまらぬ価値しかない事実を摑んだり、そういう事実を集めたりする時、その働きは鈍くなりまたは不快なものになるだろう。しかし、事実に対する本来の愛好心を責めるべきでなくて、事実を選択する際の不注意や、事実の陳述の不適切を責めるべきである。

第二に私が言いたいのは、純粋派、自然派、官能派などすべての芸術を通観した場合、ゴシック作品は、むしろ自然派であるということである。

自然派の特性は美的感覚を支配し、その感覚があらゆる種類の描写を楽しみ人間の容貌や形態のさまざまな特性を表現する。それは葉の多様な形態や枝の無骨さを表現するのと同様である。その特性が、そのようにさせるところの真実に対する極度の愛好心を必然的に伴うのである。この傾向は、ゴシック作品の第一の特性である粗野さで表現されていると私達が理解した、キリスト教的謙虚さによって増大され高尚にされる。と言うのは、それが工人の不完全さを告白する謙虚さから生じるように、この自然派的描写は、画題の不完全さを告白する謙虚さによって誠実なものとされるからである。

ギリシャの彫刻家は彼自身の弱さを告白したり彼が描いた形態の欠陥を語るのに耐えられなかっ

た。しかし、キリスト教の工人は、すべては最後には良かれと作用してくれると信じて、自分の弱さも自分の描いた形態の欠陥も両方とも自由に告白し、彼自身の制作の粗野さを隠そうとせず、また、彼の画題の質の粗野さも隠そうとしない。しかし、この率直さが加わると――大抵は他の領域における宗教的感情の深み、特に慈悲心を伴うが――、時には最善のゴシック彫刻に純粋派への傾向が見られる。その結果、それはしばしば表現の形式と柔和さの偉大な威厳の域に達する。しかも、描写が可能な場合にも、描写の真実性を失うことはけっしてない。それは王を半神にまで奉ることも、聖者を大天使に祭り上げることもなくて、王や聖者にはどのような王者らしさ・神聖さがあるかを彼らの欠点の公平な記録を混ぜて十分に示す。これを聖書に書かれた歴史の記録のように淡々と示す。その記録は、感動を表わさず、弁明もせず、決然としてそれが語るすべての人々の美徳と誤りを書き留め、時には読者に歴史家の判断を示さずに彼らについて読者自身の評価を下すようにさせる。この真実性はゴシック彫刻家達の公平な描写と同じく細部描写や一般描写において彼らによって追究された。なぜなら、彼らは芸術を聖書と王の描写に限定しないで、最も馴染みがある場面や最も素朴な主題を導入したからである。そして、彼らは聖書の歴史物語の背景を、生き生きとした好奇心を湧かせるような日常生活の表われた出来事の表現で満たした。さらに彼らは、場面や時代の象徴や、説明として工人の目に馴染みのある事柄が導入され、あらゆる機会を利用して証明した。それゆえ、ゴシック彫刻と絵画は最も偉大な人達の価値ある描写に満ちているだけでなく、それが全盛であった時代のすべての家庭の習慣と民衆芸術の顕著な記録でもある。

しかし、ゴシックの工人達の自然派的思考が特別に表明される方向が一つある。この方向は自然派の思考よりも自然派の特徴を示している。私が言いたいのは、植物の形態への愛着である。日常生活の事情を描く際に、エジプトやニネヴェの彫刻は、ゴシックの彫刻と同様に締まりがない。国家の栄華や戦いの勝利から些細な家庭のやり繰りや娯楽にいたるまで、すべてが雑多なドラマに不断に興味を引くように大理石のスペースを充実させるために利用する。初期のロンバルディア及びロマネスクの彫刻は、戦争と狩猟の馴染みのある出来事を描写することで同様に顕著である。しかし、これらの民族によって描写されるすべての場面では、植物が説明上の添え物としてだけで現われる。葦は川の流れる道筋の特徴として導入され、樹木は野獣を隠蔽する場または敵を待ち伏せする場の特徴として導入された。だが、植物を独立した正確な研究対象とするほど植物形態に対する強い特別な関心はなかった。デザイン芸術をもっぱら追究する民族の間でも、導入される葉の形態は貧弱でありふれたものでしかなく、形態の現実的な複雑さと生命力は称揚されず、表現もされない。

だが、ゴシックの工人にとって生きている葉は強い愛着のある主題になった。それで彼はすべてのその特性をデザインの法則と矛盾のない正確さでもって描こうと苦悩したし、熱情のあまり、特性と法則の内、一方を侵し他方を装うような気にしばしばさせられて、彼の題材の本質を描くため苦闘した。

これには以前に建築の面で表明されてきたよりも高度な文明とより優しい気質を共に示す特別な

意味がある。粗野さと変化愛好は、――これらを私達はゴシックの第一要素として強調したが――またすべての健全な流派に共通である。しかし、ここでは、ゴシック自体に特別な、それらの要素と混じった、さらに柔和《ソフト》な要素がある。人体の形態を描く時には、彼らがいかに粗野で無知であるかがさらされて痛ましいほどだが、しかしそんな彼らも路傍の草は見事に描きることができる。狩人は性急で、格闘家は怒りっぽく、彼らをよく観察すると、病的で熱に浮かされたような変化を好む性格が見られるものだが、そんな彼らでも髭蔓の伸び方や花の蕾の膨らみ具合を見守る時には、慰められ満足させられる。

それればかりでなく、知的関心の新方向は、生活方法や習慣における無限の変化を特徴づける。狩猟に主要な生活の支えがあり、戦争に主要な関心があり、宴会に主要な歓喜がある諸民族は、葉や花についてあまり注意を払わないものである。そして、原始的な槍や雨漏りを防ぐ屋根や赤々と燃える火にくべる材木を示す表象として以外、彼らを覆う森の樹木の形態にはほとんど注目しないものであった。植物の優雅さと外的特性への愛着ある観察は、大地の贈り物に支えられ、大地の目もあやな美しさによって楽しまれる、より平穏でより優しい存在の確かな証拠である。ゴシック様式のデザインを特徴づける繊細で乱れぬ有機体の種に対する注意深い識別とその種の豊富さには、思索に浸る田園生活――平常の優しさに影響され鋭敏な探究に捧げられる生活――の歴史が見られる。そして、花びらに丸みを付ける技を追う鑿の刻み目の一つ一つの繊細さは、医学から始まった自然科学と文芸復興と、家庭的知恵と国家的平和の最も必要な原理の確立の全体系の発展を予言している。

　ゴシック建築の原初の着想は、植物から得られた――つまり、並木の対称性や枝の絡み合いから得られた――という奇妙で空しい仮説に私は言及したことがある。それは初期ゴシックを熟知している誰の心にも少しも存在しなかったであろう仮説である。だが、どんなに根拠のない理論でも、完成された様式の特性を示す証拠として極めて価値がある。植物への類似が建築者の気質を示すものとして示唆的であるのは、この理論の逆が事実であるからである。ゴシックは植物への類似から生まれたのではなく、その類似へ発展してできたのである。人々の心と建築物の形態の両方に影響を与えたのは、大枝の撓みからアーチの形態を偶然暗示されたからではなくて、石の形態へますます完全に移行していけた自然形態の美形の漸次的で不断の発見があったからである。ゴシック建築がどっしりと山塊の力強さで聳え立つのは、修道僧の熱情と兵士の力によって斧で切られ鉄のロープで縛られた石塊が、次々と積み重ねられてのことであった。それらの岩石はカスガイで締められた支柱をあてがわれ、重厚で不気味な壁になった。その壁は暗がりに隠遁僧を閉じ込め、戦いの嵐も撃退し、前者の場合は同形の狭い小十字の窓によってしか日光を通さず、後者の場合は同様にして矢を通さなかった。徐々にだが、修道僧の熱情が鎮静し思索的になって戦いの喧騒も修道院や城の櫓の門の彼方へ遠ざかり時間が経っていくと、石柱は細くなり円形屋根は軽くなり、ついにはそれらは絡み合って、青々と茂った夏の森や夥しい血の中に踏みつけられた野原の花に似た建物や装飾に変貌した。そして、甘美な記念碑的彫像が寺院の玄関や墓の天蓋の下に永遠に花を咲かせるように建てられた。

ゴシックにおける植物の生命を表現する傾向性が称賛されるのは、より大きな優しさや洗練された精神の証拠としてだけでなく、この洗練さができるだけ最良の方向へ移行する証拠としてである。創世記の文章「予は汝に食物としてあらゆる緑の草を与えた」は創世記のすべての他の文章と同様に、文字通りの意だけでなく、深遠な象徴的意味を有している。緑の草の意味するところは身体の滋養だけでなく、魂の糧でもある。緑の草はすべての自然界の中で人間の健全な精神生活にとって最も不可欠なものである。私達の多くは素敵な風景を必要としないし、崖や山峰も万人によって見られるために意図されてはいない。おそらくそれら自然物の力はそれらに慣れていない人達を凌いで最も偉大であるだろう。しかし、樹木と野原と草花は万人のために創造され万人のために必要である。神は肉体維持に不可欠な労働を、最も健康的な心情の喜びと結合させた。神は地面を堅固にしたが、草を芳しくし、花を美しくした。最も誇り高い、人間の建て得る建築は、人間存在の表象であり支柱である野原の草のイメージを帯びて、その記憶を呼び起こすことほど高い名誉を得られることはない。立派な建築は、そこにパラダイスの葉の類似物を彫刻される時、最大の栄光に輝く。偉大なゴシック精神は、そこに不穏な精神状態の中で高貴なものが示されたように、自然が把握されたから高貴なのである。それはまさしくノアの箱舟の鳩のようである。なぜなら、その鳩は波の上に休息を見出せなくて、次の文句「見よ、その口には摘み取られしオリーヴの枝ありき」における鳩だからである。

Ⅳ　グロテスク性（型破りの想像力）

ゴシック精神の第四の不可欠の要素は、グロテスクの感覚であると前述したが、私達がルネッサンス派の区分の一つ――それはグロテスクに病的なほど影響された――を吟味する機会まで、この最も奇妙で陰険な特性を定義する努力を先送りしたい。そのためここではそれを主張する必要が少なくなる。ゴシックの芸術に通じている読者なら誰でも、私の真意を理解するにちがいないし、荘厳なイメージだけでなく、空想力を飛翔させた怪奇で奇想天外なイメージを喜ぶ傾向もゴシック的想像力の普遍的本性であると、ためらわずに容認すると私は信じている。

Ⅴ　厳格性（頑固さ）

前に名を挙げた第五の要素は頑固さである。この特性を私は慎重に定義するよう努力したい。なぜなら、私が用いた語も私が思いつく他のどの語も、それを正確に表現し得ないからである。私の言いたいのは、たんに安定した頑固さだけでなく、活動的頑固さだからである。それは運動に緊張を与える特別なエネルギーであり、激しく燃える雷光を湾曲形よりも曲折形にし、頑丈な樫の枝を撓めるより角張らせ、氷柱の輝きと同様に槍の震えにも見られる抵抗力に頑固さを与えるエネルギーである。

私は以前にこの頑固なエネルギーの表われについて記す機会があったが[14]、それがゴシック作品の構造や装飾の全体を通して表われるので、ここでさらに注意深く考察せねばならない。エジプトとギリシャの建築は大抵次々と石が互いに受動的に凭れ合っていて、それ自体の重みと容積によって立っている。だが、ゴシックの円形屋根やトレーサリには手肢の骨や樹木の繊維の頑固さに類似した頑固さがある。部分から部分へ力強い緊張と力の伝達にあるしなやかさがあり、これが建物の目に見えるすべての線を通して念入りに表現されている。そして、同様にして、ギリシャとエジプトの装飾は、まるで押印したように、壁面が表面彫刻になっているか、または、その線刻が流線でしなやかで華やかである。いずれの場合も、装飾の枠組みそのものには精力的表現はない。しかし、ゴシック装飾はとげとげしく屹立して、霜降る夜の大気に漂う厳粛さのような独立不羈の精神で目立っている。空中に突き出した拳のようなこぶし花が、凍りついた地中から出た霜柱のような小尖塔として目立っている。ここでは飛び出して怪物となり、あちらでは発芽して花を咲かせ、そう思う間もなく絡み合って枝となり、その枝が交互に茨状装飾、盛り上げ装飾、剛毛状装飾となり、あるいはまた、のたうった揚句にいろんな形態の力強い縺れになっている。だが、最も優雅な時でさえ、一瞬も気を緩めずに生えているサンザシのようである。もし過失があれば（サンザシの棘で傷つけられるなら）、それは無愛想ということである。

作品にこの特性を生ぜしめた工人の感情や習慣は、今まで名を挙げた他のどの彫刻表現によって示される感情、習慣よりも複雑で多様である。まず勤勉で迅速に施工する習慣がある。それは北方民族の勤勉性——気候の寒冷なことによって刺激され、彼らのなすすべてに激しいエネルギーが漲る表現を与えた[15]──である。彼らの勤勉性が南方民族の緩慢さと対立する。と言うのは、南方火山の熔岩は緩慢に流れるからである。アルプスの南の国々の住民達には見出せない寒冷な冬の兆しを楽しむ習慣が北方にはある。寒冷は彼らにとって埋め合わせのできない悪であろう。それは耐えられできるだけ早く忘却されるべきである。しかし、北方の長い冬には、ゴート人（イギリス、フランス、デンマーク、ドイツの国々の人々もそうである）は、もし幸福な生活が送れるものなら、天候の如何にかかわらず、幸福の源泉を見出し、緑陰の多い森に劣らず、葉のない森にも喜びを求めるのを余儀なくされた。私達は心底からそうする。例えば、夏の陽光にほとんど劣らぬ満足感をクリスマスの炉辺で見出し、春の牧草地に劣らぬくらいに冬の氷原で健康と体力を得る。そうして、寒冷によって阻まれた植物のひねて硬直した姿を見ても、私達は嫌な思いも苦痛も感じない。南方の彫刻家のように柔和な風土で滋養を与えられ、暖かい風と輝く光線によって豊かな緑を滴らせる葉の快感だけを表現するのでなく、私達は大地や天からの恵みをほとんど施されなくて、季節のたびごとに植物の最善の努力も霜害で麻痺させられ、輝かしい芽も雪の下に埋められて、立派な枝も嵐で折られ、植物はひねて依怙地になり気難しいけれども、潜在する活力について想いを馳せることに喜びを見出す。

この特殊な主題の選択にあたってゴシック精神を確認しようとすると、人々の共通した感性や好みが見えてくる。粗野な素材を使用したことによって──その使用が工人達に、織り地の洗練さと形態の正確さよりも、活力ある効果を求めさせるのだが、──私達は北方と南方の構想のタイプの相違が明白に現われていることを知る。しかし、ゴシック的心情の中で、ずっと重要な位置を占めている間接的原因がある。もっとも、それはデザインへの影響という点から見れば、それほど直接的ではないが。北方民族にある力強い意志、独立した性格、断固たる目的意識、不当な統制への苛立ち、個人の理性を権威に向かって対抗させて行為を運命に対抗させる一般的傾向は、南方民族の、伝統への思想の緩やかな服従、宿命への目的の服従とすべての時代を通じて対立している。この傾向は北方のゴシック装飾の頑固な線や活力ある多様な塊《マス》や挑戦的に突出する独立した構造に多かれ少なかれ跡づけられる。しかるに、不断に配置されて、優雅で柔和に細工された波状や花輪状の装飾からは、南方の正反対の感情が読み取れる。さらに独立性を失っていき、南方の装飾の跡が見られる塊の表面に融合していく傾向に南方様式が読み取れる。また、塊自体の配置において、不可避の必要性やものうい安らぎに塊のもつ力強さを放棄する表現にもそれがうかがえる。

精神のこれらの特性は両方とも適度であれば長所となり、過剰であれば誤りとなる。それらが創造した様式の両方ともがそうである。最良の建築と最良の気質はそれら両方を統合するものである。それゆえ、ゴシック的心情の第五の要素は、耽溺に対して最も慎重さをもって処する心構えである。耽溺の要素のあるものは他のどの建築よりも明確にゴシック的な建築ではない。ゴシック的心情は粗野と言っても言い過ぎではないし、変化性をふんだんに含み過ぎることもなく、自然らしさに忠実過ぎることもないだろう。だが、頑固さも度が過ぎるかもしれず、軽薄な分裂主義に身をやつしたり、目的にこだわるために自己を見失うかもしれない。それは、極端なピューリタン精神のようにである。実際は後代になってそうなったのであるが、最高の高貴さでそれとまったく反対であると考えられてきた気質——自己信頼と探究のプロテスタント精神——が、そのあらゆる線刻に表現されたのを想起するのは爽快である。一世紀から一五世紀までのあらゆるキリスト教教会建築には、信仰と熱望があったが、現代のイギリスの偉大さの源であるモラル上の習慣は、ゴシック派が明確に創造した特徴に認められる。その習慣とは、哲学的探究、正確な思想、在家的脱俗と独立、厳しい自己信頼と宗教的真実に対する誠実で高潔な探究、そういったすべての習慣である。

ゴシック派の創造した特徴とは葉脈の入った葉、茨状の模様細工、陰影ある壁龕、控え壁で支えられた門柱、「天国へ向けて発せられた不惑の問い」を表象するように、天高く聳える恐れを知らぬ高さの神秘的な小尖塔と飾り冠のついた塔である。

Ⅵ　饒舌性（惜しみない表現力）

この高尚な流派の構成要素の内、欠くことのできないものではないために最後になった饒舌性の要素——その労働によって図らずも得た贈り物——が来る。これは実は大いにゴシック的であり、それも最善の時期のゴシックにあるものであり、今ではこの要素はほとんど残っていないし、その効果をもっぱら単純なデザインの美しさと単純な均衡《プロポーション》の優雅さによっている。でもやはり最も特徴的な建物においては、その効果のある部分は装飾の累積に依存している。人々の心を最も感化する建物の多くは、この属性だけによって、雷文模様で覆われた正面全体によるよりも、二、三本の完璧な線刻による方が、人々の趣向を満足させられるものとなるけれども、そのような趣味を満足させるだけの建物は最善とは考えられない。

なぜなら、ゴシック建築の第一の必要条件は、最も洗練された心だけでなく、最も粗野な心の助けを容認し、同時にそういう人達の称賛を受けるように訴えることも容認することであるから、作品の豊かさは——逆説に思われるかもしれないが——、その謙虚さの一部である。単純な建築ほど傲慢な建築はない。単純な建築は、二、三の明瞭で力強い線刻以外は眼に訴えることを拒否する。それは私達の凝視に対してほとんど示されるものがない時に、それが提示するすべてが完全であることを意味する。そして、それはその特徴の複雑さや魅力のいずれによっても、私達の研究をまごつかせることを拒否し、私達を欺いて喜ばせるのを拒否する。ゴシック派の生命である謙虚さは、装飾の不完全さだけでなく、装飾の累積でも示される。比較的下級の工人の品格は作品に豊かさが多過ぎたり、作品の粗野さでしばしば示される。そして、もしあらゆる手の協同とあらゆる心情の共感が認容されるならば、私達は弱い者の失敗を隠し、不注意な者からの凝視を獲得する饒舌性を喜んで認めなければならない。しかし、ゴシック的心情には装飾を重ねていくことに対する荒々しいまでの愛好的熱情——まるで彼が理想とした完成度に達するまで作品を充実させることはできないかのように感じる雄大な志をもった熱情——が存在する。さらに言うと、市場では役立たず、結局は放逐されるよりも祭壇の前に不毛な労働を捧げる方をよしとする自己犠牲と、私達がその役割を定義しようとした自然派の思考から生じる有形の宇宙の豊潤な富との深遠な共感とが、先に述べた愛好的熱情とも交じわった、はるかに高貴な関心が存在する。

森の木の葉にモデルを探す彫刻家は、複雑だからと言って優雅さを失うこととは関係なく、豊かだからと言って安らぎの静けさを失うには及ばないのを、素早く深く感ぜざるを得ない。大自然の細部にわたる多様な営みの研究において、彼が費やした一時間ごとに、彼は人間の営みのなかで最善のものでも、いかに不毛であるかを一層強く感ぜざるを得ない。大自然の完全で精妙な創造物が人間の構想力をもって把握できず、計算力をもって計上できないほどふんだんに溢れ出るのを見て、彼が彼自身の粗野な工人としての技能を出し惜しみするのは、彼に似つかわしくないと考えても、もっともである。そして、彼が宇宙を通じて欠点のない美が刺繍のような野原と山の花畑の広大なスペースに惜しげもなく与えられているのを見ると、自分の住まいや記念のために次々と重ねた石に対する貧弱で不完全な僅かな労力を出し惜しみするのは彼には似つかわしくないと思うだろう。これももっともである。彼の仕事が完成する前に、彼の生涯は終わってしまった。しかし、飽くことのない熱情をもって世代から世代へ継承され、ついに大寺院の正面は春の茂みや草叢の間にある一つの岩のように、その網目模様のタペストリーの中に埋もれてしまった。

(以上は「ゴシックの精神性、心的要素について」であり、以後は「ゴシックの形式について」である――訳者)

私達は今やさまざまなモラル的要素または想像的要素――これらがゴシック建築の内的精神を構成していた――の完成に近づく見方を得るにいたった。したがって、次にはその外的形態を定義しなければならない。

ゴシック精神が幾つかの要素（特殊な例では欠如した要素もある）で成り立っているように、ゴシックの形態は小規模な状態の形態（特殊な例では不完全にしか発達していない要素もある）で成り立っている。それゆえ、ある建物が形態上ゴシックか、そうでないかは、精神面でゴシックか否かを言えないのと同様に、言うことはできない。私達が精々言えるのは、それがより多くゴシック的か、より少なくゴシック的かを、それが統合しているゴシック形態の数に比例させて言えるぐらいである。

最近ゴシック形態についての定義づけをまずは円形屋根にあるとする多くの緻密で誠意ある努力がなされてきた。力強く実りある努力である。なぜなら、世界の最良のゴシック建築物の多くには、材木の屋根があり、その屋根は、帽子がそれが被せられる頭と関係がないように、建物の壁の主要構造とは関係がない。他のゴシック建築物は城壁・塀あるいは庭園・僧院回廊として空間を囲い込むものにすぎないので屋根はない。しかし、建築に僅かでも関心のある読者は、この件は人気があることを知っているにちがいない。なぜなら、この件は三段論法の推論や定義にもかかわらず、古くからある形態でそれが頑固に自己主張するからである。その主張とは、柱間のまぐさ[16]が平板なのはギリシャ式、円形アーチはノルマン式またはロマネスク式、尖頭アーチはゴシック式という主張である。

古くから人気のある考えがこれだけなら、完全に正しくて、何も手を入れる必要はない。すべてのゴシック建築で最も印象的な外的特徴は、それが尖頭アーチで構成されていることである——それはロマネスク建築が円形アーチで構成されているのと同じように。この特色は、ヨーロッパのすべての寺院から屋根覆いをはずして本来の屋根を調べたとしても、やはり明瞭であろう。しかも、もし私達が「屋根」という語の力強さと意味を注意深く吟味するなら、私達はその建築が真の屋根の形態に依存しているどんな事物をも表現できる古くから人気のある観念を、ゴシック建築の定義に留めることができるだろう。

屋根は一般に二つの部分に分割されると考えられている。本来的な屋根は、外郭、円屋根、内部から見える天井である。それに、この内部の屋根を風雨から保護する屋根覆いもある。幾つかの建物にはこれらの部分が一つの骨組みとして統合されているが、大抵の建築物では、それらは相互に多少なりと独立していて、ほとんどすべてのゴシック建築では、両者の間にかなりの間隙がある。

必要とされる諸部分の性質や、手近の素材によって、本来的屋根は壁に尖頭アーチを用いて構成され、狭義において他のすべてでゴシックである建物は、平板か、弓形に折られるか、円形かである。しかし、屋根造りだけに関する限りでは、それらは、もし尖頭アーチが石造円形屋根や本来的屋根の材木のいずれにおいても、採用された主要な形態になっていなければ、ゴシックではない。

はじめにわたしは言っておいたが、「ゴシック建築は本来的屋根（内部屋根）の尖頭アーチを可能なら用いる建築である」。これは私達の定義の第一歩である。

第二に言っておくが、内部屋根や天井にふさわしい必要な形態が多数あるけれども、雨雪に曝される寒冷の地では、屋根覆いにふさわしい形態は一つしかなく、それは破風である。この破風だけが、可能な限り敏速に屋根の表面のすべての部分から雨雪の両方を払い除けることができる。雪は円形屋根の天辺に留まるのであって、破風屋根の棟には留まらない。こうして、屋根造りに関する限り、破風は北方建築では尖頭屋根よりもずっと本質的特徴となる。前者は完全に必要なものであるが、後者はしばしば優雅な伝統である。破風はあらゆる住居や小屋の材木造り屋根に施されるのであるが、円形屋根は施されない。多辺形や円形の設計に施された破風は、小尖塔と尖り屋根の起源であり、ゴシック建築のいわゆる（天国への）憧れはその発展である。したがって私達は私達なりの定義に次の言葉――「ゴシック建築は本来的屋根（内部屋根）に尖頭アーチを、屋根覆いには破風をそれぞれ用いた建築である」を加えねばならない。

ここで私達はモラル上だけでなく、建築でも真実の原則に注目してみよう。

建築の性格を堕落させるのは法則のやむを得ない侵犯ではなくて、法則の勝手気ままな侵犯である。ゴシック建築がその本来的な屋根として尖頭アーチを用いるのは、その様式においての建築の法則であるが、この法則は多くの家庭住居の場合に、これはゆとりの欠如のために不可能になる（部屋割りの高さの全体のまとまりが要請されるので）からであるし、また、他にさまざまに不便な点で出てきて、平板な天井が用いられる。しかしそれでもゴシック式天井はその純粋性を失わないからである。しかし、屋根覆いには、形態変更の必然性も理由もない、つまり破風が最善というわけであって、もし他の円形屋根や尖頭形湾曲屋根などが用いられるなら、それは純粋に気ままによるものであり法則の勝手な侵犯である。それゆえ、これが何処で行われても、ゴシックはその性格を失ってしまい、それは純粋なゴシックではなくなる。

この定義の最後の言葉は強く主張されねばならない。なぜなら、精神的にゴシックではあっても、一般的にはゴシック建築とは見なさない夥しい建築、特に家庭的な建築をも包括した法則であるからである。これらの建築は美にほとんど配慮しないで建てられたし、円形屋根や窓にゴシック法則の遵守などは配慮されていないが、屋根の切り口の鋭さと趣きのある破風によって、ゴシック法則の特性を維持している夥しい数の市街の住居や散在する田園の農家がそれにあたる。

今まで述べた理由で、四角い窓と大胆な破風屋根のある家の方が、窓に尖頭アーチがあって、円形屋根や平屋根のある家よりも、ずっとゴシック的である。と言うのは、いつの時代でもあるが、最良のゴシック時代によくあったこととして、窓を四角くするよりも、尖頭にした方が容易で便利であったからである。教会建築の豊かさは家庭建築でも見出せるし、体系としては「尖頭アーチが教会で用いられる時には街中でもそれは用いられた」からであって、ただすべての時代を通して見ると、人々が好きなように建てないで最も容易な方法で窓や戸を構築せざるを得ない場合もあった。[17]この最も容易な方法とは、小規模な施工にあって、「まぐさ」として平板な石を載せ、8図のように窓を作ることであった。一つの建築物や一つの街路にそのような窓が作られるとしても、建物や街路をゴシック的で大胆な破風が保持され、その他の点でその造作に見られる精神がゴシック的として見える限り、それらの建築をゴシックでなくすることはない。

もし屋根が破風とは別の形態に勝手に著しく変えられたら――それが円形であれトルコ風であれ中国風であれ――その建物には、屋根のそのような顕著さと比例してゴシック的要素に混ぜられた明確な堕落があることになる。そして、絶対的には非ゴシック的とは言えないとしたら、その特性

8図

9図

を維持し得るのは、その屋根が生命を保っている骨組みから、出来物痕の瘡《かさ》蓋《ぶた》のように払い除けられて忘れられるようにさせるゴシック的エネルギーの出す活力――それは屋根以外の部分から出る――によってだけである。でもやはり私達は、それは忘れ得ることを認めねばならないし、もしゴシック印が壁にしっかりと押されていれば、タイルやトタン板のために保留された形態にけちを付けるべきではない。そうすれば、差し当っての私達の定義は、大規模な屋根についてだけにあるので、円錐状のガラス溶炉がゴシック建築として認められるが、フィレンツェのドゥオーモ（大聖堂）やピサの洗礼堂のいずれにも、それを認めないことになるだろうからである。それゆえ、私達はその言を修正するか、広義においてゴシックを理解しなければならない。

　私達の定義を最広義の屋根だけでなく、最狭義のアーチやトレーサリ桟を含むものと考えよう。そうすれば、その定義はほぼ完全な定義になる。と言うのは、実はすべての良いゴシックは9図のように下方の支え線が尖頭アーチで、上方の保護線が破風で考えられる一群の発展――それも多様な方式で

考えられるあらゆる規模での発展――にほかならないからである。大寺院の屋根の（下方に）弾力的な尖頭円形屋根のある巨大で灰色で頁岩《けつがん》のスロープから、その入口の最小の壁龕を飾っている極小の冠状尖頭にいたるまで、一つの法則と一つの表現がすべてに見出される。支えと装飾の様式は無限に多様であるが、すべてが良いゴシックである建物の真の特性は、9図の尖頭アーチの上方の破風の単純な輪郭線に依存している。その輪郭線は際限なく配置直しが続けられる。10図は――aはヴェローナの墓所（一三二八年）、bはアベヴィル（フランスの都市）の主要な教会の側部のポーチ（玄関）の一つ、cはルーアン大寺院の大きな西正面の一番上の尖頭の一つ――これらの群れを

10図

a

b

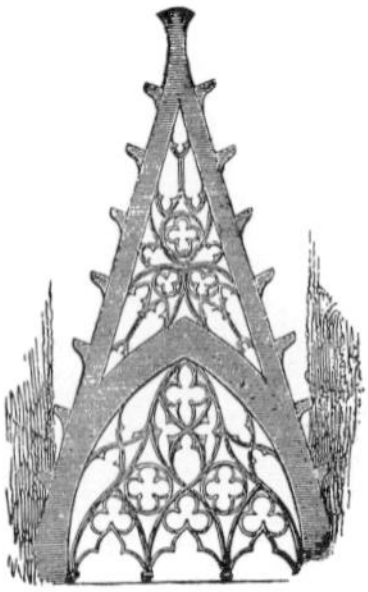

c

扱った三つの特徴的条件をそれぞれの図が表現している。最後の二つは、一五世紀の初期の施工だと私は信じている。初期イギリスとフランスの純粋なゴシックの形態はよく知られているから、別にここで留意する必要はない。実例によってこれらの少し稀な条件を選択した私の理由は、やがて明らかになる。

まず私達がゴシック様式を簡潔に表現した輪郭線の諸関係によって、世界中の他の様式の大建築物の形態を明白に表現できないかどうかを試みてみよう。いわゆる尖頭アーチは外部からの圧力に耐えるように、側面を湾曲させた破風と見なされるべきである。このように見なされたら、門柱（窓間壁）の間隙に橋渡しできるのは三つの方式――11図のＡＢＣで表現された方式――だけである。すなわちＡはまぐさ方式、Ｂは円形アーチ、Ｃは破風である。世界のすべての建築家はこれらの三つ以外に空間に橋渡しする方式を発見しないだろう。彼らはアーチの湾曲を変えたり、破風の両側を湾曲させたり、それらを破ったりしても、そうすることで属としての形態に新規に付加するのではなく、たんに修正したり細分するだけであろう。

さて世界には三つの良い建築方式があり、すべての建築物の原初の機能としての、空間に橋渡しする三つの単純な方法のそれぞれに対応しており、それ以上はあり得ない。これらの三つの建築方式は、建築物を組み立てる第一条件となる屋根造りの構成を表現する単純さと率直さに比例して純粋である。それらを施工する諸民族の民族性によって、多数の興味深い多様性が出てくる。しかし、すべての多様性は究極的に次の三つの題目に帰することができる――

11図

A　ギリシャ式
B　ロマネスク式
C　ゴシック式——破風の建築

ギリシャ、ロマネスク、ゴシックというそれぞれの様式の三つの名称は、それらの民族としての限界を含意しているので、広義で用いられる時には実は不正確であるが、三つの建築様式はそれでもやはり、それらを最高の完成度にまで達せしめた諸民族からその名称を得ていることは不適切とは言えない。こうして、私達は簡潔にそれらの現存する多様な形態を述べることができる。

A　ギリシャ式——「まぐさ」建築様式である。三種のうちで最悪であり、石造構造と関連して考察すると、いつもある程度野蛮である。この最も単純な型はストーンヘンジ、その最も洗練されたものはパルテノン神殿、その最も高貴なものはカルナックの神殿[18]である。

エジプト人の手によって作ると荘厳で、ギリシャ人の手では純粋で、ローマ人の手では豊かであり、ルネッサンス建築者の手によると柔弱である。

B　ロマネスク式——円形アーチ建築様式である。キリスト教時代までは十分な発達はしていなかった。これには二つの大きな分派がある。東洋と西洋、換言すれば、ビザンチン様式とロンバルディア様式である。それぞれが時代の経過と共にある種相互に影響しあいながら、アラビア風ゴシックとチュートン風ゴシックに変化した。その完全なロンバルディア様式の典型はピサのドゥオーモであり、その最も完全なビザンチン様式の典型はヴェネツィアのサン・マルコ大聖堂である。それが最高である理由はそれが堕落していないからである。それはそれ自体と同様に高貴な別の建築を生み出して滅んだ。

C　ゴシック様式――破風の建築様式である。ロマネスクの娘であり、ロマネスクと同様に、二つの大きな分派、西洋と東洋、すなわち純粋ゴシックとアラビア風ゴシックに分かれる。後者は多数のゴシック形態（例えば尖頭アーチ、円形屋根など）を有するし、その精神がビザンチン的なままである（特に屋根覆いの形態がそうであり、その典型的形態をその三大分類各々について次に定める）という理由で、ゴシック的と称される。

ここに私が述べてきた区別は、門柱の上から、その上に最初に置かれる石の形態によって決まる。言い換えれば、屋根本来の最も単純な条件の形態によっている。これらの輪郭線に屋根覆いの関係を加えると、私達はそれぞれの分類に応じた完全な型の形態をもつことができる。

ギリシャ式は別として、西洋的ロマネスク様式、西洋的ゴシック様式では、屋根覆いは破風である。東洋的ロマネスク様式と東洋的ゴシック様式では、それは円形屋根（ドーム）である。しかし、私は最後の二つのグループの屋根造りをよく研究していないので、それらを図解で一般化することはしない。だが、西洋の建築者の手になる三つのグループは次のように単純化して表現される。[12]

図のaはギリシャ式、(19) bはロマネスク様式、cは西洋式または真のゴシック様式である。

12図

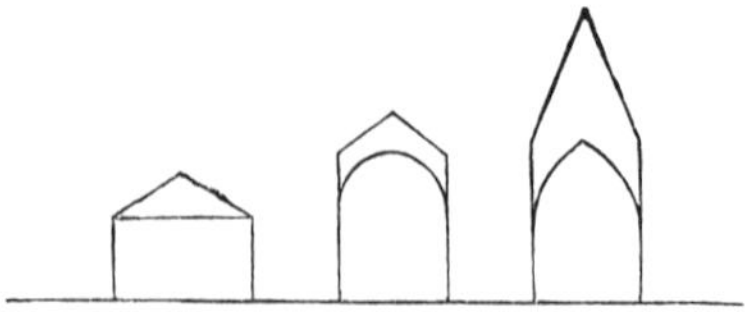

13図

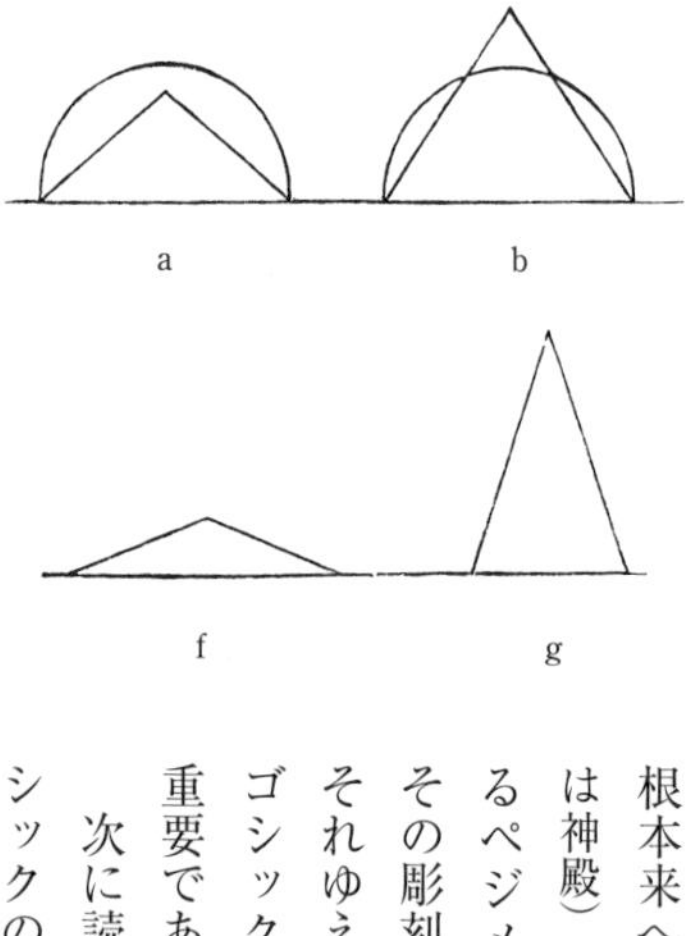

ギリシャ式における屋根覆いの屋根本来への関係は、その寺院（または神殿）に最も印象的な性格を与えるペジメント（切り妻壁）を形成し、その彫刻装飾の主要な容器となる。それゆえ、これらの輪郭線の関係は、ゴシック派と同様にギリシャ式でも重要である。

次に読者はロマネスクの破風とゴシックの破風の勾配の相違に注目すべきである。これは軽視したり放置してよい相違ではない。ロマネスク破風は徐々に高められる形態には移行しない。二つの間には大きな隔たりがある。すべての南方の建築の全体的効果は平板な破風によっていて、すべての北方のものは鋭角な破風の効果によっている。ここで私はイタリア村落の輪郭線または最もイタリア的塔の平板な頂上と、北方の尖頂型の破風と尖り屋根（この最も気まぐれな発達はベルギーに見られる）の間の相違を詳述する必要を感じない。だが、「ゴシック破風はすべての角度を鋭角にしておかねばならないし、ロマネスク破風は上方角度を鈍角にしておかねばならない」という分離の法則を述べておくのは良いであろう。と言うのは、読者に単純な実用的規則を示すと、⑬図a・bとして破風を表現し、その基礎の上に半円を描く。もしその頂上が半円より上に上がれば――bのように――それはゴシック破風であり、頂上が半円より下がれば、それはロマネスク破風である。だが、それぞれのグループにおいて最良の形態は、明確に険しいか、明白に低いかである。fでは、ロマネスク傾斜の平均が示され、gではゴシック傾斜の平均が示されている。

⑭図

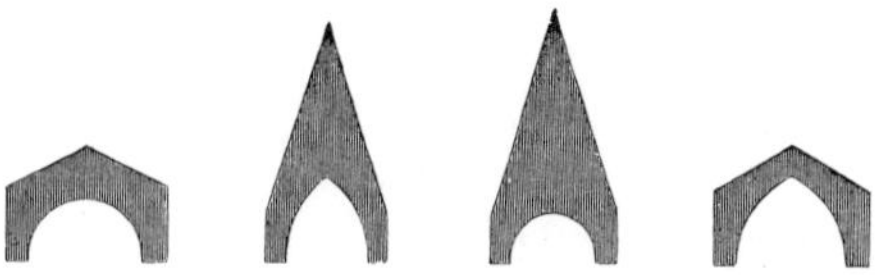

a　b　c　d

しかし、破風の傾斜で一方の派から他方の派への移行を見出せないけれども、破風の下のアーチと破風との関連では、二派の間に混同が起こることもしばしばある。純粋なロマネスクの様相は、⑭図aのように低い破風の下の円形アーチであり、純粋なゴシックの様相はbのように高い破風の下の尖頭アーチである。だが、一方の様式から他方の様式への移行過程に、私達は時に二つの様相が保留されるのを見る。dのように低い破風の下の尖頭アーチとcのように高い破風の下の円形アーチである。dの形態はヴェローナの墓所に、cのそれはヴェネツィアの戸に見られる。

こうして私達はゴシックの他の建築との関係を、建築構造の主要な輪郭線について決定した。その構造から生じてくる装飾の一部について、その形態について加えられねばならない一言がある。私達はその形態の第一の条件が、「それは尖頭アーチである」ということを理解した。それゆえ、ゴシックが完全な

15図

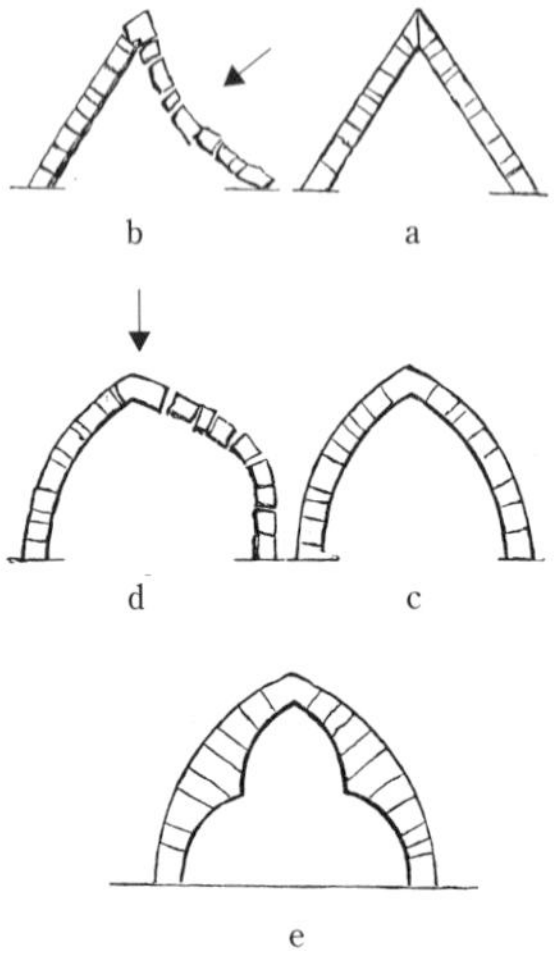

時、尖頭アーチはできるだけ丈夫な様式で建てられなければならないということになる。

私は尖頭アーチの石造施工の主題を論じたことがあり、[20] 次の結論を引き出した。一般に15図eで表現された尖頭アーチの可能なすべての形態は、素材の一定の重量が与えられるので最も丈夫である。実際、読者は忽ちに理解できるはずだが、尖頭アーチの弱点がその側部にあり、この点で側部を徐々に厚くするだけで、破断へのすべての危険を除去される。もっと単純化して言うならば、a図のように石造りの破風を想定し、矢印の方向に重みを外部からかけると、明らかにb図のように崩壊しそうになる。これを防止するために、c図のように尖頭アーチにすると、それは内側には崩壊しないが、もし上方から圧されると、それはd図のように外側に崩れるだろう。しかし、私達がe図のように建てれば、それは内外いずれにも崩壊することはあり得ない。

両側にカスプと称される尖頭突起[21]をもつ、このようにして得られたアーチの形態は、一定の素材の塊で得られる最高の力強さと永続性を表現するものとして、人間の心にとっていつまでも快いにちがいない。しかし、カスプが最初に発明されたのは、理論的な詰めによるものではなく、構造の法則を参照してでもなかった。それは、葉飾りの偉大なる装飾体系のアーチにたんに適用しただけであり、あるいは、ゴシックの「自然性」の主要な特徴として今までに強調された葉の形態の応用なのである。この葉の愛好は、ゴシック精神における力強さの増大と強さに正比例している。南方のゴシックでは、最も愛好されるのは**柔らかい**[22]葉である。北方ゴシックでは、棘のある葉である。もし私達が北方の偉大なゴシックの全盛期の装飾稿本を採り上げれば、その葉飾りの各一葉が金色や色彩で周囲にめぐらされているのが分かるだろう。時にはアザミの葉の付け根が棘状に発達している様子が忠実に写生されたことが明白であって、その棘状の付け根は、アザミの葉が茎に沿うように茎や枝に沿って走っていて、16図のように、鋭い棘針茎が先端から伸びている。他の時代では——一三世紀の作品の大抵において——、金地は純粋で厳格なカスプの形状となり、時には金地が葉を囲み、時にはそれが枝の三叉を充塡して[23]感ぜられないうちに徐々に明確に植物の様相から移動していく（その植物の様相では、それはデザインの他の部分が蕾や葉や果実を表わすように、棘を確かに表わしている）。そして、17図のように、蛇や竜や他

16図

17図

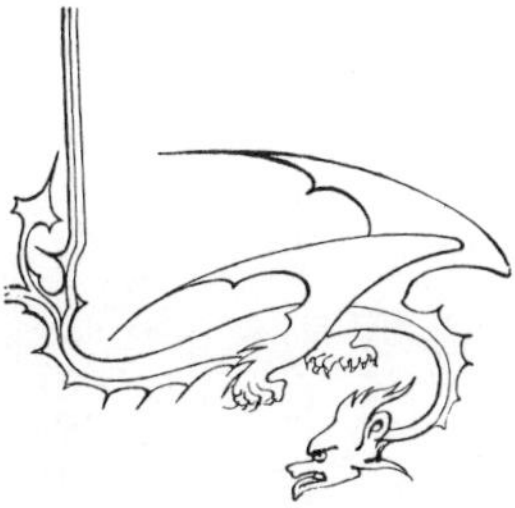

のグロテスクな怪物の首や膜状翼（むささびのもつ翼―訳者注）になってしまい、さらに湾曲した豊かで漠然とした幻想の産物と化す。しかし、その産物の中で尖頭アーチの純粋なカスプ体系は繰り返し認められ、偶然にではなく、デザインとして示され、デザインの文字通りの建築の部分と結びつく。

いわゆる葉飾りの体系は、それがカスプのアーチとして単純であろうと、トレーサリとして複雑であろうと、葉に対するこの愛好心から生まれた。それはアーチの形態が葉の模倣として意図されていたからではなく、その形態が**デザイナーが葉に発見したのと同じ美の特性を与えられるように意図されていたからである**。これら二つの意図の間に広い隔たりがあることに注意するがよい。アーチや屋根におけるゴシックの大仕掛けの構造が、植物の模倣を意図しているという考えは、事実の前では一瞬たりとも支持され得ない。しかし、ゴシックの建築者が傍系の装飾のためにコピーした葉には、輪郭が湾曲したある種の特性と、構造での細分と、適応放散(24)のある種の方式から生まれる特殊な美があることを、彼は感受していた。小規模なところでは、彼の彫刻や彩飾祈禱書の絵画において、彼は葉や棘そのものを写生した。大規模なところでは、彼はそれから美の抽象的な源泉を採り、アーチの輪郭に同種の湾曲線や同種の細分を、アーチの力強さと矛盾しない限り、与えた。そうは言っても、どの実例を見ても、輪郭を不規則に見せることによって葉への類似を示唆することはけっしてなく、構造は完全に単純に保ち、さらに石造りの最良の原理と矛盾しないようにした。それで、いつも単純なカスプ飾りにされるアーチの最も繊細なゴシックデザインでは、建築物全体を念頭に入れずして、カスプが美や力強さのために付加されたかどうかを言うことは事実上不可能である。また中世建築ではカスプがはじめて「ピクチャレスク」[25]な形態の愛好ゆえに用いられたけれども、それらの最も初期の発明は構造上の努力からではなかったと私は確信している。なぜなら、私が精通している最初期のカスプは、メンフィス（エジプトの都市）でマリエット氏によって一八五〇年に発見されたセラピウムの大ギャラリーの円形天井で用いられたし、王立文学協会においてこの二月に朗読された論文の中でその事実がハミルトン大佐によって指摘された。そのギャラリーの屋根はハミルトン大佐によって現場で計測されて描かれた素描画で見事に示され、その断面は完全に純粋で単純なカスプ飾り付きの円形アーチであるが、この形態にされたのは、力強さのためか、優雅さのためかを、私は言えない。

しかし、カスプの構造上の利点は、比較的小規模のアーチの場合にだけ役立つことは明白である。もしアーチが大仕掛けになると、側部の下の突起部が重過ぎて安定を保てなくなる。石の垂直重力が破砕する恐れがあるし、その上そのようなアーチは重いカスプ付きでは構築されずに、石造りの一般的な見積もり量によって安定が保証される。さらに、支えの外見を付加的に表現することが必要と考えられるが、それはトレーサリによって示される（時にはその実際の支えはかなりの程度になる）。

『建築の七燈』の第二章において述べた事柄について、ここで繰り返す必要があるのは、このトレーサリの性質についてだけでよい。その事柄とは、トレーサリの使用の起源は、窓や壁の石造り

18図

――内部から見ると星に見え、外部から見ると葉に見える形態に石を穿って貫通させた石の造り――によって、光を透入させることにあったということである。葉形や花びら形は「弁」として、普通の葉などの先端の個々の裂片に適用され、それらから受ける喜びは、植物の三弁葉、四弁葉、または他の放射状葉において、私達が感じる喜びと同じものである。もちろんそれは、それらの厳格な幾何学的秩序と対称性を感受すると共々に喜びを感じるのである。その最もありふれた形態の二、三は、18図において、外部的刳り形と混同されずに表現されている。その最良のトレーサリは、そのような形態の緻密なグループであって、付属する刳り形はそれらの輪郭に伴うのである。

それゆえ、「葉飾り」という語は、後期ゴシックで葉飾りが一杯に飾られる単純なアーチとトレーサリの両方の最も完全な状態を叙述する語である。この葉飾りはゴシック様式に不可欠な特性である。アーチや隙間に葉飾りがないゴシックは良質でもないし特徴的でもない。時には支えアーチが葉飾りを施され、その上方の装飾は人物像彫刻で造られる。また時には支えアーチは飾りがなく、上方の装飾は葉飾りのある隙間で成り立っている。しかし、葉飾りの要素はどこかに入らねばならないし、さもなければ、様式は不完全になる。だから、ゴシックの私達の究極の定義はこうなる。

「屋根本来には尖頭アーチを用い、屋根覆いには破風を用いる葉飾りのある建築」。

このように私達は吟味したが、もう一つの吟味すべき点がある。

葉飾りは、それが最も明確で特異である限り、ゴシック建築が所有する装飾上の最も容易な方法である。弁の比率や形態の配置において、最も高貴な想像力が示されるとしても、想像力に欠けたり、デザインの他のどの能力にも欠けた建築者は、たんにその作品の愚かな葉飾りを満たすことによって、彼の作品の主要部に幾ばくかの効果を生み出すことがある。19図のように交差線を幾つか出鱈目に投入して、すべての正四角形や長方形を四弁や五弁の葉飾りで埋めるとよい。そうすれば、大抵の人々にとって十分満足できるゴシックを表わすものがすぐに手に入るだろう。現存の形態を少しでも知っている建築家なら、万華鏡の模様を変化させ得るのと同様に容易に葉飾り模様を多様化させ得るし、現在のヨーロッパの市民達が雄大と考える建築物を生み出すことができる。もっとも、その建築物の大部分では、土台から笠石（構造物や塀の上にかぶせる

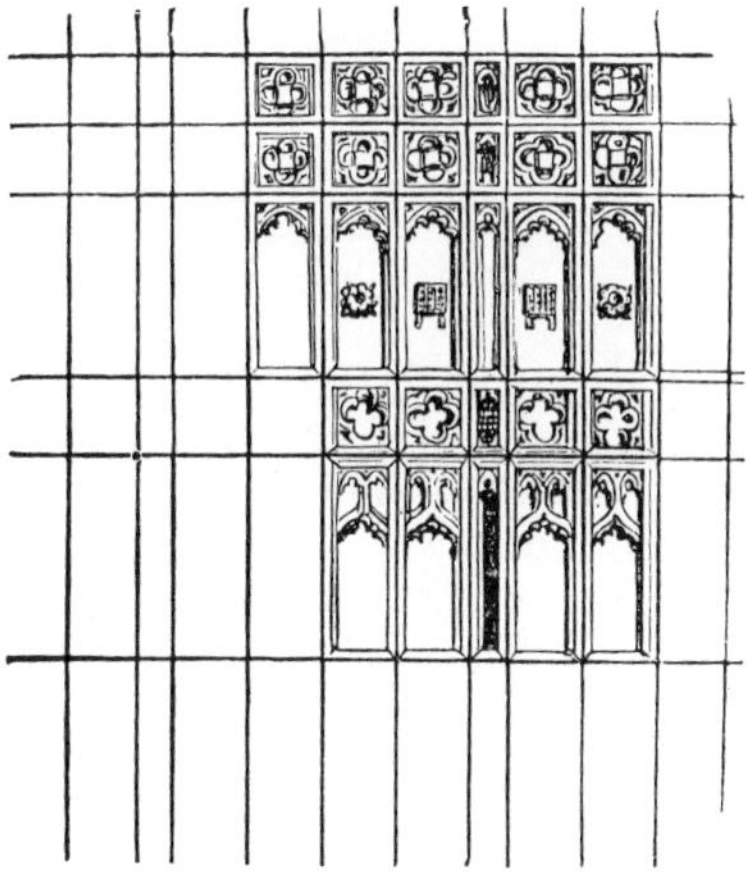

19図

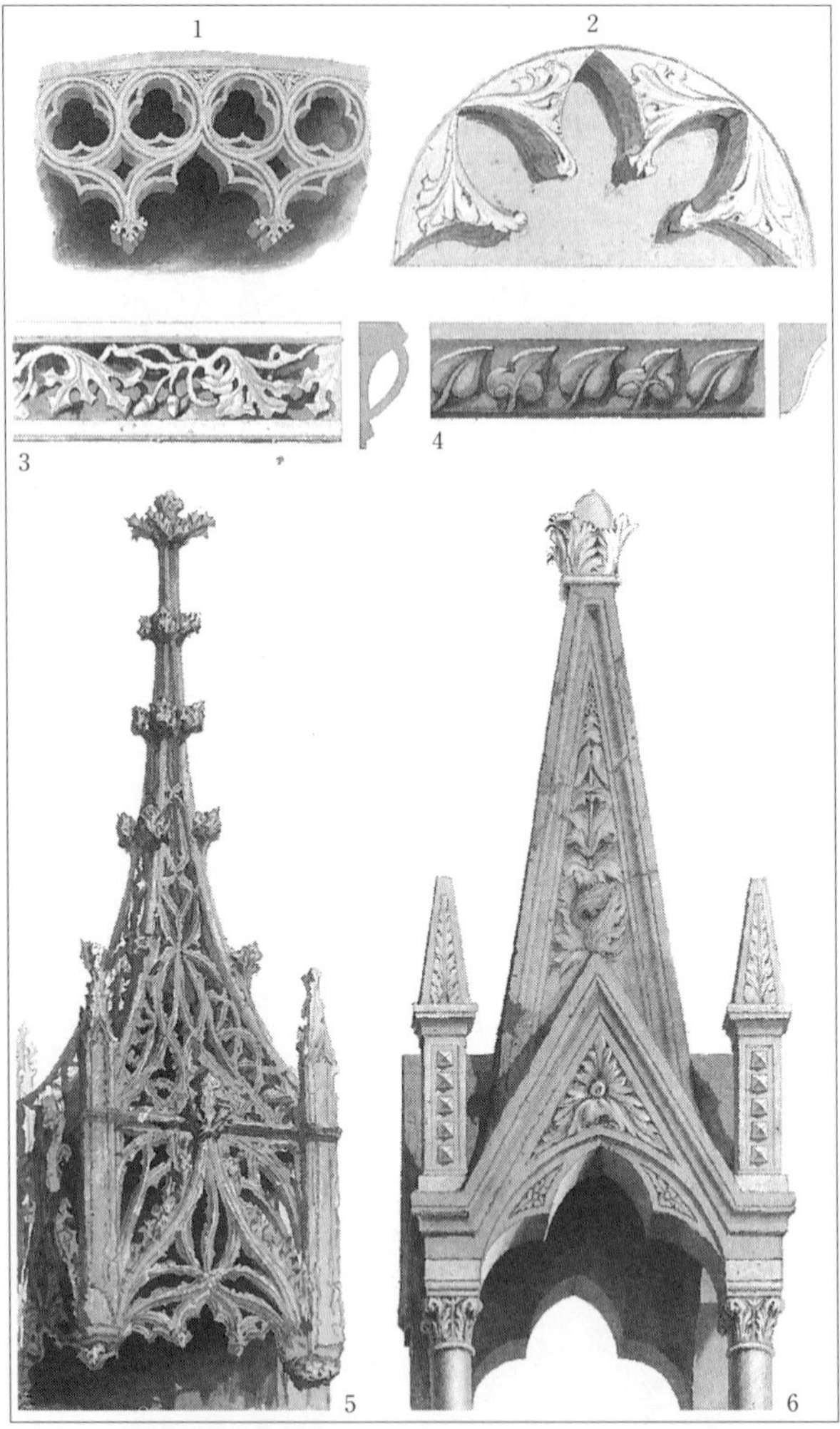

図版X 「線条ゴシックと表面ゴシック」

石—訳者注）まで一条の独創の光や他の知的価値で貫かれていることはないのだが。しかし、植物装飾やその刳り形の配置は、幾ばくかの技巧と思想を必要とする。もしそれらが快適であれば、それらは真に独創されたのであり、正確に模写されねばならない。それらが出鱈目に描かれれば、必ず看破されるほど平凡陳腐になる。最も高貴な想像力がトレーサリの配置で示されても、それらのトレーサリが植物装飾や動物装飾と関連させられる時には、想像力が奔放に活動する余地はずっと大きくなる。そして、真の独創がある処では、そのような装飾はふんだんに用いられるだろう。

すべてのゴシックは大きく二派に分割され得る。一方は初期のであり、他方は後期のである[26]。前者は高尚で独創的で進歩的であって、葉飾りの要素を適度に用い、植物や人物彫刻の装飾要素をふんだんに用いる。後者は下品で創意なく衰えかけていて、葉飾りを節度なく用い、植物装飾・人物彫刻装飾を付随的に用いる。二派は『建築の七燈』第二章で述べたように、大きな変化の瞬間には相互に触れ合っている。一四世紀の中頃と大まかに述べられ、処によって初期であったり後期であったりするが、両派共にそれらが触れ合う瞬間にはもちろん最高の卓越の域に達した。前者は合流点まで上昇し、後者はその点から下降した。最初、その下降は、明白でなくて下品と言われそうな特性を示すだけであった。もっとも、その下降は勾配が急になった時に、はっきりと下品と言われたものであったが。

これらの二派のうち前者は大きな単純な塊として葉飾りを用い、その葉飾りの傍系的な構成要素のカスプを多様な彫刻で覆う。後者は葉飾りの本体を傍系的な葉飾りで飾り立て、そのトレーサリを際限のないレース様の細分化されたトレーサリにして華麗なものとした。二、三の実例がその相違を明瞭に説明する。図版X2図はソールズベリ大寺院から採った八弁の隙間の半分を示している。そこでは、広い視野で見ると、葉飾りの要素が星形の配置で使われているようであるが、カスプの装飾では星形は完全に消えて、その装飾は花形になる。

しかし、ルーアン大寺院の後期の窓の一つであり、周囲をめぐる裾飾りの一部である同図版1図において、葉飾りは最初大胆にアーチの周りに施され、それからそのカスプが他の形態の葉飾りに分割された。同図版5・6図の下方の壁龕の二つの比較的大きい天蓋はそれぞれ⑩図の破風様式のゴシックの上の二つの実例の側部で見られた天蓋である。それらの実例は、現在私達が吟味中の装飾の性格上の区別を例証するために採られた。もし読者がそれらを振り返ってみて、それらの扱いの方法を比較するならば、読者はすぐにその区別を心に明瞭に定着させることができるだろう。⑩図aの例で、葉飾りの要素が破風の支えアーチと、側部壁龕の支えアーチに周到に限定されているのに読者は気づくだろう。それで、記念塔のどの一定の側面にも三つの葉飾りアーチが見分けられるだけである。装飾の他のすべては、幅広い大理石表面に施された「疣状に盛り上がった彫刻(27)」である。破風の先端には、聖なる階梯(28)の盾と犬の冠毛が、そこから両側に竜の翼のように青銅製の翼を広げて施され、破風の下方には、アベルの死が施されている。横たわるアベルの向かいに、カインが恐怖におののいて天を仰いでいる彫刻が施されている。アーチの辺縁は、盾と交互に多様な葉が彫られている。カスプはそれぞれ一つの花と二つの幅広い葉で充填されている。全体は色彩によって精妙に浮き彫りにされ、地色は白っぽい赤色のヴェローナ大理石で施され、白いカラーラ大理石の彫像や葉飾り彫刻が充塡されている。

⑩図ｂはアベヴィルの主要な教会の南方風の側面戸を示している。小規模のため実際よりも、それはトレーサリの輪郭線では幾分より重く私には見える。しかし、戸そのものは華麗なゴシックの世界で最も精妙な作の一つである。そして、上方の実例ａと同様に、明確に同じ目的で破風の頂上に盾が導入されているのは面白い。実例ａと同じ目的で見る、すなわち、視線を破風の上昇傾斜に沿って破風の鋭い尖頭へ走らせて見ても、嫌悪感を起こさないように破風の頂上に盾が施されている。どうしてかと言うと、盾の倒置された角は、二つの傾斜が一点に集中する輪郭線の上昇を完全に釣り合わせるほど精力《エナジェティック》的であるからである。しかし、この例をよく見てみると、その他の装飾はヴェローナの墓所の装飾とまったく異なるし、ここで全体の効果がトレーサリの類似した線条のたんなる累積に依存することを理解してくれるだろう。と言うのは、彫刻が導入されているのは、中央の壁龕の下にある坐像だけと言ってよく、以前には飾り迫縁[29]の中の小壁龕の下の陰影のある凹みを満たしていた群像もあったが、革命によって破壊された。もし私達が今図版Ⅹに目を向け、大規模な記念塔のそれぞれに示された二つの側部の壁龕の頭部を吟味するなら、対照は一層明白になる。アベヴィルからの前者（図版Ⅹ５図）は、その頂華とこぶし花[30]において縮れた北方風の花形細工を多く含んでいるけれども、その効果を多様な葉飾り模様に依存する。そのスペースをその模様が満たすからである。それは何度も削られたので、レースの布地ほどの丈夫さもないくらいである。

しかるに、ヴェローナの墓所の小尖塔は、その効果を陰影部分の幅広い一つの広がりに依存している。それはその支えアーチの三弁葉に大胆に形造られた広がりである。壁龕のこの側面には他の三弁葉はない。その装飾の他のすべては花形またはアーモンド形とこぶし花形である。その石の表面は貫通されていないで、白昼の光を湛えて、その塊はヴェローナの街路で無傷のままですでに何世紀も経っていたほど重厚で丈夫である。3図と4図はそれぞれの壁龕の上にあり、同じ原理が二つの建物の最小の細部まで及んでいることを示し、3図はアベヴィルの破風を限界づける刳り形であって、4図はヴェローナのと同じものである。すべての場合にこのようにそれらの扱いの区別が同じなので——一方は幅広く彫刻された表面に眼を引きつけ、他方は複雑な線条の絡み合いに引きつけてはいるが——、私は今後二つの派を、それらに言及する機会がある時には、一方を表面ゴシック、他方を線条ゴシックとして特徴づける。

当面の問題となっているのは、ヴェローナ壁龕の形態とその花形細工のデザインが過去にあったのと同様によいかどうかではなくて、二つの建築原理のどちらがより偉大でよりよいかという問題である。これを決定するのに一瞬もためらうことはできない。ヴェローナのゴシックは石造りが丈夫であり、その塊は単純であるが、その多様性は際限がない。後期フランス・ゴシックは、石造りが弱く、塊が壊れやすく、同じ思想を何度も繰り返す。それは美しいが、イタリアのゴシックの方がより高尚な様式である。

しかし、フランス・ゴシックが同じ思想を繰り返すと言っても、私はそのトレーサリの葉飾りにあまりに依存し過ぎているとと言いたいだけである。トレーサリ自体の配置は際限なく多様で独創的であって、フランスの工人の精神は、イタリアの工人の精神よりも想像力や空想力が豊かであろうが、ただしフランス工人は高尚さで劣る様式を教えられてきた。これは後期ゴシックの特徴として上述された人物像彫刻の脇役化として特に銘記されるべきである。

それは何もそのような彫刻が欠如しているということではない。それどころか、その彫刻はしばしば人物のより豊かな群像として施され、初期の建物を飾る人物像よりもずっと偉大な施工の完全さをもって制作された。しかし、初期の作では、それは活気があり卓越していて全体の美しさにとって不可欠なものになっている。後期の作では、それは柔弱でトレーサリのヴェールに包まれている。それで、それは一般の効果にほとんど害を与えないで、トレーサリから除去できる[31]。

今や読者はこれ以上絶対的な芸術の原理はないと確信するだろう。その原理とは、害を与えないで除去できる構成はそれだけずっと劣ったものだということである。それゆえ、この論拠に基づけば（他の論拠でなければ）、二派のうちどちらが偉大かは、疑問の余地がない。もっとも、フランスのトレーサリ装飾のゴシックには多くの高貴な作があるのだが。その作は独特な荘厳さを帯びていた。その荘厳さはそれらの線の極度の豊かさと優雅さに依存していて、その荘厳さのために私達はそれらの建築者に心底から感謝する。そして、実は表面ゴシックの方が優越しているとは完全には感ぜられないので、遂に私達は比較的堕落した線条ゴシック派――例えばイギリスの垂直式建築――とそれを比較することになる。実例として挙げたばかりのヴェローナの壁龕の装飾は、その派

20図

の最良の部類にけっして入らないが、それは今述べた比較のための私達の目的に役立つ。その尖塔装飾は、一本の直立した花咲く植物から構成され、その茎は茂る葉の中央から生育して、茎から咲いた姫百合の花さながらである。葉は茎から反り返り、異様な優雅さと自由の趣きを示し、まるで巧みな画家によるかのように、浅い大理石の浮き彫りで遠見で描かれている。

　葉の配置は20図の木版画のように粗描で示される。読者が独力で実験を試みたいなら、まず計算書のように交差線で一枚の紙面を覆い、19図に見られるように、頭に浮かんだどんな葉飾りでもよいからすべての隙間を充填する。そして、破風の尖頭を20図の葉のように形象を横向きにした一枚の葉で満たそうとする。そうすれば、この単一の小さな尖頭をデザインするのに、何エーカーの地面をイギリスの垂直建築で満たすよりも、多くの思想と創意を必要とすることを読者はやがて理解するだろう。

　私達は今やゴシック建築の精神と形態の両方について十分な知識を得た。しかし、もし私が結論として示された建物が良いゴシックか、そうでないかを一つ一つ実例を挙げて決める二、三の簡潔で実用的規則を設けるならば、そしてまた、ゴシックでなければ、その建築が注意深い吟味の苦労に報いる種類のものであるかどうかを決める規則を設定するならば、それは一般読者にとって役立つかもしれない。

まず第一に、屋根が壁より上方に急な勾配の破風になって聳え立っているかどうかを見るがよい。そうなっていないなら、何か不都合があることになる。その建物は純粋なゴシックではないか、改築されたということになる。

第二に、主要な窓と戸の上方に破風を伴った尖頭アーチがあるかどうかを見るがよい。尖頭アーチがなければ、その建物はゴシックではない。破風が尖頭アーチの上方になければ、それは純粋なゴシックでもなく第一級のそれでもない。

しかし、勾配の急な屋根と尖頭アーチと破風のすべてが統合されていれば、それはまず間違いなく大変洗練された時代のゴシック建築物となる。

第三に、アーチがカスプ飾り付きか、それとも隙間孔が葉飾り模様かどうかを見るがよい。もしその建物が上述の二条件を適《かな》えるなら、きっとどこかに葉飾りがあるはずである。しかし、もしどこにもそれらの条件が適えられていないなら、葉飾りでない部分が大規模な支えアーチや小規模で輪郭の鋭いアーチが群れをなしており、その群れの集積・累積によって一種の葉飾りを形成し、彫刻や豊かな刳り形によって浮き彫りにされているはずだ。そうでなければ、不完全である。例えば、ウエストミンスター・アベイの東端にある上方の窓は、葉飾りが欠如しているために不完全である。もしどこにも葉飾りがないならば、その建物はきっと不完全なゴシックであろう。

第四に、建物が三条件をすべて適えていれば、窓であれ戸であれ、あるいは傍系の装飾であれ、一般にそのアーチが**土台と柱身を備えた真実の柱身**によって支えられているかどうかを、見るがよい。支えられていれば、その建物は確かに最も洗練されたゴシック様式である。それが高貴な様式の模倣品か脆弱なコピーか拙劣な例であっても、その様式が上述の四条件をすべて適えているなら、間違いなく第一級の作品である。

もし建物の隙間孔が柱身や柱頭に開けられた孔ではないなら、その孔が壁に開けられた孔で、それも慎重に単純にして、孔の両側が刳り形なしであるかどうかを見るがよい。この実例は他の個所[32]で示した。もしそういうことなら、その建物は、ある家庭的あるいは軍事的役割に適用された最も洗練されたゴシック建築であろう。しかも、もし窓の両側が刳り形になっていて、しかもアーチの飛び出し点に柱頭がないなら、それは確実に劣った流派のものである。

その建物が洗練されたゴシック様式であるかどうかを決めるのに必要なすべては、今述べた事柄である。次に適用すべき試金石は、その建物が良い建築か否かを発見することである。なぜなら、それは大変不純なゴシックで、しかも大変高貴な建築かもしれないし、あるいは、それは大変純粋なゴシックでしかも、もしそれがコピー品か、最初に才能のない建築者によって建てられたのなら、大変悪い建築となるからである。

もしそれが彩色の偉大な流派に属する作ならば、その批評は音楽作品のそれのように複雑になり大いに配慮を要するし、そのための一般的規則を示すことはできない。しかし、そうでないならば第一に、それが強い人によって建てられたかのように見えるかどうか観察するがよい。その建築物には一種の野性味と偉大さと無頓着さが処々で精妙な優しさを混ぜ合わせているかどうかを見るがよい。その精妙な優しさは、広い視野で言うならば、作者の自署と思われるもので、己の制作中の作品を過去のものとして見ることができて、それに対する批判のような何かを処々で表明することのできる人達の実力を示している。もしその建築物がこの特性をもっているならば、それはすでに大いに有利である。建築物が風雨に曝されても、それは高貴な作品であることが判明する。もしその特性をもたずにその職人の仕事が正確で細かくて几帳面であれば、それは最良の流派か最悪の流派かのいずれかに属しているにちがいない。最良の派なら、精妙なデザインが（ジオット派のゴシックに見るように）飽くことを知らず良心的な配慮をもって制作されたのであり、最悪の派なら、メカニズムがデザインに取って代わったのである。一般的にありそうなのは、それが属するのは、最良ではなく最悪の方である。それゆえ、概して大変正確な仕事は悪い徴候と見なされるし、もし明確さ以外にその建築物で注目すべき特徴がなければ、それは直ちに軽蔑の念をもって見捨てられてよい。

第二に、そのさまざまな目的に適い、誰も彼らの作品がどうなるかを意に介さず、彼らはただ自分達の作品を制作するだけであった場合、その建物が不規則であるかどうかを観察するがよい。もしある部分がいつも正確に別の部分に応じているなら、それはきっと悪い建物であるが、不規則な点が大きくて著しければ、それだけそれが良い建築物である勝算が強くなる。例えば、「ドゥカーレ宮殿」（八章）で記すように、版画（37図）が示されるその宮殿では、一般的な思想は厳格な対称性である。しかし、二つの窓は六つのうちの他の窓より低い。もし読者が大バルコニーまで小アーケード（上階）のアーチを数えるなら、そのバルコニーは中央にあるのではなく、アーチの一つの全幅の長さだけ右手側に寄っていることが分かるだろう。私達は、その建築物は良いものだとかなりの程度確信する。腕に技のある名匠だけがこれを敢えて制作し得たのである。

第三に、トレーサリ、柱頭、それにその他の装飾がすべて不断に変化するデザインかどうかを観察するがよい。そうでないなら、その作は間違いなく悪い。

最後に、彫刻を読むがよい。それを読むにはあらかじめ自分にそれが読み取れるかどうかを確かめなければならない。読み取れれば、読むに値するだろう。良い建築物には必ず彫刻が施される。そして、その建物が普段見られる距離を隔てて、その彫刻が完全に理解されて興味深くなるような規模で施されているはずである。この目的を達成するために、上位の彫像は一〇ないし一二フィートの高さになり、上方の装飾は巨大になり、下降するに従ってその洗練さを増し、ついに土台では王の公式の貴重な飾り棚のためであるかのように細工されるだろう。しかし、見る者は上方の彫刻が巨大なのに気づかない。彼はそれらの彫刻を明白に見ることができて、それらのすべてを気楽に見分けることができると、たんに感じるだけであろう。

これを確認した後、彫刻を読むことに着手させるがよい。それ以後、建物の批評は書物の批評と同じく原則に明確に基づいて行われるべきである。最良の作品の場合でも、その作品を偉大と感じるか、快感を感じるかは、読者ないしは見る者の側の知識と感情によって決まるのであって、建物の作者の勤勉さと不屈の努力によるのではない。

注

（1）flying buttress が原語。一〇二頁の図参照。

（2）アフリカから南欧に吹く熱風。

（3）〔原注〕第三の種類の装飾――ルネッサンス装飾――は、劣った細部が主になる種類で、あらゆる小部分の職人が技巧を示し、デザインの親方がもつのと同じ知識をもつことを要請された。職人にこの技術と知識を与えようとする努力はよいが、職人独自の能力は圧倒され、建物全体がよき教育を受けた低能力者の退屈な展示場となる。この過ちの本質をルネッサンス派を吟味する際には十分考察すべきである。

（4）picturesque が原語。たとえば、ミケランジェロの絵画には、崇高な要素が取り入れられ、これはたんに表現上の美しさを狙った画家の絵画よりも優勢であるとする考え方。その分だけ後者の画家よりもピクチャレスクであるということになる。このように付随的要素としての崇高さが、表現的な美しさと識別される。それが「ピクチャレスク」という用語のラスキン的意味なのである（ラスキン著・杉山真紀子訳『建築の七燈』鹿島出版社、「六章　記憶の燈」XII参照）。一九世紀産業革命による自然破壊の進行に対して、この語の流行は一定の役割を果たしたが、その限界も示した。なお、*Stones of Venice Vol. III*（原著）Ⅲ章三五節にも、「ピクチャレスク」の説明があるが、今度は「グロテスク」との識別として述べられている。崇高さを「ピクチャレスク」の付随的要素とする点で『建築の七燈』の右の説明と同様である。崇高さが自然の中に見つけられる美しさの要素であるとして、山小屋の屋根の例を挙げている。スレート板で葺かれた屋根よりも、頁岩《けつがん》（泥板岩）で葺かれた屋根の小屋の方が「ピクチャレスク」であると言う。それは、頁岩の方が自然の山岳風景に似合っていて、自然に溶け込んで見えるからである。なお、自然の崇高さについては、『近代画家論』の原書Ⅳ巻に詳しいが、訳書『近代画家論』（法藏館刊）はⅢ巻まで既刊だが、Ⅳ巻は未刊。注（10）にも説明がある。

（5）太字の原文はイタリック。

（6）Naturalism が原語。いわゆる「自然主義」ではない。もっと素朴な「自然らしさ」「自然との一体性」である。拙訳『風景の思想とモラル』（法藏館）でも述べられている。

（7）太字の原文はイタリック。

（8）the Deity が原文。

（9）〔原注〕ブールジュ大寺院のポーチ（玄関）の周りにあって、大変美しいけれども、昔の建築者がそれをサンザシに見せるように過剰に思いつめて、それを緑色に塗らなかったら、一層よかったであろう。

（10）picturesqueness が原語。注（4）にも説明しているが、人工に対立する「朽ちる」自然に、崇高さや奥深さを見たのであろう。

本書五章で「良い色彩」に対立して「派手な色彩」をラスキンは挙げたが、このように対立させる見方は、産業革命とそれに続く人間疎外と言う弊害を批判していたラスキンが、独創的に育んだ思想・信条から出てくる見方であって、同様にして「良い色彩」は「ピクチャレスク」とするのも、彼の感性・思想・信条から出てくるものなのである。

最近の論文に見られる「ピクチャレスク」論を紹介し、あわせてラスキンとの相違を明らかにしよう。主として一八世紀の「ピクチャレスク」を論じて、大河内昌氏は「崇高とピクチャレスク」（岩波講座「文学」第七巻『つくられた自然』所収論文）を書いたが、この論文では一九世紀のラスキンについての言及は無い。大河内論文によれば、「ピクチャレスク」は「構図」の中で画家は見る人を楽しませるため、「さまざまな要素の対象や組み合わせを仕組む」。また、「画家が自然を対象とする場合には、いかなる人間的な枠組からも溢れ出てゆく崇高なものに目を向けることを放棄し、かぎられた枠内で視覚的自然を素材とした構図を組み立てる」。したがって、「ピクチャレスクは可視性に還元できない伝統や慣習を排除することで、純粋に形式的、表面的なものだけを美的な要素として取り出そうとする」。こうして、「ピクチャレスクが道徳性や精神性の問題を忌避する姿勢につながってゆく」。

しかし、ラスキンは「構図」「構成」から「構想」「構想力」へと思考の対象を進めたのである。たんに可視性、視覚性の狭い領域を対象とするのでなく、想像力の領域まで対象が広げられたのである。したがって、こうした「構想力」は、たんなる「構図」「構成」と異なり、モラル性、精神性と深く関わるのである。

(11) この原書は五巻であり、第一巻―第三巻まで拙訳が法藏館より出版されている。第四・五巻は未刊。
(12) Naturalism が原語。（注6）参照。
(13) 〔原注〕図版Ⅷを見れば理解できる。その1～12図の葉形はビザンチン―ゴシックの変化を示す。
(14) 〔原注〕原書第一巻、一三章§七
(15) 〔原注〕原書第一巻、一三章§七
(16) 楣と書き「まぐさ」と読む。二本の柱の間に石板を載せて、ちょうど日本の鴨居のようなものにする。
(17) 原書では Fig. Ⅷとなっている。本書では、「8図」などのように示した。ほかの個所も同じ。
(18) エジプトの有名な神殿。
(19) 〔原注〕読者は私が「まぐさ」をその屋根本来のものと呼ぶからと言って、ギリシャ建築がいつもまたは時に平板な天井と思ってはいけない。私はこの用語を空間を橋渡しする素材の単純な最初の配列で用いている。ギリシャ神殿ではその構造を現実の屋根に関連させるのは空しい。多くは屋根がなく、青天井だから。

(20)〔原注〕原書第一巻、一一章。
(21) casp が原語。16図の突起した部分を参照されたい。
(22) 太字は原文ではイタリック。以下同様である。
(23)〔原注〕原書第三巻、図版I、1図。
(24)「適応放散」は「生物が形態・習性の変化により原種とは著しく相違した広い生態的分布を示すこと」。
(25) 注(4)(10)参照。
(26)〔原注〕後期では主に北方ゴシックと北方諸国に限定される。それゆえ、二派は初期と後期のゴシック、ないしは(一四世紀には)南方ゴシックと北方ゴシックとして対立させられる。
(27) bossy sculpture が原語。「辻飾り」とも称される。平天井あるいは円形天井の格縁の交会する個所に施された突出装飾。戸口や窓の雨押し刳り形の末端の彫刻にもこの名称が用いられる。
(28) scala が原語。「梯子」「階段」であり、「階梯」と解釈できる。
(29) archivolt が原語。前出参照。「装飾窓縁」とも訳す。
(30) crocket が原語。「こぶし花」と訳し、ゴシック風の唐草模様の浮き彫りである。
(31)〔原注〕フランスで最良とされるゴシック教会の多くでは、フランス革命時に人物像が悉く破壊された。だが風景の美しさにはあまり害を与えなかった。建築の歴史的価値を悲しむべきほど損傷したが。ヴェローナの壁龕から花形装飾を除去し下の彫像も除けば、無価値で醜い粗末な四角い三弁の抜け殻しか残らないだろう。
(32)〔原注〕原書第一巻、図版XIX(下の図)。

「ヴェローナのアーキヴォルト装飾」
(孔の両側の刳り形に注意)

七章　ゴシック様式宮殿

ビザンチン時代の建物の外観を少しでも当時のように回復しようとして構想されたヴェネツィアの建築は、今日のヴェネツィアの街並みの美観にはほとんど役立っていない。そういう建物は数が少なすぎるし、あまりに汚損されたので、人々の視線を引きつけることも、人々の感情に訴えることもできない。ヴェネツィアをして、この五〇年間「ピクチャレスク」(1)を画題とするすべての画家達が好んで訪れる土地にした魅力は、これまで吟味してきた時代に属し、ルネッサンス期の宮殿と同じ時期に建てられた宮殿の影響によるものである。

その影響は二つの異なる方式で生み出された。ルネッサンス期の宮殿は、ロンドンのクラブハウスほどにも本来の姿はピクチャレスクではない。実はルネッサンス期の宮殿はその冷厳さと洗練度を、その下に広がる活気ある海の豊かで野性的な混沌と対照させられたり、宮殿の白くて硬い石造りを緑色の波と対比させられて、はじめてその存在が引き立つ。広がる海をゆく漁船のオレンジ色の帆、ゴンドラの黒い影の滑走、視野を遮るように往来する艀《はしけ》の甲板とその粗野な乗組員、それに浅い喫水線に沿って波立つ緑の海水——これらを宮殿の下から取り除いたら、ルネッサンス宮殿はロンドンやパリの宮殿以上に興味の対象になることもなかっただろう。しかし、それに比してゴシック宮殿は本来的にピクチャレスクであるし、独特な力を私達の上に揮《ふる》っている。

海、空、それに他のアクセサリのすべてがゴシック宮殿から取り除かれても、それらはやはり美しく、興味を引く対象になる。ゴシック宮殿はパドヴァやヴィチェンツァの美しい街路でも——これらの都市でヴェネツィアに権威があった時期に多くの宮殿が建てられたので——、ヴェネツィアの混雑した往来に劣らないほど印象的である。もしそれらの宮殿がロンドンの市街に移されたとしても、やはり人の感情に対する影響力を失わない。

その証拠の一つは、たとえ技巧が拙くても、これらゴシック建築物の主要部であるドゥカーレ宮殿を画題としたすべての絵画の留まることを知らない魅力にある。建築理論とその教えにもかかわらず、この建築の絵画はいつも楽しく感ぜられる。しばしばそれらの絵画が酷い批評をされたとしても、私達がそれらに飽きることはない。

ルネッサンス宮殿の場合、同じような試練を受けなかった。ルネッサンス宮殿は単独で描かれることはなく、主要な画題としても描かれなかった。小広場(2)の向かいにあって、ドゥカーレ宮殿に面している建物は建築家の間でも有名であるが、私達の眼には馴染みがない。だからその建物はヴェネツィア風景の主題のためでなく、その風景の完成のためについでに描かれる。よく描かれるとはいえ、サン・マルコ大聖堂境内のルネッサンス様式アーケード(3)でさえビザンチン様式の教会・巨塔へ至るたんなる通過点としていつも扱われる。私達が今までドゥカーレ宮殿に対して感じてきた特別な魅力は、何のおかげであるかと言うと、他のゴシック建築と対照される比較的高貴なデザイン性と比較的大きな外形によるものよりも、それが比較的孤立して描かれたことによる。他のゴシック様式構造の建築の場合は、ルネッサンス様式宮殿と繰り返し並置されて、後者がそれで引き立てられれば、それだけ前者が傷つけられた。ゴシックの方はルネッサンスの冷却化を阻止し、いのちを吹き込むことで、力を使い果たした。だが、ドゥカーレ宮殿は比較的孤立して建っているし、十分にゴシックの力を表現している。

そのように見るのは正しい。なぜなら、ドゥカーレ宮殿の建築は、ほとんどすべての建築の中で原型のままであることで際立っているからである。それは民族的様式の念入りで作為的な発展ではなくて、ある人間の忽然と湧き出た着想によってなされた偉大な発明であった。そして忽ちにして民族的様式を形成し、ついには一世紀以上の間ヴェネツィアのあらゆる建築家の模倣のモデルとなった。この事実こそが研究に費やした時間の大半にわたって私の心を捉えたのであった。その都市のどの部分にもドゥカーレ宮殿の形態の萌芽か、その不完全な形の建物がないことを、私は不思議に思っていた。これほど壮大な建築物が一人の人間の着想から生まれ、それも配置だけでなく様式も、そのようにして生まれたということは、信じがたかった。それに近似したゴシック形態の初期の例が存在しなければ、そんな事実は起こり得ないはずである。そして、その例はまったくない。一三〇〇年頃にはビザンチン様式は完全に終焉を迎え、ドゥカーレ宮殿の制作年代（一三二〇―五〇）に建てられた幾つかの宮殿は、どれも特性が完全に明確で、それもあまりに明確なので、最初私はそれらの説明が一巻の書物の個別的部分を形成するように意図してみた。ところが、それらとドゥカーレ宮殿の間には移行期の形態などはまるでない。ドゥカーレ宮殿に似ているヴェネツィアのあらゆるゴシック建築物は、そのコピーなのである。ドゥカーレ宮殿以前にヴェネツィアにはゴシックはなかったし、一般家庭の建築へそれを応用する方式は決まっていなかったということを、私は言いたいのではない。ドゥカーレ宮殿の真の根源はフラーリ教会の後陣である。(4) その後陣のトレーサリは職人の仕事が未熟で粗野であるが、刳り形といい、処理の仕方といい――特にライオンの頭部がそうだが――、ドゥカーレ宮殿の偉大なアーケードと刳り形はほぼ同じ、処理の仕方は明確に同じである。ドゥカーレ宮殿の建築に見られる思想の独創性は、彼（その宮殿の建築家）がトレーサリをより高度に発達させ仕上げた形態で、世俗的な用途に適用した点にある。フラーリ教会の後陣に、北方ゴシックの採光窓より少し重厚感があり、応用の仕方が類似している狭く縦に長い採光窓を造った。民族的慣用によって必要とされた家庭建築の形態にこれらのトレーサリを応用することが施工のきっかけとなった。ドゥカーレの初期宮殿は大理石で外被を表装された壁を支える(5) アーケードから成り立っていて、高いというよりも幅広く長いことが特徴のアーケードであった。この形態はドゥカーレ宮殿でも保持されたが、柱身間の橋梁となる円形アーチの代わりにフラーリ教会風トレーサリが二つの不可欠の修正を施して代用された。トレーサリが上から押さえつける重量をよりよく支えるために、規模と厚さが途方もなく増大する以上に、フラーリ教会の窓ではアー

22図

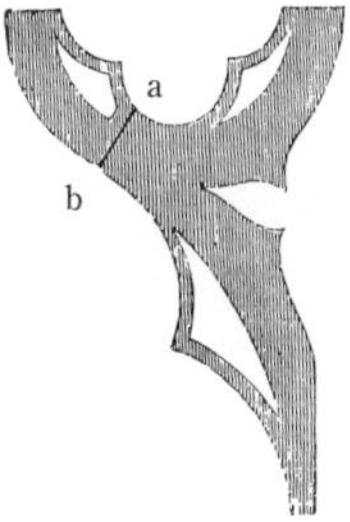

21図

a　　b

チの上方にある四弁葉飾り（21図ａ）が、ドゥカーレ宮殿ではアーチの間に入れられた（同図ｂ）。この改変の理由は、アーチの支える力[6]が四弁葉飾りの下ではなくて、その葉飾りの間に入れられることにより、はるかに利用価値のある適用になるからであった。

そして、第二には、石造りの接合部が改変された。フラーリ教会では、サンティッシマ・ジョヴァンニ・エ・パオロ教会などでもよく見られるように、トレーサリは21図ａで見られる四弁葉飾りの一番下方にカスプと同じ高さで水平な接合部によって分離され、必要な形態に貫通された二つの単純な十字の桟や石板から造られた。しかし、ドゥカーレ宮殿では、接合部は四弁葉飾りの中央に置かれ、他の二つの接合部は、21図ｂのように刳り形の流れに対して直角になってその下に導入される。ドゥカーレ宮殿の建築者はこの石造りのきまりを実行するのに厳しく決然としていた。22図の四弁葉飾りのようにカスプが切り抜かれる、大きい方の上方窓のトレーサリでは、接合部ａｂが適所で適切方向になるように、カスプが一部連続して切れ目がないようにされている。

ドゥカーレ宮殿のトレーサリの形成を、フラーリ教会のトレーサりから確認することと、ヴェネツィアにおける類似の他のすべての建物よりドゥカーレ宮殿が先につくられたことを確認できたことは、ゴシック宮殿の刳り形や他の傍系の特徴を吟味した私の骨折りに報いてくれたことになる。その特徴においてはじめて、それらのゴシック様式宮殿の制作年代の内的証拠が発見された――と言うのは、それらの宮殿について歴史的記録は全然ないからである。しかし、事実の立証の根底となる詳細な記述の蓄積はこの書物の範囲を超えるし、一般読者にとって少しも興味あるものではない。それゆえ、私は討論に巻き込まれないで、ヴェネツィアにおけるゴシック・デザインの発展――そういう発展があったと信じるが――の簡潔な説明を示す。私は将来のある時期に私の確信の基礎となっている証拠を一般の市民大衆に理解できるように凝縮することができるだろう。しかるに、差し当たり、その本質的な要点の幾つかを次章の「ドゥカーレ宮殿」の歴史で纏めてみる。

今述べた論述に従って、その都市のゴシック建築は時期的に二大別される。一方は、さまざまな不規則なゴシック的傾向が示され、家庭建築の一貫した型は発達しなかった時期である。他方は、ドゥカーレ宮殿の偉大なデザインが直接的に模倣され、家庭の建築においても一貫した流派が生じた時期である。私達はこれらの二時期を別々に扱わねばならない。前者は移行期の名の下で上述された。

私達はこれらの時期のそれぞれに属するゴシック宮殿の一般形態、窓、戸、バルコニー、それに欄干を順を追って考察する。

第一は一般形態である。

ビザンチン宮殿の遺物は内庭を取り囲む上段と下段のアーケードから構成されていることを私達は見てきた。内部の配置は今では完全に改変されていて、その原型を辿れないことも見た。これらの初期の建物の特徴は、大きな円形アーチや連続するアーケードを通り抜ける玄関中央の入口に見られる程度であった。それらの建物の窓や戸について、これといった特徴は見受けられない。

しかし、ゴシック時代に大変化が起こった。これらの長いアーケードはいわば分断されて、中央や側面の窓や、小さなアーチ形の戸――煉瓦の大壁面を貫通した窓や戸――に凝集されたわけである。ビザンチン宮殿の海に面する一つの階は、連続した一つの列になった七つか九つかそれ以上のアーチから成り立っている。しかし、ゴシック宮殿の海に面する一つの階は、現代家屋のような一つの戸と両側の二、三の窓から成り立つ。ビザンチン宮殿の第一階は、家屋の片隅から他の側へ到る一八ないしは二〇のアーチから成り立つ。ゴシック宮殿の第一階は中央の四ないし五の採光窓と、両側にある一ないし二の独立した窓から成り立つ。しかし、ゴシック的配置の萌芽はすでにビザンチン様式に見出される。ビザンチン宮殿では、アーケードは連続しているけれども、中央のグループと小さいアーチでできた二つの翼で構成されていた。中央のグループはゴシック宮殿の戸や中央採光になり、両翼は側面窓に改変された。

全体の配置に関する最も本質的相違は、ビザンチン様式の建築構成によって統制されていた、建築全体を構想する上での統合が、喪失したことである。初期の宮殿において大小の部分を配分するグラデーションの感覚が、いかに精妙であったかを私達はすでに見たが、今まで私はビザンチン作品ではその均衡だけでなく、その装飾でも中央集中型であることに気づかなかった。側面の柱頭と装飾窓縁は比較的素朴だが、中央のそれらは彫刻されるだけでなく、彫刻の真ん中の作品は――それが柱頭、象眼された円、軒縁[7]のいずれであれ――他の部分よりもいつも優れた作とされていた。トルコ人商館では上段アーケードの真ん中の柱頭はすべての他の部分より大きくて念入りに仕上げられ全体のグループの鍵になる。そして、側面柱頭は反対側の柱頭と相互に応じ合うように配置されている。Aを中心に置いて次のようにである。

FEBC　A　CBEF

突然の体系の中断が、連続して並んだ柱頭にある端の一つの独特な柱頭において認められる。ビザンチン・アーケードが縮小されて窓にされてから後しばらくは、中央集中のこの体系が多少なりと維持された。そして、五つの採光窓の初期グループのすべてにおいて、真ん中の柱頭はいつも対応している両側の二つとは異なっている。これはあまりに厳しく遵守された伝統的規則なので、窓のいずれかのグループの柱頭がこのように中央集中にならず、相互に似通うか、対応を示さないほど異なる時は、たとえ他の証拠が存在しなくても、その建物が比較的新しい時期に制作されたことを示す確かな証拠となる。

私が吟味できたヴェネツィアの窓のあらゆるグループのなかで、こんな風に中央集中化された窓に関しては、それらがドゥカーレ宮殿より以前に造られたという確証を私はそれらの刳り形の中に発見した。ドゥカーレ宮殿はビザンチン様式の精妙な均衡と中央集中化を排除した。そのアーチは等しい幅であり、その柱頭はすべて異なり、グループ別に分類されていない。他の柱頭より大きい柱頭もあるが、これは均衡のためではなく、ただより大きい重量を支えなければならない時の特別な使用目的のためであった。しかし、海に面した正面の建物の初期の制作年代を示す他の証拠の中に、それが最終的に止めを刺し終焉させることになった中央集中化体系への一つの微妙で繊細な譲歩がある。上段のアーケードの柱頭は今言ったように、すべて異なっており、相互に対応してはいない。だが、中央の柱頭は――他のすべての柱頭はイストリア産の岩石なのに――純粋にパロス島(8)の大理石である。

ドゥカーレ宮殿の中央の窓と上方のバルコニーの大胆な装飾は、中央窓の主要な存在理由を示す特殊な表現にほかならない。それはビザンチン期に劣らずにゴシック期を特徴づけていた。私的な宮殿では中央窓のグループは、採光窓の数によって重要になる。例えばドゥカーレでは、そのような配置はいろんな理由で不便であり、中央窓は他の窓より重要であるどころか、正面東端にある二つの窓よりデザインのあらゆる点で劣るが、それでもやはりその高貴な天蓋(9)とバルコニーによって主導的な特徴とされた。

ビザンチン宮殿とゴシック宮殿の主要な相違点は、このようであるが、ゴシック宮殿においてさらに特別な点は容易に述べることができる。大理石の外被は徐々に壁から除かれて、剝き出しの煉瓦が大胆にもおのれの正体を暴露するように、大理石の柱身や窓の装飾窓縁と対照的に、自己顕示して立っているか、それとも、その外被がフレスコ画を描かれた化粧漆喰で覆われているかである。これは後述したい。その他すべての点におけるように、ドゥカーレは変革期の中間点の正確な表現である。それはまだ大理石外被を留めているが、ビザンチン期のように石板を張り付ける代わりに、長さ一一インチ半、高さ六インチの大理石の硬い煉瓦状石塊で充填されている。

ゴシック宮殿の階は紐のように続く煉瓦状の層によって分割され、その層がビザンチン期の層よりもかなり大胆に突出して、はるかに高度に装飾されている。そして、ビザンチン宮殿の角は鋭く純粋だが、ゴシック宮殿のそれは丸みのある角に細工されていて、その角は各階の軒蛇腹の下に柱頭を設けた小規模な捩れた柱身によって充填されている。

これらの柱頭は一般的効果という点からは注目されないと言ってよいが、柱身は角に確固たる様相を施すことで本質的に重要である。それはヴェネツィアの特殊な必然でもある。その都市では運河がくねくねと回旋するために、宮殿の角隅は多いだけでなく、必然的に鋭角であることがしばしばである。地面は一インチでも価値があるので、丸みをもって削られるより鋭角を選ぶからである。他の都市では、例えばフィレンツェの城砦都市のように、重厚な石の使用によって安定のある外観が保たれた。しかし、ヴェネツィアでは、土台が比較的不安定なため、できるだけ軽く建てることがいつも望ましかった。初期宮殿は今見たように優雅さと軽快さの完全な模範であったし、その後続のゴシック宮殿は、細部の様式においてずっと重厚感があったけれども、その力強さのために、絶対に必要な重量以上の重量を加えるのをけっして容認しなかった。それゆえ、あらゆるゴシック宮殿は、最小限の量の煉瓦と石で最大数の部屋と最大量の力強さを取り込んだ外観となったのである。北方ゴシックにおいてガラスを支えるだけの窓のトレーサリは、ヴェネツィアでは建物を支えた。こうして、トレーサリのより偉大な重厚感は構造のより偉大な軽さを示すことになった。その結果、ルネッサンスの建築家達が火災で損傷したドゥカーレ宮殿の安定性について意見を述べた時、クリストフォーレ・ソルテは、「私はヴェネツィア元老院が評した「平穏な支配は空中楼閣に安住すべきだ」という考えにはけっして同意すべきではないと思う」と言った。アンドレア・デッラ・ヴァレは言った。「大広間の壁は、内側に九インチ入り込み、外側に六インチ張り出し、まるで小広場の上の空中に建てられたかのように、壁下にある柱身よりも一五インチだけ厚い」と。しかもこの壁は非常に堂々として丈夫に結合されているので、ルネッサンス派に没頭したラスコニでさえ宣言したものである。「その宮殿の内部全体を破壊した火災でさえ、象にたかって咬む蠅ほどの損害もこの壁には与えなかった」と。

そうして、この時期に建てられたすべての他の宮殿においては、軽い形態であることと材料が節約できることと共に強度を高く保つことが至上命令であった。そして建築物の安定性をできるだけの便法を使って、見る者の眼に納得させることが何より望ましいことであった。角にある捩れた柱は縄が箱を縛るように壁を縛っているように見えるので、この目的のために採られた手段でもかなり重要なものなのである。四〇フィートの高さの壁で、被災しなかったその角を柱が支えたドゥカーレでは、柱は部分によって比率が異なっている。回旋する帯・輪によって天辺までの距離が

23図

a　　b

徐々に縮小されていく。それらの帯・輪には釘頭や犬歯状装飾が施され、それら装飾は迫力をもって突き出ていて、柱全体に華の茎のような外観を与えている。その縮小する比率はすべての有節植物の自然界での配置と、正確に同じ配置になっている。宮殿の頂上では、穂先で分岐する麦の茎のように、柱は尖頭天蓋の付いた小さな壁龕にまで伸びて、その天蓋は下の重厚感のある壁の重みを対照によって目立たせて、空想の産物の欄干と接合している。その配置は次章「ドゥカーレ宮殿」の木版画[10]に見られる。角の柱身は、その接合部と共に厚さが誇張されている。さもなければ、その部分はあまり小規模なので気づかれなかっただろう。

その宮殿は角の壁龕が特殊である。と言うのは、その壁龕はその都市の他の部分を通して見ると、教会だけに見られるのだが、修復によってそれと関連する欄干と一緒に除去されてしまったからである。

ヴェネツィアの屋根の欄干について、現存している例は、純粋に装飾的性格をもったイタリアの他のすべての都市の欄干と異なる。それらはいわゆる胸壁ではない。いわんやイタリア本土の貴族達の城砦宮殿に冠せられたはね出し狭間付き軒蛇腹[11]でもなくて、アラビア風モスクの壁の飾冠となる軽快な冠様の装飾のたんなる応用である。これらは宮殿自体の主壁には一般に用いられない。それらはドゥカーレ宮殿、カ・ドーロ[12]に施され、それらより数年遡れば、トルコ人商館にもやはり用いられていた。しかし、ゴシック宮殿の大半はタイル張りの突出屋根の下に装飾のない犬歯状の軒蛇腹が施されている[13]。そして、高度に装飾された欄干は、中庭や庭園を囲む壁の頂きにのみ用いられ、その壁の頂きにそのような装飾がなければまったく関心を払われなかっただろう。聖Ｇ・グリソストモ教会と聖カジアン教会、この二つの教会にはさまれたバガチン通りに宮殿があるが、[23]ｂ図はこの宮殿の中庭を囲む欄干の一部を表現していて、全体は煉瓦造りで、刳り形は特に鋭く多様である。それぞれ個別的にしつらえられた小尖塔の高さは約四フィートで、一二か一五フィートの高さの壁の上に冠せられている。四弁葉飾りを取り囲む刳り形は、下方の小アーチの頂点（図ａ）のような形と共に示されていて、その小アーチの周りにはありふれたヴェネツィア式歯状装飾が付いていて、アーチの側部を支える犬歯状装飾付きの繊細な小刳り形を伴っている。煉瓦の刳り形は全体を通じて最高度に鋭い刻み込みで美しい。それについての最も奇妙な点は、小尖頭の湾曲線がその接合部位にお構いなしの無装飾の煉瓦造りに刻み込みを入れた無造作なやり方である。もちろん天候によってはむき出しの接合部位の煉瓦は損傷され、輪郭にも少しぎざぎざを付ける。しかし、この作品はそのような損傷をあまり受けずに明らかに一四世紀からずっと立っている。

この欄干はゴシック期のヴェネツィアの壁欄干の典型と考えられる。もっと装飾の少ないのもあるし、もっと豊かな装飾のもある。ヴェネツィアで一番美しいのは、聖ステファノ広場と聖サムエル教会に向かって開かれた小さな通りにある。それには、それぞれの小尖頭に嵌められた石造りの繊細に彫刻された工夫が見られる。

それらの宮殿自体の欄干は、白百合の花形に彫られた――そういう場合一般にそうなる――幅広い小尖塔の間に置かれた大理石の槍穂先状の細い尖塔から成り立っていて、軽快で風変わりである。百合花を表わすフランス語は読者にその形についての最良の概念を示してくれる。欄干への百合花の使用はフランス人とは関係なくて、百合花をいたる処に導入したビザンチン様式の花装飾体系から施工されたことを読者は想起すべきであろう。それで、私はその最も美しい柱頭をサン・マルコ大聖堂の百合花柱頭と呼ぶのが好都合と思った。しかし、ドゥカーレ宮殿の胸壁の上に表わされた百合花の出現は、一五一一年に起こったある奇妙な政治的憶測の原因となった。その年にこれらの胸壁の一つの作品が大地震によって破砕された。サヌートが日記に記している。「崩落した作品は百合花の付いたものであった」と。そして、彼は敵対するフランスの武力が差し迫っている危険について、この重要な凶兆に基づいたいろんな不吉な予想を記録した。ドゥカーレ宮殿には、百合花の付いた部分と、軒蛇腹に結びついた部分をきっちりと分離する接合部が小尖塔にあるから、その凶兆は杞憂であった。

欄干の装飾は、文字通りに銀の王冠の先端に金メッキしたものを幾つか壁に嵌めるために、百合の葉先と中間にある尖塔の先に金メッキした金属球を付着させることによって完成した。そのイメージは小尖塔の高さをいろいろ変え、その点では、最高の小尖塔を正面中央に置いた「黄金の邸」（カ・ドーロ）が一番明確になっている。

これらの軽快な屋根に付けられた欄干は今残り僅かである。もちろんそれらは荒廃のために最初に除去せねばならなかった建物の部分である。しかし、ドゥカーレのそれは、何度も修復されたことは確かだと思うが、古代形態の多くを留めていて、非常に美しい。もっとも、下方から見た限りでは、保護のために意図されたようには見受けられなくて、その極端な軽快さによって、下方の壁の幅を見てうんざりした者の眼をほっとさせるのに役立つのだが。それでも、それは屋根の縁に沿って歩く人にとって大いに役立つ防備になっている。ただ、それはそれを構成する石の砕片が他の部分から独立して見えるので、不安定に見える外観のところが少しある。そして、その石はもちろん鉄輪でがっしりと固定されていて、ストーンヘンジの柱のように軒蛇腹の上で均衡を保っているように見える。しかし、私はそれが地震は別としてその他の何かによって乱されたという話を聞いたことがない。そして、一五一一年の大地震は確かにゴルネ邸や「黄金の邸」の胸壁を大いに損傷し、サン・マルコ大聖堂の幾つかの彫像を倒壊させたけれども、ドゥカーレ宮殿では正面に掲げられた一つの百合を揺さぶっただけだった。

しかしながら、これらの軽快で風変わりな形態は、まず装飾を第一に意図された胸壁においては一般的なことに思われるが、もう一つ別に欄干をつくる必要性があった。その必要条件とは屋根の

24図

1

2

3

上や教会のアーケードを歩く人達を保護することであった。これらの実質的で単純な防備の必要性から、ゴシック宮殿の建築美の多くを担っているバルコニーは派生したのである。実際にはバルコニーは24図中央の例のように、腕材で支えられている突き出し窓台の周りに配置された屋根欄干の一部にほかならない。それゆえ、私達はこれらの防御的手摺りとそれから派生したバルコニーを一貫して吟味しなければならない。

明らかに、腕が載せられる縁のある欄干は三つの方式の一つで構築されることがあり得た。

1　堅牢な石材で造られ、装飾が加えられるなら24図上の例のように石の表面彫刻だけで装飾される。

2　24図中央の例のようにある種のトレーサリで貫通されている。

3　24図下のように石の水平な棒杭を支える小柱で構成される。最後の条件は病的で膨らんだ形態でなら、私達の橋の手摺りのように私達に親しいものである。

これらの三つの種類のうち、1はトルチェッロの説教壇と、サン・マルコ大聖堂の身廊で用いられた。24図一番上の例はそこから得られた。このように豊かな彫刻が用いられる時には、この例は美しいが、それが反対されそうな理由の第一は、下から見上げられると、それは重くて欄干らしくないことである。理由の第二は、それは使うのに不便ということである。バルコニーに凭れた時に、腕を置く手摺りの下、すなわちトレーサリの間に足を差し出すことができないなら、長時間そんな風に凭れていると、窮屈で苦痛になる。それはもちろん隙間のない欄干ではできない。縁の上に身を乗り出すことを余儀なくされるよりも、隙間を透かして見下ろすことができる方がずっと快い。隙間なし欄干は初期の時代の後、ヴェネツィアで用いられるのは稀である。

2のようなトレーサリ欄干は北方ゴシックで主に用いられる。それから直接派生したのが、コンタリーニ邸(14)の例である。それはデザインがよいのですべての形態のなかで最も豊かで最も美しい。ドイツやフランスの最良の建築物の多くは、それらの効果の半分をそれに依存しているし、風変わりで奇怪な傾向が少しあるのがその唯一の欠点である。それはヴェネツィアでは素直に受容されなかった。そこでは、建築家達は、華麗な欄干が北方で十分発達しない内に、ルネッサンス様式形態へ不幸にも戻っていたからである。しかし、ルネッサンスの初期段階で、一種の貫通された透かし欄干が古いビザンチン様式の絡み合いトレーサリに基づいて用いられた。換言すれば、石板の処々に孔があけられ、その孔の周りの絡み合い模様がトレーサリとして用いられた。体系の相違は25図上方の例(15)と下方の例(16)を比較することによって、忽ちに理解されるだろう。ヴェネツィアの欄干は

㉕図

るかに単純で厳格であるが、しかも快く刺激的であって、黒い透かしが無地の広い表面にくっきりと現われている。ヴェネツイアの方が美しさは劣っているが、それはアベヴィルのよりも一点で優越している。それは明確に石であると宣言している点で優越している。それはレース布地さながらの外観を呈している。

真ん中の図はドゥカーレ宮殿の主要なバルコニーの羽目板であって、北方の型と南方の型の中間の移行期の状態であるものとして、ここ（㉕図真ん中）で導入された。それはドイツ人のゴシック工人がヴェネツィアの工人達にかなりの影響を与えていた時期に建てられ、北方風欄干が吸収される機会があった。それは図が示すようにコンタリーニ邸に吸収された。しかし、下方の図のビザンチン様式形態によって北方風は大抵頑強に抵抗されて食い止められた。そして、ついにその形態はありふれた通俗的なルネッサンス様式の手摺りによって取って代わられた。それは遺憾な損失であった。なぜなら、厳格に透かし貫通された型は、私達のアングロサクソンの彩飾写本の風変わりな趣味と同様に際限のない変化が可能だからである。

3の手摺り付き欄干について。トレーサリの概念がヴェネツィア建築家や他の建築家の頭に浮かぶずっと前に、ギャラリー[17]（通廊）や屋根の縁を防御することが必要であったので、そのような防御策を得る最も自然な形態は短い柱身や手摺りに支えられた水平の棒や手摺りの形態（24図3）であった。この形態はとりわけギリシャやローマの柱建て建築の変形が建物の大半の塊において普遍的であった場合に採用されやすかった。欄干それ自体は柱頭と化粧縁[18]付きの小規模な小柱列になった。そして、小柱列の上に置かれる横木が単純に水平で小柱の柱頭と接触しているか、それとも円形または尖頭の模倣アーチで支えられるかどうかは、その建築作品の他の部分に採られた体系によって実質的に決まった。大アーチが円形なら、手摺りの小アーチは同じく円形で、尖頭アーチなら、手摺りの方もそれと共鳴して尖頭となる。

不幸にして、バルコニーや欄干が用いられる住居では、それは安全の保障が心配される構造の部分であるのはもちろん、腐朽をはじめて被った構造の部分である。窓枠の主な柱は上から圧力を加える壁の重みの下で何世紀間もびくとも揺るがず立っていたとしても、バルコニーのセメントや多様な差し込み物が、それに凭れる人達の不規則な圧力や衝撃によってひびを入れられたりするだろう。建物の他の部分なら少しぐらいの腐朽は容認されるとしても、バルコニーは危険と思われるやすぐに取り外され、修復されるに違いない。このように考察すれば、読者はヴェネツィア家庭建築――一一、一二、一三世紀に建てられた建築物――のすべての遺物の中で、原型のままのバルコニーが保持された例は一つもないことを聞いても驚かないだろう。リアルトの広場で後の段落で挙げられる宮殿の柱身間の石板は隙間がない。しかし、私はそれらが同じ時期の作か確信がない。そ

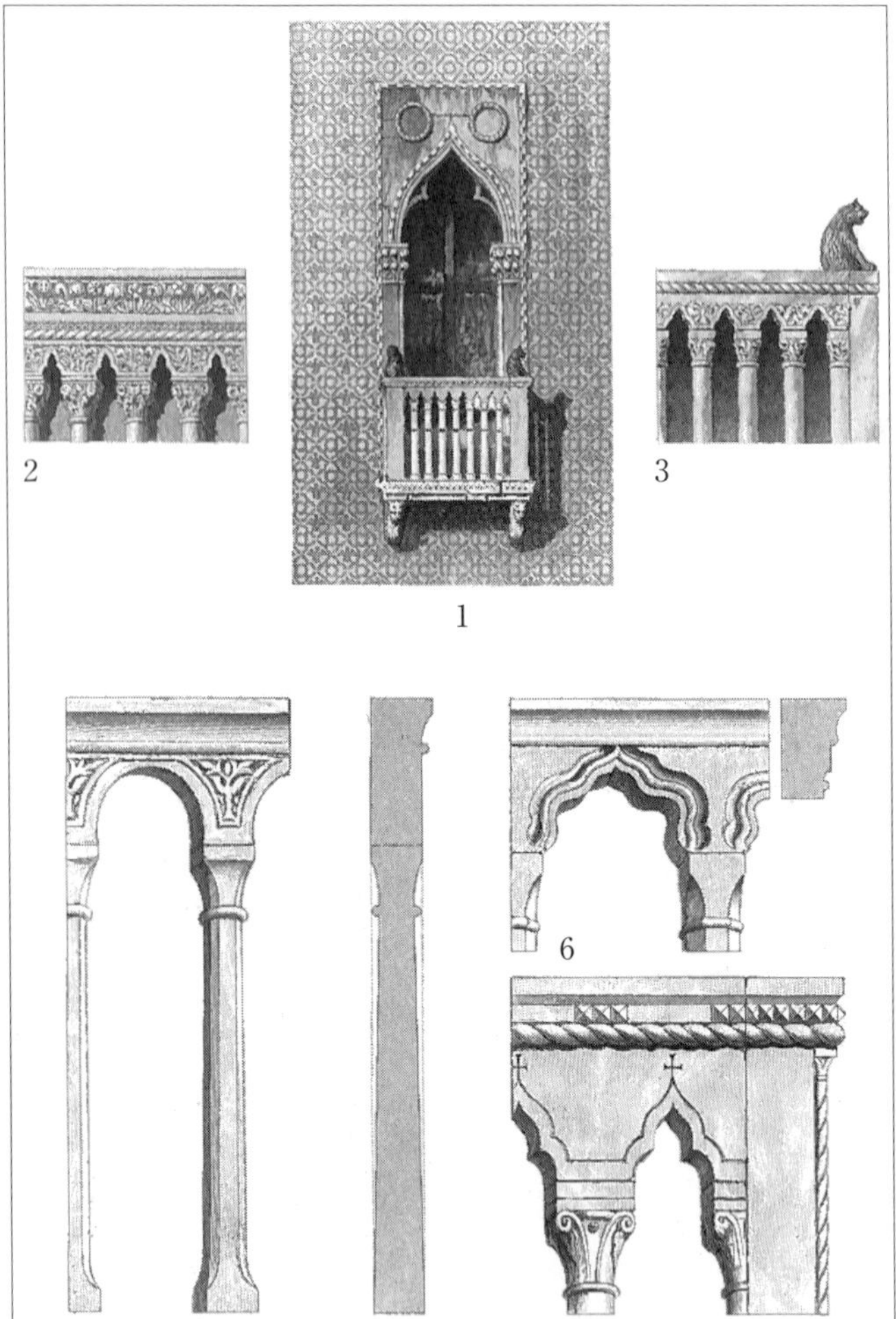

図版XI 「バルコニー」

うだとしても、これはこの変革期に窓枠に使用された防御形態の唯一の現存する例であっても、それだからと言って、それが当時の一般的形態であることを前提にして推論はできない。

それゆえ、トルチェッロやムラーノの教会とサン・マルコ大聖堂だけでも、ギャラリー（通廊）防御の古代の形態が見られる。ムラーノでは後陣の柱間で、美しい手摺りが使われ、その単一のアーチは図版XI４・５で示されている。サン・マルコ大聖堂では、ムラーノの小柱と同一形態の小柱付きの高貴な円形アーチの欄干——それよりもっと短くて角が四つに分類され、ロンバルディア風作品によく見られるような蛇のようにとぐろ状に巻かれた欄干——が、教会の低い階の外部全体やその内部の通廊の大部分の周囲を走り、６のような風変わりな形態と交互になっている。家庭建築では、原型のバルコニーの遺物が最初に一四世紀のはじめに出現し始めて、その頃には円形アーチは消滅していた。ほとんど例外なく欄干は一連の三弁葉飾り小アーチから成り立っていた。その小アーチは柱身の上に置かれた石の横板を大胆に刳り抜いて造られた。最初は飾り気のないアーチだったが、７（拡大してそのようなバルコニーの角を示す図）のように、各アーチの尖頭を十字架で飾るのが一般化した。そして、間もなく２・３のように美しいさまざまな装飾条件によって豊潤となり、１の全体的効果をもった中央の実例で見られるように、ライオンの頭部をかたどって造られた腕材に支えられるようになった。

後代になって、円形アーチが復活した。今度は絡み合いのビザンチン形態であった。そして最終的にありふれたイギリス式や古典式手摺りとなった。しかしながら、それらの優雅さと輪郭の多様さを求めての精妙な実例は、パオロ・ヴェロネーゼの描いた背景の中にデザインとして見出せる。私がこの主題を十分に追究するのなら、ヴェネツィアを去らずには、その追究は不可能である。と言うのは、バルコニーに関する限り、イタリアの主要都市はヴェローナだからである。ヴェローナでは、私達が大理石の透かしトレーサリを通して花の付いた枝々が垂れて風に吹かれている様が泉から溢れた流れのようであるのを見ることができる。淋しいその都市の街路の美しい影の中で、道に迷ったら、しばらくは美観に見とれて、すぐに私達の仕事に立ち戻ることができるかどうかを言うのは不可能であろう。

しかし、バルコニーの問題から立ち去る前に、私が暫く言及しなければならない事柄がある。それはヴェネツィアではなく、イタリア本土でしばしば施される鉄細工の特殊な扱いについてである。鉄は鋳造されるのではなく、いつも薄い葉状板に圧延されて、二、三インチ幅の帯状板に切られ、バルコニーの側面を形成するさまざまな湾曲形に曲げられ、さもなければ、豊かに自然を彩る葉のように流れるような解放的な実際の葉状に切られる。デザインの多様性には際限がなく、形態の軽快さと流麗さにも限界がない。そういうデザインと形態を、工人はこのように鉄を扱って生産することができる。こうして、細工される金属作品では、効果が貧弱で下品であるというようなことはあり得ないし、それは鋳物の作品が上品ではあり得ないのと同様である。

次に吟味すべきなのは、宮殿建築の移行期の変化が最も明確に跡づけられるゴシック宮殿の特徴、すなわち窓と戸のアーチである。

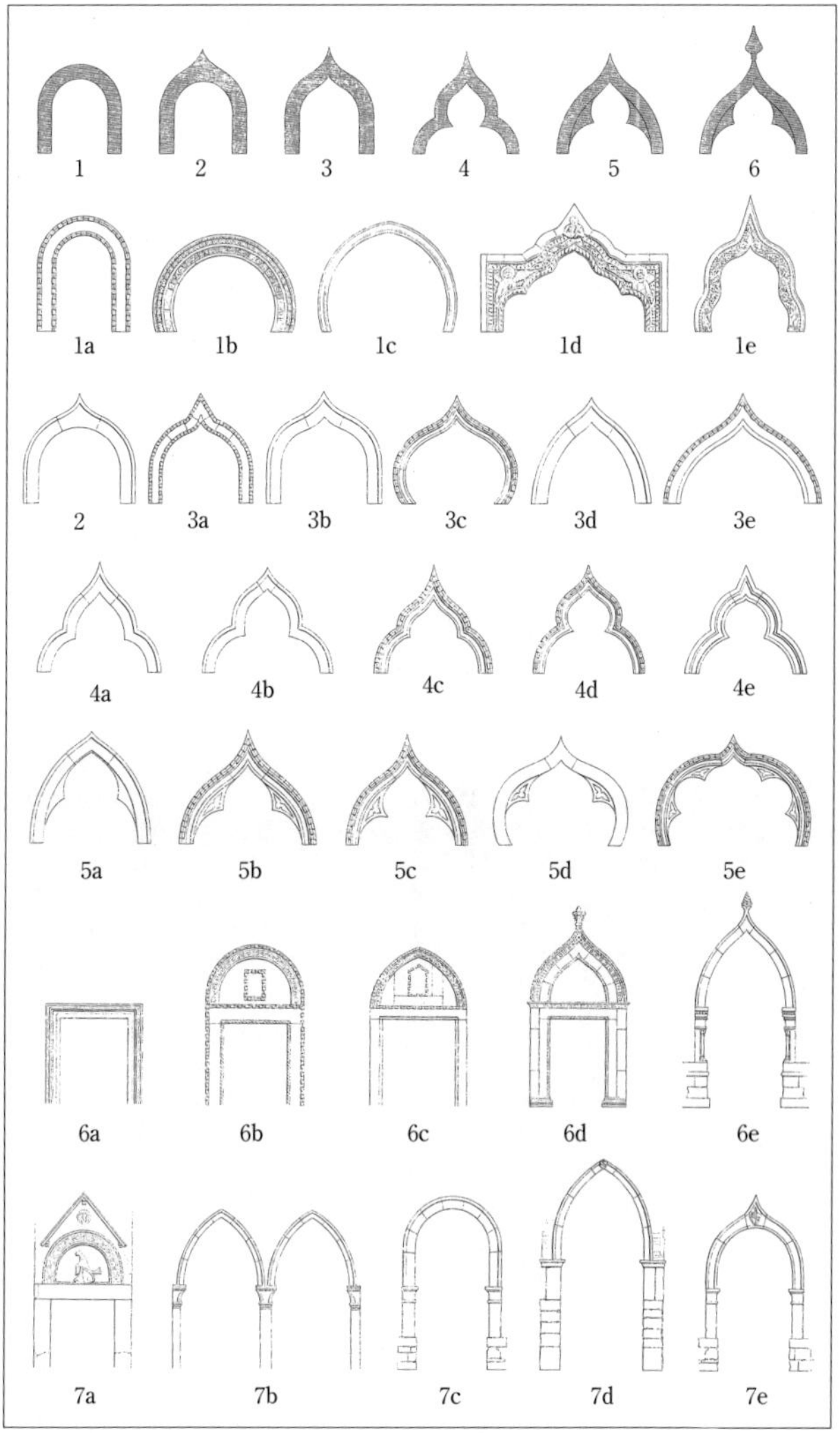

図版XII 「ヴェネツィア様式のアーチ」

今まで何度も述べてきたように、ゴシック様式は本土で完成を見たが、ビザンチン様式はヴェネツィアにその影響を留めた。初期のヴェネツィア・ゴシックの歴史は、外的影響を受けずに新形態を造った流派の歴史ではなく、ビザンチン様式がそれ自体のように完全に組織立てられているから、はるかに外部の影響下のものよりも精力的な同時代の様式と絡み合った葛藤の歴史なのである。この葛藤は一部ではビザンチン建築が他の形態に徐々に移行する変化に見出される。そしてまた、一部はその葛藤でいわば囚われた純正のゴシックの孤立した実例によって示される。いや、こう言うべきだろう。「純正のゴシックは敵の軍勢の中に巻き込まれて、友軍が支援に駆けつけるまで陣地を保持した」と。

まずその徐々に移行する変化の段階を踏まえ、それから多様な前進地点の見張りとゴシック側の攻撃隊の頼りない希望的想いについて簡潔な説明を少し述べる。図版XIIにある一番上の段の陰影付きの窓の六つの形態は、一見して一一世紀から一五世紀にかけてのヴェネツイア宮殿のこの特徴の修正過程の形態を表わす。1は一一、一二世紀のビザンチン、2・3は一三世紀から一四世紀初期の移行期、4・5は一三、一四世紀と一五世紀初期の純粋なゴシック、6は頂華（先端装飾）によって特徴づけられる一五世紀の後期ゴシックである。4はすべてのこれらの形態で最も寿命の長いもので、最初それは一三世紀に現われ、その刳り形だけに修正を受け入れて、一五世紀の中頃にも見出されるものである。

私はこれらをヴェネツィア窓の六様式と呼んでいる。第四、第二、第六様式の窓について私が言及する時、読者は図版Ⅻの最上段の数字を参照しさえすればよい。

図版の次の下段各図の数字・記号は各時期に見出される主要な形態を示し、それぞれ幾つかが纏まった様式に属している。ただし、1b、1cと、6から7の下二段は別であって、これらはヴェネツイア様式の戸の典型である。

私達は今や移行期の変化過程の、第一様式の1と、二段目の1aから追究を始めることが難なくできるまでになった。馬蹄形アーチ（1b）は、普通それと連想されるのは戸の頭部であって、同段右側の他の三つはもっぱらサン・マルコ大聖堂で現われる。中でも1cは身廊で用いられ、それは最初見る者が円形アーチと思った大きな側面アーチに軽快な外観を一層強めるためである。しかし、見る者は、彼が説明できない湾曲部の特別な優雅さとしなやかさに感動し、ついに彼はギャラリーへ登って、そこからアーチの真の形態を見分けることになる。他の二つの例は、南翼堂の戸から採られた1dと、宝物蔵の戸からの1eであるが、これらはアラブ民族から派生した風変わりな趣きのある一群の形態を十分に表現している。なおその精妙な装飾がサン・マルコ大聖堂の最も重要な特徴の一つになっている。それらの形態はこの装飾の湾曲線により多くの風変わりな趣きを得るために容認されている。読者はすぐに分かるだろうが、それらは石造り施工や支えアーチとしては、薄弱で役立たずで、それゆえ構造の威厳が第一の目的である建物では用いられなかった。サン・マルコ大聖堂では構造は第一目的でなかったし、構造上耐えねばならぬほどの酷い重さもなかったし、展示すべき大理石や彫刻の美しさもそれほどではなかったから、それらはそこに存在を容認された。それらはもちろんその建物の他の部分のように、煉瓦建てで大理石の外被で覆われていたから、創意に満ちたそれらの内部の石造りが見分けられなかった。予想されるだろうが、それらはきっちりと固定し過ぎていた。その結果、それらのどれもが側部の大理石に斜めに小さなひび割れが生じていた。もっとも、宝物蔵の直立したアーチは別だが。

しかし、装飾の優雅さが唯一の目的であるこれらのアラビア風のアーチ形態を、ヴェネツィアの建築者が採用したけれども、そのような配置が月並みな作品には不適切であることを彼等は分かっていた。それで、真のビザンチンの時期において、住居のためにそれらを用いた例はヴェネツィアにはないと私は信じている。だが、ゴシックの影響が感じられ始めて、尖頭アーチがそれに圧力をかけ始めるや、その攻撃への最初の譲歩は、選り好みして、円形アーチよりも図版XII３ａの形態を採用することであった。ゴシック・アーチの尖頭は、半円形アーチの天辺を目指して圧力をかけて取って代わり、間もなく半円形は尖頭形に追い越されてしまった。

26図はアポストリ教会教区で大運河に面しているコルテ・デル・レメール[19]にある一軒の家の戸と二つの側面窓である。それは、階段を大胆に駆け上がると到達できる造りで、一階の入口が煉瓦造りの純粋な尖頭アーチに支えられているものとして目立っている。これらのアーチがその建物と同じ時期の作かどうか私は識別できない。もっとも、その時期の建物にはいつもこの種の添え物が付けられたに違いないが、その外貌の他の部分はビザンチン風である。ただし、その装飾窓縁の豊かな彫刻が施され、アーチの下側に施された動物どうしの闘争の渦中にあるゴシック的火焔とエネル

26図

27図

28図

a　　　　b

ギーの萌芽形態を除くと、ビザンチン風である。台座の刳り形はゴシック風の輪郭からなり、窓は尖頭式で——倒置曲線《リヴァースト・カーヴ》はなくて、純粋に直立した破風であるが——各アーチの肩部のために彫れた大理石の紋章の、石片の繊細な湾曲と奇妙に対照的になっている。26図は戸の脇に二つの採光窓が一組になっている。それは中央で籠細工状のビザンチン柱頭によって支えられ、窓二つと入口の両方において、煉瓦造りの装飾窓縁を大理石で覆う方式は、明確にビザンチン宮殿の方式に似ている。

しかし、小規模とはいえ、これらのアーチは煉瓦造りで施工されたものであれば弱いから、この輪郭線の尖頭の外観は、建築方法においてこれと相並行する変化を急速に伴うことで生まれた。そして、煉瓦のアーチを構築し、それを大理石で覆う代わりに、建築者はそれを、27図のように壁に嵌められた三片の切られた石から造り上げた。しかしながら、最初はこの形態ではなかった。倒置アーチの優雅さを円形アーチの力強さと調和させて、やはり煉瓦造りにしようとする努力は28図aのような条件で最初は落着した。その図はピストル小路——アポストリ教会近くにある——にある窓で、大変興味深く完全な実例である。ここでは、貧弱な円形アーチがまだすべての難事を負わされている。そして、風変わりな葱花型が、必要な湾曲線に合うように嵌められた煉瓦の連鎖となっていて、刳り形の形態でしっくり納まっている。石造りに替えられたこの条件は、第二様式の窓(28図bないしは、図版XII 2)になった。それは完全に頑丈で役立ち、ヴェネツィアの移行期の建築でとても重要な形態になったのである。

[28]図ｂに、第二様式の窓（煉瓦造りの移行期形態ａと正確に類似した一対の窓）の最も初期で最も単純な例の一つが示されている。それは聖サルヴァドール教会[20]の近くのサリサーダ・サン・リオ通りにある損傷された家の重要な断片から得られた。それは一三世紀終わりに近い頃の同時代の作であることは論争の余地がない精巧な煉瓦造りの尖頭アーチと関連している。そして、それはその刳り形の大いなる発達によって前例ａより後期と認められる。その装飾窓縁の輪郭は、二つの例の内単純な方で、煉瓦造りの例のように副アーチが付いていない。しかし、他の刳り形ははるかに発達している。[29]図は、１図でアーチの断面図、２図で柱頭の断面図、３図でそれぞれの窓の断面図を示している。

しかし、第二様式の窓はまもなくより高貴な発達をした。単純・優雅・堅牢の三拍子が揃っているから、それはその時期のすべての建築に受容された。そのため、多くの階や多数のグループでこの形態の窓付き宮殿の重要な遺物の幾つかを目にしない街路はヴェネツィアにはない。最も広大で完全な宮殿は、リアルト地区近くにあるアポストリ教会教区にあって、大運河沿いに立っている。その宮殿では一階の窓の間には、ビザンチン様式の豊かな装飾が覆っている。しかし、それは移行期を

[29]図

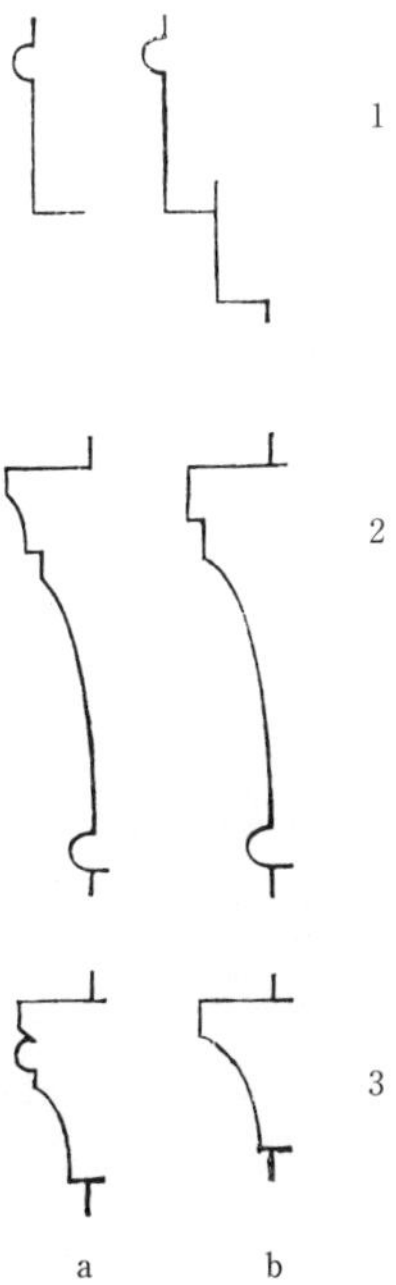

完全に示す特徴はもっていない。なぜなら、アーチの刳り形にはまだ歯状飾りが残っているが、移行期の家はすべて単純な円形刳り形であるからである。十分に確立された型の内で最も広大で完全な例の一つは、サン・マルコ大聖堂地区の近くにあるアンジェロの門に近接していて、メディオ小路の中の中庭にある。別の実例は、コルテ・サルヴィアティにごく近いヴェネツィアの中心に僅かにあるのが見える一つの四角い小公園に面している[21]。しかし、概して旅行者にとって最も興味あるのは、図版XIIIで示した窓である。

図版XIII「第二様式の窓　ファリエーロ邸」

　もしこの窓の列がなければ、アポストリ小広場はこの都市で最も美しくない広場の一つになるだろう。だが、徒歩で美しい場所を探し求める人達にとって、それはリアルト地区からそれへ到る小路の複雑な道のりのために、地理的に面白い処となる。ヴェネツィアにおいて、真っすぐの道路というのは通常水路になり、迂回する道路は陸地の通りによる。だが、距離の違いが両方でどの程度あるのか見当がつかない。櫂漕ぎを二〇回ないし三〇回もすると、ゴンドラはリアルト橋からアポストリ橋に到着する。だが、足元にある白い手掛かりに気づかない賢明でない徒歩旅行者は、ドイツ人商館の背後の家々の間を一五分もうろついた揚句に、彼が探す地点の近くに幸運にも達したと気づく。根気強く大理石の糸状手掛かり(22)を辿って行くと、ついに彼は急坂の橋を渡って市場の広場に出る。そこは、秋になると柘榴と大ぶりの黒い無花果のような紫色の南瓜の市が開かれ活況を呈する。しかるに、運河はその先の詰まった処まで行くと、艀が半ば行き止まりになっている。その艀には木炭のように黒い葡萄の巨大な籠が積まれ、葡萄の葉で覆われてまるで屋根葺きのようである。

この運河の向こう岸に立ってこちらを見ると、旅行者は図版XIIIで示された数個の窓を見るだろう。それらの下に尖頭アーチのアーケードがあり、それは不運なマリーノ・ファリエーロ総督にかつて属していた宮殿の遺物である。

バルコニーはもちろん現代のもので、一連の窓はかつてはずっと大規模な広いもので、右側だけでなく左側にも張り出し、柱で終わっていた。終端のアーチは壁で塞がれた。しかし、まだ残っているものからだけでも、その鳥や竜の彫刻ともども完全形態の第二様式の窓の明確な概念を読者は十分に知ることができる。

30図

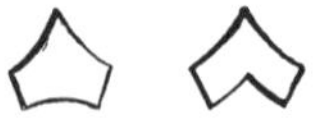

a　b

ゴシック精神の前進は、円形アーチと尖頭アーチの折衷によって数年間阻止された。しかし、休戦状態は、30図の形態ａと同じく形態ｂでも要石《かなめいし》がよく役割を果たすだろうという発見の結果、ついに破られた。そして、アーチの頭部のｂの代用が私達に図版XIIの第三様式の３ｂ、３ｄそして３ｅの窓を与えてくれた。３ａと３ｃの形態は例外的で、前者はコルテ・デル・レメールや他の宮殿――聖エウスターキオ教会のすぐ近くの大運河沿いにある――に現われ、後者は私の知る限りでは、真のゴシック時代に属するカナ・レッギオ運河沿いの一軒の家にだけ残っている。他の三例――３ｂ、３ｄ、３ｅ――は一般に第三様式を特徴づけるものであり、それらは刳り形だけでなく、側面の傾斜において異なっていて、後の方の相違は最も実質的である。なぜなら、３ｂの例では、真のゴシック表現はないからである。それは尖頭が突き出ている純粋なビザンチン・アーチであるが、３ｄのように側部が斜めになると、ゴシック的表現が明確で、その建築の流派全体が変化したのである。

最初、側部のこの斜めになる変化は、ほとんど感ぜられないほど微小であったが、徐々にその変化の度合いが増して、ついには一三世紀終末には３ｄの形態に達して、窓は第五様式へ移行する準備段階に完全になっていた。

ヴェネツィアにおける第三様式の最も完全な例は、バヤモンテ・ティエポロの義父マルコ・クエリーニの荒廃した宮殿の窓である。政府に対する養子の陰謀（ティエポロが仲間と共に総督打倒を企てたが、事前に発覚、彼の義父クエリーニは殺され、ティエポロは国外逃亡した—訳者注）の結果、この宮殿は一三二〇年に完全破壊を命ぜられたが、一部だけ破壊した後に公共屠殺場として利用された。ヴェネツィア人達はその下の階を食用鳥類市場とし——屠殺場が郊外へ移されたので——上の階を牢獄とした。それはその都市の最も重要で興味深い記念物の一つであり、これらの珍しい移行期の窓の形態の、確実な年代を私達に示してくれるものとして特に価値がある。その根拠としてはそれがバヤモンテの義父の宮殿であったことが挙げられる。バヤモンテはピエトロ・グラデニーゴ総督が就任した一二八〇年の政治的内紛の主導権をとり活躍した人物であったので、この建築は一三世紀中頃より後期ではないと確定できるからである。

工人の仕事でそれほど洗練されていないが、その柱頭の多様さのために、ずっと興味深い別の実例は、リアルト地区に面した小広場にある。その家はリアルト橋に面し、その二階は一三世紀に建てられ、ずっと初期のビザンチン風蛇腹が残存したか、または、おそらく一階に他の壊れた建物があって、導入された壁の上に二階が建てられたのであろう。二階の窓は純粋に第三様式のものである。その四つの窓は、31図で示され、それには壁に張り出した側面柱と、渦巻き形の間に導入された花や葉の形態で絶えず変化する柱頭が付いている。

もう一つの重要な実例は、大運河に沿ったサグレド邸の下の階にあるもので、少し後期の刳り形が付いて初期の直立した形態として目立っている（図版XII 3b）。多数の他の窓は街の中で断片的な廃墟に見られる。だが、私がヴェネツィアで見つけた二つの最も大胆な形態はフラーリの修道院の

31図

32図

窓である。そこはフランチェスコ・ダンドロ総督が一三三九年頃に埋葬されたところで、もう一つはドゥカーレ宮殿の側部の窓であって、これはフラーリの窓とまったく一致して、それゆえにその宮殿の年代確定に計り知れない価値のある窓である。これらについては後ほど述べよう。

第二、第三様式のこれらの窓と同時代のものとして、第四様式の窓（図版XII 4aと4b）がある。それは最初対で現われ、第二様式の窓に明確に似ているが、ずっと稀な飾り気のない刳り形になっている（32図の例で、サリッツァダ・サン・リオから採られた）。その後、図版XII 4c、4dの一連の窓が示されるように刳り形を豊かにして、完全にゴシック時代の第五様式の窓と関連する。しかし、図版XIVは、スカルツィ教会のほぼ向かいにあって、大運河沿いの家から採られた一三世紀末の第四様式の純粋なグループの一つを示している。私はアーチの深みが見られ、背後のガラス板から柱身が明瞭に分離している様子が見られるように、やや斜めの方向からそれを描いた。バルコニーと同じように後者も比較的近代のものである。しかし、もし古い窓でガラスが使われたとしても、同じ深さで柱身の背後に設定されただろう。しかしながら、最近の施工によってヴェネツィアの家の内部が全面的に改変されたために、古いガラス工事が窓の内部に加えられる方式について私が考察する

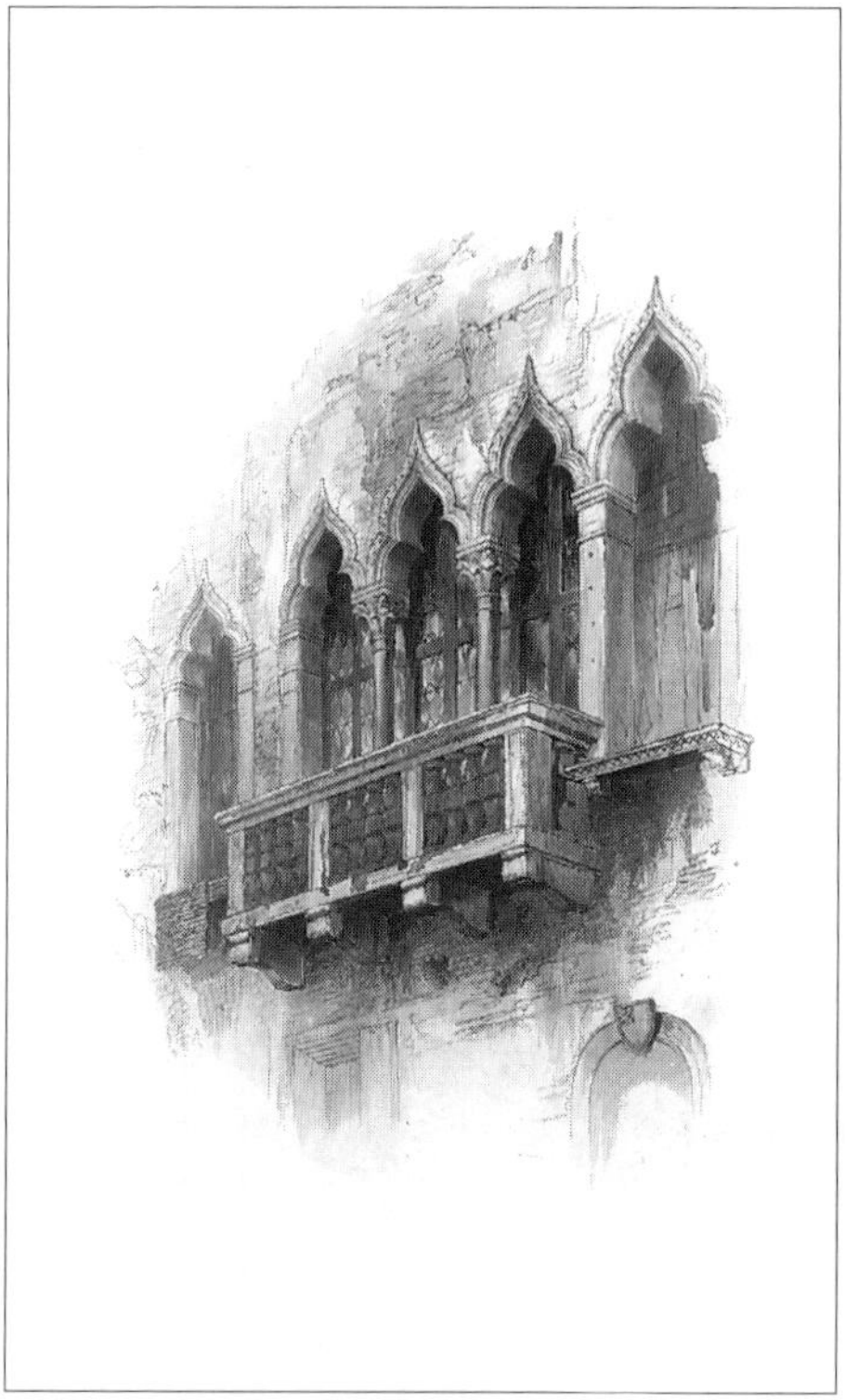

図版XIV　「第四様式の窓」

のが大変難しくなった。

第四様式の窓は、最初期だけでなく、最後期ゴシック時代まで、ヴェローナでは大変豊潤で美麗な状態で見出せ、当時は他のどんな形態よりも使用頻度が多かった。それは大規模なものではスカジェル旧宮殿に現われ、その都市中にふんだんに見られる。図版XIIの4aから4eまでの一連の窓は、アーチ輪郭線の最も普通の形態と変化を示し、4aと4bは初期のヴェネツィアの形態であり、後になって、4cはヴェネツィアで一般化し、4dはカスプの風変わりで大胆な突出のために、最良で最も刺激的な形態であって、ヴェネツィアとヴェローナに共通であり、4eは初期のヴェローナ風である。

図版XIIの五段目――第五様式の窓を表現しているのだが――へと視線を下げていくと、すぐに分かるのは、それらの窓が第三段と第四段の組み合わせにほかならないことである。この結びつきによって、それらはヴェネツィアで特徴的に出現した完全なゴシック形態に最接近するようになった。それゆえ、私達はこの最終的変化の入口で、ふと立ち止まり振り返って、「ゴシックの攻撃の見捨てられた希望（の痕跡）」として上で注目した、より純粋な尖頭建築の断片を蒐集することだろう。

聖ロッコ教会の小鐘楼にはフラーリ教会の背後にある柱廊玄関[23]を通って入る。振り返ると、壮麗な後陣の上方のトレーサリが狭い街の一角の不規則な屋根と煙突の上に聳えているのが見える。そして、画家プルートは、右側の家々の一軒にある風変わりな三弁葉飾り窓四つの幸運な出現によって、精妙で風景画風な構図の中へ画題全体を入れ込むことができた。それらの三弁葉飾りは、ヴェ

34図

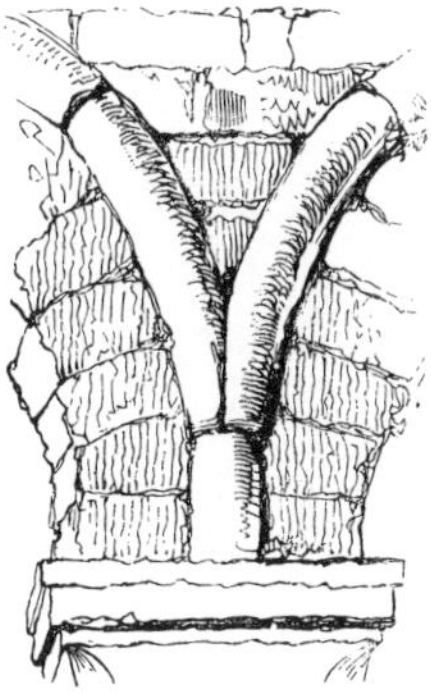

33図

ネツィアにおけるゴシック芸術の最も古い努力の賜《たまもの》と見なされる。それらの粗いスケッチを33図で私は示した。それらは全体が煉瓦造りだが、イストリア原産の石の中央柱身と柱頭は別である。それらの構造は、いたって単純で、三弁葉飾りは尖頭アーチを形成する放射状煉瓦から刻まれたのであって、その尖頭アーチの縁や上の際は、約一フィートの長さの塑型煉瓦から造られたロール巻き状刳り形によって示されている。その刳り形は34図のように一ヶ所で出合うように底部を削られている。柱身のその柱頭は最初期の移行形態の一つで、この傍系的な例でも、ビザンチン宮殿に関してすでに説明した中央集中化の大法則を不思議なくらい守っている。中央の柱の両側に付け柱（または張り出し柱）と壁がある。付け柱は柱頭の代わりに少し突き出して縁がすべての蛇腹の中の第一型[24]の型に造られた四角い平板な煉瓦をもっている。柱身と付け柱のすべては、別に土台を加えられずに、同一の単純な輪郭の突き出た柱礎の上に立っている。これらの窓は損傷が著しい。しかし、私はそれらの柱礎は原型のものであることを少しも疑わない。グループ全体は高貴な時代に最

も卑しい家でさえ、それなりの粗末な材料でできる限り大規模な宮殿の体系に追随しようとした様子を示すものとして、ヴェネツィアで最も価値あるものの一つである。下層階級の住居が一三世紀以来、私達の時代まで保存されているということは、そうあることではない。

図版XVの上方二列に、私はこの時期のゴシック施工の比較的繊細に完成された例の幾つかを並べた。その内で4はヴェローナの聖フェルモ教会の外側アーケードからイタリア本土建築の状態を示すために採られた。その本土建築からすべてのこれらのヴェネツィアの型は借用されていたのである。このアーチは、そのアーケードのほかのアーチとともに美しい石に赤煉瓦を帯状に嵌めて、全体が精妙な明確さで鑿で刻まれぴったり適合されている。これと比較すると、すべてのヴェネツィアの細工は粗雑である。ヴェローナの街路を通して見ると、一三世紀のアーチと窓が頻りに現われて、この方式で煉瓦と石で細工されている。時には煉瓦がアーチの石と交替している。[25]ヴェネツィアのゴシックが派生した師匠筋の流派の完全な型を備えているから、ヴェローナが装飾窓縁（または飾り迫縁）の装飾の他の実例よりも先立って選ばれた。

しかしながら、聖フェルモ教会から採ったアーチ[26]は聖ロッコ教会鐘楼[27]の小窓と、その実質的な簡素さにおいてさらに緊密に一致し、さらに図版XVで4の傍に置かれた5型とも一致している。他方、同図版上方の例1と2は、平板だが非常に豊かな軒縁の用途を示している。これら1・2の窓（図版XV1・2）は、造船所（アルセナーレ）の近くの、下層階級が今は住んでいるヴェネツィアの一部にある狭い小路から採られた。それらは完全に煉瓦造りで精巧な刳り形付きである。それは型に嵌

図版XV　「初期ゴシック様式宮殿の窓」

めたのではなく、手造りで粘土をこねて造られたので、アーチ細工に同じ物はなく、付け柱も柱身も通常石造りである。

　イギリスでは十分に知られていると思われている事柄だが、これほどヴェネツィアで考慮に入れられていない事柄はない。それは煉瓦の真の用途についてである。それについて書き留めるために、本筋を暫くおく。良質の粘土を産出する私達イギリスの国土は、一定の大きさの長方形の塊を造るために与えられたのではない。その国土は、粘土を捏《こ》ねるために鑿を使えない人達が、粘土から人間の思想の表現を捏ね上げて創るために、与えられたのである。イタリアの粘土を産出する地方の古代建築には、その素材を可能な限り適用した痕跡が実例として示されている。構造の大部分で使われる最も粗雑で最も脆い種類の粘土から、最も完全な湾曲線に型取りされたアーチと柱礎に用いられる煉瓦や、ほとんどあらゆる大きさ、力強さ、硬さの煉瓦、さらには、陶器に浮き彫りされた模様と同様に洗練された花細工やトレーサリに施された刳り形煉瓦にいたるまで、さまざまな応用範囲が示されている。そして、イタリア人彫刻家の最も洗練された技巧の多くは陶磁器に施されているように、彼ら建築家達のすぐれた思想の多くは煉瓦か、あるいは、テラ・コッタの柔らかい素材で表現されている。もしそれがイタリア――アルプスやアペニン山脈に産する永遠の大理石と花崗岩の青い輪郭の塔が見られない都市は一つもない国――でそうであるなら、イギリスの平原の中でそれはどの程度まで現実のことになるのか！　これからの約半世紀間にイギリスの建築家のための最良のアカデミーは、煉瓦工場だろうと私は信じる。なぜなら、イギリス人が粘土を使う方法を知るまで、彼らはけっして大理石を使えないと自分自身確信するだろうからである。

図版XVの2から3と、5から6へとそれぞれ移行する時、移行期の最も面白い段階に気づくだろう。円形アーチはその頂点に尖頭を生起させることによって、ゴシックに譲歩したが、その場合、ゴシックは円形によって装われていた形態に何かを譲歩したし、円形アーチの謙譲に途中で出迎えるために、ゴシック自体がみずからの輪郭を改変した。すでに私は世界で最も純粋なゴシック記念碑の一つによってヴェネツィアの形態への純粋な礼譲としてヴェローナで認められる尖頭アーチの細かい譲歩の一つを実物から何倍か縮小して描いた[28]。6の小窓はヴェネツィアにおける類似の例で、サンタ・マリア・マテル・ドミニ広場から採られた。そこには尖頭アーチの頭部における倒置《リヴァースト・》曲線《カーヴ》が感ぜられる程度でそれ以上ではない。他の3、7の例については、前者はメルチェリーエ・サン・サルヴァドール通りの小さいが大変高貴な家から採られ、後者はムラーノの孤立した宮殿からのもので、これらの両者が倒置曲線のさらに進んだ形態を示している。なぜなら、その形態はまだずっと初期段階の実例の幅広い装飾軒縁を用いているけれども、他のすべての点で第五様式の飾り気のない窓への移行の準備段階にあるからである。

次の例は図版XVの下方の三列の一番上の列で、その初期の純粋な状態を示している。それは造船所の近くにある、かつてエリッツオ家に属していた宮殿から採られた例で、ビザンチン装飾のような中間的装飾を連想させる。装飾は実際はギリシャ工人意識の産物に見える。ただし、中央アーチの上方の二羽の鳥はその扱いがギリシャ人より大胆でより自由である。そして、それらの装飾はゴシックの正面に取り入れられ建てられた。しかし、ビザンチン宮殿で使われた方式とぴったり一致する装飾嵌め込み方式によって、建築全体の初期年代を証明している。さらに、大理石の板で中間の隙間を覆うこと――だが、それは壁全体に嵌め込まれるのではなく、窓の間や上方の中間の隙間にだけ限定され、歯状刳り形で縁取りしてあるが――によって、その証《あかし》となっている。これの下方の例では、ビザンチン装飾は消失し、第五様式の窓が、初期ゴシック時期を通じて普通に用いられたものとして、その分類一般の形態で見られる。そのようなアーケードは不断に現われ、その図版の一つは、フォスカリ運河邸のほぼ向かい側にあって、大運河沿いの小宮殿から採られた。その重要な一点は他の窓と比較された側面窓の大きさの増大であって、特に注目に値する。窓の大きさの増大は、その時期に属する多数のグループの窓に生起して、私が今まで説明できなかった事情である。

これらの版画は極めて注意深く彫刻され、一番上のは、ビザンチン彫刻の一般的かつ完全に忠実な概念を読者に与えるだろう。さらには、接合部が抜かりなく描かれ、彫刻の幾つかが一つに纏められる方式だけでなく、それらが嵌め込まれた多様な大理石の効果についても教えてくれる。ビザンチン装飾がゴシックのアーチ形態と関連づけられるこの建築の刺繍や銀細工の豊かさから、下方の版画に見られる純粋にゴシック的アーケードの単純さへの移行は、ヴェネツィア芸術史における最も注目すべき現象の一つである。もしそれが突然に比較的初期に生起したのなら、それはマヌエル・コムネノス一世（一一七一年、東ローマ皇帝としてヴェネツィア共和国を統制・支配しようとして、コンスタンチノープル在住のヴェネツィア人数千を逮捕、財産を没収し、ヴェネツィアと戦争になった――訳者注）の謀反と、それのもたらした致命的戦争の結果としてのギリシャ人への憎悪に一つは起因するかもしれない。しかし、変化は徐々に起こり、大変化となるのはかなり後代になってからだった。ヴェネツィア人達のコンスタンチノープルとの友好関係が崩壊する前後の彼らの家庭の生活習慣の研究が慎重にできたと私は思っていたが、直接的課題の遂行に必要な手数のために、これが実質的にできなくなった。それで私は読者の前に建築様式の歴史的つながりを余分な解説なくしておくことで満足し、付随的な問題を他人の研究に委ねなければならない。そして、確かな一つの事実――「キリスト教芸術で最も偉大であるすべての根源は、一三世紀に根ざしている」こと――だけを書き留めておく。その世紀の気質はそれ以後のヨーロッパにおけるすべての雄大な仕事の生命の血であるからである。その特別な特徴の一つは、フィレンツェでは確かなように、その他の処でも家庭生活における奇妙な簡素さであったと私は思う。

私は見た、ベリンチオン・ベルティが
革の腰帯と骨製帯留めを着けて散策し
彼の奥方は頰に化粧もせず
鏡も放置しているのを。
ネルリとヴェエッツィオの二人の息子は

革製胴衣で満足し、よき侍女達は
紡錘と麻を扱って麻糸を紡ぐ……
一人は幼児をなだめる子守唄を歌い
夜も寝ずに揺り籠を見守り
別の一人は糸巻き棒から糸をほぐしつつ
娘達はトロイやフェソールやローマの
古い物語を語り聞かせた(29)。

一三世紀初めからすべての建築装飾に奇妙な簡素さが広がっていったのは、ヴェネツィアだけの事実である。換言すれば、豊かな装飾のビザンチン柱頭は、これから述べる純粋で厳格な型に地位を譲って、豊かな彫刻は壁面から消えてゆき、大理石の外被の石板だけが残った。この移行局面の最も興味深い例の一つが、ゾルツィ邸のちょうど背後にある聖セヴェロ教会地区の宮殿である。後者はあらゆる点で全然価値のないルネッサンス式建物だが、(30)ヴェネツィアのキケロ崇拝者にはよく知られている。そこを訪ねてフォンダメンタ・サン・セヴェロを少し下がると、運河の向こう側に、キケロ崇拝者は意に介してはいないが、ヴェネツィアでは独特な宮殿を見つけることだろう。その宮殿が独特なのは、装飾に使われている紫の筋入り雪花石膏の荘厳さと、その柱身の葉飾りの雄々しい素朴さのためである。そこにはそれら以外に彫刻はなく、その効果は色彩に依存している。緑色蛇紋石の円盤が紫の雪花石膏に嵌められて、柱は、白柱頭には赤大理石を、赤柱頭には白大理石をあしらい、交互に並べられている。その窓は第三様式であって、小さくて最も美しい中庭の中で宮殿の裏側がヴェネツィアで、その様式のおそらく最も壮麗な例である一群の窓を示している。だが、正面の窓は第五様式だと私は思うのだが、それらのカスプは削られている。

ゴシック的感情がさらに明確に確立し始めると、ビザンチン彫刻を放棄したため空白にされているアーチ間の隙間は、新しい流派の原理と一致させて豊富に埋め合わせるべきかで、ヴェネツィア建築者の問題となった。この時期になされた実験の二つの最も重要な実例が残されている。一つはサン・カッサーノ教会地区のフォルネル橋の近くにあり、窓の三角小間が四人の福音伝道者の像によって満たされ、それは深い浮き彫りの彫刻で、彼らの広げた翼がアーチの辺縁に触れているような堂々たる家である。もう一つは「大天使ラファエロ地区」にあって、聖セバスティアーノ教会の近くのパラッツォ[31]・キコーナとして今は知られている。そこでは、窓の上方の大きなスペースの壁が複雑だが粗野な四弁葉飾りの絡んだトレーサリで占められている。

図版XVの例は、必然的に窓の上方部分に限定されるので、図版XVIにおいて私は第五様式の窓を、その最初期の土台から要石まで完成された十分発達した形態で示した。上の例は聖ジャコモ教会の近くのカムピエーロ（小広場）・デラ・ストローペの小さな家から採られた美しい窓の一群であって、大きな構えも装いもなく、今は貧者だけが住んでいる。そこは湾曲線の過剰なほどの純粋さと、制作年代がとても古く初期のもので刳り形が通常より単純なために目立っている。下の例は聖ロレンゾ教会の近くのプリウリ家に属する宮殿の二階から採られた。これは私達の注意が今まで注がれなかった一つの特徴、すなわち窓の闇を背景に透かされた銀糸模様の石だけを残したカスプの透かし彫りがある。言うまでもなく、この局面でカスプは構造上の役割を終え、たんに装飾になったが、しばしば途轍もなく美しくなった。初期の堅牢なカスプからこの繊細な糸状カスプに移行する段階は、「トレーサリ桟」の題名の図版で描かれるが、(32)変化の始まりは徹底して薄くなるまで貫通した石の薄板化にあった。一般的に言えば、カスプがどんな状態で見つかるかが制作年代の決め手になる。もちろん他の点も比較考慮したうえでの話である。それが堅牢なら、それだけ古い年代のものである。しかし、どっしりした形態は一四世紀初期ほどの後代になって、貫通したカスプと関連して見出されることがある。ドゥカーレ宮殿では下方の支えトレーサリには堅牢なカスプがあり、たんに装飾的な窓の上方トレーサリには、精妙な効果を出す貫通カスプがある。

図版XVIの下の例において、大柱身間にある小さいバルコニーは原型のままで特徴を表わしている。右側に分離されて修復された窓はそうではないが、図版XI 1――これは第五様式の最も繊細な時期の完全な窓――で表わされた窓に、それが似ていると想像すれば、読者は一四世紀初期の、ヴェネツィア貴族の家の主要な部屋の外観について完全な概念を構築できるだろう。

貴族でも商人でも、この時代のあらゆるヴェネツィア人は一つの典型に基づいて宮殿や住宅を建てたように思われる。あらゆる重要な条件の下で、大きさは多様であるにもかかわらず、すべての特徴のある装飾の形態と様式は一般に同じだった。隷属関係で同じなのではなくて、友愛的連帯関

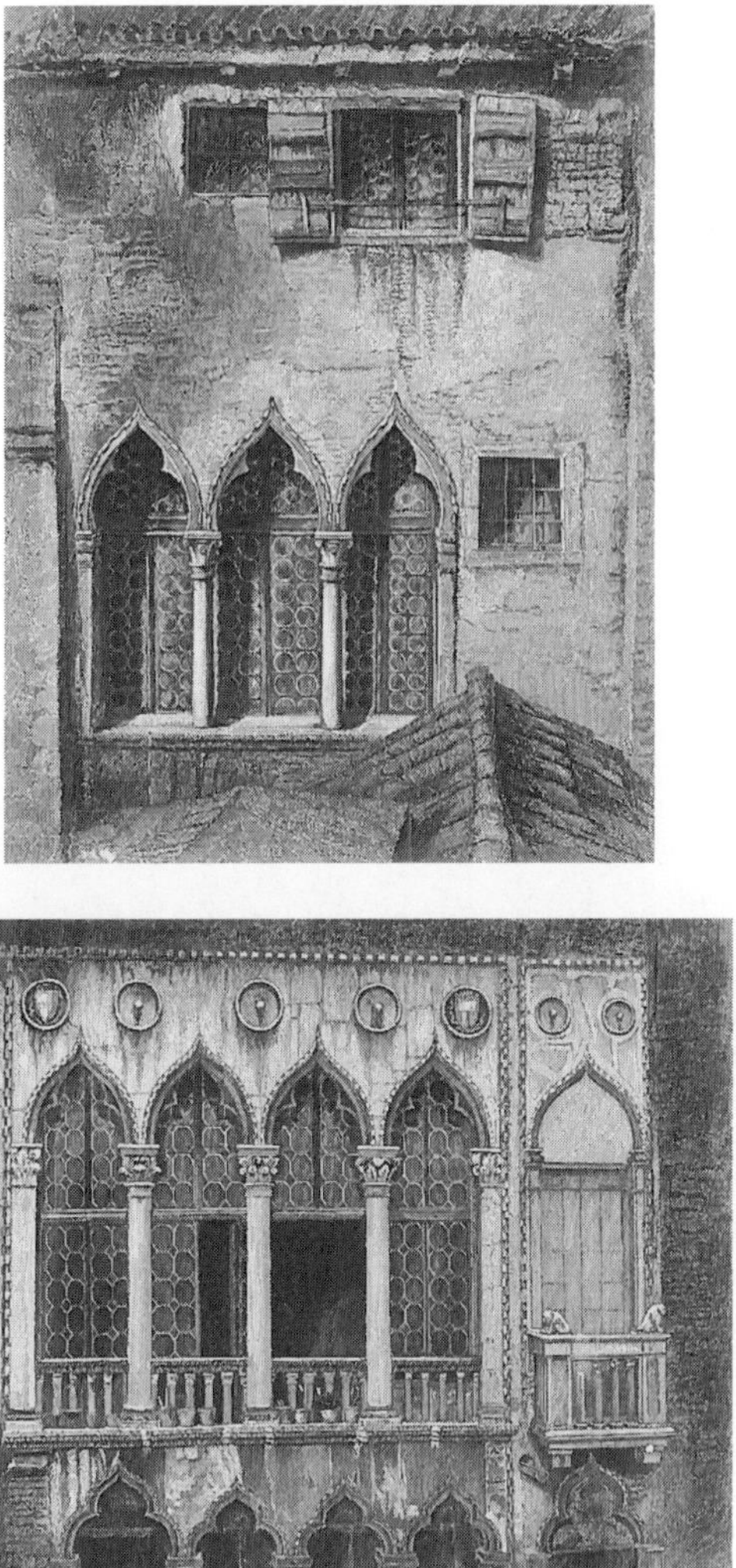

図版XVI　「第五様式の窓」

係で同じであった。一つの鋳型から鋳造された硬貨の同一性ではなくて、一つの家族の成員のもつ同一性であった。その時期の断片で残存しているのは、窓には――その窓が少数であれ多数であれ、また、三つの群れであれ三〇のアーケードであれ――第五様式の高貴なカスプ付きアーチが付いていた。そして、それらの窓は今日私達によって特に注目される。なぜなら、これらの洗練されて豊かな装飾の形態は、私達自身と同様に刻苦勉励し実際的で勇敢で思慮深い民族の住居として用いられたからである。その民族が災難や変化――それらがほとんど毎時間彼らの存在を脅かしていたのだが――と苦闘していた時代に、それらの窓はつくられた。家庭生活の洗練度は、最初期からヴェネツィアでは格段に進んでいた。それでその都市のゴシック宮殿の遺物は、今日最も快適な住居である。それらは外的形態では変化を被らなくて、貧困とルネッサンスの趣味が時間のもたらす荒廃と戦いながら、内部に導入した改変によって便利になったと思えば、あに図らんや損傷が甚大であった。それゆえ、ヴェネツイアとその周辺に群がる都市――ヴィチェンツァ、パドヴァ、ヴェローナ――において、旅行者はゴシック派の建築の復興によって日常生活の慰安や快楽に及ぼされた影響を実際の体験によって確認できるだろう。彼は柔和な夏の大気の中で大理石のバルコニーの上に立って、黄昏時それに凭れながら、昼間からの暖か味の残りをその滑らかな表面に感じることができる。また星の輝く空の深い静穏を背景に、荒廃を免れたトレーサリの描かれたような逞しい曲線を見ることができ、縞模様の床の上で月光によって短くされたアーチ群の風変わりな影を見守ることだろう。あるいは、イギリスの家なら、その土台まで震動するであろう冬風にもびくともしない、柱身にぴったり合った窓を閉めることもできる。いずれの場合も、彼の日常的な情感に与えるそれらの影響を、イギリスの壁に開けられた角張った窓の情感への影響と比較することができるだろう。

もしゴシック式窓にさらに楽しさを感じる点があるならば、そこにはさらに信じるべきものが多くあることを確信しよう。それは最も美しいだけでなく最良でもあり、また最も頑丈な建物なのである。私はヴェネツィアのゴシックの特殊な形態を述べているのではなく、四角い窓の上のまぐさ[33]の力強さと対立する尖頭アーチの一般的な力強さについて述べている。私はゴシック形態を私達の家庭建築に導入するために説いている。それが美しいからだけでなく、私達の手に日常的に入る材料によって建てられる忠実で丈夫で耐久力があって尊重することのできる建築物の唯一の形態だからである。規模と費用とを増大させれば、幾世紀も永続する建築物をどんな様式でも建てることが可能である。しかも、ゴシックにおいてはじめて不完全な手段と材料で造られた作品に安全性と威厳を与えることができるのである。そして、イギリス国民が下品で不安定な建築物を建てることの愚かさを悟る時がくると私は信じている。これらの事柄をたんに理論上の想像の事柄と称することは、私の著書の中で今まで対象とされた建築家達にはよくあることである。私は答えておく。「『建築の七燈』でもこの著作でも一つの原理を断定しているのではなくて、最も単純で最も厳粛な真実性と、最も容易な実現の可能性を主張している。建てられることが望ましいと私が考える建築物は、千年間もびくともしないで建っているだろうし、それに反対する建築家の建てた建物は、一五〇〇年も建っていないだろうし、時には一時間も建っていない」と。一週間も経たない内に、近代建築の卑しい原理でもたらされる大破滅を見るだろう。例えば、腐食した梁材の鉤裂きの裂け目から、群衆がよろめいて落下するアーチ形天井のない床とか、夏の洪水によってひとたまりもなく洗い流された、橋脚台のない橋とか、夕立の大雨により作業員もろともに泥の山と死へと流される、浸水して腐りかけのカビの生えた壁などである。毎日のようにこういう出来事を私達は聞いている。

35図

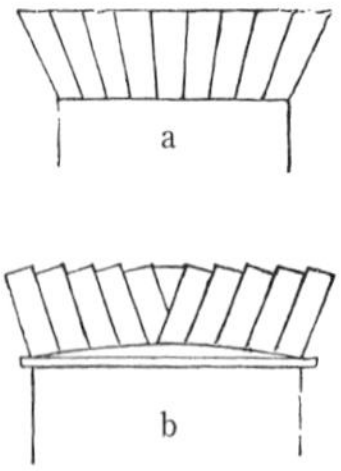

しかもこれらは悪弊の千分の一にすぎない。劣悪な建物や繰り返される修復、それに拙い建築施工をされた外部への矢つぎ早の非難と贔屓の引き倒し——こういうものに浪費される国庫収入の一部は莫大な額になる。そして、その因果応報の重みはまだ感ぜられていない。それが私達の子ども達に今後五〇年も経てば宣告を下すであろう。その頃になると、安普請、請負仕事、化粧漆喰・壁土工事、劣悪な鋳物工事、さらに近代の競争と虚栄と不誠実を招くその他のすべての便法が、本来の姿を暴露し始めるからである。

　実際、不誠実と虚栄の節約経済は、他のどの様式よりもゴシック様式で破綻をみる。しかし、性急に劣悪な材料で組み立てるために私達が使えそうなすべての形態の中で、ありふれた角張った窓は最悪である。35図aのような煉瓦造りの水平な頭部は、空間を覆うのに最も脆弱な方法である。近代家屋の性急に累積された外郭には、モルタルが乾くまでb図のように小さな木摺りの木片によって煉瓦を支えようとする悪い方式が見られる。しかし、細心の注意を払って施工しても、あらゆる煉瓦は迫石《せりいし》に合わせて先を細くしてぴったり適合させる時でさえ、そのような窓の上部が崩れるのを私は見たことがある。そして、築後僅か二年で窓の上のすべての煉瓦に幅広くヒビが走っているのを私は見た。しかるに、ヴェローナのゴシック式尖頭アーチも煉瓦造りなのに、一三世紀以来ヒビ一つ入らず、一つの欠陥もなく、その都市の街中のあらゆる隅に堂々と立っている。

尖頭アーチに反対してあげられた反論――「尖頭アーチは近代のサッシとガラスの便利な嵌め合わせを容認しない」――は、少しも効力がない。アーチが尖頭だからと言って、開き口が尖頭である必然性は少しもない。アーチの仕事は上方の建物を支えることである。これがいったん安全に行われれば、その尖頭の上部は、私達が好むように充填される。最良の大寺院の扉では、それはいつも堅牢な石の盾によって充填されている。多くの最良のゴシック式窓では、それは同じ方式で充填され、導入された石板は、豊かな装飾を施すスペースとなる。各尖頭アーチが彫刻された三角小間によって充填されて、大胆な群窓として使用された尖頂窓が、私達の煉瓦建て家屋に施された贅沢にガラス張りされた四角い窓と同様に採光されなくて、便利にされない理由は少しもない。連結された採光窓の群れに大胆な破風造りの天蓋を与えるがよい。その破風に彫刻と色彩を施すがよい。風雨に勝手に出入りを許す劣悪で役立たずのギリシャ式屋根付き玄関の代わりに、急勾配の円形屋根付きで完全に風雨を防ぐゴシック式玄関を設けるがよい。そして、豊かな装飾用スペースに、普通の工人が全力を尽くして、彼の好きなものを彫刻するようにするがよい。そうすれば、私達は一九世紀の家庭的建築の一流派を有することになる。そして、彼らの存在が、私達の子孫達に私達への感謝の念を生ぜしめ、三〇世紀まで私達を誇りに思うようにさせるだろう。

まだ一つだけ吟味すべき重要な特徴が残っている。それは入口の門または戸口である。ゴシック宮殿が完全な形態をとる時には、一方が他方へ移行するのを私達はすでに見てきたが、それは謙譲の美徳が増大したというよりむしろ、プライバシーへの執着が増したというべきである。ビザンチン宮殿において、入口はいつも戸口より大きい門であったようであり、壮麗な半円形アーチが海に向かって開かれ、飾り迫縁（アーキヴォルト）の豊かな彫刻によって辺縁が飾られていた。これらの入口の一つは㉖図で見られる。その彫刻は別にはっきりした意味もなく、葉の間にちりばめられた怪奇な動物のものが一般的である。しかし、サン・マルコ大聖堂の外側の大入口――これはこの大聖堂の構造の他の部分が完成した数年後になって完成されたようである――は、感受性や選択力や施工時の活力において、ゴシック的な一連の主題を提示している点で、すべての他の入口とは異なっているし、さらには、ビザンチン時代の形態に何らかの改変を施すことに成功しない内に、ゴシック精神を表現したオカルト的入口を示している。

サン・マルコ大聖堂の中央の大入口を形成する四つの連続した――そして、相互に重なっている――飾り迫縁があり、その中の一つは月並みなビザンチン細工のように繁茂した葉の間に混在する正体不明の人物像からなる壮麗な外部のアーチである。この内部に近代的モザイクで覆われた半円形ドームがあり、この壁龕の背後に、他の三つの飾り迫縁があって、二つは彫刻され、一つは無装飾で、連続して添えられている。私達の関心のあるものは、一番外側のものである。

それは、その正面と下側の両方に彫刻が施され、正面には巻物を持った一七人の女性像が彫られているが、不幸にも彼女らの伝説は今では分からなくなった。これらの人物像は美術アカデミーに保存されている。それらの人物像は、サン・マルコ大聖堂のジェンティーレ・ベリーニの絵画で見られるように、濃紺の地にかつては金メッキされていた。暦の月々の彫刻は下側にあって、鑑賞者が入ると、左手の底部から始まり、飾り迫縁の周りに連続してそれらが見られる。しかし、それらの彫刻は真ん中で二つのグループに分かれ、真ん中には若いキリストの美しい像があって、それは天空を表現するための星とそれに相伴する日月とで覆われた、ややくぼんだ球形の中央に座している。それは昼と夜を支配するためであって、両側に日月をそれぞれ配している。

私的な宮殿では、入口はゴシック式形態へと移行する変化を見せている。それらの入口は次の三つの相違点があるものの、窓とほぼ同じような変化の局面を経た。相違点の第一は、どの入口にも風変わりな第四様式のアーチは生起しなかったということである。第二は純粋な尖頭アーチが窓よりも入口の方に早い時期に頻度も高く生起したということであり、第三は入口そのものが小さくても、ほとんどいつも最初期の例では、上方にアーチなしで、四角い上部であったということである。しかし、後になって、アーチがまぐさ石の上部に架け渡された。アーチとまぐさ石の間の隙間（三角小間）は彫刻で充填されたり、鉄材で閉じられたりして、時には図版Ⅻ7ａの完全な例のように、ポーチを形成するために全体の上に前面に突き出した破風屋根を付けた。図版Ⅻの下方二列の例はそれぞれが一三世紀から一五世紀末へかけてさまざまに装飾された沢山の戸口の特徴である。

この図版のような小規模な図示では、アーチを充填したこれら以上の豊かな彫刻を説明しようとしても無駄である。それゆえ、その代わりに、私は例証すべき形態の中で特に単純な例を選んだ。でも、もっと重要な例のすべてで、戸口の上部は、さまざまな色彩の煉瓦の繊細な装飾や嵌め込まれた模様、さらには、ある天使に守護された一家族の盾や紋章からいつも構成される彫刻が一杯に詰められていた。私はここで他の拙著で示した説明を一部繰り返さねばならない。それは本書より大部の著作に近づく機会のない読者の便宜を計ってのことである。

最初期の時代には、家族の名が知らされて(34)彼ら家族の守護と繁栄を神の手に委ねることに家族全員が同意していた。そして、入口の敷居を跨いだ来訪者へも祝福の一般的表現が添えられることがよくあった。これは古いヴェネツィア人の入口においての一般的不文律であった。これは私達の新築家屋の家並みや、一軒の新築家屋の利益のために研究されてよいだろう。これらの家並みは幾マイルも同じような家なのだが、それらの家の本来固有の窓の占める分量とドーリア式玄関を、私達は現代の住民にあてがいたい。ヴェネツィア人はその不文律を単純に実践した。比較的古い作品の装飾窓縁（あるいは「飾り迫縁」）の中央に必ず私達が見つけるものは、神すなわち光の源泉の全能とその存在を表現する日月の間に挙げた祝福の手である。三角小間には家紋の盾が刻まれている。ヴェネツィアの家紋は守護者としての獣を別に必要としなくて、通常ヴェネツィアの紋の必要な一部となるのは守護獣や家紋ではなくて、天使である。しかし、時には人物像や奇怪な像が代用されるが、その場合には、天使はいつも盾の上に導入され、その天使は左手に地球を持っている。それゆえ、それは「主の天使」または「神の存在を示す天使」が意図されている。この種の念入りな彫刻が容認できない場合には、革紐で吊り下げた盾が表現されるだけであって、装飾窓縁の上方に十字が導入される。ルネッサンス期の建築家はこのすべてを不合理と認め、十字架と天使の両方を切り捨て、その代わりに、ルネッサンス期におけるヴェネツィアの固有の守護神であった半人半獣の森の神の頭部を代用し、それ以来、私達自身の家庭においても、大いに敬虔の念をもって、そして同時に時世の変化に応じて、それを保持してきた。

家屋の戸口の上に、何がしかの宗教的シンボルを用いて宗教的伝説を記す習慣は、ルネッサンス期もかなり中頃になるまで実質的には消滅しなかった。「この家屋に平和あれ」[35]という語句がヴェローナの戸口の一方の側に記され、他方にはローマの旗印であるS・P・Q・Rの盗用された銘が建前ではなく本音から掲げられている。そして、「主の名において来たる者に祝福あれ」が、一六ないし一七世紀制作のバルバリー邸の側部に添加された建物の入口の一つに書かれている。とにかく信仰の告白のように思われるすべてのシンボルと言葉をまったく恥じ入るのは、近代プロテスタンティズムにほかならないようである。

この特別な感情は慎重な分析に値する。大抵の場合、それは感情の名にほとんど値しない。なぜなら、無意味な戸口は異教徒のモデルの無知なコピーにすぎないからである。しかし、もし今この瞬間に私達の建築家によって私達の誰かに、あの半人半獣の森の神の白い歯を剝き出した頭部や、他の古典的ないしは女神パラスの装飾物を、戸口の要石から取り除いて、その代わりに、十字架や私達の信条を証言する銘を代用せよと提案されたら、大抵の人達はその提案にたじろぎ尻込みするに違いない。彼らはきっと門口の銘を卑しい偽善にしかねない事情が家の内部で時に行われ考えられるという漠然とした威圧的な意識を抱くからたじろぐのである。もしそれが真実なら、私達の多くが感じる明確な宗教的告白を発することに対して強い不本意の念があるからで、その不本意が不信心にほかならないのかをよく調べてみるがよい。告白の曖昧な本質をよく吟味しないで、それを謙虚だとか偽善への怖れだとか、その他の柔らな心の表われだとかと結論づけることが、不本意なことでないのかどうかを調べるとよい。その不本意とは、ペテロの言った「この人を私は知らない」が、これらすべての疑念やためらいの総括であり本質ではないか、また、私達の誠意や敬虔の念に帰する羞恥心が、人の子キリストが恥じる人達の間に私達を入れてしまう羞恥心でないかどうかということである。

ゴシック宮殿の外的形態と細部において、留意すべき主要な原則は以上のようである。それらの宮殿内部の配置はほとんどが改変された。私達が吟味してきた入口は、一般的に言えば、初期宮殿では長い内庭へ通じて、その周囲に宮殿の塊が建てられている。その一階は華麗な外部階段であって、それは登るにつれて高さと張間《スパン》(アーチ間の距離—訳者注)が徐々に増大していく四つないし五つの尖頭アーチに支えられ、それらの大きさの変化は、私の覚えている限りでは、ヴェネツィア特有であり、ビザンチン式正面におけるさまざまな大きさのアーチの慣例的な踏襲であることが歴然としている。これらの階段は、角隅に設けられたライオンや怪物の頭部と、踊り場に突出した真のバルコニーを伴った外部バルコニーの欄干と同類の精妙な彫刻が付いた欄干によって防御されている。内庭の中央にはいつも大理石の井戸があり、その井戸はヴェネツィアの彫刻の最も華麗な例を幾つか提供する。私の気づいたものは、ビザンチン期から残存するものである。それは八角形で、ノルマン泉水の最も豊かなもののように扱われている。しかし、一三世紀以後のあらゆる時代のゴシック井戸は無数にあって、それらの形態は多様であるが、美しさに満ちている。それらはほとんどの場合、角に葉を付け、側面に家柄の紋章を付けて、柱のすばらしい柱頭のように扱われている。

内部の部屋は一階が一つの高尚な広間からなり、二階もしばしばそうであり、家の全体の奥行きにまで広がり、正面は主要な窓群によって採光され、小規模な部屋がその広間から両側面にも開いている。まだ言及しなかったが、天井は豊かに彫刻され金メッキされた大胆な水平梁からできている。だが、これらの内で真のゴシック期からのものはほとんどなく、ヴェネツィア式の内部はほとんどの場合、ルネッサンス期の建築家によって改変された。しかし、この改変を断固として遺憾と言うわけにはいかない。なぜなら、壁と天井が改変される際に、ヴェロネーゼ、ティツィアーノ、ティントレットの高尚な作品で覆われたからである。内部壁だけでなく、外部もまたそうであるからである。ゴシックの外部の色彩装飾については、この主題はヴェネツィア宮殿の彩色体系の相対的な概観の中に――私達が最も豊かな発達期を読む段階に達した時になって――含めて考えるのがより便利だろうから、今は言及しない。差し当たり、今私達に残されているのは、ヴェネツィアのゴシック建築の全体系を完成し具体化した建築物――それはドゥカーレ宮殿――の構造の歴史を回顧し、制作年代を確定し、最も重要な細部に注目することだけである。

注

(1) picturesque が原語。六章注(4)(10)参照。
(2) piazzetta が原語。「小広場」のことで、「市場」ともなる。piazza が「広場」である。
(3) arcade が原語。「列拱」が訳語(岩波文庫の『建築の七燈』参照)。
(4) apse が原語。
(5) crust が原語。前出参照。
(6) 〔原注〕原文には「今では四〇フィートの高さの壁の重量を委ねられることになった」がここに挿入される。
(7) architrave が原語。台輪とも訳す。Entablature(柱上に支えられる部分)で蛇腹、小壁、軒縁と続く。
(8) 多島海の島。
(9) canopy が原語。
(10) 次章の最初二つの図36 37を指す。
(11) machicolated cornices が原語。
(12) 現在のフランケッティ美術館。Ca'd'Oro が原語で、「黄金の邸」が訳語。
(13) 〔原注〕原書第一巻一四章§四。
(14) 原文では、Casa Contarini Fasan. 地図には Palazzo Contarini が複数ある。
(15) 〔原注〕アベヴィル大寺院から採った北方風欄干。

(16)〔原注〕カーサ・フォスカリニの秘密の私室から採られた。
(17)gallery が原語。
(18)architrave が原語。「軒縁」の訳語もある。
(19)Corte del Remer が原語。corte は「中庭」。
(20)'the Merceria' が原語。これは「メルチェリーエ・サン・サルヴァドール教会通り」を指すと考えた。
(21)〔原注〕そのコルテ（中庭）は、ビアンカ・カペロがそこから逃げた処として案内人なら皆知っている。
(22)〔原注〕道路の白い大理石に糸状の二線が嵌められ、農民・旅行者が迷わないようにしている。
(23)portico が原語。
(24)〔原注〕原書第一巻、Fig. V の a の図参照。
(25)〔原注〕原書第一巻、図版XIXで示された完成された図（三四六頁の図）。
(26)〔原注〕図版XV 4図。
(27)〔原注〕サンタ・マリア教会近くにあるコルテ・デル・フェルノの非常に古い家から採られた。
(28)〔原注〕原書第一巻、一一章「アーチ石造り」（ジョージ・アレン社一八八六年版）一三七頁。
(29)〔原注〕ダンテの詩行で、キャリ（Cary）の英訳から訳す。
(30)Fondamenta San Severo が原語。「フォンダメンタ」は「運河沿いの道」の称。
(31)palazzo が原語。「宮殿」の意。
(32)原書第三巻の図版XI「トレーサリ桟」（"Tracery Bars"）がある。
(33)門や窓の上に載せる鴨居のようなもの。六章注（16）参照。
(34)旧約聖書にそれぞれの氏族民族の名と由来が記されている。
(35)「ローマ元老院とローマ市民」が原意だが、皮肉に転用して「薄利多売」の意もある。

八章　ドゥカーレ宮殿

前章のはじめで述べたように、ヴェネツィアのゴシック芸術はドゥカーレ宮殿を境にして二つの時期に明確に分けられる。この宮殿が完成してから半世紀の間に建てられたすべての一般家庭の家屋は、その特徴的で印象的な主な部分を、ドゥカーレ宮殿から直接もしくは間接的に模倣したものが多い。実はドゥカーレ宮殿はこの時期のヴェネツィアの偉大な作品であり、それ自体がその都市の想像力の主要な努力の産物であって、最良の画家達をその装飾のために雇用し、延々と長期間にわたってたずさわらせた。そのような工事・細工・制作の進捗状況を見ていた人達の心を、いかに捉え影響を与えたかの顕著な証拠として、私達はその建築作品を認めなければならない。なぜなら、イタリアの他の都市において、多くの宮殿と教会が日々に、独創的で前衛的な形態をある部分に示しながら建てられていたが、雄大なドゥカーレ宮殿というこの単一の建築物が全盛期のゴシック的想像力を一時停止させたからである。すなわち、不断の革新の動きを一時停止させて、新しい方向へ向かって努力しようとしたり、さらに魅力的イメージを喚起しようとするために、革新的作品を

36図

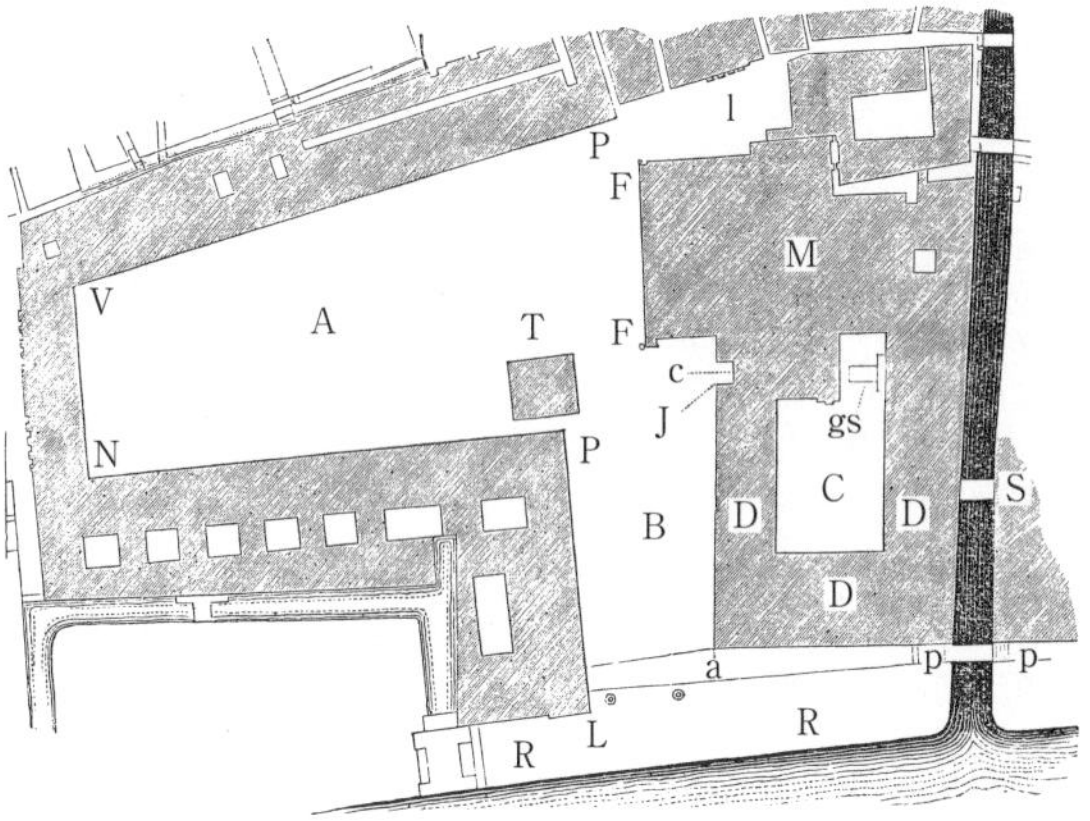

37図

創造する能力の発揮を妨げたからである。

ヴェネツィア人の発明したこの建築物は、ナルキッソスが水面に映った己の姿に見惚れたように、自己満足に耽っている間に、このように称賛され愛された建築物の進歩の具合のさまざまな説明が、宮殿のどの部分に言及しているのかわからなくなるほど混乱を引き起こした。この事実を読者はほとんど信じないだろう。

さらに、この宮殿の正面《ファサード》の制作年代が、一四世紀か一五世紀かについて、ヴェネツィアのすぐれた考古学者の間に、ここ当分の間論争が起こっている。もちろんその作品の様式から私達が何らかの結論を引き出す前に、この問題の決着が必要である。そして、そのためには、その宮殿の全歴史とそれに関連するすべての文書の注意深い再吟味をしなくてはならない。その再吟味は退屈にはならないと私は信じている。それは、ヴェネツィアの民族性を、趣向を変えて多数例証して私達の前に提示してくれるから、確かに不毛にはならないのである。

しかし、読者がこの建築物の歴史の研究に入る前に、読者は現在の状態における主要部分の配置と名前にしっかりと精通しておくことが必要である。さもなければ、それに言及したどのような文書の一文さえ読者は理解できないからである。読者に必要な地形上の知識を与えるために、大まかな設計図と鳥瞰図の助けを借りて精一杯私は努力してみる。挿絵36図(1)はサン・マルコ大聖堂境内周辺の大ざっぱな地形図である。次の引用はそれぞれの関係位置を明らかに説明している。

A　サン・マルコ大聖堂境内

a　イチジクの木の角隅
B　小広場
C　ドゥカーレ宮殿
c　布告門
D　ドゥカーレ宮殿
FF　サン・マルコ教会堂の大正面
gs　巨人の階段
J　審判の角隅
l　ライオンの小広場
M　サン・マルコ教会堂——これはドゥカーレ宮殿と密接に連携統合されているので、すべての壁が表示されなければ、分離することは設計図ではできない。しかし表示されたら全体に混乱を生じるだろう。
PL　ヴェツッィアの図書館（旧図書館の意）
PN　新しい施工
PV　ヴェツッィアの施工（古い施工の意）
pp　藁の橋(2)
RR　奴隷（囚人）海岸(3)

S　溜息の橋(4)

T　サン・マルコ大聖堂の塔

ドゥカーレ宮殿は、真ん中が空いている四角形にほぼなっているのを、読者は挿絵図で観察できるだろう。宮殿の一側面は小広場（B）に、もう一つの側面は「奴隷海岸」（RR）にそれぞれ面している。第三の側面は、「黒い運河」(5)に沿い、第四の側面はサン・マルコ教会堂に隣接する。それで、第四の側面は何も見えない。他の三側面について私達はいつも語らねばならない。それらはそれぞれ「小広場の面」「海の面」「運河の面」と呼ばれる。この運河は、旅行者によって大いに関心をもって眺められるか、恐怖心に脅かされながら眺められるか、いずれかである。それは、その河が溜息の橋の下を通っていて、ゴンドラに乗った旅行者はその下をくぐるからである。運河はこの都市の主要な交通手段の一つであって、その橋と運河が一つになって、ロンドン子の心を占めるフリート・ストリートとテンプル・バー(6)と同じ地位を、ヴェネツィア市民の心の中で占めていた。少なくともテンプル・バーが時折人間の頭で飾られた時代にはそうであった。これら二つの建物は形態がよく似ている。

今や宮殿自体の外観と配置の大ざっぱな観念(7)を得るために話を進めることとしよう。だが、その配置図は、「海の面」「運河の面」の概念を得るためと、内庭を見下ろすために、海に面するその正面の潟海(8)のある地点から上空へ約一五〇フィート昇ったと想定してみれば、よりよく理解されるだろう。挿絵37図はそのような眺望を混乱を避けるために屋根上のすべての細部を省略して大ざっぱに粗描したものである。この挿絵で私達が気づく必要があるのは、右に見える二つの橋の内、黒い運河の挿絵の上方の橋は「溜息の橋」で、下方のは「藁の橋」（ラスキンの命名）であり、この運河は桟橋から桟橋へと定期的に舟によってつながれた、水路の大通りであるということである。この橋の上方に聳えている宮殿の角隅（そこは「海の面」と「運河の面」が出会う角である）は、「葡萄の角隅」と称される。なぜなら、それはノアの飲酒の彫刻によって装飾されているからである。宮殿の反対の角隅は、人間の堕落の彫刻が飾られているから、「イチジク（木）の角隅」と称される。長く狭い建物の列――その屋根がこの角隅の背後に見通される――は小広場に面した宮殿の一部である。列の端の二つの小尖塔の内、左側の小尖塔の下の角隅は、やがて述べられる理由のために、「審判の角隅」と称される。建物によって形成される四角い空間の内部に内庭と二つの井戸の一つも見られる。これは小さくて趣きが風変わりなルネッサンス期の建物――これは左下方へ傾いている「巨人の階段」に面している――によって行き詰まりになっている。

大正面は海の側から見る者に対面して南方を向いている。それゆえ、他の窓より低くて、見る者の右方にあるトレーサリ付き窓は、「東方の窓」として便宜上識別される。「藁の橋」と「溜息の橋」の間の狭い運河を見下ろして、トレーサリに覆われて同じ高さにある二つの窓も上記の窓に似ている。読者は宮殿のこの暗い側面に垂直の直線があるのを観察できるだろう。それは近くの飾り無しの壁面と、立派な建築の長い四階の列を分離している。この直線より遠い列は完全にルネッサンス式である。その列の遠方の末端は図示されていない。小建築物とその彼方の橋などの正確なスケッチを私は持ち合わせていないし、私達の現在の研究では宮殿のこの部分はまったく関係がないからである。近い方で無装飾の壁面は、古い時期の宮殿の一部である。もっとも普通の窓の近代的なあけ方や煉瓦造りの修復などによって、大いに損傷を受けたのだけれども。

38図

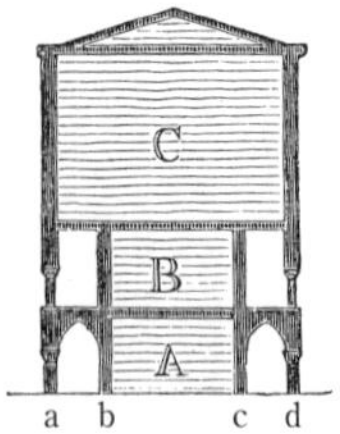

　正面は滑らかな壁面の広がり――二段構えの柱（一段目の上に二段目を加えての二段構えである）に支えられている――によって、構成されていることが観察できるだろう。これらの柱が構造全体を支える方式は、「海の面」（海に面する正面）の真ん中辺りから内庭までの宮殿を通した断面図と考えられる挿絵38図によってすぐに理解されるだろう。この図でaとdは内庭と正面の両方の柱身の列――それらの列が主壁面を支える――である。b―cは付け柱で多様に強化された堅牢な壁面である。A、B、Cは宮殿内部の一、二、三階である。

　どんな設計もこれ以上単純であることは不可能であり、もしA、B階の内部の床と壁が除去されたら、後はバシリカ[9]の形態だけが残される。柱身の列で支えられた低い破風によって屋根を覆われた二つの高い壁だけが残されるわけである。

　A、Bの階は完全に近代化されているし、小部屋の混乱した配列に分割されている。そこでは、古代の石造り工事のすべての痕跡がまったく判別できない。ただし例外があって、私が時間の余裕をもってする研究では、大抵の場合近代的漆喰除去を含むので、そのための機会も与えられなければならない――そういうことから例外的に判別が明白になることがある。それゆえ、この階の細かい分別によって読者を煩わすのは私の本意ではない。それにしても、大きな上層階Cの分別は大変重要である。

挿絵37図のような鳥瞰図において、右寄りの二つの窓は正面の他の四つより低くなっている。この配置には、ゴシック派の高貴な特性の一つとして前章において留意された、便宜のために左右対称をあえて犠牲にした最も際立った例の一つがある。

二つの低い階が見られる宮殿の部分は、私の見るところでは、最初に建てられ、必要な数の部屋を得るために四階に改変された。私達がやがて説明する事情のために、一四世紀初期には、元老院の会合のためにもう一つ別の大きい壮麗な室を準備する必要があった。その室は古い建物の側面に加えられた。しかし、一室だけが要求されていたので、加えられた部分を二つの階に分割する必要はなかった。全体の高さはその法外な長さと幅とうまく調和するように大き過ぎないようにして、その一室に与えられた。それから生じた問題は窓の位置を、他の二つと同じ線上にするか、それとも、それらより上方にするかの選択であった。

新しい室の天井はヴェネツィアの最良の巨匠の絵画によって飾られることになった。評議室の照明の色調を平穏にしておくだけでなく、豪奢な屋根の近くまで採光窓を上げることが大変重要になった。それゆえ、多数の砕けた光の流れよりもむしろ単純な塊としての採光を導入することが重要であった。外面的左右対称を冒すことを恐れる近代的建築家ならば、評議室の絵画と平穏を犠牲にしただろう。彼は近代的に、大きな窓を他の二つの窓と同一の高さに位置づけただろう。そして、彼はその大窓の上にまるで上の階が正面に沿って連続しているかのように、古い建物の上の階の窓のように、小窓を導入しただろう。だが、古いヴェネツィア建築家は、絵画の名誉と元老院議員の心の平安をおのれ自身の名声よりも尊重した。古い建築家は躊躇せずにその室の内部にふさわしい位置に大窓を持ち上げ、外観がおのずから整うようにさせた。こうして窓の上方と下方の壁面において得られた多様性によって、損失よりも利得を全体の総計をもって効果的に示したと私は信じている。

大評議室の東端に面した第二と第三の窓の間にあるパーティ用の壁面には、ティントレットの「楽園」の絵画が描かれている。それゆえ、この壁はそれ以後、「楽園の壁」と称される。「海の面」のほとんど中央に当たる大評議室の第一と第二の窓の間には、バルコニーに向かって床まであけられた大きな窓があって、そのバルコニーは宮殿の主要な装飾の一つであって、将来「海のバルコニー」と称されて然るべきである。

小広場に向かっている面は、海に臨む面とほぼ似ている。しかし、その大部分は一五世紀に建てられ、その世紀には人々が左右対称に執着していた。それで、側面の窓はすべてが同一の高さになっている。二つの窓は大評議室の西端に採光し、一つは古代に「新しい公共検疫隔離所」と称された小部屋に採光する。他の三つの窓と中央の窓は、海へ臨む窓のようなバルコニーと共にもう一つの「査問室」と称される大室に採光する。その室は「布告門」の上の宮殿の末端まで延びている。

今や読者は現存の建築物の歴史の説明ができるほどに、その地形に精通するに至った。私達が今まで見たように、ヴェネツィア建築には三通りの主要な様式がある。それらは、ビザンチン、ゴシック、ルネッサンスの様式である。ヴェネツィアで最大の作であるドゥカーレ宮殿は、三通りの様式を次々と継承して建てられた。つまり、ビザンチン式ドゥカーレ宮殿、ゴシック式ドゥカーレ宮殿、ルネッサンス式ドゥカーレ宮殿があった。第二は第一を全体的に凌いでいる。第一の僅かな石造建築——もし残されていればのことだが——だけが残されたビザンチン様式の全部である。しかし、第三は一部だけは第二を凌いでいて、現存の建物は両者の統合によって形成された。

三つのそれぞれの歴史を慎重に回顧してみよう。

(1) ビザンチン様式宮殿

シャルルマーニュ大帝崩御の年(八一四年)に、ヴェネツィア人達はリアルト島を国家の政治の府——首都——としようと決心した。総督アニェッロ・パルテチパツィオは、未来のヴェネツィアの中核をつくる意図から、まだ小さかった建物群を拡大するために意気込んで計画にとりかかった。彼はより安定した土台を作り、運河の上に木製の橋を渡すために、砂の堤を盛り上げる工事を監督するように人々に命じた。宗教的行事のために、彼はサン・マルコ教会堂を建て、ドゥカーレ宮殿が今立っている地点ないしはその近くに、政治の執行のための宮殿を建てた。それゆえ、ドゥカーレ宮殿の歴史はヴェネツィアの誕生から始まって、今日でもその都市の権力の最後の表象が、その宮殿の残存建築物に委ねられている。

パルテチパツィオ総督の宮殿の正確な位置と形容はほとんど確認できない。一六世紀のヴェネツィアの建築家ヤコポ・サンソヴィーノが言うには、「それは藁の橋の近くで、大運河に沿った聖ジョルジョ・マッジョーレ島の真向かいに建てられた」[10]。言い換えれば、「海の面」によって今占められている位置に建てられたが、これは彼の時代の報告にすぎない。しかしながら、私達が今知っているのは、それは現存の宮殿の敷地のどこかであって、その重要な正面玄関は、一時期現在の宮殿と一体化していた小広場に向かっていたということである。また私達が知っているのは、オットー大帝が総督ピエトロ・オルセオロ二世を訪問した事実について、サゴルニーノによって記された記述から、それは壮麗な大建築群であったということである。年代記作家は「大帝はその宮殿のすべての美しさを注意深く眺めた」と書いた。そして、ヴェネツィアの歴史家達は、大帝の吟味に値するその建築物の存在を誇らかに表現した。これは総督カンディアーノ四世への謀反による火災によって、その宮殿が大いに損傷を受け、またすぐに修復されて、オルセオロ総督によって立派に飾り立てられた後のことであった。オルセオロはサゴルニーノによって、「ドゥカーレ宮殿の礼拝堂（サン・マルコ教会堂）を大理石と金の装飾品で飾り立てた」と評された。この時期の宮殿は、「トルコ人商館」などのような、その都市の他のビザンチン様式建造物に似ていて、それらに影響されたのは疑いない。さらに、それらの建造物に似て、礼拝堂は彫刻で覆われ、金色と色彩で豊かに飾り立てられていた。

一一〇六年に、ドゥカーレ宮殿は二度目の火災に遭った。しかし、一一一六年までには修復されたが、その年、その建物はドイツ皇帝ハインリッヒ五世の訪問を受け、皇帝から賛辞を戴いた。一一七三年とその世紀末の間に、総督セバスティアーノ・ズィアーニによって、ドゥカーレ宮殿は再び修繕され大幅に拡大された。サンソヴィーノによれば、「この総督はドゥカーレ宮殿を修繕するだけでなく、それを四方に拡大した」とある。そして、この拡大以後、宮殿は一〇〇年間手を加えられなかったようである。ついに一四世紀はじめになって、ゴシック様式宮殿の施工工事が始められた。それゆえ、古いビザンチン様式建造物は、それらの施工工事がドゥカーレ宮殿にはじめて干渉した時、ズィアーニによって与えられた形態のままになっているので、これ以後、私はそれをズィアーニ宮殿と呼ぶことにする。そして、一四二二年になって、この宮殿のこの部分の存在について明瞭な言を吐いた唯一の年代記作家が、それを「ズィアーニによる建築」と記したから、ズィアーニ宮殿は妥当な名称である。半分が今日まだ残存している旧宮殿は、私達が今理解するように、セバスティアーノ・ズィアーニによって建てられた。ビザンチン様式はここまでとする。

(2) ゴシック様式宮殿

読者はきっと思い出してくれると思うが、貴族の権力を安定させたヴェネツィア政治の重大な変化は、総督ピエトロ・グラデニーゴの治政下の一二九七年頃に現われた。この総督をサンソヴィーノはこう評した。「揺るがぬ決断と偉大な雄弁の人で、即断であっても思慮分別のある総督であって、彼が政治に導入したさまざまな条例によって、この共和国の永遠性の基礎が築かれた」。

この賛辞を私達はもはや信じない。しかし、この言葉にある特徴の重要さとその総督の活力ある意志と知性は、論駁できない。当時ヴェネツィアは絶頂期にあって、その市民達のヒロイズムは世界の各地に伝えられていた。貴族の権力の安定確立への黙認は、高度の繁栄へ共和国を押し上げるのに主要な役割を果たした家柄に対する人民による敬意の表現であった。

大評議会閉鎖[11]は元老院議員の数を一定の範囲に固定化し、その代わりに、元老院議員達に以前より大きな威厳を与えた。

会議の性格の改変は、彼らが席に就く評議室の大きさ、配置、装飾の変更を伴ったのは、至極当然であった。

したがって、サンソヴィーノの次の記録を私達は理解できる。「一三〇〇年にもう一つの大広間（大評議室）の建設が総督グラデニーゴの治政下で、黒い運河に沿って始まり、一三〇一年に完成した。この年に大評議室ではじめて会議が開かれた」。それゆえ、一四世紀の初年に、ゴシック様式ドゥカーレ宮殿は発足した。ビザンチン様式宮殿の基礎構築がその国の基礎構築と同時期であったと同様に、ゴシック様式宮殿の基礎構築は、その国の貴族的権力の基礎構築と同時期であった。ドゥカーレ宮殿がヴェネツィア派建築の主要な表象と考えられるなら、それはヴェネツィアのパルテノンであり、グラデニーゴはペリクレス（古代アテネの黄金期の政治家――訳者注）である。

サンソヴィーノは新しい会議室（大評議室）が必要になった理由や原因を特に挙げていない。ヴェネツィアの歴史家達の間でよく見られることであるが、大評議会に関連する出来事に言及する時には、特に彼らは慎重になったからである。しかし、『シヴォス年代記』はもう少し明白な表現をとっている。「一三〇一年に、大評議会の会議のための広間の建築が決定し、査問室（審問室）と称される部屋が建てられた」。言い換えると、『シヴォス年代記』が書かれた時に、その室は長い間荒廃したままで、その名は宮殿の反対側にある別の室に付けられていたが、私は読者に一三〇一年という年が偉大な建築の画期的年であることを想起してもらいたい。なぜなら、その年に、貴族的権力の勢力とゴシック様式がドゥカーレ宮殿に最初に適用されたからである。その時始められたこれらの適用は、ヴェネツィアの繁栄の全期間を通じてほとんど中断せずに継続された。私達は新しい建物がズィアーニ宮殿を食い尽くし、それに一つずつ取って代わる様子を見ることだろう。ズィアーニ宮殿が破壊し尽くされた時、新しい建物がみずからを蝕んだ。その区画の周辺で、その状況は続けられ、一六世紀になって、一四世紀に開始された出発点に達し、さらに遡って、接合点を越えて、彼らが辿ってきた跡を追究するまで、その状況が続いた。それは永遠の表象である蛇が己の尻尾を己の顎で咥えて隠すように、己の出発点を破壊し隠すものである。それゆえ、その生き物全体すなわち、グラデニーゴ総督によって建てられた会議室（大評議室）の牙と力のある末端を見ることはできない。だが、読者はその出発点とその年代を慎重に心に留めておかねばならない。蛇にもまがう宮殿の胴体は、間もなく私達の眼前に現われることだろう。

グラデニーゴの室は、溜息の橋の背後の、鳥瞰図で言えば屋根の点線上、黒い運河沿いのどこかにあった。それが何階だったかは分からないが、多分一階であったろう。ズィアーニ宮殿の大正面は小広場に面していたので、この会議室はできるだけ裏の方の目立たない処にあって、秘密と審問（査問）が最初に考慮に入れられた要素であったのは明白である。

しかし、新しく構成された元老院は、会議室以外に別の部屋を旧宮殿に付加する必要があった。サンソヴィーノの説明では、最も意味深長な短い文が添えられた。「その会議室の近くに審問室[12]または'gheba','gabbia'があって、それが後に小塔と称された」。

'Gabbia'は「檻」を意味し、ある種の部屋がこの時期に宮殿の最上階で黒い運河沿いに付加されて、それは牢獄として用いられたことは疑問の余地がない。旧「トッレセッラ[13]」の一部が今残存しているかどうかは疑問である。四階すなわち宮殿最上階の部屋は、一七世紀はじめまで牢獄として用いられた。部屋のある隔離領域の塔は、無知な歴史家達や一知半解の人々によって、囚人に対する理不尽な仕打ちとして絶えず元老院に向けられた非難を、行政当局から逸らし晴らすために建てられたことに特に読者は留意してもらいたい。ドゥカーレ宮殿の"piombi"（「鉛板葺き」の意―訳者注）について一般に語られている物語は虚偽である。通常言われている「鉛板葺き」の屋根の下に小炉火があるのではなくて、その部屋は唐松材で葺かれた平板な屋根があり、よく配慮された通風のよい居心地のよい部屋であった。新しい会議室と牢獄部屋が建てられたので、大評議会は一三〇九年にはじめて議員全員が運河に臨む引き籠った会議室に集まった。

出来事の主な進展・推移を見てみよう。大評議会が権力の座を確立するや、一三一〇年にティエポロ一党の陰謀によって攪乱された。その陰謀の結果として十人委員会がグラデニーゴ総督の下に創設された。彼はヴェネツィア貴族達を恐るべき強大な権力をもって武装させてから、一三一二年に死去した。一説によれば、毒殺されたという。その後を継承した総督マリーノ・ゾルズィは僅か一年しか統治しなかった。その後を総督ジョヴァンニ・ソランツォが継いだ。彼の治政期にはドゥカーレ宮殿になんら付加されたものは挙げられていないが、旅行者は、彼の後を継いだ総督フランチェスコ・ダンドロの墓[14]の上の彫刻とドゥカーレ宮殿の墓と比較してみるとよい。彼について『サヴィーナ年代記』ではこう記録されている。「この総督は宮殿の入口に大きな門を建てさせ、その門の上に彼の跪いた彫像を置かせ、その手に旗を持たせ、その像をサン・マルコ大聖堂のライオンの足の前に置かせた」。

元老院が会議室と牢獄部屋を完成した後に、彼らは旧ズィアーニ宮殿の扉よりも、彼らのような功績ある人物が入るにふさわしい高貴な扉を必要とした。この扉は政府の出費簿に二度記されたが、扉の位置が論議されても、その扉自体がずっと前に消失して、「布告門」によって取り替えられたから、読者にとっては意味がない。

しかし、それが完成する前に、さらに改良すべき機会が見出された。元老院は彼らの新会議室が不都合なほど小さいことが分かって、完成後三〇年経って、もっと大きくて壮麗な会議室を建てる場所を考え始めた。彼らの政府は今や完全に確立されており、黒い運河に沿った会議室は大きさが不十分なだけでなく、位置的に引っ込んでいる点で肩身が狭いこともあったのであろう。私が見つけた最初の明確な説明は『カロルド年代記』にある。

「一三四〇年。その前年の一二月二八日に、棟梁マルコ・エリッゾ、ニコロ・ソランゾ、トーマス・グラデニーゴが、大評議会を開くための新しい広間を何処に建てたらよいかを調査するために選ばれた。一三四一年六月三日、大評議会はこの広間の施工担当監督を二人、年俸八〇ダカットで選んだ」。

公文書保管庫にまだ保存され、カドリンによって引用された文書の記載から次のことが分かった。この重要事項について決断を任された監督官が大評議会へ宛てた報告書の日付と、大運河に臨む新しい会議室の施工開始のために発令された法令から、一三四〇年一二月二八日がその新建造物の施工開始日である。

その日に施工開始された室は現存の会議室である。[15] その建造物は現在のドゥカーレ宮殿で最良で最も美しいすべての建物を含んでいて、低い階の立派なアーケードはすべて大評議会広間を支えるために備えられた。

私が、それは今も現存しているのと同じ建物だと言ったからといって、それがなんらかの改善・改変を受けなかったと言うのではない。それ以後も私達が見るように、それは何度も繰り返し修復を受け、その壁のある部分は再建される。しかし、それが最初に建てられた位置と形態は、変わっていない。挿絵37図で示されたその窓が占める位置を一目見ると、読者はすぐに分かるだろう。

「海の面」のデザインについて知るすべてのことは、この大評議会会議室の建築に言及した記載から蒐集しなければならいことも分かるだろう。

カドリンは二つの重要な記載を引用した。それらの一つは一三四二年と一三四四年の施工工事の進捗中に記された記載で、疫病流行の間中止されていたドゥカーレ宮殿の施工を再開することを決議している。そしてついに、もう一つの一三六二年の記載は、大評議会会議室について、なおざりにされ、「大変な荒廃状態」に陥ったと述べて、直ちにその会議室が完成されるべきだと決議している。

その中断は疫病の流行だけで引き起こされたのではなくて、ファリエーロの陰謀と建築施工者である棟梁の横死によって引き起こされた。施工工事は一三六二年に再開され、三年間で完成された。三年間というのは、グアリエントが壁面に楽園を描くことができたことを考慮すると、少なくとも三年間ということになるからである。それゆえ、その建物は、この時期までにとにかく屋根を葺かれたにすぎない。しかし、装飾や備品は完成まで長い期間を要した。屋根の絵画は一四〇〇年に至ってはじめて施された。天井の絵画はステーノ総督の家紋である「星」[16]で天井を覆った。ほとんどすべての天井と円形屋根は、この時期のヴェネツィアでは家紋とは関係なく、星で覆われていた。だが、ステーノは、「星」を意味する高貴な名の下に、海に面した大窓の両側面の壁面に嵌め込まれた二つの四角い銘板に刻銘して、その新しい会議室の感性に重要な役割を分け持たせたと主張している。

事実、その窓の美しいバルコニーは、この総督の功績による。もっとも、その上方の窓は一部最近の制作によるのであるが。この重要な刻銘文の記された銘板は一度取り出されて、さらに新しい石造り建築の中に嵌め込まれた。これらの最終的装飾を完成させるために、六〇年を要した。一四二三年、大評議会は完成された会議室ではじめて開かれた。その年、ヴェネツィアのゴシック様式ドゥカーレ宮殿が完成した。それを建てるのに、私が前述したように、ヴェネツィアの生涯の中心的年代である全期間のエネルギーを要した。

(3) ルネッサンス様式宮殿

読者が一四二三年における宮殿の状態を明瞭に理解しているかを確認するために、私は時代を少し遡ってみなければならない。建物や会議室を付加または革新したりする工事は、一一二三年の期間に進捗してきた。少なくとも三世代が、ドゥカーレ宮殿の形態が徐々にではあるが、堂々とした左右対称の建物になっていくのを目撃したのである。さらに彼ら三世代の人達は、その建物を装飾している彫刻と絵画の作品を――一四世紀の生命力と知識に充満した作品を――ズィアーニ総督の宮殿の粗野なビザンチン様式の鑿による石彫り彫刻と比較したものである。新会議室が中核となって完成した壮麗な会議室は、その当時は「新宮殿」としてヴェネツィアでは知られていた。旧宮殿はその当時は荒廃していて、その傍らに新たに建てられた建物の立派な石と比較すると、腐朽が明白な古いビザンチン様式建物であり、「旧宮殿」として知られていた。しかし、その構造は依然としてヴェネツィアの主要な位置を占めていた。新しい会議室は海に向かって旧宮殿の傍らに建てられた。だが、今では「海の面」を小広場への波止場として重宝している奴隷（スキャヴォーニ）海岸、すなわち玄関前方の広い波止場は、その当時は存在しなかった。柱と海面の間には狭い歩道があっただけで、ズィアーニの旧宮殿は依然として小広場に面していて、貴族達が毎日訪れる庭園状広場の壮麗さはその旧宮殿の老化によって失われていった。修復するたびに新宮殿の美しさがいや増して、それとその周りの付属建物との矛盾が一層際立ってきて、苦痛さえ与えるようになった。それから、すべての人々の心に旧建物を壊して小広場の玄関を「海の面」と同じ華麗さでもって仕上げることの必要性が漠然と宿り始めた。しかし、はじめて新しい会議室の設計図が作成された時、元老院はそのような大々的な革新的処置など思いもつかなかった。最初単一の付け足した部屋、それから入口、さらに大きい会議室と思っていたが、すべては旧宮殿にとってのたんなる付け足しとしてしか考えず、旧建物の全体的再構築を絡めてでは考えなかった。財政が底をついて政治的見通しに翳りが見えるなど、そのような計画が包含している莫大な出費をさらに増額するのは無謀としか言いようがなかった。そして、みずからを恐れ、みずからの熱情の弱点に警戒した元老院は、自分達の考えを危険な線から避けるようにしておきたいために、法令を可決した。それは旧宮殿を再建すべきではなく、誰もその再建を提案してはいけないという法令であった。建設施工の願いがあまりに強烈だったので、公平な討論を期待できないので、元老院がそのような動議を提出しただけで、それを実行するも同然と思い込んだ。みずからの弱点を警戒するあまり、このようにして可決された法令は、旧宮殿再建の噂でもすれば、誰でも一〇〇〇ダカットの罰金が科せられるような禁令であった。しかし、元老院は自分達の熱情をあまりに低く見積もっていた。議員の中にも国家のためになると信じる提案をするのに、一〇〇〇ダカットをもってしても思い留まらせることができない人間がいた。

一四一九年に起こった火災がサン・マルコ教会堂と小広場に面する旧宮殿の部分を損傷させたが、この火災によってそのような人間が動議を出す口実を与えられた。サヌートの言葉を借りて、出来事の次第を述べておく。

「彼らは大変勤勉で、慎重にまず神の家を贅を尽くして修繕し飾り立てるのに専念した。しかし、総督の邸では工事の進捗具合ははるかにゆっくりしたものであった。なぜなら、以前あったのと同じ形態にそれを修復することは総督の気に入らなかったからである。そして、先祖達の極度の節約があまりに度が過ぎていたので、彼らは前より良い方法でそれを丸ごと再建することはできなかった。なぜなら、旧宮殿を倒して、それを以前よりも立派により良く費用をかけて再建することを提案する者は一〇〇〇ダカットの罰金を科されるという法令によって、禁じられていたからである。しかし、度量が大きく、とりわけその都市に名誉なことを願っていた総督は、一〇〇〇ダカットを元老院会議へ送り届けてから、その宮殿は再建すべきだと提案した。

最近の火災が総督官邸の大部分を荒廃させた。官邸は総督の個人住居であるだけでなく、官邸の場所はすべて公務のために用いられる。それで、この機会は、神から贈られた戒告と見なされるべきである。その戒告とは、ヴェネツィア国民達は宮殿をより高尚な建物に再建すべきであり、神の恩寵によって彼らの到達した偉大な統治により一層ふさわしい様式で再建すべきであるというものである。そして、その提案をする動機は野心や利己的関心からではない。野心について見れば、彼ら国民が幾十年もの総督の生涯を振り返る時、彼がその都市の発展や外国との交渉において、野心のために為したことは何もなかった。すべての彼の行動、彼の考えには正義がまずあり、次いで国家の利益とヴェネツィアの名誉があったことが分かるだろう。彼の私的関心については、もしこの火事という偶然の出来事が起こらなかったら、彼は宮殿の何ものも豪華でもっと名誉ある形態に変えることなど夢想だにしなかっただろう。彼がこの宮殿で暮らした幾年間、彼はなんらの変化も望まず、いつも先達が残してくれた宮殿に満足してきた。もし彼ら国民が彼の勧告し懇願するように宮殿――それは古びて浮き世離れの風に曝されている――の再建に取り掛かったら、その壁が地面から一歩でも持ち上げられる前に、神が彼を他界へと召し出すことだろう。それゆえ、彼は自分の便宜のために、この建物を建てるように彼らに勧めているのではなく、その都市と国の名誉のために勧めるだけであることを、彼らは認め、その便宜が彼によってではなく彼の後継の総督によって感ぜられることであろう」。

さらに、サヌートは言っている。「自分がいつも為したように、法律を遵守するため、そのような処置を提案したことで科せられる罰金、一〇〇〇ダカットを持参した。それは、私が求めているのは自分一個の利益ではなくて、国家の威信にあることを万人に公開するためである」と。

サヌートの語るところによると、総督の願望に反対をあえて唱えようとする者は一人もいなかった。一〇〇〇ダカットは満場一致で工事費用に充てることに議決された。「そして、彼らは大変勤勉に工事に取り掛かった。宮殿は現在見られる形態と様式で再建された。しかし、モチェニーゴ総督の予言通り、ほどなくして彼はその生涯を閉じた。工事の最後を見届けなかっただけでなく、その始期さえほとんど見なかった」。

今挙げた引用文の中でも二、三の表現だけが単独で読まれたら、宮殿全体が倒されて再建されたと読者に思わせただろう。しかし、私達が忘れてならないことは、この時期、建設に一〇〇年かかった新しい会議室は実際は未完成で、大評議会はまだそこで開催されなかったことである。一八五三年のイギリスで、「旧宮殿」の名の下に下院を倒して新しい下院を再建することが提案される可能性があるように、その当時総督がそれを破壊して再建することを提案した可能性もあった。

私達は今その建物全体を「ドゥカーレ宮殿」と言うけれども、実は当時のヴェネツィア人達の心の中では、四つの別個の建物からそれは成り立っていたということが想起されるなら、サヌートが意見を述べるのに使った方式は完全に自然であることが分かるだろう。そこには、宮殿と国の牢獄と元老院議会と公務事務室とが存在した。言い換えれば、バッキンガム宮殿とロンドン塔と下院議会と官庁街の全部が一つになっていた。これらの四つの部門のどれも、他のいずれかに言及せずに語ることができる。「イル・パラッツォ」(17)は、公務事務室の多くと共にモチェニーゴが引き倒し再建することを提案し、実際それが実行された総督の住居であった。しかし、全体が「海の面」に面している新しい会議室は、その総督の脳裏にもサヌートの脳裏にも、一瞬たりとも総督の住居と必然的関係あるものとして考え浮かばなかった。

モチェニーゴが宮殿再建を提案した時、新しい会議室はまだ用いられなかったと私は言った。宮殿再建の法案が可決されたのは一四二二年であった。モチェニーゴはその翌年に死去して、フランチェスコ・フォスカリが後任の総督に選出された。大評議会の会議室は、フォスカリが総督として元老院へ入った日の一四二三年四月三日にはじめて使用された(18)。実際は、おそらく二三日であろう。氏名不詳の者によるコレール博物館所蔵の稿本六〇番によって、その当日が修正された。次の年の三月二七日に、ズィアーニの旧宮殿に最初のハンマーが打ち下ろされた。

そのハンマーの一撃こそが「ルネッサンス」と言われる時期の最初の行動であった。それはヴェネツィア建築、ひいてはヴェネツィアそのものの弔いの鐘であった。

その都市の画期的な最盛期は過ぎていた。衰退がすでに始まっていた。私は衰退の始期をモチェニーゴの死だとしている。この偉大な総督が釈明を求められてから、まだ一年も経っていなかった。いつも誠実だった彼の愛国心はこの場合には誤解されていた。未来のヴェネツィアの名誉を希求する熱情のあまり、彼はずっと昔、ヴェネツィアに帰せられていたものを忘れていた。千の宮殿がヴェネツィアの過重負担の島々に建てられたとしても、人が訪れることの少ない海辺に最初に建てられた建物に取って代わったり、その記憶を呼び戻したりすることのできる建物は一つもない。それは崩壊し、それがヴェネツィアの運命を守る護符として、その都市は二度と繁栄することはなかった。

私はフォスカリの治政下で始まり、それ以後の何代かの総督の治政下でも続いた施工工事を複雑多岐にわたって追究する意図はない。そして、ついに宮殿は現在の姿をとることになった。私はこの工事で、時折言及する以外は、一五世紀建築に関心はない。しかし、主な事実を挙げるとこうなる。ズィアーニの宮殿は破壊され、大評議会会議室の造りを多岐にわたって継承し、前の宮殿に似せるために小広場に向かう正面——現存する正面——が建てられた。それは審判の角隅まで達するように海岸から陸地の奥へと後退させられた。その角隅の奥には「布告門」があって、これは一四三九年に着工され、二年経ってフォスカリ総督の治政下に仕上げられた。それと関連した内部の建物は総督クリストフォロ・モーロ(19)によって一四六二年に付加された。

最初の挿絵[36]図を参照すれば、読者は私達が今や宮殿を一周し終えたことが分かるだろう。一四六二年の新工事は、一三〇一年の新しい会議室であるゴシック宮殿の最初の施工の処で終わっていることが分かるだろう。ズィアーニ宮殿の遺物がおそらくゴシック宮殿の両端の間にまだ残されているだろう。また、もっとありそうなこととしては、ズィアーニ宮殿の最後の石は一四一九年の火災の後、片付けられて、総督のための新しい部屋によって取って代わられた。しかし、新旧いずれの建物にせよ、告示門の完成時にこの地点に立っていた建物は、一四七九年のもう一つの大火災によって黒い運河に臨む宮殿の大半と共に破壊された。あまりにその運河側の宮殿の損傷部分が大きかったので、「プレガディの広間」[20]（「元老院の間」）として知られているグラデニーゴの広間は破壊を免れたけれども、内庭と運河に面した、「溜息の橋」の背後の宮殿部分の全面を再構築することが必要になった。この工事は一五世紀末と一六世紀はじめの最良のルネッサンス期建築家に委ねられた。アントニオ・リッチが「巨人の階段」の施工担当だったが、公金を横領して彼が失脚した時、ピエトロ・ロンバルドが彼に代わった。全工事は一六世紀中葉近くに完成したに違いない。その宮殿の建築家達は宮殿の区画をめぐって工事を進め、火事に遭遇しながら、彼らが着手した地点より先まで工事を進めた。一五六〇年の工事は、挿絵37図のAで示された地点すなわち黒い運河に臨んでいる地点で、一三〇一―一三四〇年の工事に接合された。

しかし、宮殿はこの一応完成された形態のままでは長い間存続されなかった。大火災ともう一つ別の火事が一五七四年に発生し、大評議会会議室の内装も備品も、それにすべての絵画と、「海の面」側の上層階の全部屋のそれらと、「黒い運河」側の部屋のほとんどを破壊して、その建物をも抜けの殻にし火炎によって揺さぶられ台無しにされた。その荒廃した建物を破棄して、まったく新しい宮殿を建てるべきではないかという問題が、大評議会で討議された。ヴェネツィアのすべての主導的建築家達から、壁の安全性や立ったままの状態で壁を修復する可能性について、意見が聴取された。これらの意見は、書面で提出されたが、すでに何度か言及されたアベ・カドリンの著作として保存され出版された。それらはドゥカーレ宮殿と関連した最も重要な文書の一つとなっている。

私は、はじめて古代の構造を支持する意見を示した建築家ジョヴァンニ・ルスコニの名に[21]、私自身の名ジョンに偶然類似している点を見出して子どもっぽい喜びを禁じ得なかった。他の建築家では特にパラディオは、旧宮殿を引き倒して彼のデザインで施工したかった。しかし、ヴェネツィアにおける最良の建築家達と彼の不朽の名誉のために名を挙げれば、ヤコポ・サンソヴィーノは精力的にゴシック様式の累積のような建物を弁護して勝ったのである。それは見事に修復され、ティントレットが彼の最も高貴な絵画を壁に描いたので、グアリエントの「楽園」は火炎に包まれる前に見る影もなくなった。

しかし、この時期に必然的に企てられた修復が拡大され、多くの方面でその宮殿の初期の造りに影響を与えた。しかし、やはり形態上の唯一の深刻な改変は、以前に宮殿の最上階にあった牢獄部屋を、「黒い運河」の向かい側に移動したことであった。そして、「溜息の橋」が牢獄を宮殿と結ぶためにアントニオ・ダ・ポンテ(22)によって建造された。この工事の完成が建築物全体を現在の形態に確立した。ただし、注目に値しない内部の部屋の戸口、仕切り壁、階段などの改変があり、それまでの五〇年の内にほとんどあらゆるイタリアの重要な建物が受けてきた野蛮な仕打ちと汚損があったりするが、それらは除いての話である。

今や私達はドゥカーレ宮殿の細部の幾つかを、制作年代を疑わずに吟味することが自由にできるようになった。しかしながら、ここで私はそれらの微に入り細を穿つ例証などしようとは思わない。なぜなら、この著作の規模だとか、線刻版画とかによって、それらを公平に例証できないからである。例証の技術において、新時代が開かれてきたし、この問題に関心のある誰でもが所有できる価格で、ドゥカーレ宮殿の細部を撮った永続性のある写真を与えることができると私は信じている。そうなった結果、ここで例証をやたらに増やす費用と労力はまったく無駄となった。そこで読者の注意をテキストで説明できる問題の要点だけに留めておく。

まず挿絵36図を振り返ると、建物が設計地においてほとんど四角いので、特別な顕著さと重要さがその角隅——角隅は彫刻によって豊かで柔和に仕上げられねばならなかったが——に与えられたことに読者は注目するだろう。私はこの配置の適切さを疑問視しようと思ってはいない。もし読者が偉大な形態上の洗練さが達成された教会の塔や他の四角い建物に刻まれた一連の彫刻を見渡す労を惜しまぬとしたら、控え壁群とか豊かな彫刻の刻まれた小塔、壁龕とかによって、角隅の鋭角な曲がり角を緩和する修正を施したことに、それらの効果が依存していると読者はすぐに気づくだろう。角隅を緩和するこの原理は、巨大な建物の側部を強化する必要から生まれたのが一つの原因である。そして、それがゴシックのものであることもまた、注目すべきである。そのような巨大ゴシック様式建築は、控え壁や小尖塔に見るような不完全な材料から構成されている。一つは、角隅には一般に塔を必要とするゴシック特有の競争という条件が原因であり、もう一つは、もし角隅にまったく浮き彫りが施されなければ、大部分の壁面が許容する効果がその建物では貧弱になるのを嫌う自然な感情が原因である。この原理を認識して、ドゥカーレ宮殿は、それまでのヴェネツィア建築のどれよりもより明確な譲歩を、ゴシック精神に対してしている。その宮殿が建立されるまでは、赤大理石の付け柱が細い縦彫り装飾を施される以外、角隅には装飾らしいものは施されなかったのであって、彫刻はいつも建物の平板な表面のために、ギリシャ風やローマ風の細工として取って置かれた。もっとも、私が覚えている限りでは、二つの例外があり、それはいずれもサン・マルコ教会堂にある。その一つは、教会堂の北西角隅にある樋嘴《ひはし》の大胆でグロテスクな像であり、もう一つは、主要な小円形屋根の下の四つの内側の角隅から突き出た角隅である。これらの配置の両方がロンバルディア様式の影響を明らかに受けている。そして、もし私が今忘れているかもしれない何かほかの例があるとしたら、北方の影響がその例には必ず明白に跡づけられると私は確信している。

しかしながら、ドゥカーレ宮殿はその原理を完全に受け入れて、その角隅の上に主要な装飾を載せた。挿絵37図では立派で重要に見える中央の窓は、ステーノ総督の治下で、すでに見たように、ルネッサンス期に全体が修復されたので、私達にはその初期の処置の跡が見えないし、旧宮殿の主要な関心は、次の方式で配置された角隅の彫刻に集中した。二つの支えるアーケードの柱は、角隅では厚さの幅がずっと拡幅され、その柱頭は深さと幅と装飾題材の充実が増大した。壁の角隅の各柱頭の上方には、彫刻的主題が導入され、下層の大きいアーケードの場合には、二つかそれ以上の等身大の人物像からなっていた。上層アーケードでは、巻物を持っている天使像一つからなっていた。これらの天使の上に、王冠付き壁龕が添えられた捩じれ柱が聳えていて、こうして地面から角隅の頂上まで一糸乱れぬ装飾の帯を形成していた。

宮殿の角の一つがサン・マルコ教会堂と結合した不規則な外側の建物に一体化しているが、それは一般には見られないと以前に留意するように促した。それゆえ、装飾としては、「葡萄の角隅」「イチジクの（木の）角隅」「審判の角隅」の三つの角隅だけが残っている。これらを、今説明した配置に従わせると、

第一、三つの大きな支え柱頭（下層アーケード）
第二、それらの上の彫刻の三人物像主題（下層アーケード）
第三、三つのより小さい支え柱頭（上層アーケード）
第四、それらの上の三天使（上層アーケード）
第五、壁龕を伴う三つの螺旋状柱身

私は今後、支え柱頭を順序に沿ってアーケードの他の柱頭と共に柱頭表とした。読者の注意が向けられる第一の点は、それらの上にある偉大な人物の彫像を選ぶ主題の選択である。これらの彫像はこの建物の隅石になっていて、それらに私達は建築者の技巧だけでなく、感性の最も重要な証拠を発見できると期待してよい。もし彼がその宮殿を建てた目的について何かを私達に語りたいなら、きっとこう言うことだろう。「私が建てたのはヴェネツィア人達のためだが、その彼らに私が教えたいなんらかの教訓があるなら、それはこの建物においてこそ教えられる。もし彼ら自身が彼らの都市の主要な建物で表現したい感情があれば、これこそは、私達がその感情を読み取れるように刻銘されていることが分かるように保証されている場所である」。

さて、葡萄とイチジクの最初の二つの角隅は、旧宮殿ないしは真のゴシック宮殿に属している。

したがって、最初の二つの角隅では私達に語りかけようとするのは、ゴシック精神であり、第三角隅では、それはルネッサンス精神である。

読者は覚えていると思うが、ゴシック的心情による施工において、私達が跡づけられるすべての最も特徴的な感情は、みずからの弱点の赤裸々な吐露である。そして、私はしばらく以下の幾つかの章[23]での私達の研究成果に期待せねばならない。それは、ルネッサンス精神の主要な要素は、みずからの叡知への確乎とした自信であることを述べる結果になる限りにおいて、期待されるのである。

ここで二つの精神がみずから語る。

ゴシック宮殿の第一の主要な彫刻は、私がイチジクの木の角隅と称したものについてである。

その主題は「人間の堕落」である。

第二の彫刻は、葡萄の角隅についてである。

その主題は、「ノアの飲酒」である。

ルネッサンス期の彫刻は、審判の角隅についてである。

その主題は、「ソロモンの審判」である。

この一つの事実の意味はいくら過大に評価しても、し過ぎることはない。その宮殿はいろんな時代に建てられたようで、今日まで損傷されずに保存されたのは、二つの流派の気質上の相違を私達に教えるという唯一の目的のためであるかのようである。

イチジクの木の角隅の彫刻を主要な彫刻と私は言った。なぜなら、それが小広場に曲がる処に、

◀写真3　葡萄（の木）の角隅

◀写真4　イチジク（の木）の角隅

◀写真5　審判の角隅

宮殿中央の曲がり角に、その角隅彫刻はあるからである。(24) イチジクの木の角隅を支える大柱頭もまた、葡萄の角隅の下の付け柱の柱頭部よりもずっと凝った造作になっていて、建築家の脳裏においてイチジクの木の角隅の印象の強さを特徴づける。どちらが最初に施工されたかを言うのは不可能だが、そのイチジクの木の角隅のそれの方が細工が少し粗雑であるし、人物像のデザインもぎこちないから、私はそれを最初期に完成させたと考えている。

「堕落」と「飲酒」の両方の主題で、彫刻の主な装飾部分を形成する樹木——一方ではイチジクの木、他方では葡萄の木——は必要な付属物である。両方の彫刻において、樹幹は宮殿の真の外側の角隅を形成し、背後の石造りから大胆に切り離されていて、数フィートの間その深い葉陰で覆うように人物像の上に枝を伸ばしている。イチジクの木の角隅の木の葉陰の広がりほど巧みで華麗なものはない。広い葉陰が実りかけた果実の周りを包み、その陰に、最も優雅な姿と繊細な羽毛の鳥を人の目から隠している。しかし、枝はとても丈夫で石塊はとても大きな葉群に刻まれているので、下を深く刳り貫いているにもかかわらず、細工はほとんど損傷がない。葡萄の角隅ではそうではない。そこでは、葡萄の葉の自然な繊細さによって彫刻家がさらに努力する気になって、彼は本来の彼の技巧の限界を超えて下茎をとても繊細に刻んだので、それらの半分は、彫刻の事情の必然として、曝け出されたことで引き起こされた事故の結果、剝ぎ取られた。しかし、残存するものは、極めて洗練されているから、とても興味深いものなので、イチジクの木の品のよい広がり——もっと大規模に施されるべきであるが——よりもむしろ、最初の例証(25)の主題として私はそれを選んだ。

その構成美の半分は、その中央の塊が剥ぎ取られることで破壊されたけれども、多様な反り方をした葉の配分と、軽い枝に小鳥を止まらせることで、私達にデザイナーの能力を証明するに足るものが見られる。私は図版XVIIに言及し、ゴシックの自然性尊重の思想の顕著な例と言いたい。実際に自然を模索するのに、大理石造りの枝の繊細さと髭蔓の慎重な仕上げよりもうまく行うのは難しいだろう。最高に伸び上がった軽やかな枝の蔓・葉の絡み合った付け根の表現に、特に注目するがよい。

図版XVII「葡萄の葉のある隙間」

しかし、その造りの仕上げの半分しか図版では見られない。幾つかの場合、彫刻家は大胆に、陽光に対して葉の裏側を向けた処を示して、文字通りそれらの葉の裏側の葉脈を事細かに浮き彫りにしたからである。葉の裂片を支え、自然の中で実際に浮き上がっている主葉脈だけでなく、それらの間の膜状になった細かい繊維質を市松模様にしている不規則で曲がりくねった葉脈まで彫り上げた。彫刻家は葡萄葉のその特殊なモザイク模様を眼に印象づけるために、他の葉脈同様に浮き彫りにして伝統的に表現した。

初期の彫刻では、人物像は葉の彫刻よりもずっと劣っている。しかし、多くの点で枝は見事なので、それらは一四世紀前半よりずっと以前にできたものであろうと思われる。幸運にもその制作年代は、ドゥカーレ宮殿の人物像よりもあらゆる点ではるかに洗練された工人の技量の見られる聖シメオン教会——その教会はその聖人の名をとって付けられた——の記念碑に刻銘されている。しかし、その教会と宮殿の人物像はとても似ているので、ノアの頭部は聖シメオンの彫像の彫刻家と競争して宮殿の彫刻家によって作られたと私は考える。聖シメオンの彫刻の場合、顔は死に顔で表現され、口は少し開け、唇は薄く輪郭鮮明で、歯はその下に慎重に彫られている。顔全体はぞっとするけれども、静穏と威厳に満ちている。髪と髭はふっさりした巻き毛で、見事なゆとりがあるが、厳格なデザインで施され、肩の上まで垂れている。手は注意深く研究され、身体の上で組まれていて、血管や筋肉も完全に易々と表現され、しかも技巧を見せる仕上げの努力の跡を見せない。この記念碑は一三一七年の制作と記され、その彫刻家は自慢げにその作品に名を記録している。

ドゥカーレ宮殿のノアの頭部が、この彫像と競争して制作されたのは明白である。同じように、髪と髭を豊かにではあるが、流れるようにもっと小さく硬い巻き毛に仕上げている。腕と胸の血管はもっと鋭く描かれていた。彫刻家が人物像の輪郭よりも植物の輪郭の鋭く美しい線条に習熟していたのは明白である。そのためか、この初期の工人は、彼の極めて目立った特徴だが、物語をはっきりと語ることに失敗した。遺憾な点と驚嘆すべき点が、あまりに等しくなるようにすべての三人の兄弟の特徴に刻まれ、いずれがハム（ノアの次男で父の泥酔した姿を嘲笑している像）のために意図されて彫られたのか分からない。兄弟の頭部の二つが図版に見られる。三人目の人物像（父の酔態を見ないようにする孝行な末子ヤペテの像）は他の二人と一緒ではなくて、約一二フィートの距離をおいて、角隅の柱頭に根元があるアーチの他の側に置かれている。

その人物像群の制作年代のさらなる証拠として観察すべきことは、三人の青年のすべての人物像には、くるぶしと脚の下半分を脚絆のような帯状布で保護されているだけであること、衣服の特徴は、一三〇〇年から一三八〇年の間のヴェネツィアの人物像のほとんどあらゆる作品に見られるもので、旅行者は一三五四年に死去した総督アンドレーア・ダンドロの墓石の真鍮製浮き彫り（サン・マルコ大聖堂に保存）に、この三人像から三〇〇ヤード以内にあって衣服の特徴を示す例を見ることができることなどである。

イチジクの木の角隅の両側に彫刻されたアダムとイヴの像は、ノアと彼の息子達の像より不自然であるが、建築の引き立て役としては申し分ない。その木の幹は、それに絡みつく蛇の角張った胴体とともどもに、葡萄の角隅の幹よりも、輪郭線の末端の線条群として、ずっと高尚に仕上げられている。

ソロモンの審判の人物像を彫ったルネッサンス期の彫刻家は、この角隅からイチジクの木を模倣したらしく、執行官と彼の手を抑えようと前のめりになる母親の間に幹を置いた。しかし、人物像全体はより初期の宮殿のそれらよりもデザインがずっと自由になっていて、多くの点で優れているので、それは不注意な観察者の眼をも捉えるほどであるけれども、工人気質（職人気質）においては、それはずっと劣った精神の作である。木の葉は、それが一部模倣された原型のイチジクの葉より流れる様子が多様化されているけれども、自然への忠実な作とはなっていない。その葉は葉末が鈍く不鮮明で、茎の上に無様に付けられ、葉の曲線も生育している実際の葉のものではなく、皺くちゃのドレーパリのものである。

これらの彫刻の上の上層アーケードに三人の人物像が置かれている。それらは大天使、ラファエロ、ミカエル、ガブリエルの彫像である。それらの位置は図版XV（三八五頁）の最下段の図に関連して理解されるだろう。その図では、葡萄の角隅の上方のラファエロの像が右端に見られる。トビアス(26)の小柄な像が彼の足元に従っていて、彼は巻物を手に持っていて、それには次の銘文がある。

「おお、尊きラファエロよ、あなたが深淵を鎮めるよう私達はあなたに懇願する」と。

天使ラファエロによって携えられた巻物の銘文を私は判読できない。その宮殿のルネッサンス期施工部分の最も美しい特徴を示すガブリエルの像は、その手に受胎告知の百合の花を持っているだけである。

その宮殿の角隅を装飾する主要な彫像の主題はこのようなものである。それらは、二つの感情

──人間の弱さの自覚と、神の導きと保護への依存──の単純な表現のために人目を引く。これはもちろん天使像導入の一般的目的となっている。それは、トビアスの小柄な像がラファエロの踏み段に従って、彼の衣服の端に触れている様式によって特に伝達される主題である。

私は次に一連の柱頭において、古い彫刻家によって具象化された神学と博物学の課程《コース》を吟味しなければならない。それらの一連の柱頭は、宮殿の下層のアーケードを支え、目の上八フィートの高さにあるから、朝の談話のために毎朝顔を合わせるたびに、この偉大なアーケードの影の下をいつも歩いていた人達──彼らはヴェネツィアの最も高貴な人達である──によって、書物の頁のように、読み取ることができた。

全部で三六の大柱が下層階を支えていた。これらの柱は右から左へ数えられるべきである。なぜなら、それらのより古い柱が最初にでき、こうして配置されると、柱身でなく付け柱である最初の柱が葡萄の角隅を支えることになり、第一八の柱はイチジクの角隅の大柱身となり、第三六の柱は審判の角隅の大柱身となるからである。

第一の柱頭を除いてすべての柱頭は八角形であって、柱頭によってさまざまに彫られているが、同じ方式の配置になっている一六枚の葉によって装飾されている。中でも、八つは角隅まで達してそこで渦巻き状になっている。別の八つは両脇にある角隅の間に置かれて、柱頭の鐘状部分の中途まで達している。そこで前方へ頷くように傾き、それらの繁茂する場を抜け出して、人物群像や単一像──私達が吟味せねばならない対象になる──がそれらの上に現出している。幾つかの場合に、中間の葉形や下方の葉形は八本の木末の葉にされている。柱頭はその効果を人物像の大胆な位置に頼っている。八角形の柱頭の上の人物像へ言及するなら、私は海または小広場に面した外側の側面を第一面と称したい。そのように勘定して、左から右へ回ると、第四面はもちろん一番奥になる。しかし、第一の五つのアーチは大火災以後に建てられたので、それらの柱頭の内、三つの側面だけが目に見えるようにされ、その側面を、それぞれの柱頭の前面と東側と西側として私達は述べてよいだろう。

（以下、各柱頭を順番に表にして説明したいが、煩瑣になるので、巻末に柱頭表を掲げる。柱頭の番号は表ではアラビア数字、本文では漢数字である——訳者）

第三六柱頭はヴェネツィア後期政府の性格と関連して特別に興味深いことに読者は気づくだろう。公平と審判の石が大評議会広間（会議室）の礎石であるから、公平だけが政府の安定の基礎であるというのが、その信念を貫く政府の主張であった。そして、この信念の告白は二通りに解釈できる。大抵の近代の歴史家達は、その時期の政治的司法用語で、公平の原理に絶えず言及しながら、彼らは共通に「公平」を「暴力と罪悪を覆い隠すこの上ない衣服」と呼んだものである。そして、それは夥しい実例で容易に証明することができる。しかし、概して、その主張の表現は純正であると私は信じている。この時期の指導的なヴェネツィア人達の大部分が、現在までその肖像画が残っているが、故意に絶対的には偽善者でなかったと私は信じている。彼らの顔付きには偽善の面影はない。その表情に出た能力は、明敏さや天性で、それに習得された自制心が大いにあるが、卑しさはない。それに反して、心の誠実さないしは心の健全さから生じる無限の品格、落ち着き、勇気、表情の特別な統一性と穏和さが見られる。このような表情が、不誠実な人間にも見られることを、私に納得させるのには、多くの論証を要するだろう。だから、私は信じる。「これらの一五世紀のヴェネツィア貴族達は、大部分がすべての人達に対して公平な判断をしたかったのだ」と。しかし、モラルの全体系がこの時期までにローマ教会の教えによって掘り崩されてきたので、公平の観念は真実の観念から切り離されて、その結果、国のための偽装が義務の外観を装った。

この点で、ヴェネツィア人を無慈悲だと判断する前に、私達は私達自身の政治が執行される方式や、議会のモラルと個人のモラルの間の差異を、幾分慎重に考察した方がよいだろう。彼らの政治的犯罪的試みの隠れ蓑となる機密性は、現代人の眼にとって悪意のある含みがあってのように見える。しかし、その機密性は、暴力の横行する時代に公平に扱おうとする努力の結果生まれたもので、法律が封建制の中で根元を確立するための唯一の方法であるとは考えられないか、あるいは、そういう可能性が大いにあると考えられないだろうか。

今日のアイルランドの陪審は、ヴェネツィア共和国の十人委員会の司法の原理に大いに近似した手続きを踏んで行いたいとまさに願うのではないか。最後に、もし私達が正確に現在のヴェネツィア政府に対する印象の基礎となっている証拠を吟味するならば、まず第一に、その残酷な伝統行事の三分の二はロマンティックな作り話であること、そして、第二は、それが有罪であることが証明された罪悪は、他のイタリアの権力機構によって、理不尽さが少なくても、それらの権力機構の政治的都合という底知れぬ陰険な確信の下で、犯された犯罪とは異なっていること、さらに第三——これが最後だが——は、ヴェネツィア権力の究極の堕落はその政治の原理のせいであるよりも、将来性を追求するあまりに、その原理を忘れたせいであると思われること——これらの事柄を私達は発見するであろう。

これまでドゥカーレ宮殿の、建築者の感情を表わした証拠を含む宮殿の諸部分を吟味してきた。上層アーケードの柱頭はそれらの性格が非常に多様である。それらのデザインは、下層の一連の柱頭と同様に八枚の葉から作成され、それらの葉は角隅では渦巻き状に絡み、側面部では人物像を支える。しかし、これらの像には銘が入っていない。像には明らかに意味があるにはあるが、私が所有している古代のシンボリズム以上の知識がなくては解釈できない。海へ臨む柱頭の多くは、修復を受けたことがあり、古代柱頭の粗野な模造品のように思われる。明白に原型と思われる他の柱頭も少し不注意に造られているが、それらの内で純正で注意深く扱われた柱頭は、下層アーケードの中でも、一八世紀のものを除いたどの柱頭よりも構成がずっと洗練されている。ヴェネツィアを旅行する者は回廊[27]へ登って、小広場に面したアーケードに沿ってイチジクの木の角隅から、大評議会広間のパーティ用の壁面を支えている付け柱まで延々と続いている一連の柱頭を非常に慎重に吟味すべきである。重厚感のある柱頭における優雅な構成の実例は、堅牢な役割と遠方から見る眼への効果を意図していたものとして、これらの実例がゴシック芸術において私の知っている最も洗練された作品に含まれる。そして、イチジク木の上方の柱頭は、四方の風をそれぞれ表現した彫刻のおかげで際立っているし、側面のそれぞれの彫刻は示された風に向けられている。レヴァントは東風であり、これが吹くと海から太陽を昇らせ、快晴になるのを示すために、頭部の周りに光輪を発している人物像がそれである。ホトロは南風であり、右手に太陽を携え王冠を戴いている。ポネンテは西風であり、太陽を海中へ突入させる。トラモンタナは北風であり、北極星を見上げる。この柱頭は、ミルトンの壮麗で冗長な以下の詩行によって偉大で明確な思想を付加する以外の理由でなければ、注意深く吟味されるべきである。

これらの風と交差しながら
日の出に吹く朝風、日没に吹く
夕風、横様に吹きつけ
騒音を立てる東風と西風と、
さらには南東風と南西風が
同じほど凶暴に突進するのだ。

（宮西光雄訳『失楽園』第十巻 703-707）[28]

私が特に指摘したいのは、小広場の側の第七柱で一羽の鳥がその三羽の若鳥に餌を与えている情景である。だが、これらの彫刻のファンタジーは際限なく続くので、旅行者は大評議会広間のパーティ用壁面を支える大きな付け柱や複雑なアーチ柱に到達するまで、それらの彫刻のすべてを注意深く観察すべきである。言い換えれば、その柱は下層アーケードの連続の場合のように、葡萄の角隅の付け柱から勘定して、それを含めて、一連の柱頭全体の中で第四七番目の柱頭である。第四八、四九、五〇番目の柱は駄作であるが、古い作でもある。第五一のは、上層アーケードの内で最初のルネッサンス柱頭である。フォスカリ治世時に彫刻された滑らかな耳の付いた最初の新しいライオンの頭部が、第五〇柱頭の上方にある。その柱頭はそれを入れて小広場の側の海の方から勘定して第八番目のアーチの尖頭に立っている。その三角小間の内、一つは一四世紀の石造りであり、その他は一五世紀のものである。

その地点で建物を吟味できない読者は、接合点が明確に確認できるので驚くかもしれないが、図版XVIIIの一番下の段の葉飾りを一目見たら、今述べたことの根拠を判断できるだろう。その図版の12は四方の風の柱頭からの一房の葉群であり、最も洗練された時期の初期の作である。13はより古い時代の葉を模倣して造られた審判の角隅にある偉大なルネッサンス期からの葉である。14は上層アーケードのルネッサンス期柱頭の一つからの葉であり、それらの柱頭はすべてその時期の自然な様式で造られた。12と14のそれぞれのデザインを識別するには、偉大な創意の才を働かせなくてもよいことが分かるだろう。

最初、読者は14を一番好きになるかもしれない。だが、12には失うものがあり、14が得するものがあるとしたら、それは主として彫版師の手にかかったせいである。14の職人気質の鈍感さと粗野

図版XIII「ヴェネツィア風の葉の柱頭」

さのすべてが、この小規模な版画では消失して、12の幅広い塊での微妙に洗練された点のすべてが消失した。アルベルト・デューラー（ドイツ最大の画家で、版画家でもある—訳者注）の手にでもなるのでなければ、それらは線刻版画では表現されることはできないだろう。それゆえ、差し当たり私はドゥカーレ宮殿の初期彫刻の重要な塊をすべて表示しようと努力するのを止めた。しかし、二、三ヶ月すれば、ロンドンの住民の手の届く処に彫刻の鋳物による模造品が展示され、彼らはそれらの完全で純粋で無理にこじつけない自然性——すなわち最も高貴な対称性と厳しい自制心とが結合した、それらの葉群の新鮮さと活発さと柔らかさ、それに無駄のない流れと、だれない試行錯誤の線と、突飛でもなく脆弱でもない特性——そういう自然らしさが重要だと判断すると思う。それらのデザインはいつも厳格に建築的である。そこには自然な植物の野性味と豊穣さはなくて、あるのは力強さ、自由、それに息吹く葉のゆっくりとした揺れとその葉の表面のすべての起伏する動き——砂地が海波によって隆起したり窪んだり広がったり狭くなったり、いわば鼓動するように、それらは夏風によって立つさざ波の動きに喩えられるが——である。

ドゥカーレ宮殿のこの初期の彫刻は、ヴェネツィアにおけるその中心的で誇らかな時期すなわち一三五〇年頃のゴシック制作の状態を表現している。この時期の後、すべては衰弱してゆく。

これらの頷く葉陰の下で、私達が偉大なゴシック精神に別れを告げる時、ドゥカーレ宮殿の細部についての私達の吟味を止める。なぜなら、その上層アーケードの上には、四つのトレーサリ飾り窓があるだけで、黒い運河の側の面には、第三様式の一、二の窓があるだけである。その様式の窓は、より古い宮殿の原型的な職人気質を示すものとして頼りになる。その面の側にある四つの他の窓の柱頭と、小広場の窓の柱頭を一つずつ大変な注意を払って私は吟味した。そして、それらのすべてが、それらのトレーサリを保持していた職人よりもはるかに劣った職人気質からできたものであると私は思った。これらの窓の石の構造は、それを新しいトレーサリによって取り替えなければならないほど、大火災の火焔によってヒビ割れ損傷を受けたに違いない。現在の刳り形と柱頭は、原型からの卑しい模倣であると私は信じる。しかし、最初は、トレーサリは完全な形態で修復された。なぜなら、それらの柱身の土台を固定しているボルト用の孔が、軒縁(29)の下側にある内部の刳り形の痕跡と共に、窓の閾《しきい》の上に今でも見られるからである。その面の石の外被と欄干と角隅の柱身と壁龕が、それらの原型の石造りをどのくらい保持しているかを決定するのは不可能である。だが、それらのいずれの職人気質にも特別に注目を引きつけるものは何もない。いわんや、全体的にルネッサンス期施工になるそれぞれの面（例・「海の面」）の大きな中心的窓には注目を引きつけるものは何もない。その建物のこれらの部分において称賛できるものと言えば、精々それらのさまざまな部分と塊の配置であって、その配置は原型の構造におけると同一であって、遠方から見ると、同一の印象を生み出すように取り計らわれていることは疑いない。

しかし、内部はそうではない。比較的初期の装飾様式はもちろんここでも火災によって破壊された。そして、グアリエントとベリーニの厳粛で宗教的な作品はティントレットの激しい感情の赤裸々な吐露とヴェロネーゼの華麗さによって取って代わられた。しかし、この場合、気質は大いに異なるけれども、更新した芸術は少なくとも知的には滅んだ芸術と同じ程度に偉大であった。ドゥカーレ宮殿の広間は、その宮殿を建てた人達の性格をもはや表現しないけれども、それらの広間のそれぞれが値の付けようがないほどの財宝の巨大な宝庫である。その財宝の安全は今までそれが軽視されてきたことによって保たれたが、今日となっては、一作ずつ破壊されていく。

この破壊の原因と本質を簡潔に説明するために、私達の切実な問題を私が避けたことをきっと読者は許してくれるだろう。なぜなら、その問題は、ヨーロッパの芸術状態について私達が現在考察すべきすべての中でも最も肝要な問題にほかならないからである。

事実、富や幸運や継承によって価値ある絵画の所有権を得た全ヨーロッパの大多数の人物達や社会は、良い絵画と悪い絵画との識別ができないし、絵画の価値が何にあるのか思いもつかない。ある種の作品の名声は高められるが、それは一つには偶然によってであり、あるいは、一つには芸術家の正しい証言によってであり、また一つには民衆の多様化した一般の悪趣味によってである。実は、私のこれぞと認めた絵画で、近代になって言葉の実質的意味で通俗的人気を得たものは、必ず良質と混在する途方もない悪質を幾らか有していた。そして、この名声がいったん完全に確立されると、その絵画がどんな状態に帰せられるのかは、ほとんど重要視されていない。少数の者には想像力が不足していて、作品に帰せられる美点を聞いても、その作品に美点があることを理解できないほどである。

こういうわけなので、最も価値ある絵画は、大抵確立された高名な師匠による作品であって、それらの作品は高度に小綺麗に仕上げられて展示され話題となり、容易に群衆に見られるように、画廊や広間に置かれるのが許される程度の小さなサイズの作品である。そのような絵画の名声と価値を維持するために、一つはクリーニングによって——これは破壊の萌芽になるが——、そして、一つはいわゆる「修復」によって——これは完全破壊となる全面塗り替えになるが——、ぴかぴかにしておく必要性は何もない。現代ヨーロッパにおいてほとんどすべての美術館や画廊の絵画は、それらが考えられている評価に正比例して、破壊されているのが一般的だが、それはそれらが操作されている手練手管によってである。ある偉大な師匠の小規模で高度な仕上げの作品が通常最悪であるのだから、私達の最も有名な美術館の多くの内容は今日まで実際のところ非常に僅かな価値しかないのである。

他方では、ある高貴な画家の最も貴重な作品は通常敏速に仕上げられたものである。それらの作品は、良く見られる可能性がほとんどない場所のために、あるいは高額な報酬の見込みがほとんどないパトロンのために制作されたが、最初着想した段階の熱情的興奮の中では、大規模な画面で構想されたものである。一般に、最良の作品はこんな風にして制作されるか、あるいは、特に短時間で状況が不利な場合に、大寺院や聖者の漆喰画を壁一面に描くという偉大な目的を達成する熱情を誇りに制作されるかである。

こうして制作された作品は、その作品が存在する場所において、それにしばしば見られる軽さや薄弱さのためだけでなく、それの大きさのためにも軽視される。それがあまりに大きいので手ごろ感がなくなり、あまりに巨大なら広範囲に及ぶので、その場所では現代人の性急な気質では読み取れなかったりする。それゆえ、そういう作品はほとんどいたる処でなおざりにされ、管理者によって水漆喰を塗られたり、兵隊によって射撃の的にされたり、世間一般によって壁から粉末や砕片となって徐々に剝がされていく。しかし、「修復される」なら、すべてのこの弊害を相殺して余りある利益になるが、それが「修復される」のはしばしばあることではない(30)。そういう作品で残されたものが、どんなに断片的であれ、どんなに荒廃していても、どんなに意味不明で汚損されていても、ほとんどいつも、実物であることは間違いない。新鮮な解釈はされていないが、この瞬間にヨーロッパが所有する芸術上の最も偉大な財宝は、荒廃した煉瓦壁の古い漆喰壁土の破片である。その壁にはヤモリが穴を掘り日光浴をしたりするが、他の生き物はほとんど近づかない。さらに財宝を挙げれば、教会のごみ捨ての角隅にある、薄れて何の絵か分からない画布の切れ端であり、暗い私室の壁上に付着した人間の姿らしく見える白カビの汚れである。その私室は時折探究心の強い旅行者がよたよた歩きの老管理人に錠前を開けてもらい、急いで見回り、達成感を得て満足を感じて立ち去るのである。

ドゥカーレ宮殿の天井と壁面にあるパオロ・ヴェロネーゼとティントレットによる絵画の多くは、なおざりにされてこのような状態に大なり小なり置かれている。不幸にして、それらの作品は名声がなくもないので、そういう状態はヴェネツイアの当局と芸術院会員の注意を引いた。絵画を保持するために、五ポンドしか予算にゆとりがない自治体が、それを修復し塗り直すのに五〇ポンド払わねばならぬ事態は頻繁に生じている。私が一八四六年にヴェネツィアに滞在した時、人間性のもつ特性を興味深く例証した、その都市で最高の価値ある絵画——世界でも第一級の価値ある彩色画——を含む二つの建物で、まったく同一の時期に二つの補修作業が進行中であった。天井のティントレットの絵画を通して落ちてくる雨水を受けるバケツが、にわか雨のたびに、サン・ロッコ派の床模様の上に置かれた。一方、ドゥカーレ宮殿でパオロ・ヴェロネーゼの絵画そのものが修復塗り直しのために床に置かれていた。その絵画の白馬の胸を、ありふれた家庭用のペイント容器に五フィートの長さの棒の先に付けた絵筆を贅沢にどぼっと浸けて塗り直す現場に私は立ち会った。

これはもちろん大きな絵画であった。修復作業の過程は、大評議会会議室の天井のむしろみすぼらしい画布全体に、少し繊細ではあるが、やはり破壊的な方式であるとうかがわれた。私が最後にヴェネツィアにいた時（一八五一年）、その脅威が『楽園』の末端まで及んでいることを聞いた。その作品はまだかなり良い状態であって、それはティントレットの最大の作品であり、世界における純粋で雄大しく堂々たる油絵の最もすばらしい作品である。

私はこれらの事実をヨーロッパの芸術の保護者の考察に委ねたい。これから二〇年後、これらは認識されて遺憾とされるだろう。ドゥカーレ宮殿の内部にどんな絵画があり、あったかを述べることは、現在では不可能だと説明する以外に、これらの事実を持ち出すのはほとんど無駄ということを、当面私はよく承知している。私が精々言えることは、一八五一年の冬に、ティントレットの『楽園』はまだ比較的無傷であったし、「謁見の間」[31]とその控えの間と、「プレガディの広間」（「元老院の間」）は、それらの壁を、同数の王国と同じほど貴重なものにするヴェロネーゼとティントレットの絵画で満たされていた。それらはあまりにも貴重で威厳に満ちていたので、夕方リド島の岸辺に沿って歩きながら、そこから銀色の冠を被ったアルプス連山がドゥカーレ宮殿の向かい側に聳えているのを見た時、その連山を見つめるのと同じ畏怖の念を、その建物を見つめるのに私は感じたものである。神は塵埃にまみれた狭い俗界に偉大な精神を吹き込んで、偉大な業績を仕上げたと私は信じることができた。その偉大な精神がその誇り高い壁を聳えさせ、その燃える伝説を書かせたのである。花崗岩の岩石を天空より高く持ち上げ、紫の花や緑陰濃い松の多彩な外套でそれらを覆うよりも、ずっと偉大な業績を神はヴェネツィアで仕上げたと私は信じている。

注

（1）原文では、Fig. XXXVIと記されている。図版はPlateをつけて区別している。
（2）昔、イタリア本土から藁を運んで来た船がここでそれを売ったことに由来。
（3）Riva de' Schiavoniが原語。「奴隷海岸」の意で、昔、捕虜が奴隷として上陸した海岸。
（4）黒い運河に架かる橋の一つで、宮殿側の裁判所で判決を受けた罪人が橋を渡り刑務所へ行ったことに由来。
（5）Rio del Palazzoが原語。「宮殿の運河」が正式名。「黒い運河」は通称。
（6）ロンドンのシティの西端にあった門。処刑された人間の首が曝された。
（7）〔原注〕後者は急勾配の眺望になる。
（8）lagoonが原語。

（9）basilica が原語。初期教会堂のことで、本来ローマの公会堂、集会所の名称だった。
（10）〔原注〕いわゆる「海」を、ヴェネツィア人は「大運河」と呼ぶ。この宮殿の前方に広がる、聖ジョルジョ島だけに阻まれるが、南方数マイルに延び、リド島まで二マイル以上もある水域を私達は「海」と呼ぶ。
（11）Serrar del Consiglio が原語。この閉鎖の狙いは成り上がり新興貴族を政権から排除することである。
（12）〔原注〕gheba, gabbia と記される。「牢獄」の意。一五〇〇年制作のヴェネツィア風景を描いたデューラーの絵画には、葡萄の角隅の上方に小さな角塔があり、二五フィート平方の広さでこれが「トッレセッラ」である。
（13）「トッレ」は「塔」、「セッラ」は「鞍」「椅子」の意。高位の者を入れる牢獄の別称。
（14）〔原注〕今でもサンタ・マリア・デッラ・サルーテ教会修道院に残存している。
（15）太字は原文ではイタリック。
（16）〔原注〕サンソヴィーノの記録による。
（17）il palazzo が原語で、the palace の意。
（18）〔原注〕『カロルド年代記』による。
（19）〔原注〕シェイクスピアのオセロのモデルであろう。
（20）Sala de' Pregadi が原語。「元老院の間」である。
（21）イタリア語の「ジョヴァンニ」は英語の「ジョン」である。ラスキンはジョン・ラスキンである。
（22）Antonio da Ponte が原名。ponte は「橋」であるから、橋建造の功績によって付けられた。
（23）原書第三巻での章はルネッサンスを初期、ローマン、グロテスクの三つに分けて論じている。
（24）〔原注〕「小広場に向かう正面は、昔、より重要な正面だった」と括弧内に記される。
（25）〔原注〕この章の最後の注にこうある。「あらゆる処・時代において、自分の手に描ける絵画を改善できると良心的に信じる劣悪な画家がいる。その憶断によって、彼らは君主や自治体の無知に付け込み、最も影響力がある。大工や屋根葺き職人が屋根の修復を勧めても影響がないが、彼らは絵画の修復を勧めることで関心を引くだけでなく影響も及ぼす」。

(26) Tobias が原語。人名をも聖書の経外典の一書をも指す。ここでは守護妖精であろう。

(27) corridor が原語。corridor を「回廊」と訳した。

(28) 宮西光雄訳『ミルトン英詩全訳集』下巻（金星堂、一九八三年）所収。

(29) architrave が原語。

(30) 修復によって損失があるからである。

(31) Camera di Collegio が原語。「謁見の間」である。

ドゥカーレ宮殿の柱頭表（八角の柱頭になるはずが損傷を受けたのも少なくない）

No.1	葡萄の角隅——海に面す。前に翼を広げた鳥を持つ子ども。東側の葉に隠れた子の頭部。西側に片手に櫛、別の手に一本の鋏を持つ子。 （注釈）正面の主な付け柱に、優雅で奇妙な人物の装飾とは、妙である。意味があっても、私はそれを推量しない。早くも一三世紀に櫛がおかしな作品に挿入されたのを見たことがある。それは整髪に配慮するのを嘲笑するのが目的で、この場合は目的が異なる。子ども達の頭部は美しく生命力に満ちているが、眼光鋭く小さいのが特徴。
No.2	原型の三側面だけが、後に付加された塊によって埋没されず残存。各側面に一羽ずつ鳥を配置、その一羽は魚を咥え水掻きの足。別の一羽は鉤爪の足で、口を開け舌を出した蛇を咥える。もう一羽は羽毛を一枚嘴に挟み得意げ。 （注釈）これは鳥装飾の三つの柱頭の中で一番美しい。
No.3	上記の柱頭同様三つの側面だけ残される。頭部は大きいが下手な彫りのものが三つある。一つは女性像で王冠を被る。
No.4	三人の子どもの彫刻。東の子ども像は損傷。前面の像は羽毛を誇示するように美しい。左手に胡桃の実を半分持っていて、実の中味を見せる。別の像は種を見せた新鮮なイチジクのみを持っている。 （注釈）三人の髪の毛は多様に彫られ、最初のは、豊かに流れた髪で顎は二重。次のは軽快に流れる髪、額の上で尖頭の房になる。三人目は縮れの巻き毛でドリル孔で深く切り込んでいる。ルネッサンス期の模倣柱頭の原型になる。工人が自然と考えた子どもの表情の変化が理想像に加えられる。この一四世紀と一五世紀の子ども像の比較は面白い。初期の頭部は若い生命力に満ち、遊び心があり、人間的な愛情

があり、感動・活力に輝きながら、意志堅固で男らしい。だが少し狡猾で残酷な面もある。顔は小さく、眼光鋭い。粗野で偉大な人間の片鱗あり。一五世紀の子どもは鈍感で滑らかな顔ののろまな表情になり頬の皮膚には意味のある線はない。香水を塗った伊達男を連想させる。

No. 5	三人の王の胸像の付いた三側面だけ残存。これが銘入り柱頭の最初。前面には右手に剣を持つ王が刺繍と房付きのハンカチを指す。頭部は頂板のカヴェット（中空刳り形）の彫刻。王の名が上に「ティトゥス・ウエスパシアン皇帝」と記される。東側には、「トゥラヤヌス皇帝」とある。西側には、「（オクト）アウィアヌス・アウグストゥス皇帝」とある。オクトは削られる。王は右手に「平和な世界」と記された地球儀を、左手に錫杖を持つ。一番端に人間像が彫られたようである。流れる髭をして見慣れない王冠を被る。顔の損傷甚だしい。顔はかつて気品があったようである。
No. 6	大きな男女の頭部が非常に粗雑に彫られて、堅苦しく拙劣。
No. 7	これ以後の番号の柱頭は完全に保持される。下層アーケードの最初の吹き抜けのアーケードはこれと柱頭No.6の間にある。これは美徳の表象のはじめの作である。一面は自由。高度な慈悲とは識別。手から溢れるほどの金銭を膝に載せた男の像。硬貨は素朴で丸く滑らか。技巧を凝らす試みはない。銘“Largitas me nonorat.”「不惜はわれに名誉を与う」。柱頭No.27でルネッサンス風に模倣され損傷される。ここでは、貪欲の反対としてで、オルカーニャ、ジオットの慈悲では現われないが、「慈悲」に含まれる。これはアリストテレスなどのギリシャ思想家でも主導的美徳であった。 二面は堅固な志操で、手に剣を持つ男の銘“Constantia sum, nil timens.”「われは堅忍なり。何者も恐れざる者なり」。この美徳は堅忍不抜の一種で、ジオットはこの反対の「不節操」を転がる球から落ちる、だれた裾のついた衣服の女として描いた。 三面は不和。女が手を掲げて、彼女の意味を描いた銘を私達に確認させようとする。それは“Discor-

No.8

dia sum, discordans.〃「われは不和なり、争う者なり」。ルネッサンスのコピーでは、彼女は尼僧のように従順で薄布を被った女になっている。

四面は忍耐。女性像で表情があり美しく、右手に頭巾を持ち左には銘〝Patientia manet mecum.〃「忍耐はわれと共にあり」。彼女はキリスト教体系では主要な美徳の一つ。反対はせっかち、いらいらで、肉欲のキャプテンに侍る魔女の一人。

五面は絶望。一連の像で洗練された一つ。胸に短剣を刺し、長い髪を掻き毟り、それが膝の上の柱頭の葉に流れる。銘は〝Desperacio mos (motis?) crudelis.〃「絶望は残酷な性格」。ルネッサンスのコピーでは、無表情で髪を掻き毟るのでなく、両側に巻き毛を分けている。

六面は服従。彼女は腕を組み、後ろ足で立つ首輪つきの犬が何かをねだるのを、穏やかだが、粗野に見飽きた目で見ている。銘は〝Obedienti.〃残りの部分は抹消されている。おそらく〝Obedientium domino exhibeo.〃「われは主に従順な者の一人たることを示す」。

七面は不信心。ターバンを巻いた男が子どもの像を手に持っている。銘は判読不能。八面は謙遜。水差しを持った像(ルネッサンスのコピーでは、珈琲のポットになっている)。銘は〝Modestia〃とだけ。


銘はない。主題は叡知ではなくて、人間本性の堕落を表象したようである。

一面は海豚に乗ったアリオンの戯画。彼は長い天狗鼻のような角の先に帽子を載せ、ヴァイオリンを奇妙な弓の弾き方で奏で、頭には鬘を被る。写実的な表現だが、北方グロテスクの力強さには追いつかない。海豚の歯並みは綺麗で、波がその背に打ちつける。二面は巻き毛で熊の足をした人間像。葉に置かれた足先は見事な技巧の彫刻。彼はギターのようなヴァイオリンを、曲がった二重に弦を張った弓で奏でる。

三面は、くぼんだ頬と厚い唇のアフリカ人のようで、蛇の尾と奇怪な頭部をした人物像で、蛇皮の帽子

	No.9	No.10
に手には樅《もみ》の球果を持つ。四面は下半身亀の奇怪な人物像。両手で貪欲につかんだ瓢箪を食す。ヒヅメ足の先に帽子を被せる。五面は冠の付いた兜を被り、曲がった剣を持つ半人半馬の怪物。六面は頭なき馬に乗る騎士で、鎖鎧を身につけ、三角盾を背にし、両刃の剣を持っている。七面は五面の像のようで、丸い兜を被り、馬の足と尾をしている。先端に樅の球果のようなものが付いた長い矛を持っている。八面は巻き毛の人物だが、下半身は魚、手には椎の実を持つ。	一面は信仰。彼女は胸に左手を当て、右手に十字架を持つ。銘“Fides optima in deo.”「神への最善の信仰」。二面は堅忍不抜。長髭男がライオンの顎を裂いて開ける。銘は判読不能。三面は節制。水差しとコップを持つ。銘は判読不能。四面は謙遜。膝に子羊を載せて、彼女の頭を薄布で覆う。五面は慈悲。膝にパンの塊を一杯載せ、子どもに一つ与える。その子は柱頭の葉を越して手を伸ばす。六面は公平。剣を携え王冠を被る。銘は“Rex sum justicie.”「われは正義の王なり」。七面は思慮。書物とコンパスを持つ男が高貴な帽子を被り、長い頭髪を肩に垂らし、額のあたりを紐で縛る。この像は世俗の絵画の中の人々の肖像画で、イタリアではよく出てくる。八面は希望。信心深い表情に満ち、祈禱時のように手を上げて、陽光に差し伸べた手を見ている。ルネッサンスのコピーではこの手は現われない。	一面は贅沢。慈悲の反対。額に宝石の鎖を掛けた婦人が鏡を覗いて微笑する。片手で衣服を引き下ろして胸を曝す。銘は“Luxuria sum immensa.”「われは限りなき放逸なり」。二面は暴食。ターバンを巻いた女が右手に宝石をちりばめたコップを、左手に彼女が齧っている鳥の鉤爪付きの脚を持つ。銘は“Gula sine ordine sum.”「われは規律なき食道楽なり」。三面は高慢。重苦しく愚かな顔の騎士が三枚刃の剣を持ち鎧は薔薇の装飾。銘破壊。四面は怒り。衣服を胸元で引き裂く。銘判読不能。五面は貪欲。額を薄絹で覆い両手に財布を持つ。六面は怠惰。破壊される。七面は虚栄心。膝の鏡を覗いて微笑

	する女。長衣にも王冠にも薔薇の刺繍。銘判読不能。八面は妬み。最も高貴な作の一つ。彼女が悪意で指さす。蛇がその頭にとぐろを巻き、別の蛇が腰のガードルになり、竜が膝に休む（以下、No.11からNo.16まで省略――訳者）。
No.17	この柱頭は海風によって破壊され、銘も判読不能、像の大半が消失。三面は「アリストテレス」と銘。彼は先の尖った二重の顎鬚で、平たい帽子を被り、その下から髪が背中まで垂れる。四面は破壊された。五面はやはりほとんど破壊されている。六面はコンパスを持つ女。銘は“Geomet.”「測量する」。七面はライオンの頭部の細工入りのギターだけが残存。八面は破壊される。
No.18	この宮殿で最も興味ある美しい柱頭に到達した。この柱頭は占星術者によって、「家」として知られている獣帯（黄道帯）の星座における惑星、太陽、月を表わす。おそらくこの柱頭は隅石が置かれる一年の時期を、柱頭の面に表わされたそれらの天体の位置によって示しているのであろう。銘は一部だけが判読できる。 一面は海へ向かう面だが、サターン（土星）の家として「水がめ座」をもつ。これは美しく垂れる衣服を着た人物が、柱頭の上の両取っ手付の壺から水を注ぐ表象。銘は「サターンが支配する」。 二面はジュピター（木星）が魚座と射手座――彼の家――で、首の辺りに輝く鬘があり胸まで垂れた上着に、胸には小さな三葉飾りの象牙か金属の飾りボタンか突起をぶら下げている表象。垂れる帽子と長手袋を着け、星の光線を表わすための首周りの放射状の鬘はこの人物の最も顕著な特徴である。半人半馬のケンタウルスで表現される射手座の上に左手の矛を上げて、右手に二つの矢を握っている。第三の魚のような粗野な何かが破壊され、この部分は下が刳り込んでいるから破壊されやすかった。葉の下の陰に浮き彫りの二つの魚像が光の中できらめく。銘は「ジュピターの（館の）贈物は魚座と同時にケン

タウロス」(括弧内は推測)。

三面はマルス(軍神、火星)が彼の家である牡羊座と蠍座にあって、鎖鎧を着た醜い騎士として表象。彼が座る横の牡羊の角が折られ、左手に持つ大きな蠍の尾も折られ、甚大な損傷である。騎士は火と水を彫刻した盾を持ち、槍の旗には銘がある。それは「われは鉄人なり」。

四面はアポロ(太陽)が家である獅子座にあって、頭から光線を射出し手には世界を持って、獅子の上に座る姿を表象。銘は憶測で判読。

五面はヴィーナス(金星)が彼女の家の牡牛座と天秤座にあり、柱頭シリーズで最も美しい。彼女は喉の肉の弛んでいる牡牛に座り、右手に鏡、左手に天秤を持ち、動物の大半よりよく彫られている。垂れ具合がよく調べられたドレーパリの襞の下に気品と柔和さで胸が示される。

六面はマーキュリー(水星)で、房の垂れた帽子を被り、書物を持つ。双子座と乙女座を表わす三人の子に傾いた姿勢で支えられる。銘は理解不能。

七面は月で蟹座にあり、小広場に向けられたこの彫刻はシリーズで最もピクチャレスクである。月は、右手で三日月を掲げ、左手で船上に蟹を引き揚げる女で表象。エジプトの彫刻でも月が船上で表現されたが、ヴェネツィア人はそれを意識せずに、潟海を越えて見える特殊な甘美な月光を表現しようと意図した。女性像の衣服にその意図が見られる。正面のほかの柱頭もこの柱頭のドレーパリも厳しいが十分な襞で施され、その下の人体の部分など見せなかった。だが月のドレーパリは波上の月光の震えを示唆するほどに彼女の足元までさざ波が寄せる。

八面は人間を創造する神。頭部に光輪を輝かせた王座の人物像が左手を青年の頭に載せ、右手で彼を支える表象。銘は憶測されるだけで不詳。

この柱頭は旧宮殿の主要な柱頭であったと私は想像する。第一に、これは人間へ奉仕する天体の形成を意味し、第二には、大地と星ができた時から、それに占星書が書かれた時から、神の意思に人間の運命

No.19

を完全に従えることを意味するのである。こう考えると、占星学はキリスト教と一致し、その補助になる。葉の彫刻はヨーロッパで最も洗練されたものと思うし、彫刻家が全力投入したと信じる。

もちろんこの柱頭はイチジクの木の角隅を一番目とすると、海から数えて二番目の柱頭で、宮殿の小広場側にある。宮殿全体で制作年代の証拠として最も重要な柱頭である。それを決めるのに大変な骨折りがあったし、像の各備品や装飾品に大理石が象眼されて、意味深長。柱頭は彫刻・建築の芸術を典型的に表わすから。遠くからでは効果的であるには小さ過ぎ、全シリーズで唯一この柱頭だけで見られる彩色石の象眼技術の重要さについての建築家の感情の表現であり、彼の芸術での色彩の価値の表現である。

一面の銘は"St. Simplicius"「聖シンプリキウス」。柱頭に、象眼された緑の蛇状の小長方形の石塊の先の尖った鑿を揮う人物像。鑿は左手に持ち、右手は掌を外に向けて上げられている。二面は赤大理石の地に子どもの小彫像を彫っている王冠を被った人物。彫られた像は頭の形が葡萄の角隅のハムやヤペテに似る。銘は抹消。三面は無冠で巻き毛の老人が柱を製作中で、柱頭は完成し薄い赤の斑点入り暗赤色大理石の小柱身に取り掛かる。ティエポロ家宮殿や他の一三世紀ヴェネツィア作品の形態と明確に同じ。宮殿のこの側面が一四世紀前半より後代ではないと決めるのに他の証拠は要らない。銘破壊。四面、王冠の人物、その他は破壊。五面はターバンの人物が背景の赤大理石に羽目板か壁龕に鋭い鑿で取り掛かる。六面は王冠の人物で槌と鑿を持ち、第五様式の窓の狭い範囲で仕事中。軒蛇腹の三角小間とその上に挿入された帯状紫大理石の間に円形装飾の代わりに薔薇を施す。この彫刻は第五様式の年代を保証し、一四世紀はじめにそれが普遍化していたのを示す。七面は付け柱に制作する人物で、柱頭は一三世紀ロンバルディア風で柱身は暗赤色斑点入り大理石。八面は立派な王冠の人物が、豪華な格子縞の枕に凭れた繊細な彫像を制作中。全体は暗赤色の大理石に支えらる。この時期に偉大な作の企てに専念する精神のこれ以上興味ある表現は見つけるのは至難。

No. 20	動物の頭部で装飾され、建物全体の荘重さの様式を単純に特徴づけるので、私の二つ折り版で最初の図版としてこの柱頭を選んだ。設計の厳しさにもかかわらず、表面の細部は十分配慮して細工された。その全体の形態のあまりの単純さと反対に、鳥の繊細な羽毛や熊が口に咥えた蜜蜂の巣に群がる蜂によって得られた細かい彫琢の装飾的価値はいくら称賛されてもよい。両側の葉群の葉末や動物の頭部の優雅さ、生命力、多様さはどの柱頭よりも多い。大きい方の頭部にはかなりの硬さと冷たさによって、職人気質の幼さが印されているが。サン・マルコ大聖堂で可能な場合よりも、北方ゴシック工人は熊や狼に精通していたので、それらの頭部により多くの生命力を吹き込んだが、巧みさでは無骨であった（以下、No.21―No.35は模倣が多いから省略―訳者）。
No. 36	審判の角隅の下にある凝った柱頭で、小広場最後の柱頭。葉はNo.18からのコピー。ルネッサンス期の彫刻家が洗練化しようと努力したが、かえってその真実性と迫力を失った。しかし、この柱頭はシリーズ全体で最も美しいと考えられるだろう。高貴であり、像は注意深く研究され、優雅で、初期の作よりずっと快い。リアルさは少ないが。葉は壮麗なイチジクの木の角隅の葉よりも劣りはするが。 一面は二頭の獅子に座す王座の「公平」。続く面は正義（公平）や良い行政の行為と、立法者の人物像。 二面はアリストテレスが二人の弟子に法律を与える。三面は省略。 四面はソロンが弟子を伴う。座る弟子の一人のドレーパリの裾の彫刻は顕著。 五面はスキピオの慈悲。羽毛の付いた帽子の兵士がスキピオに跪く娘を差し出すが、スキピオは思慮深く顔をそむける。 六面は教会を建てたヌマ・ポンピウス。飾冠付き帽子を被ったヌマがローマの鎧を着た兵士を指図する（初期の柱頭の鎖帷子と対照的）。彼らはトレーサリを一杯飾り立てた三階建て塔を指さす。

七面は法律を受容するモーセ。モーセが岩上に跪き、そこから美しく幻想的な樹木が生え、洗練された北方のゴシックのように輪郭鮮明で風変わりな木の実の房が三枚の葉の真ん中になる。神の半身像が頂板から現われ、腕がモーセの腕に出会い、両者が精一杯に腕を伸ばす情景が、石の銘版を挟んで彫られる。

八面はトライヤヌス皇帝が寡婦を公平に扱う。銘「寡婦に対し正義をなす皇帝トライヤヌス」（イタリア語）。彼は潑剌と乗馬し、外套を後ろになびかせ、寡婦が彼の前に跪く。

ヴェネツィア国の物語風年代記

本訳書を読むにあたって、その理解を深めるために、ヴェネツィア史前半のあらましをここで辿ってみたい。

五世紀初頭　アッチラ大王の率いるフン族（匈奴）の騎馬軍団が、黒海の北に居住していたゴート族を圧迫し、ゴート族はイタリア半島に侵入し、アクイレイアからローマにまで進撃占領した。半島北部の住民は島嶼に移住。三月二五日に「リヴス・アルトゥス（リアルトの語源）」の島嶼群にヴェネツィアを建設したという伝説がある。

四五二年　フン族がアクイレイアを焼き、コンコルディア、アルティヌムは破壊されて灰燼に帰した。住民はヴェネツィアの島嶼に避難。

四六六年　ヴェネツィアの原初的政治体制が発足。

四六七年　アッチラが新婚の床にて頓死。フン帝国消滅。

四八六―九三年　ゴート族の王テオドリクスが半島に侵入。王テオドリクスが王オドアケルを殺し、ラヴェンナで王を名乗る。
五六八―七〇年　ランゴバルト族がポー川流域に定住し王国を築く。住民は長期にわたり島嶼に移住。以後、ビザンチン帝国領ラヴェンナの総督がランゴバルト王国に対抗して、ラヴェンナを中心に半島北部を支配。
七五一年　ラヴェンナの陥落と共にビザンチン帝国のイタリア半島北部の支配は終わる。
八世紀終わり　ランゴバルト王国はフランク王国に編入され、カール大帝（シャルルマーニュ）はヴェネツィア一帯の併合を企み、息子のピピンにキオッジャ、グラード、チッタノーヴァ、イエゾロを攻め落とさせるが、ヴェネツィアの住民は、リアルト島に団結し抵抗、ついにピピンは退却した。これを契機にヴェネツィア人に独立心が芽生える。
八〇〇年　東西の二帝国（ビザンチン帝国と神聖ローマ帝国）間で条約が結ばれ、カール大帝は自国のヴェネツィア領有を諦める。ヴェネツィアはビザンチン帝国の版図に入るが、皇帝はヴェネツィアの元首に執政官の称号を与えた。ヴェネツィアは次第に独立へ向かう。イタリア本土から離れ孤立するが、一方では本土の社会・政治の激動に関わらずに済む。
八一一年　アニェッロ・パルテチパツィオがヴェネツィア元首（総督）に就任。彼はフランク軍への抵抗運動の指導者であった。
八二八年　アレキサンドリアよりヴェネツィアの二人の商人が、聖マルコの遺体を豚肉の塊に隠して船で運ぶ。ヴェネツィアの港に入ると、二代目のパルテチパツィオに歓迎され、元首邸の隣に礼拝堂を建てた。これがサン・マルコ礼拝堂（教会堂）の始まり。
八四〇年　ビザンチン帝国とフランク王国の間で平和協定が改訂され、ヴェネツィア領の塩水域までを自治領として認めた。元首の呼び名も「ヴェネツィア一帯の小君主」から「ヴェネツィア人の誉れ高き君主」となる。
九五九年　ピエトロ・カンディアーノ四世がトスカーナ侯爵の妹と結婚、持参金代わりにトレヴィーゾ、フェッラーラ区域の土地をもたらした。しかし、この四世は権勢に驕り、やがて民衆によって打倒、殺害され、さらに元首官邸だけでなく、サン・マルコ礼拝堂も焼き払われた。
九七六―七八年　サン・マルコ礼拝堂再建に着手したピエトロ・オルセオロ一世の治世。ピエトロ・オルセオロ二世が有力家柄から選ばれる。彼は国内を統一し、東西の二帝国に対して自国の立場を固め、アドリア海で卓越する王国とした。
一〇〇一年　ピエトロ・オルセオロ元首は神聖ローマ皇帝オットー三世と密会し、自国の神聖ローマ帝国への年貢の義務を取り消し、西側陣営への加担を拒否した。一方、ビザンチン帝国に対しては同帝国の兵士をボスポラス海峡からイタリア南部の同帝国領へ運ぶのを引き受け、引きかえに、ヴェネツィア人商人が同帝国へ払う税を軽減してもらった。これによってアドリア海において自国海軍がビザンチン海軍に取って代わったことを知らしめ、自国の権威を高めた。
一〇〇二年　元首オルセオロは、バーリを占領していたイスラム教徒を撃退。両帝国に挟まれながら、均衡政策をとり成功、息子の一人をビザンチン皇帝の姪と、もう一人を神聖ローマ帝国の義妹と結婚させた。しかし彼の死後、後継のオットーネは追放されコンスタンチノープルへ逃げる。

一〇四二年　先にサン・マルコ礼拝堂再建に着手したが、コンスタンチノープルの聖使徒宮殿の見取り図をもとにヴェネツィア政府が再設計を命じる。モザイク装飾のためラヴェンナから職人を呼び寄せ、オリエントから帰る商人に大理石や彫刻作品をもって来るよう命じる。

一一〇四年　国立の造船所（「アルセナーレ」）を建造。

一一〇八年　ハンガリーの王カールマンが、ヴェネツィア元首にダルマティア地方の「君主」の称号を要求。彼は沿岸まで徐々に権力を伸ばし、すでに一一〇**五年**にザーラへ進攻し、この年トラウ（現在のトロギル）へ進入。

一一一一年　ビザンチン皇帝アレクシオス・コムネノスがピサ人に特権を与え、一〇**八二年**にすでにヴェネツィア人へ承認済みの特権を取り消そうとする。ヴェネツィア人は十字軍の連れてきたピサ人と対決。十字軍が貿易にマイナスであると参加を渋る。しかし、ピサ人が優遇措置を受けるや十字軍に参加を決意し、ヴェネツィア艦隊がザーラを出発（一〇**九九年**、ヴィターレ・ミキエルの率いる同艦隊がロードス島でピサ艦隊と衝突。ピサは東地中海の貿易を放棄するという約束で、捕虜を釈放するが、約束は守られなかった）。

一一二二―一一二三年　再び派兵し、コルフ、レスボス、サモス、ロードスの各島を攻略。アスカロン（現在アスケロン）でエジプト艦隊撃破、一時イスラム教徒の勢力を阻止する。

一一二四年　テュロスの攻略に参加し、見返りにテュロスの三分の一の領有権を得、イスラエル王国内部にヴェネツィア人社会をつくる。ヴェネツィア人は治外法権のほか租税・関税の免除を認められた。

一一四八年　ビザンチン皇帝は勅令によって金角湾沿いにヴェネツィア人居住区を拡大させ、ロードス島やキプロス島、エーゲ海の島嶼でもヴェネツィアに門戸を開く。

一一五六―一二〇四年　元首ヴィターレ・ミカエル二世の選出から第四次十字軍にかけて、神聖ローマ皇帝フリードリッヒ一世（赤ひげ王）と教皇アレクサンデル三世が対立し、ヴェネツィアは教皇派となり、同派の枢機卿・高僧を受け入れる。

一一六二年　神聖ローマ皇帝軍がミラノを占領。フェッラーラ、パドヴァ、ヴェローナがこぞってヴェネツィアを攻撃してくる。アクイレイアの皇帝派の総大司教がグラードへ派兵、ヴェネツィアを大陸から孤立させようとする。しかし、ヴェネツィア艦隊が総大司教はじめ多数の兵士を捕虜にし、反皇帝派を「ロンバルディア同盟」に結集し、義勇軍を組織してレニャーノで皇帝軍を打ち破る。

一一七七年　調停役をヴェネツィアが引き受け、サン・マルコ広場において、皇帝フリードリッヒ一世が教皇に服従する儀式が行われた。そして、ヴェネツィア在住のグラードの総大司教は、潟海の島々やイストリア、ダルマチア地方の諸共同体に対する権威を教皇に認められた。さらに、ヴェネツィア商人がイタリア中を自由に通行できるようになり、通行税も免除された。また一方、一一**七**二**年**のアンコーラ攻撃では、ヴェネツィアは皇帝側に加担したこともあった。それでヴェネツィア共和国の独立が神聖ローマ皇帝によって公認された。

ところが、少し遡って一一**七**一**年**、ビザンチン皇帝マヌエルは、自分の帝国内の全ヴェネツィア人に対して、彼らの財産・船を没収し、彼らを追放することを宣言した。しかしジェノヴァ人には首都に居住区を設け特権を与えていた。ヴェネツィア人は富や繁栄をひけらかすというのが理由だった。元首ヴィターレ・ミキエルは報復のため海軍を指揮するが、ペストが流行し、挫折する。厳しい批判の中で逃亡を試み、**同年五月**暗殺された。

ビザンチンの皇帝マヌエルも困難に直面し、ヴェネツィア人捕虜を解放して財産もヴェネツィア人に返却した。

一一**七**一**年**　ミキエル暗殺後、国民集会によって一一人からなる委員会が任命され、また元首選出のため、四〇人からなる大評議会が発足した。一一**七八年**にはヴェネツィアの町を六区画に分け、それぞれの区画から一名ずつを選んで元首評議会も発足していた。

一一**八**二**年**　マヌエルの後を継いだ彼の従兄弟皇帝アンドロニコス・コムネノスは首都でラテン人を総虐殺。ヴェネツィア人は少なくジェノヴァ人、ピサ人が多かった。

一一**八七年**　次の皇帝イサキオス・アンゲロスは、ヴェネツィア共和国と条約を結ぶ。それによれば、帝国が攻撃を受ければ、帝国が武装ガレー船を用意し、ヴェネツィア海軍が指揮を執るというもの。ヴェネツィア海軍の重要性がうかがわれる。

一一九二—九八年　兄のイサキオスを皇帝の座から引き摺り下ろし、皇帝アレクシオ三世が即位すると、勅書によって帝国内居住のヴェネツィア商人が出入りできる区域を設け、彼らの私法上の保障がなされた。ヴェネツィア人が皇帝に従属することは相変わらず宣言されたが、ヴェネツィア元首は自身の独立と共和国の独立を示すべく、ビザンチン帝国の貴族の称号を破棄した。

一一九二年に元首エンリーコ・ダンドロが選出され、はじめて「元首の誓い」が行われた。元首の義務が明確にされ、専断になるのを防いだ。彼は自ら兵を率い、フランスとの連合軍によってコンスタンチノープルを占領した。晩年彼は盲目となったが、率先して部下を叱咤激励してコンスタンチノープルに上陸し、最後まで踏みとどまり、その地で死んだ。十字軍との共同作戦で途中の要衝ザーラを攻略したのがたたって、キリスト教都市を攻撃した咎によってヴェネツィア全体がローマ法王庁に破門された。ところが、ダンドロが主導したとして十字軍は赦されたものの、ヴェネツィアだけは長い間赦されなかった。ダンドロはビザンチン帝国の一部を支配下に置き、植民地を有した。

一二六一年　皇帝ミカエル・パラエオロゴス八世はジェノヴァ人と組んでヴェネツィア人をビザンチン帝国から駆逐しようとした。ヴェネツィア艦隊退却の隙を突いて奇襲攻撃をかけ、コンスタンチノープルを占領し、**同年八月**には新皇帝が入城した。帝国内のヴェネツィア人の特権を剥奪し、居住区も破壊した。こうしてジェノヴァ人が黒海交易を独占した。結果としてヴェネツィア艦隊はジェノヴァ艦隊と対決せざるを得なくなった。

一二六一―七〇年　ジェノヴァとヴェネツィアの海戦（以後、ジェノヴァ戦役と呼ぶ）の第一次戦役の期間である。

一二九七年　「大評議会閉鎖」が布告される。この閉鎖は成り上がりの新興貴族・市民を国政から排除するために、旧貴族（守旧派）が仕組んだものである。同時に元首（総督）の権限も排除する狙いがあった。実権はこれ以後旧貴族に握られる。これに対する反発もあって、新興の成り上がり新貴族と結託して不満家たちが幾度か反逆を試みる。

一三一〇年　有力家系のバヤモンテ・ティエポロが、義父の地主マルコ・クエリーニ、さらに有力家系パドエーロ・パドエールと結託して、人望の無かった元首グラデニーゴ打倒を計画したが、発覚し、クエリーニは殺され、パドエールは処刑され、ティエポロだけ国外に逃亡して陰謀を企み続けた。

一三一一年　ティエポロ事件に危機感を抱いたヴェネツィア政府は、「十人委員会」を設けた。この機関は四〇人ほどからなり、「大評議会」から選ばれた。秘密のうちに内偵する査問機関であり、対象は国内外政治家の動静である。ちなみに「元老院」は元首の諮問機関であり、一時は一二〇人にも及んだ。一年の任期であり、これも「大評議会」によって選ばれた。再任も可だった。職権は大使の任免、報告聴聞などである。「プレガディの広間」は「元老院の間」である。プレガディとは蟷螂（カマキリ）のことである。

一三五五年　元首マリーノ・ファァリエーロは、市民の力を借りて貴族階級が握る国政の実権を奪取しようと陰謀を企てたと言われる。実は陰謀は貴族階級の側が企てたという説もある（イギリスの詩人バイロンはヴェネツィアを訪れて、劇『マリーノ・ファァリエーロ』を書き、この劇ではファァリエーロを、貴族独裁からヴェネツィアを解放し市民階級の自由を求めた英雄として描き、陰謀は貴族階級にあったとする）。

一三七七—八一年　第四次ジェノヴァ戦役。**一三七八年**、ヴィットーリオ・ピサーニというヴェネツィア第一艦隊提督が海軍総司令官に任命され、ティレニア海へ向けて出港した。アンツィオ沖でジェノヴァ艦隊を追い詰め、戦果を上げた。帰国を希望したが許されず、政府の命令により、イストリア半島の先端にあるポーラの港で冬越しをした。**七九年五月七日**、ポーラ港外に突如ジェノヴァ艦隊が姿を現わした。この時、ヴェネツィア側では、第二艦隊を地中海に派遣し、ジェノヴァ商船隊を攻撃させ、ジェノヴァ艦隊が商船隊防衛のためアドリア海には入れないようにしたつもりであった。しかし、敵はすでにアドリア海へ入っていた。それは不意の事だったので戦闘準備はできていなかった。そこでピサーニは、港内に留まってむしろ敵を港内に近づかせて迎え撃つのがよいと考えたが、各船の指揮官からなる作戦本部の多数決の決定は、打って出る方法であった。港口での海戦はヴェネツィアに有利だった。ピサーニの旗艦が敵の艦隊の陣形を突破すると、続く部下の艦船が敵艦船を襲い、敵の旗艦は大破し、敵の提督は戦死した。これで勝負があったと思われたが、岬の陰に隠れていた敵艦六艘が、背後から襲いかかった。不意をつかれて、ヴェネツィア艦船は混乱に陥り、戦況は逆転し、一〇〇人以上のヴェネツィア水兵が死んだ。捕虜にされた多数の士官・水兵の中には貴族が二四人も含まれていた。ピサーニは戦闘中の六艘に退却命令を出し、ヴェネツィアへ帰港したのは戦船四艘だった。ヴェネツィア政府は、この敗戦に慄然とした。裁判の結果、ピサーニは有罪となり投獄された。**翌七九年**、ジェノヴァ艦隊がキオッジャを遠巻きに包囲し、アドリア海への出口を塞いだ。パドヴァがジェノヴァ側だったので陸からも攻撃され、キオッジャは陥落した。ところが、反撃のため急遽牢獄から出したピサーニを海軍最高司令官に任命するのははばかられ、他の将官を最高司令官にしてみると、士官や水兵が承知しなかった。そこで、総司令官には元首アンドレア・コンタリーニ自らがなった。次席司令官をピサーニとし、作戦の実権をピサーニに与え、実際に旗艦にはピサーニと共に老元首も乗り込んだ。そして、第二艦隊司令官カルロ・ゼーノと協力して、キオッジャを封鎖した。ここで、潟海を知り尽くしたヴェネツィア海軍と不慣れなジェノヴァ海軍に力の差が出た。日頃は杭を打ち込んで航路が定められているが、非常時には敵の侵入を防ぐため杭は抜いてあるから、座礁しかねない。それでジェノヴァ艦隊は潟海の奥には入って来られないのである。かくして、兵糧攻めに会って、キオッジャは**七九年八月**に再びヴェネツィアのものとなった。キオッジャの戦いに勝利すると、ヴェネツィア艦隊は、ジェノヴァ艦隊を追尾すべく地中海に向けて出港した。今度はピサーニが晴れて最高司令官となり、カルロ・ゼーノは副司令官に任命された。

ジェノヴァ軍はヴェネツィアに降伏し、トリノで講和条約を結ぶ。これを「キオッジャの戦い」と言う。これ以後ジェノヴァは没落していく。ところで、この戦いの英雄はピサーニ以外にもう一人カルロ・ゼーノがいる。

カルロ・ゼーノがパドヴァの大学の神学生だった頃、賭け事に熱中しすぎて金に困り、傭兵隊に身を投じた。**五年後**、一時帰宅し、やがて親の世話でギリシャの田舎へ司祭として赴任した。しかし、そこではミサよりもトルコ人との喧嘩に熱心だったという。相手が異教徒なので上役の司教は大目に見ていたが、まずいことに女のことでフランス人騎士を殺してしまった。大目玉を食らうと、さっさと僧衣を脱いで、コンスタンチノープルへ向かった。途中、ちょうど第四次ジェノヴァ戦役の始まりに当たり、テネドス島では城砦を造成中のヴェネツィア人を、ジェノヴァ軍が襲っている最中だった。喧嘩好きの彼はヴェネツィア人の先頭に立って指揮をとり、敵を撃退した。この功績を認められて、一躍ヴェネツィア海軍ギリシャ方面司令官に任命され、その後、第二艦隊提督として「キオッジャの戦い」に参加し、勝利に貢献した。

ファリエーロの事件頃から「十人委員会」を中心に裏面工作が活発になる。イタリア本土でもヴェネツィアを羨望し、攻撃されかねなかった。それで、逆にイタリア本土に領土を拡大し、ヴェネツィアの安全を確保する必要があった。パドヴァ、フェッラーラ、マントヴァ、フィレンツェの協力を得て、まずヴェローナを攻撃した。

(**一三五一年**　パドヴァの専制君主家のヤコポ・ダ・カッツーラが自邸で暗殺されていた)。

一四〇四年　ヴェローナ、パドヴァ共にヴェネツィア軍によって陥落させられ、パドヴァ領主は絞首刑に処せられた。

以上が本訳書と関連する歴史事項あるいはエピソードである。

以下、ヴェネツィア史をもっと知りたい読者のために参考書を挙げておく。

クリスチャン・ベック著・仙北谷茅戸訳『ヴェネツィア史』白水社文庫版、二〇〇〇年。

W・H・マクニール著・清水廣一郎訳『ヴェネツィア——東西ヨーロッパのかなめ、1081—1797』岩波書店、二〇〇四年発行。

塩野七生著『海の都の物語——ヴェネツィア共和国の一千年』中央公論社、一九八〇年（続編あり）。

永井三明著『ヴェネツィアの歴史』刀水書房、二〇〇四年（再版二〇〇六年）。

あとがき

本書の序章において、良い建築と劣悪な建築を識別する法則を設けるとラスキンは述べている。折りしも耐震偽装建築に揺れるわが国の現状を予見したかのようであるが、本訳書では省略させていただいたこの部分（原書第一巻二章のなかの「良い建築を見分ける基準」の項）をここに改めて紹介する（本文では原書の一章だけを収め、二章「建築の効能」は省略した）。

私達は全世界と全時代の建築に適用し得る法則――その助けを借り、それによる判断に基づいて、建物が正確に垂直になっているかどうかを鉛錘を垂らして測ると同様に、いとも容易に建物の良し悪しを公言し得る法則――を決定する仕事に取り掛かる。

第一は、建築物の効用とは何か、を考えたい。建物によって私達が受ける益は、人間から受けるのと同じように二種ある。その第一は実用的使命を果たすこと、第二はその使命を満たしながら優雅で快い印象を与えることである。後者はそれ自体が別の形態の使命となる。

実用的使命は二つの分野、「実用」と「表現」に分かれる。「実用」は悪天候や戦争などの暴力から私達を防御するためであり、「表現」は事実を記録し感情を表現するための記念碑や墓などであり、歴史を明白に力強く伝えるための歴史書としての役割を果たす教会、寺院、公共建造物などである。

かくして建築の効用には三分野があり、どの建物にもそれらが求められる。

1　建物が最善に実用に供せられるように意図されたことを果たす。

2　建物が意図されたことを最善に表現している。

3　建物が良く見えて、それが何を表現しても、その存在によって私達を楽しませる。

この2については、一般的法則を確立することができないのは自明である。なぜなら、まず言えることは、それがすべての建物に要求される効用ではないからである。つまり風雨を凌ぎ、敵の攻撃から防御するだけの建築もあって、精神の交流を求められない建築もあるからである。ついで言えることは、無数の表現様式が――伝統的な様式も、自然な様式も――あるからである。それぞれの伝統的表現様式には、一般的法則の主題にはなり得ない独自の法則がある。すべての自然の表現様式は、真実の感情があれば、本能的に理解される。伝統的様式の選択は、計算外の事情に依存し、自然的様式の選択は、統制外の感情に依存する。だから、私達の言えることは、方法が効果的だと感じた時、その選択は正しいということである。しかし反面、そうでないからといって選択が間違っているとは、かならずしも言えない。

聖書に記述された歴史を、一連の彫刻によって記録した建造物は、予備知識として聖書を知らない人達にとっては無用であろう。他方、旧約・新約のテキスト文を壁に綴るとしても、その建物は大変不便な種類の読み物となるだろう。まだしも意味不明の彫刻で飾られた建築物の方が鮮明であるだけ有用かもしれない。見る者が興醒めして感動が冷めたら、興奮は変質して、感動そのものが消失するだろう。その建物は批評家のせいで非難されたり、見る者の思い込みで捏造された魅力を添えられたりするかもしれない。それゆえ、それらの表現が向けられた人達の立場に私達自身を置いてみないなら、そして、私達がすべてのシンボルを理解してその建築者が伝達の手段として用いたあらゆる連想物によって感動できないなら、表現された性格を建造物の卓越さの基準とすることはできない。私が建物の良し悪しを決める時には、読者をそのような共感する気分にさせるよう努力するだろう。読者の前に提示されたどの作品においても、その表現の特殊な点を理解できるように私はできるだけ例示し教えるだろう。

いやこう言うべきだろう。建築者の性格について知ることができる最良の証拠を、そのような特殊な点から私は説明しなければならない。しかし、私が求める判断を法則化することはできないし、また、その判断を拒否されたとしても、それを強調も主張もできない。もしその建物が読者や見る者の心にどんな印象も生じないなら、見る者にこの建築的レトリックを感じるように強いることはできないし、彼に「このレトリックは効力がある」と強いて告白させることもできない。それゆえ、建築の表現の話題を、留意しておいたという程度に留めておきたい。

だが、他の二つの建築的効果は建築の良し悪しを決める法則の正当な主題になる。その二つとは、必要な仕事がなされているかということ、普遍的で神聖な美しさの基準が守られているかどうかである。これらについては疑いの余地はなく、曖昧さもない。私は素早くその二つを読者に見分けさせたいし、その結果、彼が街路を通りながらでも、一見して、高尚な建築作品と下品な作品が分かるようにしたいものである。彼が人間本性の自然な本能を自由に遊ばせるなら、識別できる。私ができる精一杯のことは、本能の働きを阻む人工的な抑制物を本能から除去し、正と邪の間において、衒いのない（癖のない）偏見のない選択を本能に促すことである。

そこで、私達はそれぞれの研究のために二つの質を建築に見出す。建築の行動面と様相面であって、効用の源泉である。言い換えれば、力強さと美しさであり、これらの両方は、建築者の叡知と想像力の証《あかし》として称賛され、力強さにしても美しさにしても、そのもの自体はそれほど称賛されない。

と言うのは、私達は建築の神聖な面よりも人間的な面の方に価値を置いて見るからである。建築物における構造と装飾の価値の大半は、その建造物の創造や装飾に関わった人間の能力に的を絞って視ることによって決まるからである。私達は神聖な作品によって導かれるよりも、むしろ創造された作品を凝視することによって安心感を得て満足する。私は特にこの点を読者に注目してもらいたい。私達は称賛すべき人間の叡知の表現としての建築構造を喜ぶし、喜ぶべきなのである。私達が尊重すべきなのは、作品の力強さでも大きさでも仕上げでもない。岩石の方が（作品より）かならず頑丈だし、山岳の方が大きく、自然物の方がより完成した仕上げになっている。私達の喜びの源泉で、私達の称賛の対象となるのは、物理的な困難に打ち克つ人間の叡知と決断力である。装飾や美において私達を喜ばせるのは、制作された作品の実際の美しさよりも、制作に関わる人間の選択力と発明力である。すなわち、工人の作品よりも工人の愛情とさまざまな想念である。彼の作品はかならず不完全には違いないが、彼の想念と愛着心は真実であり深い。

ラスキンは建築の二つの効用は建造物の力強さ、すなわち構造と、その美しさ、すなわち良い装飾とにあるとする。

建築の構造と装飾を切り口にして、北方と南方の様式、それに東方の影響を吸収したヴェネツィアの建築について論述した本原書は、ラスキンが『近代画家論』第二巻（拙訳では『構想力の芸術思想』）において着眼した構想力を踏まえて、その思想を発展させたものであるが、これはとりも直さず芸術だけでなく政治・思想などの現代のあらゆる領域での閉塞状況に突破口を開けるのに役立つ。

鶴見俊輔氏が『図書』（岩波書店）二〇〇四年一〇月号で、面白い喩え話で閉塞から出られない学問のあり方を指摘している。

それによると、『菊と刀』はルース・ベネディクトが第二次大戦中に米国内の日本人収容所で収容者から通訳を介して証言を集めて書き上げたもので、日本文化を「菊と刀」という切り口から定義した日本文化論である。ところが、この書の定義で日本文化について学生が論文を書いても、新しい視野は生まれない。実際の日本文化はこの定義からはみ出してしまうからである。こうした「はみ出し」*を研究する学問を日本の大学ではしてはいないのではないか。「はみ出し」によって、「あふれる感覚」が生じてこそ閉塞を打破する突破口が見えてくる。このような趣旨である。

私の考えでは、「あふれる感覚」を生じさせる「はみ出し」には、構想力が必要となる。もちろん、これはラスキンから示唆された考えだが、『構想力の芸術思想』の「まえがき」で、私は次のように説明した。

ギリシャ語で凝視を意味するテオリア（θεωρία, theoria）に由来する'theoretic faculty'を私は「構想力」ないしは「構想的能力」と訳した（御木本隆三氏は「理論的能力」と訳した）。テオリアの出典はアリストテレスの『ニコマコス倫理学』であり、意味は「凝視」であるから、'theoretic faculty'は、内容的に考えれば、「構想力」以外のなにものでもない。

人間の新生児は、生まれてまもなく母親や周囲の事象にまなざしを向ける（それらを凝視する）。こうして新生児は周囲の事象を絡み取るようにして自分の世界像を築いていく。もちろんその過程において、子どもは自分を造り上げ成長していく。

他の高等哺乳類の子どもが誕生時にすでに種としての特性をもっているのに対して、人間の子は、誕生後一年経過しないと基本的特性が身につかない、それは、外の世界とのまなざしのやり取りで、学習するためなのであるという説がある。「原生的疎外」といって、他の動物と異なる誕生に伴う疎外が、人間にはある。それは、他の動物が本能の条件反射によって限られた範囲でしか活動しないのに対して、人間は、外の世界の中における自分の位置を、本能的生き方から離れて、まなざしのやり取りによって観念として把握できる。これは構想力の働きに

＊鶴見俊輔氏は『図書』の文の冒頭でこう述べている。

定義をおぼえて、その定義にすっぽりはまる実例をひく。これは、学生として試験の答案を書くときには適切な方法である。

だが学問を開拓するには、それは適切な方法ではない。

出会った実例が、はめこもうとしても定義の枠をあふれるとき、手応えを感じるのが、学問をになう態度として適切だ。はみだす実例に偶然に出会うときもあるし、はみだす実例をさがすように心がけるときもある。

このように前置きして、氏は『菊と刀』という日本文化論を、ベネディクトが日本語も知らず、日本に一度も来ずして、通訳を通して「収容所」の日本人から聞いて書いたことを「卓抜な仕事」と皮肉って紹介している。日本文化を新しく論じるには、「はみだし」が必要だというのである。そして、最後にこう結んでいる。

明治の学校制度のはじまりから百三十年。欧米の先生の定義に合う実例をさがして書く答案がそのまま学問の進歩であるという信仰が、左右をこえて今も日本人の知識人にはある。そこから離れる方向に、私たちはいつ出発できるのか。

よるのであり、言葉を覚える前に子どもが描くことができるのは、この構想力と関係がある。言葉を覚えなくては、構想力が働かないなどという考えは、認識不足である。原生的疎外によって、人間は文化・芸術から、経済・政治にいたるまで、まなざしによって構築していく構想力の世界に基づいて活動する。しかし、祭り・儀式・芸術は、完全にこの二次的世界に収まりきれずに、一次的世界である本能の世界と深く関わっている。また、不安定な二次的世界である構想力の世界はぐらつくことがあって、一次的世界に根を下さなくては、不安定であり、危険になることもある。知的世界は二次的世界になるが、芸術教育によって一次的世界へ影響し、それを内的に陶冶しなくては、危険な偏った知的肥大症になる。内面は獣的で、高度の知的発達を遂げたとしたら、それは文明の危機である。実際は二分化して片付けらなくて、知性も感情・情緒の陶冶がなくては、人間的な意味で（ラスキンの言葉では「モラルな意味で」）子どもの発達は望めない。

この説明は補足する必要がある。構想力によって築かれた二次的世界は不安定であって、それを更新するために、「はみ出し」が必要になる。二次的世界の中に閉じこもる時は、現実に適合できなくなり、それで社会体制の場合であれば、見えないうちに内部で化膿が進行して腐敗し、遂には転覆する。個人の場合では、現実から遊離した行動をとる。狂気に走るのは、こういう時である。振り出しに戻す「フィードバック」という作業が必要になるのは、「はみ出し」のもたらす成果である。構想力は新たな二次的世界の構築にかかるのである。

ラスキンの『近代画家論』第二巻第三部は、冒頭から「構想力」の説明がなされる。画家ではターナーに例をとって、ターナーの絵には、たとえフランスを描いても、イギリスの風土がどこかに潜んでいるか、それに似た異国の風景を描こうとする。これはターナーを育んだのがイギリスであり、この国で育まれた構想力のせいだというのである。

『近代画家論』第二巻は一八四六年に出版され、第三・四巻は一八五六年に出版された。『ヴェネツィアの石』はこの間一八五一年から五三年に全三巻が出版されている。構想力の実例は、ターナーの絵画においてなされるが、それ以外は、『ヴェネツィアの石』において、構想力の実例というか、実地検証がなされたと私は考えている。ヴェネツィアの建築・装飾において、北方の文化と南方の文化（アラブ文化）の両方が出会った。この両者の出会いが渦となってヴェネツィアに花を咲かせた。そこには他のヨーロッパでは見られない構想力による「あふれる感覚」が生起した。

従来のラスキンの解説によれば、中世への回帰を目指したという浅薄な理解しかなかった。しかし、閉塞した現状に突破口を開ける構想力の「あふれる感覚」が、この『ヴェネツィアの石』には見られる。したがって、本訳書は、極めて現代の要請に応え得る著作である。

鶴見氏の言う「はみ出し」の発想・精神が保持されるのには、孤高に耐える強靭な意志、精神力が必要だろう。ラスキンの「ゴシックの精神」はそういう精神である。内的な一貫性のある強靭な精神である。ヴェネツィア市民がローマカトリックの法王から破門されても耐えた耐久力のある信仰心にも裏付けられていた。

この原書のもう一つのテーマとして「芸術と信仰」がある。ヴェネツィア共和国は元首ダンドロ総督がみずからビザンチン帝国の首都コンスタンチノープルに上陸占領したこともあり、ビザンチン帝国の領土の大半を支配した。トルコ人商館も残存するように、アラブ世界と交易・交流があった。ユダヤ人街も古くからあり（ナチスによって壊滅させられたとはいえ）、第二次大戦後にはユダヤ系の婦人によって前衛的な美術館も開設されている。

一口にキリスト教国と言っても、各々に特色がある。ヴェネツィアには、サン・マルコ大聖堂があるが、マルコはキリスト信徒の首領パオロ（パウロ）が道連れを断った使徒で、弱い男として聖書に登場する。キリスト磔刑の時、一人の若者が逃げ出したが、その男がマルコであったとする説もあり、臆病者として考えられている向きもある。ヴェネツィア市民のように、騎馬民族フン族（匈奴）の襲撃を避けて、アドリア海の島嶼に逃げ込んで信仰を守った祖先をもつ市民が、マルコを最も畏敬する使徒としたのもうなずける。伝説によれば、マルコの遺骸をエジプトから密かに豚肉の積荷に隠してヴェネツィアへ運び、サン・マルコ教会堂を建て、後に大聖堂となったともいわれている。マルコを最も重視したヴェネツィア市民は、おのずからローマ教会とは異なる信仰の境位にある。まさに「はみ出し」の境位にあって、ゴシック精神の境位と一致する世界がヴェネツィアにはあった。その証が、その都市の建築の構造と装飾である。少なくともラスキンの書からはそう考えられる。

異教の文化を受容しながら、自己主張したヴェネツィア人の心には、独自の発想を大切にするゴシック精神が息づいていたと言えるであろう。だからこそ、ラスキンは芸術教育論としても価値のある論述を展開しているのである。異文化受容の意味とその仕方にも学ぶべき点があるのではないだろうか。

本訳書は原書 *The Stones of Venice* 全三巻のうち、第一巻の最初の章「石切り場」と第二巻の殆ど全部にあたる。ただし第二巻については、煩瑣になるのを避けて敢えて省略した部分（例えば柱頭の個別的説明）があることをお断りしておく。なお、柱頭についての説明は巻末に表にして示し、図版と挿絵は説明個所の近くに入れ、読者の便宜を図った。第一巻の図版も必要に応じて入れ、カラー図版は口絵とした。

原書は、一八五一年第一巻、一八五三年第二巻出版の初版本（Smith, Elder, and Co.）と、一八八六年版（George Allen）に拠った。また旅行者用の携帯版が George Allen から出ていたので、これも参照した。この携帯版は第一巻の専門的用語の説明をすべて省いてある。訳者もこれに倣ったことで、第一巻は「石切り場」だけの掲載とした。

最後になったが、出版にあたって好意的に対処していただいた法藏館の西村七兵衛社長はじめ、編集部長上別府茂氏、翻訳文を平易に少しでも読みやすくするために努力された編集員岩田直子さんに心から感謝を申し述べる。
とくに敬愛する梅原猛先生から推薦文を戴き、帯に掲載させていただいた。また、箕浦恵了大谷大学名誉教授にはラテン語文の和訳についてご教示を賜った。厚くお礼を申し上げたい。

二〇〇六年九月一五日

訳者記す

【著者紹介】

ジョン・ラスキン　John Ruskin（1819–1900）

1842年オックスフォード大学卒業。1870年よりオックスフォード大学芸術学講座を担当。著書に『近代画家論』*Modern Painters*（1843–60），『ヴェニスの石』*The Stones of Venice*（1851–53），『芸術経済論』*Political Economy of Art*（1857），『この最後の者にも』*Unto this Last*（1860）など。

【訳者紹介】

内藤史朗　ないとう　しろう

1933年台湾台北市に生まれる。1957年京都大学文学部（英文学）卒業。1976年大谷大学教授，1999年京都造形芸術大学教授。1974年アイルランドのイェイツ夏季大学で講師を務め，1983年オックスフォードのSt. John's Collegeにて客員として研究に携わる。現在，大谷大学名誉教授。著書に，アイルランド詩人イェイツに関する *Yeats and Zen*（1983），*Yeats's Epiphany*（1990），*W. B Yeats's Masks and Plotinus*（1997）があり，共著に『W. B. イェイツ論　仮面の変貌』（1978，南雲堂）。訳書にラスキン『風景の思想とモラル――近代画家論・風景編』（2002，法藏館），『芸術の真実と教育――近代画家論・原理編Ⅰ』『構想力の芸術思想――近代画家論・原理編Ⅱ』（2003，法藏館），『芸術教育論』（1969，明治図書），モリス『民衆のための芸術教育』（1971，明治図書），『ラスキンの芸術教育――描画への招待』（2000，明治図書）など多数。

ヴェネツィアの石
――建築・装飾とゴシック精神

二〇〇六年一〇月二〇日　初版第一刷発行

著　者　ジョン・ラスキン
訳　者　内藤史朗
発行者　西村七兵衛
発行所　株式会社　法藏館
京都市下京区正面通烏丸東入
郵便番号　六〇〇-八一五三
電話　〇七五-三四三-〇〇三〇（編集）
〇七五-三四三-五六五六（営業）

印刷・製本　亜細亜印刷株式会社

ISBN 4-8318-8167-8 C1010